Isabella Maria Fischli

W0097622

»DREIFUSS IST UNSER NAME«

Eine Politikerin, eine Familie, ein Land

Pendo Zürich München

Für meine Kinder Samuel, David, Aaron, Levi, Hannah und Sarah

Inhaltsverzeichnis

Vorwort

Als Ruth Dreifuss im Frühjahr 1993, ein paar Wochen nach ihrer Wahl in den schweizerischen Bundesrat, in ihrer Heimatgemeinde Endingen zu einer Feier eintraf, herrschte im Empfangskomitee eine auffallend verlegene, halb freudige, halb gereizte Stimmung, deren Ursache, wie sich im Verlauf des Tages zeigte, in einem Konkurrenzkampf lag. Wer durfte denn eigentlich stolzer auf sie sein: ihre aargauischen Gastgeber oder die mehrheitlich aus anderen Landesteilen angereisten Jüdinnen und Juden? Wem stand das »Recht« an der neuen Bundesrätin mehr zu: ihrer Heimatgemeinde oder bloß einem kleinen Teil davon, nämlich den jüdischen Nachfahren jener Menschen, mit denen die Trifuss und Dreyfus einst Tür an Tür gelebt hatten?

Als zerrten beide Gruppen abwechselnd an einem ihrer Arme, wurde Ruth Dreifuss hierhin und dorthin geführt: vom jüdischen Altersheim zu einer Anhöhe, von wo aus sie die Atomkraftwerke Gösgen, Leibstadt und »sogar die markanten Kuppeln« von Beznau in der Ferne erspähen sollte, und weiter zum jüdischen Friedhof, wo es, wie sie nebenbei erfuhr, keine Hakenkreuzschmierereien und andere Vandalenakte mehr gegeben habe, seitdem der Ort mit Stacheldraht umzäunt sei.

Als nächsten Programmpunkt hatten sich die Organisatoren ein heiteres Intermezzo ausgedacht: den Gedichtvortrag einiger Schulkinder mit vielen lustigen Ratschlägen an die neue Bundesrätin. Darauf folgte die stille Besichtigung der Synagoge, über deren Errichtung vor mehr als zweihundert Jahren ein erbitterter Streit zwischen Endinger Bürgern und Juden ausgebrochen war. Und kaum wieder an der frischen Luft, fand sich die Bundesrätin unversehens an der Spitze eines veritablen Dorfumzugs, begleitet von der einheimischen Blasmusik, beklatscht von der Bevölkerung, die den Weg zu einer für den abendlichen Festakt vorbereiteten Mehrzweckhalle säumte.

Nach dem Essen und einer beachtlichen Anzahl von Tischreden wurde der »Ruth-Dreifuss-Marsch«, eine Komposition des Dirigenten der Endinger Musikgesellschaft, uraufgeführt und der Bundesrätin gemäß Programm »übergeben«. Anschließend erklärte der Komponist den tieferen Sinn seines Werks: Vergleichbar mit der definierten Aufgabe des Marsches, »einer Musikform, die zur Koordination der Vorwärtsbewegung von Menschen und Menschenmassen dient«, müsse eine Bundesrätin in die Zukunft blicken und die Menschen des Landes von einer guten Sache begeistern. So zeige insbesondere der dritte und letzte Teil »Frau Bundesrätin Dreifuss in ihrem Amt als Bundesrätin: kraftvoll, dynamisch, schwungvoll, lebhaft, korrekt«. Worauf der Marsch ein zweites Mal gespielt wurde.

Unterdessen führte der Endinger Vizeammann die Bundesrätin auf die Bühne, hieß sie am vorderen Rand auf einem Stuhl Platz nehmen und setzte sich neben sie. Da saßen sie nun einen ganzen Marsch lang zu zweit, die blasende und trommelnde Musikgesellschaft im Rücken, rund sechshundertfünfzig Dessert löffelnde Gäste vor sich, und während Ruth Dreifuss mit einer Rose den Takt in die Luft klopfte und gedankenverloren lächelte, starrte der Vizeammann ingrimmig vor sich hin.

Eine merkwürdige Situation, sagte sie später über ihre Wahrnehmung aus erhöhter Warte. *Die beiden Gruppen im Saal, Juden und Endinger oder andere Aargauer Bürger, hatten sich absolut nichts zu sagen.*

Dass sie selbst in den Stunden zuvor mehrmals in ein längeres Schweigen versunken war, hatte ihren Begleitern zum Teil sichtliches Unbehagen bereitet. Doch entgegen der Befürchtung ihrer Gastgeber war Ruth Dreifuss über den

Empfang durchaus erfreut. Der Aufenthalt an diesem Ort bedeutete für sie nur gleichzeitig ein wehmütiges Erinnern: Im Altersheim des Nachbardorfes, im Lengnauer jüdischen Altersasyl, wie es damals genannt wurde, hatten die Eltern ihrer Mutter den Lebensabend verbracht; nach dem Tod von Großvater Jules im Jahr 1948 war die Großmutter, Mina Bicard-Brandenburger, noch dreizehn Jahre allein zurückgeblieben, nicht einsam, weil sie sich gern um die anderen alten Leute im Heim kümmerte, aber doch sehr fern von ihren beiden Kindern und deren Familien in St. Gallen und Genf.

Von den gelegentlichen Besuchen bei der Großmutter und den damaligen Spaziergängen erinnerte sich Ruth Dreifuss recht genau an das Altersheim, die Synagoge, den Friedhof – wie ihr überhaupt die ganze Gegend seltsam vertraut geworden war beim Gedanken daran, dass auch ihre väterlichen Vorfahren einst in den aargauischen »Judendörfern« Endingen/Lengnau gelebt hatten. Nur waren jene gleich nach der Emanzipation in die größeren Schweizer Städte übersiedelt und hatten dort auch geschäftlichen Erfolg gehabt, wohingegen Jules und Mina Bicard fast gezwungenermaßen, nämlich als unterstützungsbedürftige Pensionäre, und schweren Herzens von St. Gallen ins Surbtal gezogen waren.

Übrigens wussten Ruth Dreifuss und ihr Bruder Jean Jacques, Professor an der medizinischen Fakultät der Universität Genf, außer eben dieser Tatsache, dass die väterliche Seite der Familie angesehen und wohlhabend gewesen war, der Bicard-Zweig jedoch unter Misserfolg und zuletzt Armut gelitten hatte, beinahe gar nichts über die Familie zu berichten. Viel mehr wollten sie ab einem gewissen Zeitpunkt auch nicht mehr wissen, denn sie beide interessierten sich zwar für Geschichte im Allgemeinen, nicht aber für die »ziemlich irrelevante Familiengeschichte«, wie sie sagten.

Jahrzehntelang konnte die Erinnerung an die Vergangenheit auf diese Weise vermieden werden. Eines Tages im Jahr 1984 aber wurde die Auseinandersetzung mit eigenen Kindheitserinnerungen sowie einem Teil der Geschichte ihres Vaters unausweichlich, denn da erschien im »Tages-Anzeiger-Magazin« eine große Reportage über den einstigen St. Galler Polizeihauptmann und Flüchtlingsretter Paul Grüninger, in welcher der Autor Lancelot C. Sandor auch ein kritisches Licht auf die Rolle der damaligen Funktionäre des Israelitischen Gemeindebundes und der Sozialdemokratischen Partei warf.

Als der St. Galler SP-Kantonsrat Paul Rechsteiner im Großen Rat Grüningers Rehabilitierung verlangte, erhielt er Ende Februar 1985 zwar eine ablehnende Antwort; gleichzeitig öffnete die Regierung aber die bis dahin verschlossenen Dossiers, worauf Ruth Dreifuss unverzüglich um Zusendung aller Protokolle bat und nun im Detail erfuhr, wie sich ihr Vater im Frühjahr 1939 als Zeuge in der Strafuntersuchung gegen Grüninger verhalten hatte.

Dass er »stolz« sei auf den couragierten Polizeihauptmann, dessen befehlswidrige Rettungsaktionen ihm persönlich, als Verantwortlichem der St. Galler Flüchtlingshilfe, damals fast selbst zum Verhängnis geworden waren, hatte Sidney Dreifuss seinen Kindern gegenüber später mehrmals betont. Dass sein eigener Umgang mit den Flüchtlingen nebst vielen guten Erinnerungen aber auch einige Ressentiments bei den ehemaligen Emigranten hinterlassen hatte, hörten Ruth und Jean Jacques Dreifuss erst vom Historiker Stefan Keller, der den ganzen Fall Anfang der Neunzigerjahre im Auftrag des Vereins »Gerechtigkeit für Paul Grüninger« genau untersuchte. Trotz ihrer Verblüffung, so erinnert sich Keller, ermunterten sie ihn ohne Zögern, alles offen zu legen. Wichtig sei allein die Rehabilitation des ungerecht bestraften Polizeihauptmanns.

Bei der Beleuchtung dieses einen Kapitels Familienge-schichte sollte es schließlich nicht bleiben. Im März 1993 sah sich Ruth Dreifuss auf einmal selbst im Brennpunkt des öffentlichen Interesses, als sie überraschend in den schwei-zerischen Bundesrat gewählt wurde und alle Welt nicht nur die politischen Positionen der bisherigen Gewerkschafts-sekretärin analysierte, sondern ganz allgemein wissen woll-te, was für eine Frau das sei.

Zwar hätte sie lieber »die Ärmel hochgekrempelt«, wie sie es formulierte, und sofort mit der Arbeit angefangen, als noch lange über Herkunft und Erziehung, religiöse Haltung und jüdische Moral, persönlichen Glauben oder vielmehr Unglauben zu reden – mit Ausnahme zweier Gele-genheiten: dem Empfang in ihrer alten jüdischen Gemeinde in Genf und dem besagten Tag in Endingen, an dem sie sich von ihrer Heimatgemeinde ausdrücklich auch als Bürgerin jüdischer Abstammung ehren ließ und im Stillen damit zu-frieden schien, dass das Ganze zuweilen an Dürrenmatts »Besuch der alten Dame« erinnerte.

Am Abend freilich, als sie auf jener Bühne saß und mit einer Rose den Marschtakt in die Luft klopfte, spiegelten ihre Gesichtszüge weder Genugtuung noch Melancholie. Vielmehr lag in ihrem Lächeln so etwas wie kindliche Freude: Ruth Dreifuss war zurückgekehrt, um ihren Ahnen die Ehre zu erweisen.

Wer diese Ahnen waren und wie es dazu kam, dass eine Tochter aus ihrer Nachkommenschaft, Ruth Antoinette Dreifuss, das erste jüdische und, kaum weniger bedeutsam, das zweite weibliche Mitglied des schweizerischen Bundes-rates wurde, davon erzählt die folgende Geschichte.

Prolog

In einer Winternacht des Jahres 1934 tanzte Sidney Dreifuss auf einem Ball der St. Galler jüdischen Gemeinde bis zum Morgengrauen mit einer einzigen Frau: der wunderschönen, schüchternen, schwarzhaarigen Jeanne Bicard, die er zuvor nur flüchtig gekannt hatte. Als sie sich am folgenden Tag wiedersahen und Sigi, wie er damals genannt wurde, ihr einen Heiratsantrag machte, musste Jeanne zu ihrer eigenen Bestürzung ablehnen. Erstens hatte sie sich vorgenommen, niemals zu heiraten: Ein Zahnarztstudent, mit dem sie schon verlobt gewesen war, hatte sie sitzen lassen, nachdem das Geschäft ihres Vaters pleite gegangen war. Zweitens fehlten ihr infolgedessen nicht nur die Lust und der Mut zu einer Bindung, sondern auch die Mitgift. Drittens war es ihr völlig unmöglich, eine eigene Familie zu gründen, weil sie mit ihrem Sekretärinnenlohn auch den Lebensunterhalt der Eltern bestreiten musste.

Und aus diesen Gründen willst du ledig bleiben? habe Sigi darauf geantwortet, so erzählte Jeanne ihren Kindern später. Das komme gar nicht in Frage. Denn es sei doch ganz klar: Wenn er, Sigi Dreifuss, Jeanne Bicard zur Frau nehme, werde er selbstverständlich auch für ihre Familie sorgen.

Diese Worte behielt Jeanne immer in Erinnerung, weil sie zum einen bewirkten, dass sie ihre Widerstände fallen ließ: Im darauf folgenden Mai feierten die beiden Verlobung, am 4. Juli 1935 wurden sie auf dem St. Galler Standesamt und fünf Tage später in der Synagoge getraut.

Zum andern aber blieben ihr Sigis Worte unvergessen, weil sie weit mehr als ein Versprechen enthielten. Den ganzen Familienstolz der Dreifuss' konnte Jeanne darin hören: die wohlgelaunte Zuversicht eines Sohnes aus besseren

Verhältnissen; das weltgewandte, lebenserfahrene Selbstbewusstsein eines Mannes, der wusste, worauf er sich einließ. Welch anständige Gesinnung er also haben musste, dachte Jeanne, dass er sie, die Tochter ganz einfacher Leute, zur Frau nehmen wollte. Wie tapfer und großzügig von Sigi, die Mittellosigkeit ihrer Familie nicht als Schande zu betrachten.

Dass Jeanne ihrem Gatten dafür bis an ihr Lebensende unendlich dankbar war, setzte manche Freunde der Familie zuweilen in Erstaunen. Was bedeutete es denn schon, dass sie aufgrund der schwierigen finanziellen Lage keine Mitgift vorzuweisen hatte, als Sigi Dreifuss um ihre Hand anhielt. Dafür war sie blitzgescheit und genauso gut ausgebildet wie er, lebensklug, tüchtig, beruflich sogar, wie sich in späteren Jahren zeigen sollte, um einiges erfolgreicher. Und dass er neben den vier Sprachen, in denen auch Jeanne für ihren Arbeitgeber »in tadelloser Form korrespondierte«, wie es in ihrem Zeugnis hieß, noch drei weitere beherrschte, verdankte er nicht einem größeren Sprachtalent, sondern seinen langen Auslandsaufenthalten.

Solche Vergleiche führten im Grunde aber nirgendwohin. Jedenfalls änderten sie nicht die Tatsache, dass Jeanne Bicard und Sigi Dreifuss zwei Welten entstammten, die sich in gewisser Hinsicht glichen und doch sehr unterschiedlich waren. Vermutlich hingen Jeannes Minderwertigkeitsgefühle und Sigis wohlgemutes Selbstbewusstsein beziehungsweise ihre unterschiedliche soziale Stellung nämlich damit zusammen, dass sich Familie Dreifuss den sesshaften, integrierten Juden zugehörig fühlte, während Familie Bicard eher dem Typus der wandernden Juden entsprach. Wandernde Juden aber, wo immer sie sich niederließen, waren zu allen Zeiten Außenseiter; vielleicht geduldet, doch nicht unbedingt geschätzt; beruflich und wirtschaftlich unter Umständen recht erfolgreich, gesellschaftlich hingegen selten geachtet.

Familie Bicard

Übrigens waren Jeannes Vorfahren einst ebenfalls sesshaft und im Rahmen des Möglichen in ihre Dorfgemeinschaft integriert gewesen. So hatte der älteste urkundlich erwähnte Ahne väterlicherseits, Paul Bickert, im elsässischen Horbourg, einige Kilometer von Colmar entfernt, 1723 als erster Jude das Niederlassungsrecht und dreißig Jahre später wiederum als erster Jude die Erlaubnis zum Kauf eines Hauses erhalten.

Borach, Leibmann, Léopold, die Vertreter der drei Generationen vor Jeannes Großvater Cerf, waren einer nach dem anderen Metzger gewesen in Horbourg. Cerf schließlich hatte die Tradition nicht fortgesetzt; er wurde Getreidehändler und Grundstücksmakler. Doch blieb auch er immer in Horbourg, vermutlich erst recht, nachdem seine Frau Henriette (oder Julie, wie sie gerufen wurde) 1878 im Alter von nur sechsundvierzig Jahren gestorben war, als das jüngste der acht Kinder knapp sieben Jahre zählte.

Mit Cerf Bicards Tod im Januar 1900 verloren seine Kinder nicht nur den Vater und ihr Elternhaus an der Hauptstraße von Horbourg, sondern zugleich die Heimat. Denn außer der jüngsten Tochter Léonie, die als Haushälterin bei ihm geblieben war, hatten sich alle woanders niedergelassen, und nach seinem Tod zog auch sie von Horbourg weg und nach Basel, wo bereits drei ihrer Geschwister lebten.

Jeannes Vater Jules war beim Tod seiner Mutter elf Jahre alt gewesen. Sieben Jahre später, im Jahr 1885, hatte er als Commis einer Basler Textilgroßhandelsfirma die dortige Niederlassungsbewilligung bekommen und lange gespart, um sich von Boppelsen, einer Gemeinde im Kanton Zürich, die sich mit der Einbürgerung von Ausländern die Finanzen aufbesserte, für etwas mehr als tausend Franken das Schweizer Bürgerrecht zu erkaufen. In der darauf folgenden

Musterung durch die Militärbehörden wurde der frisch-gebackene Schweizer für dienstuntauglich erklärt, und so war er frei, sich vier Monate nach seinem 20. Geburtstag in Basel abzumelden und nach Paris zu fahren.

Ein Zufall war es nicht, dass der größere Teil der Bicard-Geschwister nicht mehr im Elsass lebte und speziell Jules so bald wie möglich weg wollte. Ein Blick auf die elsässische Geschichte erklärt den Grund: Seit 1648, als die Habsburger das Elsass und den Sundgau samt zehn Reichsstädten an den französischen König Louis XIV. hatten abtreten müssen, war die dortige Bevölkerung, eine Weile noch ungern, französisch gewesen. Im Verlauf der folgenden 150 Jahre, besonders jedoch unter dem bewunderten Feldherrn Napoléon Bonaparte, empfanden die Elsässer immer mehr stolze Zuneigung zu ihrem französischen Vaterland. Und spätestens nachdem die französische Revolution den Israeliten die bürgerliche Gleichberechtigung gebracht hatte – im Elsass allerdings zwei Jahre später als im übrigen Frankreich, weil die Elsässer Juden als »Wucherer und Blutsauger« verschrien waren –, verstanden vor allem sie sich als leidenschaftliche, geradezu glühende Patrioten.

Als Frankreich infolge der katastrophalen Niederlage im Deutsch-Französischen Krieg 1870/71 das Elsass und einen Teil von Lothringen an Deutschland verlor, mochten sehr viele Menschen nicht länger in Elsass-Lothringen bleiben. Weder wollten sie von einem Tag auf den anderen Deutsche sein und ihre schon seit langem französischen Namen erzwungenermaßen wieder eindeutschen (so hieß zum Beispiel Jules Bicard zu seiner Empörung auf einmal Julius Bickart), noch waren die Männer bereit, unter den Deutschen Dienst zu leisten und in einem möglichen neuen Krieg zwischen den beiden Ländern gegen die eigenen französischen Verwandten zu kämpfen. Mithin blieb als einziger Ausweg die Emigration, und tatsächlich begann nach 1871 ein wahrer Massenexodus – auch der dort wohnhaften Juden, von welchen rund vierzig Prozent auswanderten.

Vor der Annexion hatte etwa die Hälfte der gesamten französischen Judengemeinde, rund 41 000 Menschen, in Elsass-Lothringen gelebt; gegen Ende des Jahrhunderts war es Paris, wo die Hälfte aller französischen Jüdinnen und Juden Wohnsitz genommen hatte. Und dort lebte wie gesagt seit 1887 auch der junge Jules Bicard.

Wahrscheinlich fiel es ihm nicht eben leicht, sich im wachsenden Heer der kleinen Angestellten der Mode- und Luxusindustrie in Paris über Wasser zu halten. Die Textilbranche war großen konjunkturellen Schwankungen ausgesetzt, weil eine politische Krise nach der anderen zu Produktionsausfällen führte, was Leute wie Jules jederzeit den Arbeitsplatz kosten konnte.

Abgesehen davon, dass ständig neue Aufstände oder gar ein Umsturz befürchtet wurden, glich das Pariser Leben vor der Jahrhundertwende auch im Gesellschaftlichen und Kulturellen einem »Tanz auf dem Vulkan«, wie besorgte Zeitgenossen feststellten. Denn nicht allein der pausenlose Widerstreit im politischen Diskurs oder der unaufhaltsame Wandel der gesellschaftlichen Normen sorgten für erhitzte Gemüter – die Menschen hatten überdies die erstaunliche Gabe, sich dabei auch noch zu amüsieren und einer »frenetischen Vergnügungssucht« zu frönen.

Auch Jules Bicard erschien in seinen späteren Erzählungen als lebenslustiger Dandy, der die Pariser Belle Epoque in vollen Zügen genossen hatte – bis ihm ein zunehmend gewalttätiger Antisemitismus, antijüdische Hetzkampagnen, Demonstrationen, Krawalle und zuletzt die »Affäre« um den jüdischen Hauptmann Alfred Dreyfus das Leben in der französischen Metropole verleideten. Im Frühjahr 1899 schließlich hielt Bicard die Brutalität des Pariser Mobs nicht mehr aus, eine Brutalität, die in der Rückschau, wie Hannah Arendt schrieb, den Anschein erweckte, als habe es sich dabei *um eine Art Generalprobe für das Massaker der Juden* gehandelt, *das dann drei Jahrzehnte später wirklich stattfand.*

Als er zwölf Jahre nach seiner Emigration zum ehemaligen Arbeitgeber nach Basel und in die Wohngemeinschaft mit seiner Schwester Pauline und deren Mann Léon Bickart zurückkehrte, war er nicht mehr derselbe: Jules Bicard hatte sich unter dem Eindruck der Ereignisse in einen permanent besorgten und überängstlichen Mann verwandelt.

Im März 1904 – inzwischen war er siebenunddreißig und zum Prokuristen aufgestiegen – zog Jules noch einmal weiter, und zwar nach St. Gallen, wo er im Damen- und Kinderkonfektionsgeschäft von Max Brandenburger eine neue Stelle antrat und, viel wichtiger noch, Brandenburgers Tochter Mina heiratete.

Mina war als zweites von vier Kindern 1876 in Diessenhofen geboren worden. Zu jener Zeit existierte in den benachbarten Gemeinden Diessenhofen und dem süddeutschen Gailingen eine blühende jüdische Gemeinde, die mit der christlichen Bevölkerung im besten Einvernehmen lebte, was sich zum Beispiel darin zeigte, dass Gailingen ab 1870 und für vierzehn Jahre einen jüdischen Bürgermeister hatte und eine konfessionell gemischte Schule führte. Dennoch zogen es viele jüdische Kaufleute vor, die Gegend zu verlassen und nach Amerika auszuwandern oder wenigstens in die größeren Schweizer Städte zu ziehen. Minas Eltern Max und Bertha Brandenburger-Gerstle übersiedelten nach St. Gallen.

Dort gründete Max Brandenburger zusammen mit zwei Brüdern 1884 ein »Confectionsgeschäft en détail« und eine »Bonneterie & Tricoterie en gros«. 1909 bildete er – die beiden Brüder waren inzwischen nicht mehr beteiligt – mit seinem Schwiegersohn Jules Bicard eine Kollektivgesellschaft, deren eigenen Anteil er erst 1918, im Alter von dreiundachtzig Jahren, an Jules abgab. Endlich, mit über fünf-zig, war Bicard sein eigener Patron.

Mit Brandenburgers Tochter hätte er es, im Gegensatz dazu, nicht besser treffen können. Mina war eine stille, zärtliche, überaus liebenswürdige und bescheidene Frau, die alles, was das Leben ihnen bescherte, dankbar entge-gennahm. In diesem Sinne zog sie auch ihre beiden Kinder auf: Jeanne, die im Herbst 1905 zur Welt kam, und den neun Jahre später geborenen Henri. Ein Glück, dass sie beide offenbar nach der Mutter gerieten; Jules wurde mit zunehmendem Alter nämlich streng und nahezu bitter. Wer weiß, ob ihn sein steifes Bein nach einer missglückten Knie-operation derart störte – jedenfalls konnte er einen nörgle-rischen Zug nur schwer unterdrücken.

Dass das Leben nicht gerade leicht sei, zu dieser Über-zeugung war er allerdings durch das Berufsleben gekom-men: Eigentlich befand sich sein Damen- und Kindermode-geschäft an der St. Leonhardstraße in einer guten Gegend von St. Gallen. Doch die wirtschaftliche und soziale Not im Gefolge des Krieges 1914/18, die horrende Teuerung, die verheerende Grippewelle im letzten Kriegsjahr sowie der Generalstreik wirkten sich sehr ungünstig auf den Ge-schäftsgang aus. Und dass sich die Stickereiindustrie, wo annähernd ein Fünftel der ostschweizerischen Arbeiter-schaft ihr Brot verdiente, nach dem Krieg erholt hätte, da-von konnte keine Rede sein; sie geriet im Gegenteil in eine Dauerkrise: 1920 waren noch 56 000 Personen in der Stickerei beschäftigt; bis 1935 sank deren Zahl auf etwa 6000.

Arbeitslose Menschen brauchten alles, nur keine Mode-geschäfte. Und so sah sich Jules Bicard im Juni 1929 ge-zwungen, den Laden zu schließen und seine Erwerbstätig-keit aufzugeben.

Mina Bicard-Brandenburger   Jules Bicard-Brandenburger
(1876–1961)   (1867–1948)

Glücklicherweise war seine Tochter Jeanne eine ausgesprochen fleißige Sekretärin und Buchhalterin. Schon an ihrer ersten Stelle – direkt nach der Handelsschule – hatte man sie nur widerstrebend ziehen lassen, als sie nach einem Jahr bereits kündigte, um fortan ihrem Vater das Büro zu führen.

Jeanne war es sicher nicht anzulasten, dass sich in den vier Jahren ihrer Mitarbeit im väterlichen Geschäft an den kargen Einnahmen nichts änderte. Als alles nicht mehr half und der Vater sie bat, sie möge sich eine andere Stelle suchen, damit wenigstens *ein* regelmäßiger Lohn ins Haus komme, kehrte Jeanne im Januar 1929 zu ihrer ersten Firma zurück, einer Taschentuch- und Handschuhfabrik, die jedoch drei Jahre später »infolge der schweren Wirtschaftskrise« das gesamte Personal entlassen musste.

An ihrem nächsten Arbeitsplatz in einem Metalltextilwerk, wo der »Wupp-Reißverschluss« hergestellt wurde, blieb Jeanne ebenfalls nur drei Jahre. Zum großen Bedauern ihrer Vorgesetzten, denn als sie Ende Juni 1935 wegging, wussten sich diese vor Bewunderung für ihre außerordentlichen Leistungen laut Arbeitszeugnis kaum zu fassen. Jeanne konnte es nicht ändern: Vier Tage später heiratete sie ihren Liebsten Sigi Dreifuss.

Familie Dreifuss

Warum nun der glückliche Bräutigam in der Lage war, ganz allgemein viel optimistischer und selbstbewusster zu sein als Jeanne, ließ sich wohl aus dem familiären Hintergrund, nicht aber zwingend aus seinem persönlichen Werdegang erklären.

Sigi Dreifuss entstammte einer Familie alteingesessener Schweizer Juden. Der Name Dreifuss wurde damit erklärt, dass die Urahnen der Familie mit den Römern aus dem Mittelmeerraum in das Gebiet der Treveser an der Mosel gekommen seien, wo um das Jahr 15 vor unserer Zeitrechnung die Stadt Augusta Treverorum entstand. Als die Römer im fünften Jahrhundert von germanischen Stämmen vertrieben wurden, hätten die zurückbleibenden Juden das lateinische »treveris« (Trier/Rheinland-Pfalz) der Sprache der neuen Kolonisatoren angeglichen, und daraus sei der Ausdruck »drei füß« entstanden.

Sigis Vorfahren hatten – vermutlich zur Zeit des Dreißigjährigen Krieges – mit vielen anderen Juden die Kriegsgebiete am Rhein verlassen und waren in die eidgenössische Grafschaft Baden geflüchtet. Als diese das Niederlassungsrecht der Juden 1776 auf die beiden Surbtaler Dörfer Oberendingen und Lengnau einschränkte, waren Sigis Ahnen in Oberendingen bereits mehr als hundert Jahre sesshaft.

Sechs urkundlich nachweisbare Generationen der Familie lebten dort. Sigis Urgroßvater Salomon Samuel war Vorsteher der jüdischen Gemeinde gewesen; der Großvater

Jakob Salomon, Vater von elf zum Teil früh verstorbenen Kindern, betrieb im Dorf eine Eisenwarenhandlung und wäre vielleicht wie alle seine Vorfahren bis zum Tod in Endingen geblieben, hätte sich die Schweiz nicht im Jahr 1866 als eines der letzten europäischen Länder (unter dem Druck des Auslandes) dazu durchgerungen, den Juden die Niederlassungsfreiheit zu gewähren. Der Kanton Aargau freilich, wo Mitte des 19. Jahrhunderts rund die Hälfte der dreitausend schweizerischen Jüdinnen und Juden lebten, weigerte sich rundweg sie einzubürgern und musste durch einen Bundesbeschluss dazu gezwungen werden. So kamen die Endinger und Lengnauer Juden am 1. Januar 1879 endlich auch noch zu ihrer vollen Gleichberechtigung.

Da war Jakob Salomon Dreifuss-Bollag aber schon weggezogen: zunächst ins aargauische Baden, bevor er 1876, im Alter von siebenundfünfzig Jahren, mit seiner Frau Babette und fünf Kindern in Basel einen Neuanfang wagte.

Jakob Salomon eröffnete eine Wechselstube oder »Banque d'échange«, wie er sie nannte; sein älterer Sohn Moses Hirsch arbeitete als Provisionsreisender, später als Commis in einer Weißwaren-Exportfirma, und der jüngere, Samuel, betätigte sich im Kleiderhandel. Alle drei hielten sie somit an traditionellen jüdischen Metiers fest. Da die politisch-rechtliche und soziale Diskriminierung, die den Juden bis dahin nur bestimmte Geschäfte erlaubt hatte – darunter das Pfandleihen, Hausieren und den Handel mit Vieh, Getreide, Grundstücken oder Geld –, nicht mehr bestand, wäre ihnen die Ausübung anderer Berufe nicht länger verwehrt gewesen. Nun arbeiteten die jüdischen Männer jedoch *freiwillig* als Händler, durften sie Banken, Läden und Fabriken betreiben, wo immer es ihnen passte, Häuser kaufen, die Kinder studieren lassen, in Vereinen mitmachen und Militärdienst leisten, ja sogar politische Mandate übernehmen, wenn die Mitbürger sie denn ließen.

Bei den Angehörigen der Familie Dreifuss äußerte sich die Aufbruchstimmung wie gesagt nicht in beruflicher Hinsicht, wohl aber wechselten sie in der folgenden Zeit praktisch jährlich die Wohnung und ein paarmal zusätzlich die Stadt: So lebten sie erst zwei Jahre in Basel, danach vier Jahre in Zürich, bevor sich Jakob Salomon und Babette Dreifuss in Luzern niederließen und ihr Sohn Moses Hirsch nochmals nach Basel und zuletzt nach St. Gallen zog.

Obschon sie äußerlich also ziemlich rastlos erschienen, waren sie in der Schweiz doch keine Fremden wie die osteuropäischen Juden, die seit den 1880er-Jahren in zunehmender Zahl einwanderten und sich gewöhnlich in den Städten ansiedelten. Denn nicht bloß die eigentümliche Kleidung, Haartracht und Sprache unterschied jene von der einheimischen jüdischen Bevölkerung, es war vor allem das Lebensgefühl der »Juden auf Wanderschaft«, wie Joseph Roth sie nannte: das Bewusstsein der Entwurzelung, der Heimatlosigkeit und deutlichen Unerwünschtheit.

Ganz anders gestaltete sich das Leben für alteingesessene Schweizer Juden wie Jakob Salomon Dreifuss oder dessen Söhne: Mochten sie innerhalb des Landes noch so oft die Adresse wechseln und neue Geschäfte eröffnen, sie hatten trotzdem etwas, das zum Beispiel auch einer Familie Bicard-Brandenburger und anderen zugezogenen Juden aus dem elsässischen oder süddeutschen Raum niemals in ähnlicher Weise zustehen konnte, selbst wenn sie alle jahrzehntelang dieselben St. Galler Stickereibordüren und Taschentücher verkauften und brav ihre Steuern zahlten. – Vom unbändigen Schweizer Heimatstolz ist die Rede, vom Zugehörigkeitsgefühl zum »hehren Vaterland« ... Und Sigis Vater Moses Hirsch Dreifuss hing so sehr an dieser Heimat, dass er bei seinen Zeitgenossen als glühender Patriot, ja geradezu als Musterschweizer galt.

1856 als Mosche Zwi bzw. Moses Hirsch geboren, wurde er immer nur Hermann gerufen, weshalb er 1915 eine offizielle Namensänderung beantragte, die der aargauische Regierungsrat auch billigte. Hermann also wurde in seiner Kindheit abgesehen von den Eltern vor allem von zwei Persönlichkeiten geprägt: dem Rabbiner von Endingen/Lengnau, Dr. Meyer Kayserling, und dem Lehrer Markus Getsch Dreifus, die beide hartnäckig, mit zahllosen schriftlichen Eingaben und persönlichen Vorstößen bei der Schweizer Regierung, auf die Gleichstellung der Juden hinarbeiteten.

Was diese in Synagoge und Schulzimmer predigten, nahm der junge Hermann mit auf den Weg: einen felsenfesten Glauben an den fortschrittlichen, liberalen Geist der Zeit sowie den nicht minder starken Willen, sich die bürgerlichen Rechte nicht nur zu erkämpfen, sondern durch »reine Vaterlandsliebe« immer von neuem auch zu verdienen.

Doch anders als die Juden, die (in der Formulierung von Hannah Arendt) *den Ehrgeiz entwickelten, zur nichtjüdischen Gesellschaft zugelassen zu werden*, und dafür mit einer radikalen Assimilation an die Umgebung bezahlten, war Hermann entschlossen, sich in die Gesellschaft zwar zu integrieren, dabei aber das spezifisch Eigene, Jüdische zu bewahren. Dazu gehörte in erster Linie die tiefe Religiosität, die er später auch an seine beiden Söhne weitergeben sollte.

Im Übrigen bemühte sich Hermann vor allem durch berufliche Tüchtigkeit, in der nichtjüdischen Gesellschaft Anerkennung zu finden: Bereits mit zweiundzwanzig Jahren eröffnete er am Zürcher Rennweg sein erstes Geschäft: ein »numismatisches und antiquarisches Kabinett«; war ein Jahr später Mitbegründer der Schweizerischen Numismatischen Gesellschaft und deren erster Kassier; schrieb sogar ein Büchlein mit dem Titel »Münzen & Medaillen der Schweiz«, ein, wie es im Vorwort hieß, *schwieriges Werk*,

Tonie (Antoinette) Dreifuss-Neu
(1862–1932)

Hermann Dreifuss-Neu
(1856–1939)

das er nur *durch dem Sammler eigene Beharrlichkeit, Vorliebe zur Sache und durch jahrelanges ernstes Studium* zustande bringen konnte.

Im In- und Ausland bekannt als hervorragender Münzenkenner und -sammler, wurde er später zum Ehrenmitglied der Gesellschaft ernannt, doch beschäftigten ihn die alten Münzen nicht mehr hauptberuflich, seitdem er im Sommer 1885 nach St. Gallen übersiedelt war.

Dort hatte er nach fünf Jahren eine eigene Firma, eingetragen als »Herm. Dreifuss, Fabrikation und Export von Stickereien und internationales Export- und Importhaus«, sowie auch schon eine Familie.

Die deutsche Jüdin Antoinette oder Toni Neu, die er am 2. 9. 1889 in Luzern heiratete (traurigerweise war es zugleich der Tag, an dem sein Vater dort verschied), kam ursprünglich aus dem bayrischen Wilhelmsdorf, wo sie 1862

24

geboren worden war. Sie hatte drei Schwestern, war 1887 nach kurzer Ehe von einem andern Mann geschieden worden und zwei Jahre allein geblieben, bis Hermann Dreifuss sie nach St. Gallen holte.

Ein Jahr nach der überschatteten Hochzeit gebar sie ihren ersten Sohn, Jacob, der später Jacques genannt wurde und in das Stickereigeschäft des Vaters einstieg, bevor er eine Zeitlang als Reisender mit Musterkollektionen, Korsettspitzen und Zackenscheren in der Welt herumkam und schließlich im Münzenhandel finanziell recht erfolgreich war.

Siegfried kam im November 1899 zur Welt, neun Jahre nach seinem Bruder, der ihm auch in anderer Hinsicht relativ weit entfernt erscheinen musste. So erlebten Verwandte und Bekannte den älteren Jacques als freundlichen, aber sensiblen, anspruchsvollen, gar exzentrischen Burschen, der seinen Leib so wenig wie irgend möglich bewegte, dafür als Autonarr in gesetzterem Alter fast jedes Wochenende, nie ohne Zigarre im Mundwinkel, lange Passfahrten machte, sofern das Wetter die vollständige Öffnung des Wagendachs erlaubte. Sonst wurde ihm immer übel, was sehr lästig war, weil er schon beim Reifenwechseln ob der aufregenden Anstrengung regelmäßig in Ohnmacht fiel.

Sein jüngerer Bruder galt gerade umgekehrt als überaus sportlich und naturverbunden, leutselig, natürlich, bescheiden und unkompliziert. In einem Punkt allerdings war er schon als junger Mann sehr energisch: Auf keinen Fall wollte er Siegfried genannt werden. »Sigi« war ihm recht; mehrmals ließ er sich bei Passverlängerungen im Ausland als »Sigefroi dit Sidney Dreifuss« eintragen; zuletzt nannte er sich nur noch »Sidney«, und dieser Name wurde ihm – *anstelle des deutsch klingenden Vornamens*, wie es in der Begründung hieß – durch die Aargauer Behörden im Juni 1933 auch offiziell genehmigt.

Mit der Abneigung gegen den »deutsch klingenden Vornamen« war die Angelegenheit für ihn übrigens nicht erledigt: Obwohl durch seine Mutter selbst ein »halber Deutscher«, hatte Sigi seine liebe Mühe mit allem Deutschen, vermutlich aufgrund negativer Erfahrungen in den Zwanzigerjahren, als er geschäftlich viel in Deutschland zu tun hatte. Dieser Widerwille wurde zu blankem Hass, als die Nazis aufkamen und sich schnell ausbreiteten. Schließlich bewies er seine deutschfeindliche Haltung noch im unbedeutendsten Tagebucheintrag, wenn er etwa schrieb: ... *am gleichen Tisch* (in einem Bergrestaurant) *saß ein deutsches Ehepaar aus Stuttgart, das aber trotzdem nett war.*

Doch zurück zu dem, was Sigi von seinem älteren Bruder unterschied: Am folgenschwersten war für ihn wohl die Tatsache, dass sie dieselbe Ausbildung erhielten, obschon er so gar nicht zum Kaufmann geboren war, während Jacques bis zuletzt mit Freude und Gewinn in diesem Beruf arbeitete. Sigi wäre viel lieber Wissenschaftler oder Lehrer geworden. Ihn fesselte nichts so sehr wie die vielerlei interessanten Erscheinungen, die er in der Natur beobachtete und mit Hilfe seiner Bücher zu erforschen und zu verstehen suchte. Mit dem größten Vergnügen erweiterte er beständig seinen Wissensschatz, lernte er zum Beispiel Pflanzennamen auf deutsch und lateinisch auswendig ... – Von einem späteren Studium aber konnte er nur träumen. Statt aufs Gymnasium schickten ihn die Eltern genau wie seinen Bruder auf eine Handelsschule nach Neuchâtel und anschließend »in die Fremde«, wo er seine Sporen abverdienen sollte. Immerhin hoffte er bei diesen Reisen und Arbeitsaufenthalten viele neue Kenntnisse zu erwerben auf dem Gebiet der Geografie und Anthropologie, in sprachlicher und kultureller, aber auch in jeder anderen möglichen Hinsicht.

So ging der junge Kaufmann im Herbst 1917 denn folgsam in die Welt hinaus, um berufliche Erfahrungen zu sammeln, und betrieb dabei gewissermaßen Feldforschung in eigener Sache: erst drei Jahre lang in Bellinzona (wo er als begeisterter Berggänger und Skifahrer auch der Tessiner Sektion des Schweizerischen Alpenclubs SAC beitrat), danach während insgesamt acht Jahren in London, Barcelona und Mailand.

Unterdessen hatte es der Vater mit seiner Stickereifabrik zu einigem Wohlstand gebracht, was die St. Galler unter anderem daran sehen konnten, dass er einem Geschäftskonkurrenten im Sommer 1913 das stattliche Haus Teufenerstraße 10 abkaufte. Die oberste der geräumigen Wohnungen bezog er mit seiner Familie etwas später selbst, die anderen Stockwerke vermietete er an Kaufleute, die dort zum Teil kleinere Textil- und Stickereifirmen betrieben.

St. Gallen war damals weltberühmt für seine Stickereien. Fünfundneunzig Prozent der Produktion wurden exportiert; in orientalischen Ländern, Amerika, Frankreich und Großbritannien fand die Ware reißenden Absatz, so dass die eleganten Damen dort zuweilen vom Hut bis zum Rocksaum mit St. Galler Stickereien verziert waren. Die Herstellung von St. Galler Artikeln, wie die verschiedenen Stickereiprodukte zusammenfassend genannt wurden, war denn auch der wichtigste Industriezweig der Schweiz mit einem Exportvolumen, das sich von 1894 bis 1900 auf 120 Millionen Franken verdoppelte und bis 1912 gar auf 220 Millionen Franken steigerte.

Mit dem Ausbruch des Ersten Weltkriegs war die Blüte der St. Galler Stickereiindustrie unwiederbringlich zu Ende. Das musste auch Hermann Dreifuss einsehen, denn obschon er 1915 seinen älteren Sohn Jacques als Compagnon in die Firma geholt hatte, um die Krise mit vereinten Kräften zu überstehen, erholte sich die Branche – mit einer kurzen Besserung Anfang der Zwanzigerjahre – nicht mehr richtig. 1925 liquidierten die beiden Gesellschafter Hermann und Jacques ihre Firma. Der Vater hatte genügend Geld auf der Seite, um sich mit neunundsechzig Jahren in

Frieden zur Ruhe setzen zu können; Jacques machte als Vertreter weiter und Sigi, der für kurze Zeit wieder bei den Eltern gewohnt hatte, zog nach Mailand, wo er zunächst als selbstständiger Vertreter und ab 1926 bei einer Baumwollfirma arbeitete.

Warum er seine Stelle nach einigen Monaten wieder aufgab, um noch einmal mit St. Galler Stickereien auf die Reise zu gehen, weiß der Himmel. Jedenfalls schien er selbst spätestens im Herbst 1928 über den eigenen Mut erschrocken, als er zu einer großen Südamerikatour aufbrach, die ihn von Brasilien über Uruguay, Argentinien und Chile bis nach Peru bringen sollte – zu einer Zeit, da die Weltwirtschaftslage höchst unsicher und das Geschäft mit St. Galler Artikeln *leider sehr schwer* war, wie er in seinem Tagebuch vermerkte. *Zwar – mit Gewalt kann man »e Geiß umelupfe«* (d. h. das Unmögliche vollbringen), schrieb er weiter, *und hoffentlich auch etwas Stickereien verkaufen.* – Eine Annahme, die sich weitgehend als Illusion erweisen sollte.

Tröstlich, dass Sigi Dreifuss wenigstens als Mannsbild damals in Höchstform war. Mit seinen ein Meter zweiundsiebzig von relativ kleiner Statur, imponierte er an Bord der »Andes«, die ihn von Cherbourg nach Brasilien brachte, umso mehr durch Charme, Witz und Wortgewandtheit. So parlierte er munter in allen seinen Fremdsprachen, wobei ihn vor allem freute, dass er auch das Katalanische und den Mailänder Dialekt beherrschte und auf dem Schiff *ganz nett* portugiesisch lernte, wie er später erzählte. Abgesehen davon war es schon fast sensationell, wie er andere Schiffsgäste mit der mehrmals hintereinander gewonnenen Wette um die zurückgelegten Seemeilen in den Schatten stellte.

In der Tat: Dreifuss genoss diese Reise, und statt in seiner Kajüte zu arbeiten, wie er sich vorgenommen hatte, sah man ihn vollauf mit Gesellschaftsspielen und der Organisation von Deck-Tennistournieren für Damendoppel beschäftigt. Und wie er erst tanzte, bis morgens um zwei auf dem obersten Deck, wo es am kühlsten war, *zu wunderbaren Platten von Matrosengesängen ...*

Weniger Erfolg hatte er, wie gesagt, als Stickereivertreter, denn während der acht Monate, in denen er mit 280 Kilogramm Musterkollektionen im Gepäck in Südamerika herumfuhr, holte er alles in allem nur bescheidene Aufträge herein – zum Teil auch, weil an manchen Orten die Vertreter verschiedener St. Galler Stickereihäuser vor ihm dagewesen waren.

Die deprimierende Zwischenbilanz seiner Reise und *das tägliche Rennen um Orders* machten ihn so verdrießlich, dass er sich bisweilen nur mit ethnologischen und fotografischen Expeditionen zu trösten vermochte. Oder mit guten Zigarren und üppigem Essen. Das Geschäft war *unter allen Kanonen,* wie er alle paar Tage in seinem Tagebuch klagte, und so packte er, nachdem er in Peru noch geringe Mengen von Taschentüchern abgesetzt hatte, endlich die Koffer und war heilfroh, nach Hause zurückzukehren.

Zum Glück nahm ihn seine Mailänder Baumwollfirma Battistel Amiotti wieder auf, so dass er sich ein paar Monate später, auf dem Höhepunkt der Weltwirtschaftskrise, getrost von der beruflichen Selbstständigkeit geheilt fühlen konnte.

Sigis Mutter war längere Zeit schwer krank gewesen. Als sie im Frühsommer 1932 starb, war der Vater sechsundsiebzig Jahre alt und ziemlich einsam in seiner großen Wohnung, da Jacques schon seit einigen Jahren in Zürich lebte und aus geschäftlichen Gründen auch dort zu bleiben gedachte. Folglich musste Sigi nach Hause fahren, um dem betagten Vater beizustehen.

Möglicherweise kam ihm der »zwingende Grund« auch entgegen. Denn obschon er das südländische Naturell, die italienische Sprache und Lebensweise von Herzen liebte, war ihm die Freude wohl zusehends vergangen unter dem

Regime des Duce del Fascismo, der Kampf und Gewalt verherrlichte und jede liberale Gesinnung als »staatszersetzendes« Unheil abtat.

Das Klima in Mussolinis Italien entsprach jedenfalls nicht der Geisteshaltung, in welcher Sigi Dreifuss erzogen worden war – einer Haltung, die vom liberalen Idealismus des 19. Jahrhunderts geprägt war und den Menschen ein *goldenes Zeitalter der Sicherheit* geschenkt hatte, wie Stefan Zweig (der in ganz ähnlichen Verhältnissen aufgewachsen war) im Rückblick auf »die Welt von gestern« schrieb.

Dass dieses Zeitalter bereits der Geschichte angehörte, war seit dem Ausbruch des Ersten Weltkriegs klar gewesen. Wer aber hätte damals geglaubt, dass das Ende des politischen Liberalismus' im Verlauf der Zwanziger- und Dreißigerjahre besiegelt würde durch ein derart aggressives und menschenverachtendes Programm wie jenes der faschistischen, frontistischen und nationalsozialistischen Bewegungen?

Auch in der Schweiz, wo man die Werte der liberalen Zivilisation für beständig, ja für unantastbar gehalten hatte, war das Leben nicht mehr wie früher, wie Sigi Dreifuss bald feststellte. Zwar erinnerte er sich, dass die Einwanderung einiger Tausend osteuropäischer Juden schon vor dem Ersten Weltkrieg zu einer wachsenden Judenfeindlichkeit geführt hatte, von der auch die einheimische jüdische Bevölkerung betroffen war. In den Zwanzigerjahren hatte die frontistische Presse die Schweizer Juden offen als »unerwünschte und nicht dazugehörige« Staatsbürger beschimpft, und in einer eigentlichen antisemitischen Welle waren im Winter 1923/1924 sogar Hakenkreuze an Synagogen geschmiert, Pamphlete verteilt und jüdische Passanten belästigt worden. Trotzdem waren das eher vereinzelte Vorkommnisse gewesen.

Inzwischen aber existierte schon eine »Landesgruppe Schweiz« der NSDAP; deren Gründung wurde im April

1933 ausgerechnet in St. Gallen gefeiert, weil es dort eine große Kolonie von Reichsdeutschen gab. Vor aller Augen strömten sie von da an jeweils zu den propagandistischen Anlässen ins »Deutsche Heim« in der Teufenerstraße, zu denen, wie man wusste, auch regelmäßig Festredner aus Deutschland angereist kamen.

Ebenfalls im Frühjahr 1933 vereinigten sich die schweizerischen Fröntler zu einem so genannten Kampfbund, der eigenen Angaben zufolge mehr als neuntausend Mitglieder zählte und in seinen »Kampfblättern«, dem »Eisernen Besen« und der »Front«, verlauten ließ, *die Grundgedanken des Nationalsozialismus* entsprächen *völlig dem, was das Wesen des wahren Eidgenossentums* ausmache.

Immerhin erwirkte die jüdische Gemeinde beim St. Galler Regierungsrat, dass wenigstens der Straßenverkauf des »Eisernen Besens« verboten wurde, und dabei blieb es auch, obschon die Herausgeber mit ihrer Anfechtung bis vor das Bundesgericht gingen. Dennoch konnten die Fröntlerzeitungen mit ihren Hetzartikeln ruhig weiter gedruckt und unter das Volk gebracht werden.

Sigi Dreifuss war nicht bereit, all dem einfach zuzuschauen, und entschloss sich zusammen mit fünfunddreißig anderen St. Galler Juden zu politischem Widerstand: Am 13. Mai 1933, keine drei Wochen nach Sigis Rückkehr, versammelte sich der »Bund junger Juden zur Abwehr des Antisemitismus« zur offiziellen Gründung. In einem streng vertraulichen Protokoll wurden die Maximen festgehalten: Seit Hitlers Machtergreifung Ende Januar 1933, hieß es in dem Papier, zeigten die Vorkommnisse in Deutschland mit aller Deutlichkeit, dass man *aus der bisherigen Reserve hervortreten und zum Angriff übergehen* müsse. *Dem Eindringen des Antisemitismus in die Schweiz* gelte es *energischen Widerstand entgegenzusetzen.*

Um *die Köpfe zu gewinnen, bevor sie den Gegnern ver-*

fallen seien, beschlossen die Mitglieder des Bundes, die Schweizer Bevölkerung über das Wesen des Judentums, Religion, Geschichte und Zionismus aufzuklären. Außerdem wurde geplant, als Revanche gegen die Hetzpropaganda der Fröntler ein eigenes »Kampfblatt« herauszugeben, einen Pressedienst und ein Archiv für die Dokumentation einzurichten, ferner Kontrollbesuche bei öffentlichen, speziell antisemitisch geprägten Versammlungen durchzuführen und darüber zu rapportieren sowie Kontakte zu Erziehungsbehörden und politischen Parteien zu knüpfen.

Dass die Berichte im Protokollbuch schon am 25. Juni 1933 endeten, war nicht die Schuld von Sigi Dreifuss und seinen Kollegen. Der Schweizerische Israelitische Gemeindebund SIG hatte vielmehr inzwischen beschlossen, die antisemitische Abwehr gesamtschweizerisch zu organisieren und in verschiedenen Städten, darunter auch St. Gallen, entsprechende »Lokalcomités« zu schaffen.

Einen Boykott deutscher Waren – im Sinne einer Antwort auf den deutschen Boykott jüdischer Geschäfte seit dem 1. April 1933 –, den Sigi Dreifuss und sein Freund Harry Wohlgenannt als Vorstandsmitglieder des »Bundes junger Juden« anregten, betrachtete der SIG mit Blick auf die Juden in Deutschland *als riskant*. Einige SIG-Vertreter hielten einen solchen Schritt auch für unvereinbar mit der schweizerischen Neutralität, andere gemahnten sogar an die *touristischen und volkswirtschaftlichen Interessen* der Schweiz.

Welche konkreten Abwehrmaßnahmen getroffen werden sollten, darüber wurde noch diskutiert. Dass sie absolut nötig waren, wusste indessen auch die nichtjüdische Bevölkerung, nachdem die Schweizer Zeitungen im Sommer 1933 über die erste öffentliche Versammlung der Nationalen Front in St. Gallen berichtet hatten – eine Versammlung von über zweitausend Leuten, bei welcher Frontengegner mit ohrenbetäubendem Lärm beim Sprechen überschrien und mit Drohungen und Gewalt am vorzeitigen Gehen gehindert wurden.

Solche Großkundgebungen fanden in der Folge immer wieder statt – meistens im »Schützengarten«-Saal, der übrigens auch der NSDAP, seitdem der Platz im »Deutschen Heim« nicht mehr ausreichte, für die regelmäßigen Festanlässe diente. Dazu wurde die Bühne jeweils, wie Fotos zeigen, mit Hakenkreuzfahnen und Hitlerbildern dekoriert, man wähnte sich bei deren Anblick geradezu im nahen Ausland.

Schließlich forderte der Israelitische Gemeindebund die jüdischen Gemeinden der Schweiz zur Empfehlung von Verhaltensregeln auf, und so riet auch der St. Galler Vorstand seinen Gemeindemitgliedern in einer Vollversammlung im Sommer 1934, worauf sie *in der bewegten Zeit* besonders achten sollten: Insbesondere müsste sich jeder und jede von ihnen, um die Gegner auf keine Art und Weise zu provozieren, sowohl privat als auch geschäftlich äußerst zurückhaltend benehmen. Vor allem dürften in den jüdischen Vereinen keine politischen Vorträge gehalten werden, denn allein durch konsequente, friedfertige Unauffälligkeit könnten antisemitische Reaktionen verhindert werden ...

Vermutlich ging dieser Ton dem kämpferischen jungen Dreifuss auf die Nerven. Da er als freier Schweizer Bürger – und nebenbei als Sohn von Hermann Dreifuss, einem geachteten, jahrzehntelangen Mitglied der freisinnig-demokratischen Partei von St. Gallen – das Kopfeinziehen nicht gewohnt war, zudem wohl auch das unerträglich dreiste Auftreten der Fröntler und Nazis satt hatte, trieb ihn die Verdrossenheit immer öfter aus der Stadt hinaus und in die Appenzeller Berge – wie er überhaupt jede freie Minute mit Aktivität ausfüllte: im Verein »Erholung« der jüdischen Gemeinde, in der St. Galler Sektion des Alpenclubs, im St. Georgener Skiclub, in einem Spanischclub und einem

Jeanne Bicard (1905–1962) und Sigi bzw. Sidney Dreifuss (1899–1956) als Verlobte auf einer ihrer zahllosen Bergtouren im Alpstein

Pflanzenschutzkurs, in dessen Rahmen Sigi erst recht jede Gelegenheit nutzte, um im Alpstein an verschiedenen Orten Hinweistafeln aufzustellen, damit sich die Leute ihrer Rücksichtslosigkeit vielleicht eher bewusst würden, wenn sie massenhaft Enziane, Steinbrech und Alpenrosen pflückten.

Im geliebten Alpstein konnte er Jeanne, seiner jungen Frau, im Sommer 1935 auch auf jeder Wanderung von neuem gehörigen Eindruck machen, weil er einfach alles, Blumen, Bäume, Sträucher, Pilze, Bäche, Seen, Berge und Hügel und jeden Stein mit Namen zu bezeichnen und, falls gewünscht, näher zu erläutern wusste.

Sigi Dreifuss spielte in der Ehe mit Jeanne immer den dominierenden Part. Manchmal war er sogar richtig streng mit ihr – etwa wenn sie seiner Meinung nach *in die alte, ererbte Bicardsche Ängstlichkeit zurückfiel*. Gleichzeitig bewunderte Jeanne ihren Sigi zum Erstaunen mancher Freunde grenzenlos und hielt sich selbst allzu sehr im Hintergrund. Dennoch ließ sich eine größere Liebe und Zärtlichkeit als jene, die sie beide füreinander empfanden, kaum vorstellen. In den ersten Jahren waren sie so glücklich über ihr Zusammensein, dass sie auf ihren Spaziergängen oft Lust hatten, nebeneinander *wie Fässchen den Hügel hinunterzurollen*.

In dieser innigen Verbundenheit erwarteten sie schon bald nach der Hochzeit ihr erstes Kind und brachten fortan jeden freien Abend damit zu, eine wunderschöne Babyausstattung samt allen Kindermöbeln selbst anzufertigen. Und als *der Herr Stammhalter* endlich da war, wie Jeanne den am frühen Ostersonntag 1936 geborenen Hans Jakob in ihrem Tagebuch einführte, fanden sie für ihre Dankbarkeit keine Worte.

Sigi, Jeanne und der kleine Hanseli oder Hanselimann, wie ihr Sohn in den ersten Lebensjahren genannt wurde, lebten mit dem alten Hermann Dreifuss zusammen im obersten Stock seines Hauses in der Teufenerstraße 10. Dort richteten sie auch ihr Büro ein, denn natürlich hatte Sigi es nach seiner Rückkehr aus Italien nicht lassen können, sich wieder als selbstständiger Kaufmann zu versuchen. Und selbstverständlich half nun auch Jeanne in seinem Geschäft mit – *zur Erhaltung des ehelichen Friedens*, wie sie halb ernst, halb spaßhaft schrieb, unterstützt von einer jungen Frau, die ihr tagsüber den Haushalt besorgte und den kleinen Sohn hütete.

Jeannes Mitarbeit in Sigis Büro für »Warentermingeschäfte und Vermittlung von Rohprodukten« geriet ihrem Gatten nicht zum Nachteil. Gemeinsam waren sie mitunter sogar fast mehr mit Arbeit eingedeckt, als sie zu leisten vermochten. Während Jeanne das gut gehende Geschäft aber relativ bald auch als Belastung empfand, da sie sich daneben kaum um ihr Söhnchen kümmern konnte, reagierte Sigi auf den zeitweiligen finanziellen Erfolg mit einem Übermut, der von der realistischen Jeanne, wiederum halb im Ernst, halb im Spaß, als *große Verschwendung* bezeichnet wurde.

So erschrak sie zunächst sehr über sein extravagantes Geschenk zum ersten Hochzeitstag: zwei Tickets für einen Säntisflug, und wurde für eine Weile ziemlich einsilbig, als er im Frühsommer 1937 in einer schon schwärmerischen Hingerissenheit zum Kauf eines komplett eingerichteten Ferienhäuschens drängte, das er in einem »St. Galler Tagblatt«-Inserat entdeckt hatte. Natürlich halfen weder ihre Bedenken noch das unwirsche Abraten seines Vaters; doch als sie ihr *Paradiesli*, wie das Ferienhaus mitten in einem großen Garten hoch über dem appenzellischen Teufen bei ihnen bald hieß, erst richtig eingeweiht hatten, freute sich Jeanne am meisten von allen. Denn nun konnte sie sich am Wochenende und in den Ferien nach Herzenslust ihrem kleinen Sohn widmen, was sie *oft bitter vermisst hatte.*

Wer weiß, vielleicht hätten sie in jenem Haus mit dem paradiesischen Garten voller Bäume, Beerensträucher, Gemüsebeete und Blumen und der herrlichen Aussicht auf die Appenzeller Berge sehr viel länger, ja bis auf ihre alten Tage bleiben können – wäre im Sommer 1938 nicht auf einmal ein unerhörter Flüchtlingsstrom über die Ostschweizer Grenzen gekommen, der Sigi bald vollständig beanspruchen und zuletzt *absolut ohne Schuld*, wie er immer betonte, und doch nicht ganz unschuldig in die Tragödie des St. Galler Polizeihauptmanns Paul Grüninger hineinziehen sollte.

1 Eine ernsthaftere Unpässlichkeit des alten Dreifuss hatte die junge Familie bis Ende Juni 1938 in der Stadt festgehalten. Als Jeanne und Sigi zusammen mit Hanseli und dem Dienstmädchen Lily darauf in ihr Ferienhaus übersiedelten, wollten sie wie im Jahr zuvor mindestens zwei Monate dort bleiben. Doch ehe er sich's versah, war Sigis Urlaub auch schon vorüber, weil er zum ersten Mal – im Mai hatte er sich zum Aktuar wählen lassen – und auf der Stelle als Vorstandsmitglied der Israelitischen Kultusgemeinde in St. Gallen gebraucht wurde.

Seit Österreichs »Anschluss« an das deutsche Reich im März dieses Jahres versuchten sich immer mehr österreichische Juden, so viel war Sigi bekannt, über die Schweizer Grenze in Sicherheit zu bringen. In St. Gallen schickte man sie zur jüdischen Gemeinde, wo Kantor Max Rosenthal mit ein paar Freiwilligen für ihre Betreuung verantwortlich – und inzwischen völlig überfordert war.

Nun hatte der Gemeindevorstand beschlossen, die Flüchtlingshilfe in Zusammenarbeit mit dem Verband Schweizerischer Israelitischer Armenpflegen neu zu organisieren. Diese Aufgabe und die anschließende Leitung des Flüchtlingsbüros sollte Sigi Dreifuss übernehmen, denn mit seiner kaufmännischen Erfahrung, Fremdsprachenkenntnis und umgänglichen Art schien er dazu wie geschaffen – abgesehen davon, dass schon seine Eltern für ihre fürsorgerische Ader und die nie versiegende Freigebigkeit gegenüber Notleidenden bekannt waren in der Gemeinde.

So verließ Sigi Dreifuss in der Frühe des 2. August 1938 also seine Wohnung in der Teufenerstraße 10, stieg vier Stockwerke hinunter und betrat im Hochparterre des gleichen Hauses die Räume der Flüchtlingshilfe. An diesem ersten Arbeitstag empfing der neue Chef fünf österreichische Emigranten in seinem Büro. Personalien, Identitätspapiere, finanzielle Mittel, Reiseziele der Leute wurden in Fragebogen registriert, und in einem eingehenden Gespräch klärte Dreifuss ab, ob sie allenfalls Visa oder Bürgschaftserklärungen von Verwandten oder Bekannten in Übersee besaßen.

In der Schweiz konnten die Flüchtlinge nicht bleiben. Das hatten die Bundesbehörden – *schon im Hinblick auf die Lage des Arbeitsmarktes und den Grad der Überfremdung,* so der Wortlaut – bereits früher klar gemacht. Die Schweiz war für Emigranten nur Transitland, und den Vertretern der Flüchtlingshilfe blieb es überlassen, möglichst alle *weiterzubringen,* wie es hieß, und dazu die Erlaubnis zur Einreise in andere Länder, Zertifikate, Visa, Schiffskarten zu beschaffen. Aber schnell. *Bern* war diesbezüglich ungeduldig – schließlich hatte die internationale Konferenz in Evian ein paar Wochen zuvor an den Tag gebracht, dass auch die anderen zweiunddreißig Staaten ihre Flüchtlinge so bald wie möglich wieder loswerden wollten.

An seinem zweiten Arbeitstag registrierte Dreifuss zwölf neue Emigranten aus Österreich. Am dritten Tag kamen zwanzig, am vierten Tag fünfzig, und einen Tag später verzeichneten Sigi Dreifuss und seine quasi notfallmäßig aufgebotenen Mitarbeiter aus der Gemeinde insgesamt mehr als hundert Flüchtlinge.

Sie alle brauchten als Erstes eine Unterkunft, Essen und ein bisschen Geld, denn bei der Ausreise war ihnen praktisch alles abgenommen worden. Günstige Gasthäuser und Pensionen ließen sich in St. Gallen und Umgebung vorerst relativ leicht finden. Für Leute, die an Bekleidung und Wäsche kaum mehr hatten, als sie auf dem Leib trugen, führte der jüdische Frauenverein eine Kleidersammlung durch. Schwieriger gestaltete sich hingegen die prompte Bezahlung der laufenden Auslagen, denn für die Finanzierung des Flüchtlingswesens waren letztlich der Schweizerische

Israelitische Gemeindebund SIG und alle jüdischen Gemeinden miteinander verantwortlich.

Am 11. August – inzwischen musste die Flüchtlingshilfe schon für fast zweihundert Emigranten sorgen – berieten Dreifuss und die Vertreter von SIG und Armenpflege in einer Krisensitzung, wie und wo sie die Leute nun unterbringen sollten, da Pensionen und Hotels auf die Dauer zu kostspielig waren. Wohin würde das alles noch führen, fragten sie sich. Wie war es überhaupt möglich, dass Tag für Tag so viele Emigranten die Grenze passieren konnten, obwohl für die Inhaber österreichischer Pässe seit April doch die Visumspflicht bestand?

Nach einer anfänglich restriktiven Haltung, so lernten Dreifuss und seine Leute aus den Gesprächen mit den Flüchtlingen, waren die deutschen Behörden dazu übergegangen, Jüdinnen und Juden mit allen Mitteln zu vertreiben und buchstäblich über die Grenzen zu schleusen. Sollten sie zurückkommen, drohten die deutschen Grenzposten mit der Verschickung in Konzentrationslager.

Nun wussten viele Schweizer Grenzpolizisten offenbar nicht genau, was von ihnen erwartet wurde in Bezug auf die Emigranten, die zum Teil von bezahlten Schleppern über die Grenze gebracht wurden. Wenn die Flüchtlinge nachts durch den Alten Rhein wateten, in der Nähe des Zollhauses durchs Gebüsch schlüpften und dabei erwischt wurden: Sollten sie die Leute nicht weiter behelligen oder aber den deutschen Zöllnern übergeben?

In Basel und Diessenhofen, in Buchs, St. Margrethen und Diepoldsau – bei allen Grenzübergängen, die von österreichischen Emigranten benutzt wurden, herrschte eine Ratlosigkeit, die manchen Männern, Frauen und Kindern zum Verhängnis, anderen zur Rettung wurde.

Gut standen die Chancen besonders im Grenzgebiet der beiden Zollämter Diepoldsau und Schmitter, wo die Einheimischen *einen Flüchtlingsstrom* beobachteten, *der sich*, in der schriftlichen Formulierung des Gemeindeschreibers, *geradezu heranwälzte: Wie ein Lauffeuer muss es in Wien, von woher die meisten Juden kamen, bekannt geworden sein, dass der Übertritt bei Diepoldsau günstig sei.*

Der Verantwortliche für diesen »günstigen Übertritt« war der St. Galler Polizeihauptmann Paul Grüninger. Ihm schien die Rückweisung der Flüchtlinge – wie er am 17. August 1938 anlässlich einer Polizeidirektorenkonferenz zum Chef der eidgenössischen Polizeiabteilung, Heinrich Rothmund, sagte – *schon aus Erwägungen der Menschlichkeit* nicht möglich. Im Übrigen sei eine vollkommene Abschließung der Grenze nicht durchführbar, weil die Leute, wenn sie an der Grenze abgewiesen würden, *eben »schwarz« und unkontrollierbar* ins Land kämen.

Grüningers Haltung wurde von den Mitarbeitern der jüdischen Flüchtlingshilfe prinzipiell gutgeheißen. Dennoch war sein konkretes Vorgehen etwas irritierend. Zum einen

Sigi Dreifuss, Leiter der jüdischen Flüchtlingshilfe St. Gallen, in seinem Büro in der Teufenerstraße

schickte er immer mehr Emigranten zu ihnen: Am 17. August standen schon gut dreihundert Männer, Frauen und Kinder unter Obhut der St. Galler Flüchtlingshilfe, zwei Tage später waren es gar mehr als vierhundert Leute.

Zum andern aber wusste Dreifuss in den gemeinsamen Befragungen der Neuankömmlinge nie, nach welchen Kriterien Grüninger seine Entscheidungen traf. Ob die Emigranten durch irgendein Schlupfloch über die Grenze gekrochen waren oder bei den Zöllnern um Aufnahme gebeten hatten, ob Dreifuss diese gern dabehalten wollte und jene am liebsten gleich wieder losgeworden wäre – der Polizeihauptmann bestimmte völlig willkürlich, was mit den Leuten zu geschehen hatte. So durften die einen bleiben und die anderen wurden auf der Stelle von Dreifuss' Büro weg zur Grenze zurückspediert.

Paul Grüningers Vorgesetzter, Regierungsrat Valentin Keel, ein Sozialdemokrat, der sich in den vergangenen Jahren unter anderem durch sein unerschrockenes Vorgehen gegen St. Galler Nazis und Fröntler profiliert hatte, schien mit der Arbeit seines Polizeikommandanten einverstanden zu sein – zumindest bis Heinrich Rothmund und die eidgenössische Fremdenpolizei sich die Sache in St. Gallen genauer anschauten.

Vorläufig aber nahm Keel, so erinnerte sich Ernst Kleinberger, damals einer der vielen zeitweiligen Helfer im Flüchtlingsbüro, ab und zu sogar selbst an den Befragungen der Wiener Emigranten teil, und wenn sie davon erzählten, wie die Nazis sie gezwungen hatten, mit Zahnbürsten das Straßenpflaster zu putzen, bevor sie aus ihren Wohnungen geschmissen und ihre Geschäfte geplündert wurden, oder wenn sie von Angehörigen berichteten, die bereits in Dachau waren, dann standen dem Polizeivorstand die Tränen in den Augen. *Tun Sie doch Ihr möglichstes*, hörte Kleinberger ihn mehr als einmal zu Grüninger und Dreifuss sagen, *finden Sie irgendeinen Grund, damit diese Leute dableiben können!*

Unterdessen hatte Dreifuss' Hilfstruppe in Schäflisegg ober-
halb von Teufen und in der »Krone« in Schönengrund not-
gedrungen zwei Lager für insgesamt etwa hundert Emigranten eingerichtet; überdies hatte Grüninger in Diepoldsau
eine leer stehende Stickereifabrik gefunden und im Auftrag
von Regierungsrat Keel zum Flüchtlingslager umgestalten
lassen. Dort lebten unter polizeilicher Aufsicht seit Mitte
August rund hundertdreißig Leute.

Da sich die anderen Emigranten noch in der Stadt St.
Gallen und anscheinend *zu viel auf den Straßen* aufhielten,
wie es hieß, riet die Polizei dazu, sie wegen möglicher
antisemitischer Gefühle der Bevölkerung baldmöglichst
ebenfalls aufs Land zu schicken.

Dreifuss spurte. *Immerhin,* schrieb er in einem Bericht
zuhanden des Gemeindevorstands, *kann man sich den
Wünschen der Polizei nicht gut verschließen.*

Dennoch hätte er Hauptmann Grüninger die gehorsame
Zusammenarbeit zwischendurch am liebsten verweigert. In
diesem Sinn war wohl der Eintrag in einem SIG-Papier zu
verstehen, der unter dem 16. August 1938 festhielt: *5 Arri-
vées, welche von der Behörde angenommen werden. Dreifuss hat gestoppt.*

Andererseits meldete sich derselbe Dreifuss an einer
SIG-Finanzbesprechung zwei Tage später zu Wort mit der
Ansicht, die Flüchtlinge müssten *unter allen Umständen
durchgehalten werden.* Es treffe *auf zehn Juden in der
Schweiz nur e i n e n. Die Aufgabe* sei *deshalb durchführbar.*

Dass sich die jüdischen Gemeinden und jeder einzelne
der finanziellen Verpflichtung bewusst sein müssten, darin
waren sich alle Sitzungsteilnehmer einig – spätestens seit
der kantonalen Polizeidirektorenkonferenz vom Tag zuvor,
bei welcher den Schweizer Juden laut SIG-Protokoll gedroht
wurde, *falls sie die nötigen Garantien für die Durchhaltung
der Flüchtlinge nicht geben und die ganze Organisation
nicht aufrechterhalten* könnten, mache man *behördlicher-*

seits alle Vorbehalte für zu treffende Maßnahmen. Jede Verantwortung für die Folgen würde *abgelehnt.*

Die Schweizer Juden waren, mit anderen Worten, zur Bezahlung der gesamten Kosten »ihrer« jüdischen Flüchtlinge verpflichtet worden, was gemäß der Präzisierung des eidgenössischen Polizeichefs Rothmund natürlich *nicht als rechtliche Verpflichtung* aufgefasst werden konnte; vielmehr habe sich *das Judentum,* wie er schrieb, *dieser Aufgabe freiwillig unterzogen.*

Entsprechend rief der SIG unverzüglich zu einer ersten großen Geldsammlung auf, bei welcher fast 1,7 Millionen Franken zusammenkamen. Ab 1939 sollte dann mehr als die Hälfte der immensen Kosten, welche die schweizerischen Juden aufbringen mussten, vom international tätigen amerikanisch-jüdischen »Joint Distribution Committee« übernommen werden. Das heißt, dass die amerikanischen Juden mehr als 25 Millionen Franken beisteuerten zu der Summe von insgesamt 46 Millionen, die allein von der jüdischen Flüchtlingshilfe bis 1947 aufgewendet wurde (während die Unterstützungsleistungen aller anderen Schweizer Hilfswerke knapp 24 Millionen Franken betrugen). Und siehe da, mit der Zeit erhielten die schweizerischen Juden sogar vom Bund einen Anteil ihrer Auslagen ersetzt, bis 1947 nämlich 3,2 Millionen Franken, die in erster Linie für die Ausreise der Flüchtlinge ausgegeben werden mussten und exakt zur Hälfte von vermögenden jüdischen Flüchtlingen stammten, denen die schweizerischen Behörden eine so genannte Solidaritätsabgabe abgeknöpft hatten.

Im Vergleich zu diesem bescheidenen Bundesbeitrag betrugen die Spenden der schweizerischen jüdischen Bevölkerung in der Zeit von 1938 bis 1947 rund 7,2 Millionen Franken – eine riesige Summe für etwa 18 000 Menschen, von denen – zählte man Frauen, Kinder und alte Leute ab – weniger als ein Drittel erwerbstätig waren.

Um auf den 18. August 1938 und jene SIG-Finanzbesprechung zurückzukommen, so wussten die schweizerischen Juden zwar nicht, welch ungeheuer große Geldbeträge sie in naher Zukunft irgendwie auftreiben mussten (und im Bergier-Bericht einst minutiös aufgelistet sehen würden). Eines aber wussten sie gemäß Sitzungsprotokoll schon damals mit Sicherheit: Von ihnen wurde *eine außerordentliche Kraftanstrengung* verlangt, und *um bei niemandem Zweifel aufkommen zu lassen,* so wiederholte SIG-Präsident Saly Mayer, bestünde die Instruktion, *ausdrücklich mitzuteilen, dass sämtliche illegal Anwesenden als letzte Folge eines allfälligen Versagens des Judentums an die Grenze gestellt* würden. Was das bedeute, brauche *nicht in Worte gefasst zu werden.*

Und während sich die Vertreter der jüdischen Gemeinden und Flüchtlingsbüros noch gegenseitig ihre Befürchtungen mitteilten und Mut zusprachen, traf im Sitzungszimmer die telefonische Nachricht ein, der Bundesrat habe soeben eine vollständige Grenzsperre beschlossen, weil inzwischen weitere Flüchtlinge illegal eingereist und noch mehr zu erwarten seien. Neue Flüchtlinge würden ab sofort ausnahmslos zurückgewiesen.

Interessant war die spätere Begründung dieser Maßnahme; so führte ein Bericht des eidgenössischen Justiz- und Polizeidepartements zuhanden des Bundesrates unter anderem an, es sei praktisch ausgeschlossen gewesen, eine noch größere Zahl österreichischer Flüchtlinge in der Schweiz aufzunehmen, *und die Leiter der schweizerischen Judenschaft* hätten *erklärt, die Sache* wachse *ihnen über den Kopf...*

Sigi Dreifuss jedenfalls hatte wie gesagt am gleichen Tag erklärt, die Flüchtlinge müssten unter allen Umständen *durchgehalten* werden, und die Aufgabe sei durchführbar. Dabei wusste er zuweilen wirklich fast nicht mehr, wo ihm der Kopf stand über all den Ein- und Ausreiseproblemen,

Passangelegenheiten, Quartier- und Verpflegungsfragen, Materialsammlungen, ja selbst ganz profanen Befürchtungen einiger Gemeindemitglieder, bei den Gottesdiensten der bevorstehenden hohen Feiertage könnte der Platz in der Synagoge für die einheimischen Juden zu knapp werden ...

Immerhin konnte sich Dreifuss *über die Haltung der Polizei nur lobend aussprechen,* wie er in einem Bericht festhielt. *Soweit ihr die Hände nicht gebunden sind,* so Dreifuss, *hilft sie uns. Der Verkehr mit den Behörden ist sehr freundschaftlich.*

Grüninger half tatsächlich, so viel er konnte; das stürzte Sigi Dreifuss ja gerade in eine solche Verlegenheit. Denn obschon er die Großherzigkeit des Hauptmanns bewunderte und seine immer deutlichere Missachtung der flüchtlingspolitischen Direktiven aus Bern für moralisch richtig und sogar notwendig hielt, fühlte er sich nicht mehr wohl in seiner Haut, als Grüninger nach der strikten Grenzsperre auf die gewagtesten Methoden verfiel, um möglichst viele Flüchtlinge trotzdem noch einreisen zu lassen.

So musste Dreifuss für den Hauptmann schriftliche Bestätigungen abfassen, dass die israelitische Flüchtlingshilfe jüdische Emigranten aufnehme; eine solche Garantieerklärung schickte Grüninger beispielsweise an das schweizerische Konsulat in Wien, um für die Eltern eines Diepoldsauer Lagerinsassen ein Ausreisevisum zu erhalten. Den Eltern eines anderen Emigranten sandte Grüninger eine »amtliche Vorladung zwecks einer Einvernahme« – womit die Leute an der Grenze problemlos durchgelassen wurden.

Mit der Zeit schickte Grüninger sogar Einladungen nach Dachau, weil er mittels der angeblichen Einreisegenehmigungen diese oder jene Entlassung aus dem KZ zu erwirken hoffte. Außerdem fuhr der Hauptmann in Begleitung eines Polizisten einige Male in seinem Dienstwagen nach Lindau, holte dort Flüchtlinge ab und brachte sie bei

Hohenems über die Grenze. Ferner sammelte er im Stillen Geld für die Emigranten, wogegen Dreifuss gewiss nicht protestiert hätte, wäre es ihm damals bekannt gewesen. Was den Leiter der Flüchtlingshilfe hingegen extrem verunsicherte, war Grüningers Idee mit den Datenfälschungen.

Um den Zeitpunkt der Einreise einiger Hundert Menschen zu vertuschen, hatte Grüninger plötzlich den Einfall, die bereits ausgefüllten Fragebogen des Flüchtlingsbüros ein bisschen zu korrigieren. Dabei sollte, wie er Dreifuss erklärte, das Einreisedatum hier und dort vor dem 18. August 1938 angesetzt werden, was eine Grenzüberschreitung vor der Sperre vortäuschte. Später und viel häufiger ließ Grüninger das Datum auch auf einen anderen Monat verschieben. Davon erhoffte er sich einen gewissen Ausgleich, um zu verhindern, dass die eidgenössische Fremdenpolizei auf die gehäufte Einwanderung in einzelnen Monaten aufmerksam würde.

Dreifuss wurde das Ganze langsam unheimlich: Nun brachte Grüninger nicht bloß immer weitere illegale Flüchtlinge in die Teufenerstraße; er verlangte von den Mitarbeitern, welche die Register führten, darüber hinaus praktisch täglich solche Datenverschiebungen – dabei sandte die Flüchtlingshilfe ihre eigenen Fragebogen auch an die Zentralstelle der israelitischen Armenpflegen nach Zürich und an die Wohngemeinden der Emigranten. Wie lange konnte das noch gut gehen?

Grüninger erklärte seinem Chef Valentin Keel einmal schriftlich, aus welchen Gründen die rücksichtslosen Abschiebungen bald nach der Grenzsperre nicht mehr durchführbar gewesen seien: *Dabei ereigneten sich herzzerbrechende Szenen,* schrieb er, *und mancher schwere Vorwurf menschlich gesinnter Schweizerbürger wurde uns gemacht. Schließlich kam es so weit, dass unsere Polizeiorgane und teils auch die Zollorgane erklärten, diesen Dienst, der sie seelisch zugrunde richte, nicht mehr ausüben zu können.*

So sei er dann, nachdem er sich von Keel grundsätzlich unterstützt fühlte, dazu übergegangen, ungeachtet der eidgenössischen Weisungen *die einzelnen Fälle näher zu prüfen* und weiterhin der St. Galler Flüchtlingshilfe zu überweisen, sofern die Leute zu belegen vermochten, dass sie in absehbarer Zeit in andere Länder weiterreisen könnten. Die Flüchtlingshilfe habe sich jeweils verpflichtet, Aufenthalts- und Weiterreisekosten zu übernehmen. Es würde also *keiner dieser Emigranten* – und diesen Satz unterstrich er – *der Schweiz je und je zur Last fallen.*

Sigi Dreifuss, der das Ressort »Weiterreise« und damit die *wichtigste Frage im ganzen Emigrantenproblem* persönlich betreute, hatte inzwischen aber nicht mehr die geringste Ahnung, wie er den Leuten noch zur Auswanderung verhelfen sollte. Fast alle Länder waren gesperrt; Australien verlangte ein hohes »Vorzeigegeld«, Einreisen nach den USA kamen frühestens in eineinhalb bis zwei Jahren wieder in Betracht, da die Einwanderungsquoten für deutsche und österreichische Staatsbürger ausgeschöpft waren. In England und Frankreich, Palästina, Südamerika, Kuba – in der ganzen Welt suchte Dreifuss, unterstützt von der jüdischen Emigrationshilfe in Paris, nach Einreisebewilligungen. Praktisch erfolglos.

Wenn Ernst Kleinberger, Mitte der Neunzigerjahre einer der ältesten noch lebenden Zeugen jener Zeit, sich den Alltag im St. Galler Flüchtlingsbüro der jüdischen Gemeinde in Erinnerung rief, gab er freimütig zu, dass Dreifuss, er selbst und andere bisweilen hoffnungslos überfordert waren. Immerhin habe man sich Tag für Tag *die himmeltraurigen Geschichten* der Emigranten anhören müssen, ein Schicksal nach dem anderen, bis man nach ein paar Stunden mit den Nerven *fixfertig* gewesen sei.

Und weil die Leute nicht selten, in ihrer Angst vor Zurückweisung, *das Blaue vom Himmel herunter gelogen* hätten über zahlungskräftige Verwandte in Übersee, beruf-liche Qualifikationen, wunderbare Sprachkenntnisse und Ähnliches, weil sie auf genauere Fragen dann aber plötzlich stotternd und mit rotem Kopf geantwortet hätten, sei es ab und zu schon passiert, dass Dreifuss oder andere Vor-standsmitglieder die Emigranten *etwas unsanft angefahren* hätten, sie sollten gefälligst bei der Wahrheit bleiben. Der »ruppige Militärton«, der ihnen nachher angekreidet wor-den sei, dürfe aber wirklich nicht als Überheblichkeit ge-deutet werden. Vielmehr habe eine gewisse Ungeduld oder Strenge ihren Grund gehabt in der emotionalen und auch physischen Überlastung, schließlich hätten sie sich für die Flüchtlinge *fast aufgehängt.* Was speziell Sigi Dreifuss be-treffe, so habe er ihn wahrhaftig als *offen und verständnis-voll, ja als richtigen Flüchtlingsvater* erlebt.

Dem stimmten einige ehemalige Flüchtlinge ohne weite-res zu, während andere Sigi Dreifuss und die jüdischen Funktionäre, die sie in St. Gallen kennen lernten, in äußerst kritischen Worten beschrieben. Offensichtlich hatten die meisten Emigranten das Gefühl, den St. Galler Juden lästig zu sein. *Wenn es Ihnen nicht passt, können Sie ja gehen,* war eine oft gehörte Antwort auf besondere Wünsche oder Reklamationen. Die Flüchtlinge waren Almosenempfänger und hatten zu tun, was die Funktionäre von ihnen verlang-ten.

Und gerade so, wie Sigi Dreifuss zum Polizeihauptmann stand, den er gleichzeitig achtete und fürchtete, standen die Emigranten zu Dreifuss: unsicher, was sie von ihm halten sollten. Einesteils waren sie ihm dankbar, andernteils inter-pretierten sie seine ernste, distanzierte Art und speziell die Weigerung, mit ihnen hochdeutsch zu reden oder auch nur die Pfeife aus dem Mund zu nehmen beim Sprechen, als ziemlich herablassende Zurückweisung.

Nie verziehen wurden ihm auch zwei Aussprüche, die er

im Diepoldsauer Flüchtlingslager machte: So sagte er bei einer Inspektion der riesigen Schlafsäle, die er selbst wahrscheinlich etwas zugig und ungemütlich fand, auf Schweizerdeutsch zu ein paar jungen Emigranten: *Wenigstens ist es hier hoch und luftig.* Der Satz wurde bei ihnen zum geflügelten Wort: *Hier sind wir in einem Polizeilager,* fassten sie die Situation zusammen, *einen Steinwurf von der Grenze entfernt, scharf beobachtet von Nazi-Spitzeln; wir dürfen nicht arbeiten, nicht mit den jungen Leuten im Dorf zusammensitzen, nicht das Dorf verlassen, wir können nicht zurück nach Hause und nicht weiter –* »*aber wenigschtens isch es doo höch und luftig!*«.

Der zweite unvergessene Ausspruch brachte Dreifuss den Vorwurf ein, er sei in Wirklichkeit ein jüdischer Antisemit: Zwei 17-jährige Lagerinsassen fragten ihn bei einem seiner eher seltenen Besuche in Diepoldsau, ob er nicht etwas für ihre Eltern tun könne. Der eine hatte soeben von seinem Vater die Nachricht erhalten, das nächste Mal würde er wahrscheinlich aus Dachau schreiben (wobei er tatsächlich nie mehr schrieb).

Wo ist Ihr Vater jetzt? fragte Dreifuss.

In Dachau.

Na, was wollen Sie, antwortete darauf Dreifuss, *da hat er ein Dach überm Kopf, da geht's ihm ja nicht schlecht.*

Demgegenüber erinnerten sich ein paar der befragten einstigen Flüchtlinge an die *ausgesprochene Liebenswürdigkeit des Herrn Dreifuss,* wie sie sagten. *Als ob es gestern gewesen wäre,* sahen sie den Chef des St. Galler Flüchtlingsbüros vor sich, wie er im Zimmer auf und ab ging in seiner charakteristischen Kleidung: Knickerbockerhosen, Hemd und Fliege; im Mund immer eine Pfeife, die Hosensäcke vollgestopft mit Ersatzpfeifen, Tabak und Pfeifenstopfern; und wie er dann *seine knappen Fragen stellte, war er die Ruhe in Person.*

Dass er ganz unnahbar gewesen sei, wurde widerlegt durch die Tatsache, dass er einige Emigranten ins Teufener Ferienhaus einlud, so den Arzt Dr. Samuel Karliner, einen Herrn Dr. Stern und das Ehepaar Goldmann – eine fröhliche Gesellschaft, wie die Fotos und Jeannes Tagebucheintrag zeigen. Andere Flüchtlinge, ein paar Männer, die im Lager Schäflisegg bei Teufen untergebracht waren, halfen im Herbst 1938 bei der Ernte der gut hundert Kilo Äpfel und Birnen in Sigis Garten; auch davon gab es Fotos, vor allem vom kleinen Hanselimann, der im Schubkarren von den *netten Onkels* herumkutschiert wurde, wie die Erklärung dazu besagte.

Dann wurden sowohl Sigi Dreifuss als auch Jeannes Vater Jules Bicard beim Sonntagsspaziergang mit dem Kleinen je einmal von einem Emigranten fotografiert, worauf die *netten Bildchen* in Sigis Büro gebracht wurden. Und zu Chanukka 1938 kam der Briefträger mit einem Paket, adressiert *an das Büebli Hansli Dreifuss;* es enthielt *ein nettes ärmelloses Westli* und eine Karte mit den Worten: *Dem kleinen Hansli ein Gruß von einer Emigrantin.*

Abgesehen davon wusste man von Sigi Dreifuss, dass er wiederholt zur Grenze fuhr, um Flüchtlinge als »Schweizer Funktionär« persönlich »abzuholen«, und dass er für einzelne von ihnen auch bei Grüninger richtiggehend kämpfte, um sie vor der neuerlichen Ausweisung zu bewahren. In mindestens einem namentlich bekannten Fall (tatsächlich waren es mehrere) riskierte er, einen Flüchtling in seinem Büro gar nicht erst zu registrieren und sofort bei Freunden zu verstecken, bis Grüninger dahinter kam – und zum Glück verständnisvoll reagierte. Ferner verhinderte Dreifuss die Entlassung und Abschiebung eines anderen, noch sehr jungen Emigranten, der eine Zeit lang als Knecht bei einem Appenzeller Bauern Unterschlupf gefunden hatte. Und einem von den Behörden besonders krass schikanierten Flüchtlingspaar verhalf Sigi Dreifuss durch hartnäckige

Beschwerden zu einer Heiratserlaubnis und vor allem zu einer moralischen Rehabilitierung, damit die beiden in Zukunft nicht mehr ausspioniert, *mit polizeilichen Einvernahmen gequält und wie Sträflinge behandelt* würden.

Für mich war Sidney Dreifuss ein Retter, schrieb jener Mann Jahrzehnte später aus Tucson, Arizona, *da er wahrscheinlich mit Grüninger über mich verhandelt hat, um mein Asyl durchzusetzen. Und er war auch direkt beteiligt an der Rettung meiner Frau.* – Mit ihren Schweizer Freunden, schloss er nach einer längeren Beschreibung der damaligen Umstände, seien sie noch immer in Verbindung, und auch ihre Kinder hätten *die Schweiz ins Herz genommen. Das Schlechte haben wir vergessen, das Gute ist geblieben.*

Solche Dankesschreiben erhielt Sigi Dreifuss noch, als er schon längst nicht mehr für die Flüchtlingshilfe arbeitete und das Schlechte durchaus nicht vergessen konnte.

2 Jeanne Dreifuss hielt es nicht mehr lange auf dem Land, nachdem Sigi Anfang August 1938 die *Emigrantensache* übernommen hatte. Einesteils wollte sie in seiner Nähe sein, weil er sich bis zum Umfallen anstrengte und *so viel aufregen* musste. Andernteils wurde Jeanne in St. Gallen gebraucht, da sie beide ihr Geschäft nebenbei, aber doch ohne große Einbußen weiterzuführen hofften, sobald die Organisation der Flüchtlingshilfe abgeschlossen und alle Aufgaben verteilt sein würden.

Für kleinere Arbeiten, Botengänge und dergleichen hatten sie inzwischen einen jungen Gehilfen, Karl Haber aus Wien, der Sigi auch im Flüchtlingsbüro zur Hand ging. Außerdem gab es unter den Emigranten ein paar Kaufleute, die sich mit Warentermingeschäften auskannten. Ali Schapira beispielsweise, ein etablierter Wiener Handelsmann, war mit Sigi (wie Haber aufgrund ihres vertraulichen Gesprächstons vermutete) früher sogar schon in geschäftlichem Kontakt gestanden. Der sprang nun als Stellvertreter ein, wenn Sigi mit den Flüchtlingen zu viel zu tun hatte, und befreite Jeanne auf diese Weise von einem Teil der Verantwortung.

Große Sorgen aber – und dies war der dritte Grund für Jeannes frühzeitige Rückkehr in die Stadt – machte der Zustand des alten Hermann Dreifuss: Seine Magenschmerzen hatten sich derart verschlimmert, dass er nicht mehr essen noch schlafen konnte, und als Dr. Zollikofer Mitte August offen aussprach, was er befürchtete, brach Jeanne ihre Sommerferien augenblicklich ab.

Im *Paradiesli* waren sie in den folgenden Monaten nur selten: zur erwähnten Obsternte mit Hilfe einiger Emigranten und ein paarmal, um bei schönem Herbstwetter mit

Gästen auf der Veranda zu plaudern. Neben den neuen Wiener Bekannten gehörten dazu vor allem Ernst und Madeleine Kleinberger, ihre Freunde aus der jüdischen Gemeinde, die als freiwillige Mitarbeiter die Flüchtlingslager Schäflisegg und Schönengrund leiteten.

Das war eine der schwierigeren organisatorischen Aufgaben, welche Sigi zu vergeben hatte, und man staunte über die elegante junge Frau Kleinberger, Tochter eines schwerreichen Zürcher Textilindustriellen, dass sie sich nicht zierte und den Job übernahm – zusammen mit ihrem Gatten, der bislang einzig dafür bekannt gewesen war, dass er seinen eigenen Vater und den Schwiegervater in puncto Geschäftstüchtigkeit womöglich noch zu übertreffen suchte. Beide packten sie nun in der Flüchtlingshilfe mit an: in der Lagerleitung, in der Betreuung der neu geschaffenen Kleiderkammer, wo man den Emigranten Schuhwerk, Kleidungsstücke und Wäsche aus Sammlungen zuteilte, im Beschaffen aller möglichen Hilfsgüter. Schließlich wurde Kleinberger nicht selten auch zu Chauffeurdiensten aufgeboten, und zwar *bei Nacht und Nebel*, wie er sich mit einem stolzen Lächeln als alter Mann erinnerte: Sigi brauchte ihn bloß telefonisch zu benachrichtigen, an der Grenze seien Flüchtlinge abzuholen, und Kleinberger stieg *auch beim schlimmsten Sudelwetter* ins Auto und fuhr hin.

Dieser tüchtige Einsatz hatte ihnen eine gewisse respektvolle Sympathie von Seiten des Ehepaars Dreifuss eingetragen, während Kleinbergers sich freuten, dass sie Jeanne und Sigi, *diese wertvollen Menschen,* wie er sagte, durch die Flüchtlingsarbeit näher kennen gelernt hatten; ihre sehr unterschiedlichen finanziellen Verhältnisse hätten sonst wohl nicht unbedingt dazu geführt.

Und da die beiden Paare viel zu reden hatten, saßen auch Kleinbergers kleine Tochter Marion und Hanselimann ganz zufrieden beieinander, irgendwo hinter den Beerensträuchern, auf dem Steinboden des leeren Schwimmbeckens – oder eingeklemmt auf der hinteren Sitzbank, wenn alle zusammen einen spontanen Ausflug machten in Kleinbergers *Hispano Suiza mit Flugzeugmotor,* einem ziemlich auffälligen und enorm rassigen Wagen, wie Jeanne Dreifuss fand.

Das ungezwungene Beisammensein mit den neuen Freunden bedeutete Jeanne (und gewiss nicht ihr allein) außerordentlich viel. Denn es war sehr viel Ungutes, was da mittlerweile zusammenkam und das Leben wesentlich ernster machte, als es noch vor kurzem gewesen war: die bedrohliche politische Entwicklung im Ausland, das Wissen um die schrecklichen Erlebnisse der österreichischen Juden, die wachsende Befürchtung der Flüchtlingshelfer, so vielen Emigranten auf Dauer nicht Schutz geben zu können, dabei der Argwohn oder die Angst der Bundesbehörden, am Ende würde *das ganze Land verjudet*, wie es hieß ... All das, zusammen mit den privaten Sorgen wegen der Krebserkrankung des alten Dreifuss, machte Jeanne zu schaffen.

Sigi, Jeanne und Hansli Dreifuss mit Madeleine (li), Marion (hinten) und Ernst Kleinberger (re) auf der Veranda des »Paradiesli« in Teufen

Dass es tatsächlich eine große Last war, wurde ihr erst richtig bewusst, als sie mit Mann und Kind für die Weihnachtsfeiertage 1938 wieder einmal zum Ferienhäuschen aufbrach und St. Gallen mitsamt allen Problemen wenigstens räumlich hinter sich ließ. Vor allem die Teufenerstraße, wo es kaum eine Rückzugsmöglichkeit gab, da sich ihre Wohnung und das Flüchtlingsbüro im selben Haus befanden. Dort gingen Emigranten, Polizisten, Leute von der Israelitischen Fürsorge ein und aus – ein Glücksfall, konnte die Familie mittags einmal in Ruhe fertig essen, bevor jemand an der Tür klingelte und mit Sigi forteilte.

So wurde das *Paradiesli* in diesem Winter unversehens zum Zufluchtsort, den sie so schnell nicht wieder verlassen mochten, sicher nicht nach vierzehn Tagen, wie sie ursprünglich beabsichtigten. Zur eigenen Verblüffung blieben sie am Ende mehr als neun Wochen in Teufen. Sigi fuhr oder marschierte jeden Morgen nach St. Gallen zur Arbeit; etwa zweimal wöchentlich ging Jeanne mit, das genügte, denn die Geschäfte mit Warenterminen liefen im Moment nicht gerade auf Hochtouren. Weil sie aus diesem Grund vor kurzem auch das Kindermädchen entlassen hatten, gab Jeanne den Kleinen währenddessen jeweils in die Obhut ihrer Mutter.

Um so mehr genoss sie, wenn sie mit dem Sohn in ihrem Häuschen allein war, die stillen Tage, an denen sie stundenlang am Boden saßen und Holzeisenbahnen herumfahren und entgleisen ließen; *einsteigen!* rief Hansli immer von neuem, *Tüüfe, Gäs, Appezöll!*, und knipste mit der neuen Coupierzange jedes Billett, das Jeanne ihm für ein paar Rappen abkaufen musste, sicher ein Dutzend Mal.

Als es im Januar zu schneien begann und tagelang nicht mehr aufhörte, so dass sie in dem Schneegestöber weder Ski fahren noch rodeln konnten und nur immer von den Stubenfenstern aus zuschauten, wie die Flocken heruntertanzten, und horchten, wie stumm die Welt rund um ihr Haus plötzlich war, als hätten alle Lebewesen außer ihnen beiden einen tiefen Winterschlaf angetreten, da fühlte sich Jeanne auf einmal ganz ruhig und zuversichtlich. Ihr Sohn, dachte sie in jenen Momenten, sei nun doch schon erstaunlich groß, ein *richtiges Strickli*. Sollte der Lausbub nicht möglichst bald einen Bruder bekommen? Oder noch lieber eine Schwester, *e fiins Meiteli* ...

So stellte sich Jeanne ihr zweites Kind immer vor: als zartes, zierliches Mädchen.

Drei Monate später wurde Jeanne tatsächlich schwanger – zu einem Zeitpunkt, da Sigi mehr als je zuvor in Schwierigkeiten steckte.

Anfang Januar 1939 hatte sich Heinrich Rothmund, der Chef der eidgenössischen Polizeiabteilung, beim St. Galler Polizeidepartement beschwert, dass dort noch immer Einreisebewilligungen für jüdische Flüchtlinge erteilt würden. Am 20. Januar hatte der Bundesrat den Visumszwang für alle ausländischen Flüchtlinge und eine verschärfte Kontrolle der Emigranten in der Schweiz verfügt. Im Februar hatte *Bern* erneut protestiert: Die *fremdenpolizeiliche Behandlung* der Emigrantenfrage sei *ungenügend. Viel zu viele Emigranten* hielten sich schon *in den Städten und deren Nähe auf, wo sie persönliche und geschäftliche Anknüpfung* suchten *und dem Antisemitismus Nahrung* gäben. Außerdem erfordere die weiterhin feststellbare *Zunahme unerwünschter Elemente* eine Untersuchung des *fremdenpolizeilichen Apparats* in St. Gallen ...

Darauf kam die Sache mit Polizeihauptmann Grüninger ans Licht, und Mitte März geriet auch die Israelitische Flüchtlingshilfe in ernsthafte Schwierigkeiten mit den Behörden.

Jeanne war nicht dabei, als Sigi vom Chef des St. Galler Polizeidepartements, Landammann Valentin Keel, und seinem Sekretär Gustav Studer in der Teufenerstraße zu der Angelegenheit befragt wurde. Sigi konnte in jenen Tagen nicht arbeiten, weil er sich Ende Februar auf dem Marsch vom *Paradiesli* zur Stadt hinunter den Fuß gebrochen hatte. Darum lag er mit einem Gipsverband auf der Chaiselongue im Schlafzimmer und vertrieb sich die Zeit mit Laubsägearbeiten: Er hatte Hansli einen Stadtbahnhof und einen Tunnel für die Eisenbahnanlage versprochen.

Die Befragung war für ihn zweifellos äußerst unangenehm. Und es war nur der Anfang: In den Tagen danach wurden von ihm wiederholt genaue schriftliche Angaben über die illegal eingereisten Flüchtlinge verlangt. Außerdem musste Sigi mehrmals über Grüninger aussagen.

Die nachträgliche Abänderung zahlreicher Einreisedaten hatte er schon in der ersten Einvernahme zugegeben und laut Untersuchungsbericht damit begründet, dass Grüninger ihn um die Datenbereinigungen ersucht habe, weil *nach seiner Auffassung Hauptmann Grüninger einfach nicht »nein« sagen konnte und im Übrigen ihm die Sache vielleicht etwas über den Kopf gewachsen sei.*

Bei der Einvernahme am 29. März 1939 wurde Dreifuss verboten, mit Grüninger in Kontakt zu treten, um eine Absprache der beiden zu verhindern. Da war Sigi schon so eingeschüchtert, dass er den Untersuchungsrichter am nächsten Morgen umgehend telefonisch informierte, Grüninger sei soeben bei ihm gewesen, um zu erfahren, ob und worüber man ihn, Dreifuss, schon befragt habe.

Nachdem er die Datenfälschungen in den Registern ohnehin höchst ungern angeordnet hatte, ging es für Sigi nun darum, mit allen Mitteln klarzustellen, dass nicht er selbst auf diese Idee gekommen war. Zunächst unternahm er noch einen Versuch, die Verantwortung für einen konkreten Fall inkorrekter Angaben nicht dem Polizeihauptmann, sondern einem bereits ausgereisten Emigranten anzulasten, *der seinerzeit*, so Dreifuss, *mit der Ausfüllung der Bögen* beauftragt war und, *wie es uns scheint, in Kompetenzüberschreitung seiner Aufgabe ein unrichtiges Datum eingesetzt hat.*

Danach aber beharrte Sigi Dreifuss in allen Verhören darauf, dass die Flüchtlingshilfe *mit dem Entscheid über die Zulässigkeit der Einreise oder einer Rückweisung nichts zu tun hatte. Im Übrigen,* fuhr er fort, *haben wir uns begreiflicherweise seinen Anordnungen ohne weiteres unterzogen, zumal wir uns gegenüber Herrn Hauptmann Grüninger zu Dank verpflichtet fühlten, weil er vielen unserer Glaubensgenossen aus der Hölle des Deutschen Reiches geholfen hatte.*

Je länger die Untersuchung dauerte, desto entschiedener wies er jeden Schuldverdacht von sich: *Ohne Aufforderung durch Hr. Hptm. Grüninger,* gab er zu Protokoll, *wären wir von uns aus gar nicht dazu gekommen, solche Datumsverschiebungen vorzunehmen. Ich erkläre mit aller Bestimmtheit, dass Hr. Hptm. Grüninger den Auftrag gegeben hat, Einreisedaten & Einreiseort zu verschieben. Er kam ziemlich viel auf unser Bureau, zeitweise tagtäglich, und sprach dabei auch verschiedentlich mit dem Emigranten Kaufmann, dem damals die Etatführung über Ein- & Ausreise unterstand.*

Ich vermied es, bei diesen Unterredungen dabeizusein, da es mir bei dieser Art der Etatführung (Datenverschiebung) einfach nicht wohl war und ich so wenig als möglich damit zu tun haben wollte.

Am 3. April 1939 schließlich wurden Dreifuss und Grüninger zu einem Konfrontationsverhör zusammengebracht, was bei dem *freundschaftlichen Verkehr,* den sie in der täglichen Arbeit noch vor kurzem gepflegt hatten, für beide eine schmerzhafte Zumutung war. Für den Untersuchungsrichter ergaben sich aus dem Verhör keine neuen Erkenntnisse. Grüninger spielte die Manipulationen an den Registern nach wie vor herunter, weil es sich dabei, wie er sagte, bloß um eine Zusammenfassung ganzer Familien unter dem Einreisedatum des Familienoberhaupts gehandelt habe. Umgekehrt bestand Dreifuss ein weiteres Mal darauf, dass die Flüchtlingshilfe kein Interesse an solchen Datenverschiebungen gehabt und dass Grüninger ihm die Anweisung dazu gegeben habe.

Paul Grüninger beklagte sich später nie über Dreifuss. Jedenfalls erinnerte sich Grüningers Tochter Ruth Roduner nicht, so etwas von ihrem Vater gehört zu haben. Wahrscheinlich hatte er sogar Verständnis für die Notlage, in der auch der Leiter der Israelitischen Flüchtlingshilfe sich damals befand.

Für Sigi Dreifuss aber muss das eigene Verhalten zumindest in einem Punkt tief beschämend gewesen sein. So hatte er in den Aussagen immer nur seine Unschuld an den Datenfälschungen beteuert, dabei aber verschwiegen, dass er selbst den Polizeihauptmann nach der Grenzsperre im August '38 um Erlaubnis gebeten hatte, als Einreisezeitpunkt einiger Emigranten ein Datum vor dem Stichtag einsetzen zu dürfen. Das musste er im Verhör dann doch noch zugeben, als man ihn fragte: *Auf welche Veranlassung wurden eine Anzahl von Fragebogen von allem Anfang an mit unrichtigen Einreise- bzw. Ausstellungsdaten versehen?*

Dreifuss antwortete: *Auf Veranlassung des Hr. Hptm. Grüninger, der glaubte, diese Regelung verantworten zu können. Wir hatten in diesen Fällen ihn darum ersucht, doch wenn immer möglich dafür Sorge zu tragen, dass würdige in Betracht fallende Leute nicht zurück in das Unglück gestoßen werden. Ich schätze die Zahl dieser Fälle auf 15/20.*

Nach der fristlosen Entlassung des Polizeihauptmanns Mitte Mai 1939 machte sich Dreifuss mit dem größten Eifer daran, trotz aller gesperrten Grenzen wenigstens noch vereinzelte Auswanderungen zustande zu bringen. So nahm er in jenen Wochen Kontakt mit einem Franzosen auf, der als Tenor an der Oper von Lyon angestellt und bereit war, einige junge Männer, die Dreifuss ihm aus der Schweiz schicken sollte, an französische Sportclubs zu vermitteln.

Um die Details in Ruhe und auf unverdächtige Art besprechen zu können, bat Sigi um Kleinbergers Hilfe, worauf die beiden in Begleitung ihrer Gattinnen nach Lyon fuhren, dort eine Opernvorstellung besuchten und bei einem gemeinsamen Essen mit dem Sänger vereinbarten, dass sich rund fünfzehn Emigranten, ausgerüstet mit etwas Geld und einem Geländeplan, bei Genf über die grüne Grenze absetzen und dann in Lyon melden sollten.

Der Plan ging auf; und während Sigi noch von den Erinnerungen an den seltenen Musikgenuss zehrte und mit Erleichterung an die geglückte »Operation« dachte, versuchten sich ein paar österreichische Juden im Unterholz jenseits der französischen Grenze nicht erwischen und nicht noch einmal ausschaffen zu lassen.

Jeanne hatte ihr Arbeitspensum in Sigis Warenterminbüro mittlerweile auf einen Tag reduziert. Die häuslichen Pflichten bereiteten ihr mit fortschreitender Schwangerschaft ziemliche Mühe. So wurde sie in diesem Jahr fast nicht fertig mit den Unmengen von Beeren aus dem *Paradiesli*-Garten, die sie schnell zu Konfitüre und Sirup einkochen musste, bevor die Früchte an den Sträuchern verdarben.

Erst im letzten Augenblick konnte sie danach in die Stadtwohnung zurückkehren, um eben noch rechtzeitig ihre Einrichtung in Kisten zu verpacken: Am 23. August 1939 übersiedelten Jeanne, Sigi und Hansli in die Burgstraße 35 hinter dem Bahnhof, in eine kleinere Wohnung in genügender Entfernung zum täglichen Kommen und Gehen des Flüchtlingsbüros.

Damit war die Hektik aber nicht vorüber. Aus dem Durcheinander ihres halb ausgepackten Hausrats eilte

Jeanne immer wieder an das Krankenlager von Hermann Dreifuss. Nach einer Operation im November des vergangenen Jahres hatte sich der alte Mann wesentlich besser gefühlt; im Frühling war er in Begleitung einer Krankenschwester sogar wieder auf Reisen gegangen, wobei er, nach einer Fotografie aus Nizza zu schließen, recht munter war. Seit einigen Wochen litt er jedoch erneut unter furchtbaren Schmerzen, und es war unübersehbar, dass die Kraft ihn allmählich verließ.

Nun war es in seinem verdunkelten Zimmer schon ganz still, weil man das Ende nahen fühlte.

Zur gleichen Zeit spitzte sich die politische Situation im Ausland von Tag zu Tag mehr zu. Am 29. August 1939 wählte die Bundesversammlung Henri Guisan zum General. Am selben Tag unterrichtete der Bundesrat die Außenminister von vierzig Staaten über die Neutralität der Schweiz im Kriegsfall.

Am Freitag, dem 1. September 1939, rief Hermann Dreifuss seine Söhne Jacques und Sigi, die beiden Schwiegertöchter Friedl und Jeanne sowie die Enkelkinder Madeleine und Hansli ein letztes Mal zu sich und gab ihnen seinen Segen.

Im Morgengrauen desselben Tages war die deutsche Wehrmacht in Polen eingefallen. Am Abend meldete das St. Galler Tagblatt auf der Frontseite: *Ausbruch des deutschpolnischen Krieges. Bern, 1. September 11 Uhr 30. Der Bundesrat hat soeben die Generalmobilmachung der Armee beschlossen. Erster Mobilmachungstag ist der Samstag.*

Hermann Dreifuss starb am 9. September 1939.

Das Erbe sollten die beiden Söhne nach seinem letzten Willen (und zur Überraschung der entfernteren Angehörigen) so aufteilen, dass sie es einander abkauften, mithin jeden Tisch und Teppich und Schrank, jedes Stück Porzellan oder Tafelsilber voneinander ersteigerten.

Was der alte Mann sich von dieser Maßnahme erhofft hatte, Gerechtigkeit und Frieden statt Neid und Zank oder was immer – jedenfalls führte die Prozedur nicht ganz zum gewünschten Gleichgewicht in der Aufteilung seines Erbes. Während Jacques nämlich in den Besitz der kostbaren väterlichen Münzensammlung kam, mit der er sein eigenes Zürcher Münzengeschäft gründen konnte, fiel seinem weniger zahlungskräftigen Bruder Sigi die Briefmarkensammlung des Vaters zu, eine Anschaffung, die sich nie zu einem lukrativen Erwerbszweig entwickelte, so sehr Sigi zeitlebens darum kämpfte. Ob auch die spätere Abkühlung im Verhältnis der beiden Schwägerinnen letztlich mit dieser *unseligen Erberei* zusammenhing, erfuhren die Verwandten nie ganz genau; sie nahmen es jedoch an.

Wie überall herrschte auch in St. Gallen inzwischen große Aufregung: Mehrere Truppenteile hatten sich in Kasernen, Schulhäusern und Turnhallen eingerichtet, der Schulbetrieb war bis auf weiteres eingestellt worden, und in Sonderzügen aus Deutschland und den nordischen Staaten trafen Hunderte von Auslandschweizern ein, darunter viele Männer, die zum Aktivdienst aufgeboten worden waren.

Am 17. September besetzten sowjetische Streitkräfte Ostpolen. Einen Tag später brach die polnische Armee unter der Übermacht der Deutschen zusammen. Warschau hielt der Belagerung noch knapp zehn Tage stand, dann musste die Stadt kapitulieren.

Am 28. September schlossen Deutschland und die Sowjetunion einen neuen Grenz- und Freundschaftsvertrag, durch welchen das polnische Kernland an das deutsche Reich, Ostpolen und fast ganz Litauen an die Sowjets fielen.

Am 6. Oktober 1939 machte Hitler Großbritannien und Frankreich ein so genanntes Friedensangebot, nachdem er »das polnische Problem« nun gelöst hatte. Sie gingen nicht darauf ein; unbeirrt schickten die Briten vier Divisionen nach

Frankreich und in ihre Stellungen längs der französisch-belgischen Grenze, wo sie Straßen verbesserten, neue Flugplätze anlegten, Bahnlinien bauten. Und vor allem warteten.

Unterdessen wurde eine finnische Delegation nach Moskau zitiert, um die Forderungen der Sowjetregierung entgegenzunehmen. Am 13. November wurden die Verhandlungen abgebrochen, Finnland begann sofort mit der Mobilmachung. Am 30. November 1939 eröffneten die Sowjets an der finnischen Grenze die Gefechte.

Und während diese unheilvollen Ereignisse draußen ihren Lauf nahmen, wurde Ernst Kleinberger als Hilfsdienstler in der Bewachungskompanie 12 auf seinem Posten im appenzellischen Bühler krank und lag mit einer Lungenentzündung und 41 Grad Fieber im Heu. Als ein Sanitäter ihm zur Fiebersenkung bloß die Behandlung mit Essigsocken vorschlug, packte Madeleine Kleinberger ihren kranken Mann kurzerhand in ein Taxi und brachte ihn nach St. Gallen ins Kantonsspital. Unglücklicherweise hatte sie sich mit seiner Lungenentzündung bereits angesteckt, worauf auch sie hospitalisiert wurde. Wenige Tage später, am 4. November 1939, starb Madeleine Kleinberger im Alter von dreiundzwanzig Jahren an einer Embolie.

Dieser Tod traf Jeanne Dreifuss, wie sie einige Wochen später notierte, als *etwas ganz Fürchterliches*. Dass der Schwiegervater Anfang September gestorben war, hatte sie angesichts seines Leidens fast mit Erleichterung akzeptiert. Dass in jenen Tagen der Krieg ausgebrochen war, fand in ihrem Tagebuch nicht einmal die geringste Erwähnung. Dass aber die junge Frau ihres inzwischen wieder gesunden Freundes Ernst Kleinberger, die Mutter einer erst zweijährigen Tochter, so plötzlich sterben musste, machte Jeanne zutiefst traurig.

Sie selbst stand, als sie diese Gedanken niederschrieb, kurz vor der Geburt ihres zweiten Kindes.

3 Hansli Dreifuss gab sich die größte Mühe: Jeanne und Sigi hatten ihm gesagt, wenn er lieb sei, würde er bald einen kleinen Bruder oder ein Schwesterchen erhalten. Nun wurde er bei aller Artigkeit aber doch langsam ungeduldig. Immerhin gab es außer dem Ankunftsdatum, das zu seinem Leidwesen niemand endgültig bestimmen konnte, noch andere konkrete Fragen zu klären wie zum Beispiel, woher das *Butzeli,* wie er sagte, denn eigentlich kommen würde, ob der liebe Gott es in Papier oder Watte eingepackt abliefern und ob er Bettchen, Windeln und Babykleider gleich mitbringen würde.

Auch die Namensfrage musste man besprechen. Am besten, sagte Hansli, würde sein Bruder ebenfalls Hansli genannt werden, das sei am einfachsten. Als Sigi ihm darauf erklärte, in derselben Familie könnten nicht zwei Brüder den gleichen Namen tragen, antwortete er: *Dann kann der andere ja Vierfuss heißen.*

Seine kleine Schwester bekam den Namen Ruth Antoinette Dreifuss. Sie wurde am 9. Januar 1940 in der St. Galler Geburtsklinik Notkerianum geboren, und Hanselimann war sehr erleichtert und stolz, als er Ruthli und die Mutter zwölf Tage später mit seinem Vater zusammen dort abholen durfte.

Sei es, dass Sigi Dreifuss seiner Frau – wie schon nach der Geburt von Hansli – die nötige Nervenstärke nicht zutraute *in ihrer Bicardschen Ängstlichkeit,* sei es, dass er ihr die baldige Wiederaufnahme der Büroarbeit erleichtern wollte oder dass beides zutraf: Auf alle Fälle holte er gleichzeitig mit seinem neugeborenen Töchterchen und der überglücklichen Jeanne eine Kinderschwester ins Haus.

Sie hieß Schwester Alice und blieb drei Monate; danach

kam, wie Jeanne sich ausdrückte, *Schwester Alice Nr. 2*, eine freundliche, robuste Person in Pflegerinnentracht, die länger als ein Jahr nicht mehr weichen sollte von dem Posten. Und mit welcher Hingabe sie über die Entwicklung ihres Schützlings wachte, Fläschchen und Brei zubereitete, Gewichtszunahmen und -verluste notierte, Zahnschmerzen zu lindern suchte, für Schlaf, Bewegung an der frischen Luft oder unterhaltsame kleine Spiele sorgte und was der Dinge mehr sind, welche die nächste Umgebung von Kleinkindern auf Trab halten.

Die Mithilfe der Kinderfrau führte allerdings nicht dazu, dass Jeanne mehr Freizeit hatte, und wäre es nur hin und wieder eine Stunde zum Schreiben gewesen. Hatte sie während der ersten vier Lebensjahre ihres Sohnes eine ganze Reihe von Heften vollgeschrieben und jeden wichtigen Schritt, jeden seiner drolligen Aussprüche und Streiche festgehalten, füllten ihre Berichte über die erste Lebenszeit von Ruth dagegen nicht einmal die Hälfte der Seiten eines gebundenen Büchleins, das noch dazu klein genug war, um in einem Hosensack Platz zu finden.

Dass Ruthli sehr schön gedeihe, hieß es da, dass das *liebe Persönli* fast nie weine, immer guter Dinge und schon richtig braun gebrannt sei, weil es mit seinem Bruder und Schwester Alice fast die ganze Zeit im Garten des *Paradiesli* zubringe und am liebsten in der alten Blechwanne sitze, um alle rundherum mit Wasser zu bespritzen, bis die Wanne leer sei … Zwischen ihren Notizen ließ Jeanne viel Platz für Fotos, weil diese die *schönen Fortschritte des »chäfrigen« Menschli* ohnehin besser als alle Worte illustrierten.

Tatsächlich: Müsste sich die Erinnerung an das Jahr 1940 allein auf private Dokumente wie diese Bilder und Tagebucheinträge stützen, erschienen jene zwölf Monate als überaus unbeschwerte Zeitspanne.

In Wahrheit zählte das Kriegsjahr 1940 zu den schwierigsten Epochen, welche die Schweiz in ihrer Geschichte zu bestehen hatte. Das wusste man schon damals, obschon das Land nicht direkt am Krieg beteiligt war. Und man fand es erst recht Jahre danach bestätigt, als die Archive für die historische Forschung geöffnet wurden.

Kurz gesagt war es eine ununterbrochene Kette kritischer Momente, welche die Schweiz von innen und außen gefährdeten, wobei das Kriegsgeschehen jenseits ihrer Grenzen natürlich eine der größten Bedrohungen darstellte. Ab dem Frühjahr kam es sodann zu den so genannten Fliegerzwischenfällen, die Hitlers alte Verachtung für die Schweiz in unberechenbare Wut steigerten. Als Folge davon schnürte das deutsche Reich dem »frechen Zwerg« mit wirtschaftlichen Sanktionen die Luft ab, worauf die schweizerische Seite mit diplomatischen Bücklingen und Kniefällen reagierte. Das wiederum bewirkte eine unerwartete Verschärfung der psychologischen Probleme, welche ein beachtlicher Teil der schweizerischen Bevölkerung mit der Landesführung hatte. Bundesrat und General unternahmen Schritte zur Schadensbegrenzung – mit dem Resultat einer noch größeren Verärgerung Nazideutschlands, worauf neuerliche Anstrengungen zu dessen Beschwichtigung zu einer akuten innenpolitischen Krise in der Schweiz führten. Und über diese gefährlichen Situationen hinaus war die schlimmste von allen noch gar nicht bekannt: Hitlers Pläne für die »Operation Tannenbaum«, die den Eidgenossen endgültig den Garaus machen sollte.

Zurück zu den kriegerischen Auseinandersetzungen des Jahres 1940:

Am 9. April besetzte die deutsche Wehrmacht in einem kombinierten See-, Land- und Luftangriff das militärisch völlig ungerüstete Dänemark. Die Dänen ergaben sich kampflos. Gleichentags begann der Angriff deutscher

Truppen auf Norwegen, das vom Überfall nicht weniger überrascht wurde. Unterstützt von Briten und Franzosen, setzten sich die Norweger gut zwei Wochen lang zur Wehr, danach mussten sie sich ergeben, und bis zum 7. Mai 1940 hatten die Deutschen ganz Süd- und Mittelnorwegen unter Kontrolle.

Im hohen Norden dauerten die Kämpfe noch an, als die deutschen Streitkräfte am 10. Mai 1940 in Holland, Belgien, Luxemburg und Frankreich einfielen. Vier Tage später kapitulierte die isoliert kämpfende holländische Armee. Unterdessen versuchten die belgischen und alliierten Streitkräfte, West- und Mittelbelgien sowie das dahinter liegende nordfranzösische Gebiet zu verteidigen. Im Rücken dieser Divisionen sauste *wie eine scharfe Sense* – so der Schweizer Berichterstatter Jean Rudolf von Salis – der deutsche Vorstoß Richtung Kanalküste und zerschnitt alle Verbindungslinien zwischen den im Norden kämpfenden alliierten Truppen und der Hauptmacht der französischen Armee. Damit wurde offensichtlich, dass es die Deutschen auf England als ihren Hauptfeind abgesehen hatten.

Sollte es den Alliierten aber gelingen, den deutschen Vorstoß in Belgien abzufangen, so wäre die Schweiz dadurch in größte Gefahr geraten, weil die Deutschen als Reaktion darauf möglicherweise beschlossen hätten, der französischen Armee von Süden her in den Rücken zu fallen und zu diesem Zweck auf Schweizer Territorium vorzudringen.

Der Bundesrat verordnete zum zweiten Mal in diesem Krieg die Generalmobilmachung. 450 000 Mann rückten in ihre Stellungen ein, mehr als 100 000 ausgediente Wehrmänner, Polizisten, Jungschützen aus Schießvereinen und andere Freiwillige schlossen sich in Ortswehren zur lokalen Verteidigung zusammen. Die Alarmstimmung der Bevölkerung verwandelte sich in Panik, als im süddeutschen Raum Truppenbewegungen beobachtet wurden, die auf eine feindliche Invasion aus dem Norden hindeuteten. Im

Schwarzwald, hieß es, würden die Truppen mit Munition ausgestattet. Und *wer sich bei Basel auf eine Anhöhe begab,* so der Historiker Edgar Bonjour, *konnte mit eigenen Augen jenseits der Grenze die deutschen Waffen im Sonnenschein blitzen sehen.*

Schon im vergangenen Herbst hatten die Schweizer Behörden bekannt gegeben, im Notfall sei es dem Stadtvolk freigestellt, in andere, möglichst weit entfernte Landesgegenden zu fliehen; daraufhin hatten sich viele Leute im Welschland und in den Bergregionen Ersatzwohnungen und Zimmer gesichert.

Als ein Überfall der Deutschen nun in Kürze bevorzustehen schien, waren die schweizerischen Straßen in westlicher und südlicher Richtung von langen Kolonnen schwer beladener Autos verstopft; auf den Bahnhöfen herrschte ein chaotisches Durcheinander. Auch Jeanne, ihre beiden Kinder und Schwester Alice machten sich auf die überstürzte Fahrt nach Lausanne, zu einem befreundeten Ehepaar, das ihnen Unterschlupf gewähren wollte.

Sigi Dreifuss blieb in St. Gallen, um zusammen mit den anderen Vorstandsmitgliedern der jüdischen Gemeinde an seinem Platz zu sein, wenn die deutschen Truppen die Ostschweiz besetzen würden.

Der schweizerische Generalstab erwartete die Invasion am 15. Mai 1940, morgens zwischen 02.00 und 04.00 Uhr. Im Morgengrauen des 15. Mai aber passierte gar nichts, sowenig wie in den Tagen danach. Was die im süddeutschen Raum beobachteten Truppenbewegungen betraf, so dienten sie, wie man später erkannte, allein zur Täuschung des französischen Oberkommandos, das in der Folge prompt zu Fehldispositionen verleitet wurde.

Ende Mai, die Gefahr einer Invasion schien vorläufig überwunden zu sein, kehrte Jeanne mit ihrer Familie nach St. Gallen zurück und übersiedelte mit allen zusammen gleich anschließend in ihr Teufener Ferienhaus. Dass sich die Lage kurz darauf von neuem und wesentlich ernsthafter zuspitzte, entsprach ohne jeden Zweifel nicht mehr einer Täuschung.

Seit Beginn des Frankreichfeldzuges war es nämlich einige Male vorgekommen, dass deutsche Flieger in den schweizerischen Luftraum eingedrungen und von Schweizer Flugzeugen beschossen worden waren. So geschah es auch am 1. Juni 1940, als deutsche Bomber auf dem Rückflug von Frankreich über schweizerischem Territorium gesichtet und ohne Warnung von Schweizer Jagdflugzeugen angegriffen wurden. Das veranlasste die Deutschen zunächst zu einem Racheakt, indem sie am 2. und 4. Juni über der französisch-schweizerischen Grenze auftauchten und schweizerische Flieger in veritable Luftkämpfe verwickelten. Weil ihnen die Revanche zur allgemeinen Überraschung aber nicht gelang und im Gegenteil zwei weitere deutsche Flugzeuge heruntergeholt wurden, schickte die Reichsregierung eine scharfe Protestnote mit der Forderung nach Entschuldigung und Schadenersatz. Die deutsche Darstellung, wonach ihre Flieger über französischem Gebiet abgeschossen worden seien, wies der Bundesrat, obschon sichtlich erschrocken über den Ton der deutschen Note, in seiner Antwort vom 8. Juni 1940 entschieden zurück.

Am selben Tag noch sollten Bundesrat und Armeeführung erst recht in Verlegenheit geraten, als achtundzwanzig deutsche Kampfflieger bei einem weiteren bewusst provozierten Luftgefecht über schweizerischem Grenzgebiet erneut eine Niederlage einsteckten – vom zahlenmäßig halb so starken schweizerischen Gegner.

Diese Scharmützel und der Verlust von mittlerweile acht Maschinen – die Schweizer hatten bislang bloß einen Jagdflieger und einen alten Doppeldecker eingebüßt – empörten Hitler dermaßen, dass er sich ab sofort persönlich mit der Angelegenheit befassen wollte.

Das war ziemlich bemerkenswert angesichts der ungleich dramatischeren Vorgänge, die ihn im selben Zeitraum beschäftigen mussten: Am 10. Juni 1940 trat Italien als Deutschlands Verbündeter in den Krieg ein; während Mussolinis Angriff bei den französischen Abwehrstellungen in den Alpen stecken blieb und scheiterte, führten die deutschen Truppen ihren Eroberungszug fort und besetzten am 14. Juni Paris. Drei Tage später erreichten die deutschen Panzer die westlichen Schweizer Grenzen, am 19. Juni die Atlantikküste.

Als die schon längst erwartete deutsche Protestnote am 19. Juni 1940 in Bern eintraf, hatte Hitler sein erstes Ziel, die Vorherrschaft in Europa, im Prinzip schon erreicht. Wie lange die Schweiz als verschwindend kleine Insel im Zentrum dieses Machtbereichs noch unbehelligt sein würde, wer konnte das einschätzen? Jedenfalls enthielt die diplomatische Note Hitlers unverhüllte Drohung, dass die Reichsregierung, sollte es zu weiteren Zwischenfällen mit Schweizer Fliegern kommen, *von schriftlichen Mitteilungen darüber absehen und die deutschen Interessen in anderer Weise wahrnehmen* würde. Für einen Vorgeschmack der möglichen Maßnahmen sorgte inzwischen die Sperrung der Kohlelieferungen für die Schweiz.

Hitlers Zornausbruch zeitigte schnelle Wirkung: Einen Tag später befahl General Guisan seinen Fliegerpiloten, Luftkämpfe über dem gesamten Hoheitsgebiet der Schweiz bis auf weiteres zu unterlassen; niemand, auch nicht die Alarmpatrouillen, sollte sich mehr rühren zur Verteidigung des schweizerischen Luftraums.

Darauf entschloss sich auch der Bundesrat zu einem versöhnlichen Signal: So wurden die siebzehn deutschen Piloten auf freien Fuß gesetzt, die seit den Luftkämpfen in Schweizer Gefangenschaft gewesen waren. Außerdem bekam die deutsche Luftwaffe ihre abgeschossenen, noch intakten Flugzeuge zurück. Selbstverständlich schickte der

Bundesrat auch eine Entschuldigung. Und da man Deutschland am besten mit einer *Anpassungs- und Besänftigungspolitik* bei der Stange halten konnte, gab der Bundesrat auf Drängen der Nazis die Erlaubnis zur Wiederzulassung eines Landesgruppenleiters und diverser Kreisleiter der NSDAP in der Schweiz.

Als insbesondere die Haftentlassung der deutschen Piloten öffentlich kritisiert wurde, antwortete der Bundesrat, man müsse sich *bei den Deutschen Vertrauen schaffen* und auf die gegenwärtigen Wirtschaftsverhandlungen mit ihnen *durch eine entgegenkommende Geste entspannend einwirken.* Im Klartext waren damit, außer den erwähnten Zugeständnissen, auch eine Kreditgewährung in der Höhe von 150 Millionen Franken (bzw. bis Juli 1941 insgesamt 850 Millionen Franken) gemeint, ferner der Exportstopp von Kriegsmaterial nach Frankreich und England sowie beträchtliche Lieferungen von exakt solchem Kriegsmaterial an die deutsche Wehrmacht.

Wie erhofft gelang es dem Bundesrat durch dieses *Entgegenkommen*, Deutschland zur Lieferung von Kohle und anderen wichtigen Rohstoffen zu verpflichten. Dennoch war der Verdacht zu großer Willfährigkeit nicht von der Hand zu weisen.

Die Idee einer Verständigung mit den Deutschen, schreibt Aram Mattioli in seinem Buch »Zwischen Demokratie und totalitärer Diktatur«, *griff in diesen Tagen wie ein Virus um sich und wurde auch von einzelnen Mitgliedern der Landesregierung erwogen.* Ein spürbares Nachlassen der eigenen Widerstandsbereitschaft verunsicherte im Sommer 1940 aber nicht bloß einen Teil der konservativen Elite; auch Leute aus dem Volk, die sich bisher, laut Edgar Bonjour, als *gute Patrioten* eingeschätzt hatten und sich nun *vom Bundesrat verkauft fühlten,* reagierten mit Mutlosigkeit und Resignation.

Und als hätten all die verzagten Meinungsäußerungen in der Presse, wonach *der Wind umschlage* und die Schweiz dazu zwinge, *ein neues Verhältnis zu einer veränderten Umwelt zu schaffen* und sich *organisch in die neuen Verhältnisse Europas einzufügen,* zur allgemeinen Ratlosigkeit nicht genügt, hielt Bundespräsident Pilet-Golaz am 25. Juni 1940 – am Tag, an dem das deutsch-französische Waffenstillstandsabkommen in Kraft trat – eine Radioansprache, welche wegweisend auf die Bevölkerung wirken sollte und im Urteil vieler Zeitgenossen ganz im Gegenteil die eigene Verwirrung ausdrückte und viele Menschen vor den Kopf stieß: Europa, sagte Pilez-Golaz unter anderem, werde *ein neues Gleichgewicht* finden müssen *außerhalb veralteter Formen,* und da man sich *dem schnellen Rhythmus der Ereignisse* nun *anpassen* müsse, würden *Hindernisse zu beseitigen sein, die man noch vor weniger als einem Jahr für unübersteigbar gehalten hätte.*

Außerdem kündigte Pilet-Golaz eine *stufenweise Demobilmachung* an, nachdem er gerade erklärt hatte, der Waffenstillstand bedeute *noch nicht Frieden* und der *Alarmzustand* bleibe bestehen.

Wie sollte man das deuten: Anfang Juli 1940 gab General Guisan wirklich den Befehl zur Demobilisierung der Armee von 450 000 auf 150 000 Mann – im Augenblick der höchsten militärischen Bedrohung, da die Schweiz zum ersten Mal seit ihrem Bestehen von einer Krieg führenden Partei völlig eingeschlossen war.

Trotz der misslichen strategischen Lage der Schweiz – Guisan und seine Leute machten sich darüber keine Illusionen – sollte der Widerstand nicht ganz aufgegeben werden; man musste nach Ansicht der Armeeleitung aber alles daran setzen, nun die am wenigsten schlechte Lösung zu finden. Und da nicht das ganze Land verteidigt werden konnte, sollte sich die Armee auf einen engen, operativ wichtigen Raum konzentrieren, nämlich das Zentralmassiv der Alpen, das nach allen Seiten Verteidigungsmöglichkeiten bot und den Feind hoffentlich abschrecken würde, weil ein Angriff als zu aufwändig und kostspielig erschiene.

Da beim geplanten Rückzug ins Réduit *die wertvollsten Gebiete des Landes*, wie Guisan zugeben musste, und der *größte Teil der Bevölkerung preisgegeben* würden, sahen die Schweizer Soldaten und ihre Familien allerdings nicht ein, wozu dieses neue Verteidigungsdispositiv gut sein sollte. Wofür hatten die Männer monatelang an Stellungen gearbeitet, die auf einmal wertlos waren? Weshalb wurden zwei Drittel der Truppen nach Hause geschickt, als wären auch sie für nichts zu gebrauchen, und wie sollten sie es über sich bringen, das Volk im Ernstfall im Stich zu lassen und sich im Réduit zu verschanzen?

Guisan glaubte, da die Stimmung im Land mittlerweile einen besorgniserregenden Tiefpunkt erreicht hatte, das Steuer herumreißen zu können, indem er fünfhundert hohe Schweizer Offiziere am 25. Juli 1940 auf die Rütliwiese bestellte, um seinen Appell zu unbedingtem Widerstand entgegenzunehmen. Im Urteil vieler Zeugen jener Versammlung machte die Generalsrede in der Tat großen Eindruck – nur Hitler war böser denn je auf die Schweiz, weil Guisan in seiner Ansprache Deutschland und Italien als mögliche Angreifer mehr oder weniger offen beim Namen nannte.

Die deutsche Regierung, hieß es im Protestschreiben, das dem Bundesrat ein paar Tage später übergeben wurde, *hat von dieser Kundgebung, in der sie nichts anderes als eine erneute Aufhetzung der schweizerischen öffentlichen Meinung gegen Deutschland und Italien sehen kann, mit tiefem Befremden Kenntnis genommen.* Sollten amtliche Äußerungen des schweizerischen Armeeführers in der Zukunft zu Ausschreitungen führen, mache die deutsche Regierung die Schweiz dafür verantwortlich.

Nazideutschland war verärgert, und die Stimmung wurde noch gereizter, als die englische Luftwaffe im August 1940 damit begann, nachts ungehindert schweizerischen Luftraum zu überfliegen, um norditalienische Gebiete zu bombardieren. Die Schweiz, so erklärte der Bundespräsident die *verflixte Situation* in seiner Entschuldigung gegenüber den Deutschen, könne die englischen Maschinen nicht an Überflügen hindern, weil sie nur über eine ungenügende Fliegerabwehr verfüge; es fehlten ihr die nötigen Scheinwerfer und Horchgeräte, und schweizerische Jagdflugzeuge könnten nachts nicht aufsteigen.

Um guten Willen zu signalisieren, ging Pilet-Golaz so weit, Anfang September beim deutschen Gesandten Köcher anzufragen, ob die Schweiz vielleicht nützliche taktische Ratschläge erhalten könnte, indem sachverständige Schweizer Offiziere nach Deutschland reisten und sich dort in Fliegerabwehrfragen instruieren ließen.

Das Eingeständnis der eigenen Schwäche änderte freilich nichts an den aus deutscher Sicht höchst flauen schweizerischen Abwehrmaßnahmen gegen die anhaltenden nächtlichen Überflüge durch britische Bomber, und als die deutsche Presse mittlerweile schon Tag für Tag massiv gegen die Schweiz polemisierte, befürchtete der Bundesrat *dramatische und höchst dramatische Entwicklungen,* die *von einem Augenblick zum andern* eintreten könnten.

Um, wie es später hieß, das Fass nicht vollends zum Überlaufen zu bringen, willigte Bundesrat Pilet-Golaz schließlich ein, dem Drängen der Neofrontisten nachzugeben und sie am 10. September 1940 zu einer Besprechung zu empfangen. Durch Deutschlands Erfolge an der Kriegsfront hatte die Nationale Bewegung der Schweiz NBS, die praktisch gleich wie die NSDAP aufgebaut und von Reichsminister Heß offiziell als *repräsentative* nationalsozialistische Organisation der Schweiz anerkannt worden war, neuen Aufwind bekommen; nun gebärdete sich die NBS als ernst zu nehmende politische Kraft, die dem Bundesrat, wie sie meinte, *landeswichtige ausländische Informationen derart ernster Natur* vermitteln könne, dass er alles Interesse daran haben sollte, sich mit ihr an einen Tisch zu setzen.

Noch bevor die Schweizer Zeitungen das Communiqué der frontistischen so genannten *Träger des neuen politischen und sozialen Gedankens* zu sehen bekamen, erfuhren die deutschen Rundfunkhörer von der eineinhalbstündigen Unterredung mit dem schweizerischen Bundespräsidenten, welche *einen ersten Schritt zur Befriedung der politischen Verhältnisse der Schweiz* dargestellt habe.

Stimmte es also doch, wie man immer wieder hörte, dass Pilet-Golaz in Wirklichkeit ein Nazifreund war? Was die Öffentlichkeit da erfuhr, schien diese Befürchtung zu bestätigen. *Wie eine Bombe* schlug die Nachricht über den Frontistenempfang laut »Bund« in der Vollmachtenkommission des Nationalrates ein, und das »Luzerner Tagblatt« schrieb: *Hier kann es nur eine Alternative geben: Entweder ist diese Mitteilung frei erfunden – oder Herr Bundesrat Pilet ist unmöglich geworden.*

Pilet war zu dem Empfang aber nicht zuletzt auch von seinen Bundesratskollegen gedrängt worden und bekam besonders von Philipp Etter und Ernst Wetter nun Rückendeckung. Nicht die Frontisten, meinte Wetter, belasteten die außenpolitischen Beziehungen, sondern die Schweizer Presse mit ihrer *selbstgerechten Weltschulmeisterei.*

Ob die Schweiz das Jahr 1940 mehr oder weniger unbeschadet überstand, weil Bundesrat und General mit ihren diplomatischen und taktischen Schachzügen eine Krise nach der anderen entschärften, oder ob dieselben diplomatischen und taktischen Schritte einen Teil der Krisen erst provoziert hatten, bleibt wohl eine Streitfrage. Mit Sicherheit lässt sich jedoch sagen, dass das schweizerische Wohlverhalten auf die Pläne der Achsenmächte letztlich gar keinen Einfluss nehmen konnte; zu einer Invasion war ganz einfach keine Zeit mehr.

Mitte des Jahres sah das noch anders aus. Gemäß den deutschen Entwürfen zur streng geheimen »Operation Tannenbaum«, einem Angriffsplan gegen die Schweiz, dessen erstes Grobkonzept am Tag der umstrittenen Radioansprache des schweizerischen Bundespräsidenten entstand, hätte *ein überraschender, schneller Einmarsch* aus Deutschland, Frankreich und Italien *das schweizerische Heer so zerschlagen, dass ein weiterer Widerstand und ein geordneter Rückzug in die Alpenregionen verunmöglicht* worden wären. Zweites Ziel wäre, wie Klaus Urner in seinem Buch »Die Schweiz muss noch geschluckt werden!« weiter darstellt, *die rasche und unversehrte Besetzung der Hauptstadt sowie des Waffenindustriegebiets um Solothurn* gewesen, und zwar *aus politischen und moralischen Gründen.* Ebenso wie Bern sollten Zürich und Luzern *spätestens im Verlaufe des zweiten Tages von deutschen Truppen besetzt werden.*

Ein bewaffneter Widerstand der Schweizer wurde im deutschen Generalstab für aussichtslos gehalten. *Ich glaube nicht,* schrieb der für die Operationspläne zuständige Hauptmann Otto von Menges, *dass die Schweiz sich mit den Waffen wehren würde. Es wäre Wahnsinn.*

General Guisan, der in eben jenen Tagen die von Bundesrat Pilet angekündigte Teildemobilmachung der Armee plante, war seinerseits der Ansicht, die Deutschen würden *nunmehr militärische Aktionen kaum ins Auge fassen.* Und während die ersten Truppenkontingente der Schweizer Armee Anfang Juli 1940 nach Hause fuhren, wurde jenseits der Schweizer Westgrenze ein, so Urner, *bedrohliches militärisches Angriffspotenzial aufgebaut,* das genau *auf die topografischen Verhältnisse der Schweiz abgestimmt war.*

Mehrere Male mussten die deutschen Pläne zur Okkupation der Schweiz überarbeitet und den laufenden Veränderungen angepasst werden. Die Grenzregionen wurden sorgfältig erkundet; durch zwei Striche gekennzeichnete Wege auf den Schweizkarten des deutschen Generalstabs bedeuteten die Eignung für Truppenbewegungen. Maßgebend für die theoretischen Vorbereitungen waren aber auch die militärischen Umdispositionen in der Schweiz, die Réduitpläne sowie die Verfügbarkeit der für einen Angriff erforderlichen deutschen Truppen.

Es wurde Herbst, und noch immer arbeiteten die Deutschen fortlaufend an ihren Operationsentwürfen, ohne dass man in der Schweiz etwas davon geahnt hätte. Für Unruhe sorgte nur eine plötzlich beobachtete deutsche Truppenkonzentration an der Juragrenze, die sich jedoch als harmlos herausstellte: Spezialeinheiten sollten dort unter realistischen Geländeverhältnissen den Angriff auf Gibraltar trainieren.

Da auch der Angriff auf Griechenland bevorstand, waren die Truppen, die ursprünglich dazu vorgesehen waren, Bern, Luzern und das Gebiet Zürich-Sargans-Bodensee einzunehmen, bereits in den Raum Wien verlegt worden.

Ende 1940 und Anfang April 1941 wurden schließlich die letzten deutschen Armeeeinheiten vom schweizerischen Grenzgebiet abgezogen; Hitlers Wehrmacht brauchte Verstärkung im Osten. Die Angriffsstudien gegen die Schweiz verschwanden in irgendwelchen Aktendepots und in den privaten Unterlagen jenes Hauptmanns Otto von Menges, der die ersten drei Pläne zur »Operation Tannenbaum« ausgearbeitet hatte. Von Menges wurde an die Ostfront abkommandiert; wie mehr als 200 000 andere Angehörige der 6. Armee sollte er aus Stalingrad nicht mehr zurückkommen.

4 Ende 1940 oder spätestens im darauf folgenden Frühjahr – die Vorstandsprotokolle der St. Galler Kultusgemeinde wurden zum Teil vernichtet, und die noch vorhandenen Dokumente geben keinen genauen Aufschluss über diesen Punkt – legte Sigi Dreifuss sein Amt als Leiter der Israelitischen Flüchtlingshilfe St. Gallen nieder.

Im Dezember 1940 verurteilte das St. Galler Bezirksgericht den entlassenen Polizeihauptmann Paul Grüninger zu einer Geldstrafe von 300 Franken (und der Bezahlung von drei Vierteln der Kosten, d. h. rund 900 Franken) wegen Amtspflichtverletzung bei der Fragebogenfälschung, Mitteilung falscher Einreisedaten an seinen Vorgesetzten Valentin Keel, Abgabe falscher Auskünfte an die deutschen Behörden sowie Urkundenfälschung im Falle eines »formell echten, inhaltlich unwahren« Ausweises. Nicht bestraft wurde er für die bloße Duldung illegaler Einreisen. Offiziell hatten die Behörden nach Grüningers Verurteilung wieder alles unter Kontrolle. In einem Brief an das Untersuchungsrichteramt St. Gallen schrieb der Chef der eidgenössischen Polizeiabteilung, Heinrich Rothmund, im Juli 1941, die *Härte* der verfügten Grenzsperrung im August 1938 sei *notwendig* gewesen. Diese Verfügung habe *tatsächlich die humanste der möglichen Lösungen* dargestellt. *Jede Schwäche an der Grenze* hätte in den Flüchtlingen *Hoffnungen erweckt*, die *nur enttäuscht* werden konnten. *Dies zu verstehen* sei *natürlich denen nicht möglich,* die nur den *Einzelfall* sähen und *dabei das Monopol der Humanität zu besitzen* glaubten. *Das allein Richtige* wäre gewesen, *konsequent nach den Weisungen* aus Bern *zu handeln.*

In einer Zusammenstellung nannte Rothmund die *Versager der Abwehr:* höhere Beamte, Polizisten, Emigrantenschlepper, den Sekretär der Sozialdemokratischen Partei der Schweiz *und Konsorten ...* Und *die Juden, die aus falsch angebrachter Rassensolidarität und Mangel an schweizerischem Empfinden die Emigrantenschlepperei betrieben, zum Teil auch aus dem Drang, eine Rolle zu spielen, zumeist aber wohl ohne gewinnsüchtige Motive.*

Dass die Emigrantenschlepper und die Juden straflos davonkamen, bedauerte er ausdrücklich.

Sigi Dreifuss, der seinen eigentlichen Beruf mehr als zwei Jahre lang fast vollständig vernachlässigt hatte, um nach dem Verständnis dieses Beamten in der Flüchtlingshilfe *eine Rolle zu spielen,* musste nun versuchen, die »Vertretung für Rohprodukte und Warentermingeschäfte« wieder in Schwung zu bringen. Ein schwieriges Unterfangen mitten im Krieg, obschon er sich dank Jeannes Arbeit im Büro weitgehend freimachen konnte, um Kundenkontakte zu pflegen und Aufträge hereinzuholen.

»Immer ist unser Ruthli fröhlich und guter Dinge, weinen tut es fast nie.« Ruth Dreifuss im Alter von ca. 14 Monaten mit Schwester Alice

Im Juli 1941 leistete Dreifuss, wie schon im Herbst des Vorjahres, ein paar Wochen Militärdienst; zu seinem Bedauern hatte man ihn einer Augenschwäche wegen »nur«

den Hilfstruppen zugeteilt. Dennoch war er sehr stolz, auf diese Weise doch auch gebraucht zu werden, und zeigte seinen Kindern noch Jahre später auf Ferienreisen im Tessin, wo er einst seinen Einsatz geleistet und vor den Dienstkameraden am 1. August 1941 sogar eine Rede zum Nationalfeiertag gehalten habe.

Nach diesem Aktivdienst verlegte Sigi das Büro aus der Privatwohnung mitten ins Geschäftszentrum von St. Gallen, in einen hohen Bau an der Neugasse 55, von dessen Fassade über dem Eingang ein vierschrötiges Mannsbild herunterblickte, Dreschflegel und Getreidegarben auf den mächtigen Schultern; *Morgenstund hat Gold im Mund,* hieß der zwischen zwei Hähne gesetzte Leitspruch dazu.

Jeanne mit Hansli und Ruthli im »Paradiesli«-Garten

Wenige Wochen nach ihrem Umzug ins neue Büro mussten Sigi und Jeanne morgens nicht mehr so früh aufstehen, um rechtzeitig von Teufen nach St. Gallen zu kommen: Im September 1941 kehrten sie mit ihren Kindern in die Stadtwohnung zurück. Sie wussten nicht, dass damit der letzte Sommer in ihrem *Paradiesli* zu Ende gegangen war.

Der Winter 1941/1942 brachte die tiefsten Temperaturen seit fünfzig Jahren und riesige Mengen von Schnee. Die Wälder rund um St. Gallen waren bereits abgeholzt; auch Heizmaterial wie Torf oder Kohle wurde allmählich knapp. Hungern, so hieß es, müsse die Bevölkerung nicht, das wüssten die strengen Rationierungsmaßnahmen zu verhindern. Dennoch mussten die Menschen zum Teil mit sehr kargen Lebensmittelrationen auskommen.

Von all den Unannehmlichkeiten – Rationierung, grimmige Winterkälte, schwach beheizte Zimmer, dazu die allabendliche Verdunkelung und vereinzelte Fliegeralarme – bekam die kleine Ruth Dreifuss nicht viel mit. Was sich ihr jedoch, so jung sie damals war, tief einprägte, war die Bedrohung. Ruth spürte etwas Unheilvolles, wenn die Eltern der Stimme aus dem Radio lauschten; sie sah es im Gesichtsausdruck, mit dem sie fremden Besuchern zuhörten; sie nahm es bei vielen Gesprächen zwischen Vater und Mutter wahr: ein Gefühl, das ihr Angst einflößte, unvergessen bis zum heutigen Tag wie auch etwas anderes, das sich nach ihrer Aussage zutrug, nachdem Sigi Dreifuss die Leitung der St. Galler Flüchtlingshilfe bereits abgegeben hatte.

Mehr als einmal verschwand er nämlich und ließ seine Familie in banger Sorge darüber, ob und wann er zurückkommen würde.

Dinge, die *irgendwie mit Flüchtlingen zu tun hatten,* sowie *Landquart* und *die Berge des Rätikons,* das waren Stichworte, die Ruth und Hansli aus den leisen Gesprächen der Eltern aufschnappten, wenn der Vater nach ein paar Tagen wieder da war. Daraus schlossen sie später, dass er wahrscheinlich Flüchtlinge über die Berge in die Schweiz holte und in St. Gallen unterbrachte.

Anfang 1942 entschloss sich Dreifuss zu einem Schritt, der für seine Familie, wie er hoffte, einiges zum Besseren wenden sollte. In den vergangenen Monaten hatte er eingesehen, dass seine Vetretergeschäfte bei der katastrophalen Wirtschaftslage über kurz oder lang nicht mehr genügend Mittel einbringen würden, um den Lebensunterhalt der Familie zu finanzieren und darüber hinaus Jeannes Eltern zu unterstützen.

Obschon die Einbrüche in der Textilbranche auch seinen engsten Freunden zum Teil schwer zu schaffen machten, kam Sigis Entscheid, die Selbstständigkeit aufzugeben und eine Stelle beim Eidgenössischen Kriegsernährungsamt in Bern anzunehmen, für die meisten sehr überraschend. Ernst Kleinberger und die anderen Vorstandsmitglieder der Kultusgemeinde konnten kaum glauben, dass Sigi Dreifuss, dieser *typische Heimweh-St.-Galler*, der sein *Paradiesli* in Teufen, den Appenzeller Alpstein, die ganze Ostschweiz so liebte, tatsächlich nach Bern ziehen würde.

Am 17. Februar 1942 gab es daran keinen Zweifel mehr, als der Präsident der Kultusgemeinde Sigi offiziell verabschiedete und ihm bei der Gelegenheit *im Namen aller für die wertvolle und eifrige Mitarbeit im Vorstand* dankte. Dreifuss, sagte er, habe wesentlich zu dem *äußerst angenehmen und harmonischen Verhältnis beigetragen,* durch welches *die Arbeit reibungslos erledigt werden konnte.*

Im März trat Sigi schließlich von den beiden Ämtern der jüdischen Gemeinde zurück, die er jahrelang besonders gern betreut hatte: Den Protokollen zufolge war er ein ausgezeichneter Schulrat und Sportkommissär des Vereins »Erholung« gewesen.

Unter den Waldbäumen hinter ihrem Ferienhaus lag der Schnee noch zentimetertief, doch an unbeschatteten Stellen auf der vorderen Wiese schauten schon die ersten Krokusse und Primeln hervor, als Jeanne und Sigi Dreifuss Geräte und Kisten aus dem Haus trugen und beim Gartentor zusammenstellten. Nachdem sie alles ausgeräumt und zuletzt auch Sigis Werkzeuge aus dem Schopf geholt hatten, schauten sie noch einmal von der Veranda aus über das weite Tal. Die Sicht war so klar, dass man jeden Felsvorsprung an den Bergen auf der anderen Seite, jedes Bauernhaus in der hügeligen Landschaft und einzelne Menschen selbst in großer Ferne gestochen scharf sehen konnte.

Der warme Wind trug ein regelmäßig klopfendes Geräusch über die Wiesen herauf. Der Nachbar stand auf seiner Kuhweide und nagelte neue Latten an den grauen Zaun, und da er in seiner Pfeife gerade Tabak nachstopfen musste, ließ er den Blick schräg über die steile Wiese hinaufschweifen. Die Betriebsamkeit auf dem Anwesen der Dreifuss' war ihm nicht entgangen.

Als wenig später ein Auto auf dem schmalen Sträßchen am Waldrand oben auftauchte und nach geraumer Zeit vollbepackt wieder davonfuhr, lehnte sich die Bauersfrau weit aus dem engen Rahmen ihres Stubenfensters. Ihr Mann hob nur kurz den Kopf; noch bevor der Wagen hinter einer Wegbiegung verschwand, bückte sich der Bauer nach einer verwitterten Latte, klaubte mit der Zange ein paar rostige Nägel aus dem Holz und warf es auf einen Haufen. Was interessierte ihn das Treiben dieser Leute. Er musste zusehen, noch vor Einbruch der Dunkelheit mit Sägen und Hacken fertig zu werden.

Das *Paradiesli* trug bei ihm und seiner Frau, wie sich ihre Tochter fünfzig Jahre später lachend erinnerte, einen anderen Namen: *s'Judehöttli*. Sie konnten es weiterhin so nennen: Sigi verkaufte es an einen St. Galler Juden, und es dauerte nicht lange, da saßen oben Leute wie Nahum Goldmann, der Vorsitzende des World Jewish Congress, und andere jüdische Gäste auf der Veranda.

Vielleicht glaubte Sigi Dreifuss im März 1942 allen Ernstes, was er den skeptischen Freunden erklärte: Er und seine Familie wollten nur für kurze Zeit nach Bern ziehen. Seine Anstellung beim Kriegsernährungsamt würde gerade so lange dauern, als dieser Krieg solche Arbeit nötig mache; nach Kriegsende jedoch habe er die Absicht, seinen Platz in der St. Galler Gemeinde wieder einzunehmen.

Nach einem Jahr schon wusste Sigi, dass er sich getäuscht hatte. St. Gallen, eben noch in wenigen Stunden von Bern aus zu erreichen, lag auf einmal in einer sehr weit entfernten Gegend. An einem schwer zugänglichen Ort in der Vergangenheit.

Später begriffen seine Kinder, dass dieser Ablösungsprozess schon vor der Übersiedlung nach Bern begonnen haben musste: als er die leitende Stellung im Flüchtlingsbüro aufgab oder noch vor Kriegsausbruch, als er, hin- und hergerissen zwischen Pflichtgefühl und Moral, Widerstandswillen und Angst, selbst Flüchtlinge rettete und ohne böse Absicht dazu beitrug, dass Polizeihauptmann Grüninger von seinem Posten entfernt wurde. Zu jener Zeit musste Sigi Dreifuss erkannt haben, dass danach nichts mehr sein würde wie früher.

Deshalb empfand er wahrscheinlich auch die *vorübergehende* Abwesenheit von St. Gallen so schnell als endgültige Trennung. Als Bruch und Chance zugleich: Sein Lebtag sollte er sich für kein Amt mehr zur Verfügung stellen. Das Privatleben jemals wieder zugunsten einer öffentlichen Aufgabe zu beschneiden und dadurch auch noch in Schwierigkeiten zu geraten, kam für Sigi absolut nicht in Frage. Nie mehr.

Abgesehen davon, dass er dadurch nun viel ungebundener war, bot das neue Leben mehr Sicherheit. Ob zu Recht oder nicht: In Bern wirkte die Gefahr einer Okkupation durch Hitlertruppen weniger bedrohlich als in der Ostschweiz.

Sicherer fühlten sich Jeanne und Sigi aber auch in finanzieller Hinsicht: Zwar machte Sigis Anstellung beim Bund den Schwierigkeiten nicht gerade ein Ende, doch linderte das regelmäßige Einkommen wenigstens die größten Sorgen. Und Jeanne brauchte nicht mehr im Geschäft mitzuarbeiten. Das hatte sie sich im Stillen so oft gewünscht; nun konnte sie endlich uneingeschränkt für die Kinder dasein.

Schließlich war ihnen der neue Wohnort auch mehr als recht, weil ihnen Bern unter allen Schweizer Städten schon immer besonders gut gefallen hatte, wie ihre Tagebuchaufzeichnungen und Bilder von verschiedenen Ausflügen belegen.

Mit der gleichen Freude wurde Sigi Dreifuss, der neue Statistiker in einem der acht Kriegswirtschaftsämter, allerdings nicht von allen Bernern aufgenommen, sicher nicht vom städtischen Baudirektor und Nationalrat Ernst Reinhard, dessen eben erschienenes Buch »Lebendiges Bern« als umfassende Einführung – oder eben Abschreckung – für neu Zugezogene dienen konnte. Gerade in sprachlicher Hinsicht, hieß es da unter anderem, sei Vorsicht angebracht: *Gegen die Vermanschung des Berndeutschen durch alle möglichen andern Dialekteinflüsse* – etwa die *abgeschliffenere* Ostschweizer Sprache – müsse sich die alteingesessene Bevölkerung regelrecht zur Wehr setzen, *weil nach Bern,* so Reinhard, *in diesen kritischen Zeiten alles herbeiströmt, was aus allen Ecken des Landes mit irgendeinem Bundesamt zu tun hat.*

Tatsächlich bedeuteten die in Bern stationierten 5 300 *kriegsbedingten Funktionäre,* wie sie genannt wurden, eine Belastung für die Einheimischen, weil sie ihnen Arbeitsplätze und Wohnungen streitig machten. Doch war es Sigi Dreifuss vorzuwerfen, dass »seine« Warensektion des Kriegsernährungsamtes in einer geräumigen Villa im schönsten Quartier der Stadt untergebracht war oder dass er und seine Familie ganz in der Nähe, in der Muristraße 76, eine hübsche Wohnung gefunden hatten, zu der – unschätzbarer Vorteil während des Krieges – sogar ein Gemüsegarten gehörte?

Die Zuversicht, dass somit fast alle Voraussetzungen für den neuen Lebensabschnitt günstig seien, hielt sich freilich nur kurze Zeit. Noch ehe Jeanne und Sigi ihre Wohnung fertig eingerichtet und im Garten die ersten Setzlinge gepflanzt hatten, schreckte eine schockierende Nachricht die Bevölkerung auf:

Am 16. April 1942 wurde ein Berner Jude, der völlig unbescholtene 60-jährige Viehhändler Arthur Bloch, auf einem abgelegenen Bauernhof in der Nähe von Payerne brutal ermordet. Durch einen Zufall konnten die fünf Täter kurz darauf gefasst werden. Alle gaben sich als Fröntler zu erkennen und betonten, dass sie die klare Absicht gehabt hätten, ein *politisches Delikt* zu verüben. Indem sie *einen Juden verschwinden* ließen, hofften sie allen anderen Juden *eine ständige Furcht einzujagen.* Der Mord sollte, wie sie sagten, *im Lande Aufsehen erregen und das Zeichen zu einem allgemeinen Vorgehen gegen sie werden.* Wie viel Beute der Raubmord ihnen einbringen würde, war nebensächlich gewesen. So hatte sich einer von ihnen mit zwanzig Franken und ein paar Gläsern Rotwein ohne weiteres abgefunden.

Wie sie weiter aussagten, hatte ein ehemaliger Pastor sie zu der Tat angestiftet: Philipp Lugrin, der Chef der »Bande von Payerne«, *einer nationalsozialistischen und im besonderen antisemitischen Terrorgruppe*, wie die »Neue Zürcher Zeitung« schrieb. Demnach wollte Lugrin den Boden für den »Anschluss« der Schweiz vorbereiten; die entsprechende Ausbildung hatte er in der Propagandaabteilung des Auswärtigen Amtes in Berlin erhalten.

Unmittelbar nach dem Mord an Arthur Bloch war es ihm gelungen, sich ins Ausland abzusetzen, doch sollte er später gefasst und in einem aufsehenerregenden Prozess zu zwanzig Jahren Zuchthaus verurteilt werden. Drei der fünf Mörder erhielten lebenslängliche Zuchthausstrafen, die andern beiden fünfzehn bzw. zwanzig Jahre.

Im Frühjahr 1942 aber waren die Täter noch nicht bestraft, und die Menschen entsetzten sich nicht allein über den Mord und dessen politische Motive; Bloch war ein anständiger, umgänglicher Mann gewesen, bekannt als Original und »waschechter Berner«. Warum war er getötet worden? Er hatte den Tätern nie etwas zuleide getan, sie hatten ihn völlig willkürlich ausgesucht. Ohne die geringste persönliche Schuld, so betonte Georges Brunschvig, der Präsident der Israelitischen Kultusgemeinde Bern in seiner Trauerrede, war Arthur Bloch als *Opfer des Zerfalls aller moralischen Werte gefallen*, als *Opfer der Zeit* und des gegenwärtigen *Weltbrandes*.

Wie das Verbrechen von Payerne zeigte, sollte der Brand nach dem Willen bestimmter Leute auch innerhalb der Schweiz entfacht werden. Die größere Gefahr aber drohte von außen, und Sigi Dreifuss verfolgte das Kriegsgeschehen mit angespannter Wachsamkeit, studierte die Basler »National-Zeitung«, hörte die Schweizer Nachrichten und den britischen Radiosender und las allwöchentlich, was das »Israelitische Wochenblatt« über die in der Alltagspresse nicht behandelten Greueltaten der Nazis berichtete: die Deportationen, die Errichtung von Ghettos und Lagern, die ungeheuerliche Verfolgung und Zwangsmigration Zehntausender, die Massenmorde und das Hohngelächter, welches Hitler für den zögerlichen Protest der noch freien Welt übrig hatte.

Gleich einem Ritual teilte Sigi die tägliche Berichterstattung mit der ganzen Familie, und zwar nicht nur mittags um halb eins, wenn er beim ersten Signalton der Nachrichten vom Esstisch aufsprang und das Radio lauter stellte. Richtig interessant wurde es für Sohn und Tochter erst nachher, wenn sie ihrem Vater zur Weltkarte folgten, die er über seinem Schreibtisch aufgehängt hatte: Manchmal musste er keine einzige der Fähnchennadeln umstecken, mit denen er die verschiedenen Streitkräfte laufend neu positionierte, und dachte stattdessen laut über die festgefahrene Lage nach. Manchmal färbten die Fähnchen innerhalb kurzer Zeit ganze Flecken auf der Karte anders ein, verschoben sich die Wimpel der einen oder anderen Kriegspartei blitzschnell in diese oder jene Richtung.

So hatten sich die braunen Fähnchen nach den Kesselschlachten von Wjasma und Brjansk im vergangenen November der Stadt Moskau bedrohlich angenähert. Im Dezember war gleichsam ein Ruck durch die Reihen der Roten gegangen, hatten sie die Braunen Woche um Woche zurückgedrängt in den Raum Witebsk-Wjasma-Smolensk. Nördlich davon, bei Demjansk, waren die braunen Wimpel seit April völlig von roten umzingelt gewesen, und im Süden, auf der Halbinsel Kertsch und bei Isjum, hatten die Roten schon seit Jahresbeginn wieder das Feld beherrscht.

Im Mai 1942 musste Sigi auf Kertsch die Fahnen umstecken: Die Braunen waren zurück. Und sie machten weitere Feldgewinne, setzten an zu einem Triumphzug, bräunten in den folgenden Wochen Charkow, die Krim mit Sewastopol, drängten gleichzeitig auf dem nordafrikanischen Kriegsschauplatz die englischen Fähnchen bis zur ägyptischen Grenze zurück, nahmen am 21. Juni 1942 die britische Schlüsselstellung Tobruk ein – doch in El Alamein blieben sie stecken.

Die Sommerwochen verstrichen, es wurde Herbst, ohne dass Sigi die braunen Fahnen in Nordafrika je wieder in Bewegung setzen musste.

Mit ganzer Aufmerksamkeit galt es nun aber die Bewegungen im Süden Russlands zu verfolgen. Die strategischen Ziele der Deutschen waren klar: Auf die Erdölfelder nördlich und südlich des Kaukasus, so erfuhr die vor der Karte versammelte Familie, habe Hitler es abgesehen, auf das Weizengebiet am Kuban, das Rüstungs- und Verkehrszentrum Stalingrad. Und wenn es so weiterginge, würde er Russlands Schwerindustrie, Getreide und Öl auch bald einsacken: Krim und Ukraine waren bereits besetzt, vom unteren Don her musste Sigi die braunen Fahnen in südöstlicher Richtung gegen den Kaukasus verschieben, am 21. August steckte auf dem höchsten kaukasischen Berg Elbrus die deutsche Flagge, und ein anderer Stoßkeil bewegte sich unaufhaltsam auf die untere Wolga zu. Anfang September 1942 war Stalingrad braun umzingelt.

Kein Tag verging, ohne dass Sigi Dreifuss das Kriegsgeschehen an seiner Weltkarte exakt nachführte. Danach machte er mit derselben Regelmäßigkeit ein Nickerchen, verließ sodann die mittagsstille Wohnung und begab sich auf den Weg zum Brunnadernrain, wo er arbeitete. Was für ein schöner Spaziergang das gewesen wäre unter den ausladenden Baumkronen der alten Ahorne und Kastanien zu beiden Seiten der Straßen, vorbei an herrschaftlichen Villen hinter schmiedeeisernen Gittern, hohen Hecken und Parkbäumen ... Wären ihm auf dem kurzen Fußmarsch bloß bestimmte Personen nicht begegnet.

So zum Beispiel am Elfenauweg 9, keine zweihundert Meter von seinem und Jeannes Gemüsegarten entfernt, wo das rund 50-jährige »Fräulein« Elisabeth Duncker wohnte, die Leiterin der Nationalsozialistischen Auslandsdeutschen Frauenarbeitsgemeinschaft, laut einem späteren Bericht des Bundesrates eine *fanatische Nationalsozialistin und Verehrerin Hitlers.*

Auch am Lombachweg 28a, wo Dunckers NS-Frauenarbeitsgemeinschaft einquartiert war, kam Dreifuss auf seinem Arbeitsweg vorbei. Und wenn der kleine Hans ihn zum Kriegsernährungsamt begleitete und danach über einen Gartenpfad auf den Willadingweg gelangte, um von dort in wenigen Minuten zu seinem Kindergarten zu kommen, traf er bei der reichsdeutschen Gesandtschaft um die Ecke alle möglichen Leute, von denen er nicht wusste, dass es sich zum Beispiel um den NSDAP-Propagandamann

Hans Garrels handelte oder um Fritz Osthoff, einen *der heftigsten und skrupellosesten nationalsozialistischen Propagandisten in der Schweiz*, wie es im Bundesratsbericht vom Dezember 1945 heißen sollte.

Außer der deutschen Gesandtschaft befand sich nämlich auch der herrschaftliche Sitz der NSDAP in der Nähe, und zwar in einem schlossartigen Gebäude schräg gegenüber dem Wohnhaus der Familie Dreifuss, in der Muristraße 53. Dort logierte der Landesgruppenleiter Sigismund Freiherr von Bibra, der 1936 in die Schweiz versetzt worden war, um nach dem Mord an seinem Vorgänger Wilhelm Gustloff den Prozess gegen den Täter David Frankfurter propagandistisch auszuschlachten.

Seither hatte von Bibra in Bern, ohne merklich daran gehindert zu werden, eine verbissene Rührigkeit entfaltet. So war es denn auch ihm zuzuschreiben, dass man am Helvetiaplatz, ein paar Tramstationen ab Muristraße stadteinwärts, nicht vorbeikommen konnte, ohne ganzen Scharen von Nazis in die Arme zu laufen, wann immer sie im Heim der Deutschen Kolonie in der Marienstraße 4 die Erfolge der Wehrmacht oder irgendeinen Gedenktag feiern wollten.

NSDAP-Landesgruppenleiter von Bibra blickte mit Stolz auf sein propagandistisches Werk: 30 000 Reichsdeutsche, stellte er am Erntedankfest im Oktober 1942 lobend fest, hielten in der Deutschen Kolonie der Schweiz zusammen. Die Zahl war um rund 5000 übertrieben, aber das änderte nichts daran, dass er den ideologisch *einwandfreien Kern* der Kolonie, seine NSDAP-Landesgruppe, als die größte im ganzen europäischen Raum bezeichnen konnte.

Ausgerechnet da also, wo die Repräsentanten der NSDAP und diverser nazistischer Nebenorganisationen ihren täglichen Geschäften nachgingen, hatten Jeanne und Sigi Dreifuss mit ihren beiden Kindern Quartier genommen. Nun lebten sie mitten im braunen Revier von Bern. Braun umzingelt.

Während sich die Deutschen aber schon als die kommenden Herren wähnten und entsprechend aufführten, glaubten Sigi Dreifuss und seine *kriegsbedingten* Arbeitskollegen – zusammen mit dem Volk, der Armee und den Behörden – ganz fest an die Selbstbehauptung der Schweiz. So pathetisch formulierte es nach dem Krieg jedenfalls ein Rechenschaftsbericht des Eidgenössischen Volkswirtschaftsdepartements und fügte hinzu, die kriegswirtschaftlichen Beamten hätten *zum Schutze, zur Verteidigung und zur Förderung der heimischen Wirtschaft* alles unternommen und sich dadurch große Verdienste um die Landesverteidigung erworben.

Dreifuss nahm das Kompliment gewiss gern entgegen, weil er sich wirklich große Mühe gegeben hatte, wie auch sein Arbeitszeugnis bestätigte.

Konkret verwaltete sein Amt die Einfuhr und Verteilung einer Reihe von Lebens- und Genussmitteln. Dazu gehörten Getreide, Reis, Zucker, Kaffee, Tee, Bier, Salz, Öl, Tabak, Zichorienwurzeln ... Natürlich bekam er als Büroangestellter davon nie etwas zu Gesicht. Er musste nur die statistischen Grundlagen für die Produktionsplanung und Rationierung erarbeiten und Ausgleichsmaßnahmen durchführen, wenn die Detailhändler gegenüber den Großverteilern bei den zugeteilten Vorratsmengen zu kurz kamen.

Im Grunde genommen war der Job eines Rationierungsexperten nichts Angenehmes. Je länger der Krieg dauerte, desto mehr musste mit den Vorräten geknausert werden, worauf die Bevölkerung mitunter verständnislos oder zornig reagierte.

Sigi liebte seine Arbeit trotzdem. Statistiken anzufertigen, mit Tinte, Lineal und Schablonen umzugehen bereitete ihm die größte Freude; er war von Natur aus ein präziser Mensch. So sah Hansli seinen Vater, wenn er ihn im Büro abholte, meistens noch eine Weile nach Dienstschluss mit der Pfeife im Mundwinkel über Statistiken gebeugt, vor sich neben Stapeln von Papier ein Schild mit der Aufschrift RAUCHEN VERBOTEN. Dreifuss konnte sich die Übertretung des Rauchverbotes leisten, denn er war Ressortchef der Statistikabteilung. Allerdings gehörte dazu außer ihm nur ein Mitarbeiter.

Wie versprochen, nahm sich Sigi nun aber auch viel Zeit für die Familie, für Sport und Spiel, Ausflüge und gemeinsame Hobbys.

Um die Lebensfreude ihres Sohnes mussten sich Jeanne und Sigi keine Sorgen machen. Denn im Gegensatz zu seiner kleinen Schwester, die höchst sensibel auf die Bedrohung von außen und die Ängste der Eltern reagierte, fühlte sich Hansli in jenen Jahren nichts als überglücklich; spazierte fröhlich durch das Quartier, erkundete bei jeder Gelegenheit auch die weitere Umgebung, zu der nebst Gärten, Wiesen und Wald auch das Aareufer und ein Naturreservat mit einem Tierpark gehörten.

Ruth Dreifuss im Alter von zwei Jahren

Ebenso gern war Hansli im Kindergarten, weil er dort in einem Jungen namens Rolf Adler schon bald einen großartigen Freund fand. Hansli hatte ihm erzählt, er bräuchte eine neue Hose. Da Rolfs Vater ein Herrenmodegeschäft am Berner Waisenhausplatz besaß, schlug Rolf vor, Hanslis Eltern sollten sich die Hose dort besorgen – selbstverständlich gratis, wie er annahm. Als er ein paar Tage später vom ganz regulären Kauf der Hose erfuhr, war Rolf völlig bestürzt über die Idee seines Vaters, den Eltern eines Freundes Geld abzunehmen.

Ein fragwürdiger Briefmarkentausch der beiden Knaben, bei dem die Väter noch ein Wort mitreden wollten, begründete kurz darauf auch deren Freundschaft, denn sie stellten gleich fest, dass sie einander als Briefmarkenspezialisten ebenbürtig waren, mit Ausnahme der Tatsache, dass sich Felix Adler bessere Qualitäten leisten konnte.

So begannen die gegenseitigen Einladungen zum Essen, die gemeinsamen Familienausflüge und Wanderungen. Dabei staunte Rolfs Mutter oft über *die umständlichen und weiten Reisen,* welche Sigi und Jeanne mit ihnen unternahmen, *um in einer schönen Gegend lange, erst recht ermüdende Fußmärsche anzutreten,* wie Gretl Adler mit weit mehr als achtzig Jahren temperamentvoll ausführte.

Diese unbeschwerten Freizeitbeschäftigungen waren aber nicht alles, was die beiden Familien verband. Da Adlers ebenfalls jüdisch waren und unter ihrem Dach einen Holländer beherbergten, dem die Flucht in die Schweiz eben noch gelungen war, bevor die niederländischen Jüdinnen und Juden systematisch deportiert wurden, drehten sich die sonntäglichen Gespräche nicht selten um das monströse Treiben der Nazis und die Frage, ob es möglich gewesen wäre, Hitler in der ersten Zeit nach der Machtergreifung noch das Handwerk zu legen.

Bei einem dieser Gespräche erfuhren Jeanne und Sigi eine merkwürdig berührende Geschichte: Der jüngere Bruder von Felix Adler, Georges, der nun Hanslis und Ruthlis Kinderarzt war, hatte, als er noch bei Felix und Gretl Adler wohnte, hin und wieder seinen Studienkollegen David Frankfurter zum Essen mitgebracht.

Im Januar 1936 war dem Ehepaar Adler aufgefallen, dass es Frankfurter schlecht ging: Er litt unter einem schmerzhaften Schub seiner chronischen Knochenmarkentzündung und war verzweifelt über den unaufhaltsamen Vormarsch der Nazis in Deutschland, wo er studiert hatte, bis er es im antisemitischen Klima seiner Universität nicht mehr aushielt. Nun war er so müde und schwach, dass man sich Sorgen um ihn machen musste. Deshalb hatten sie volles Verständnis, als er Ende Januar 1936 davon sprach, er wolle für ein paar Tage in die Berge fahren. Da er zu we-

Ruth und Hans
Jakob Dreifuss
in der Muristrasse
in Bern

nig Geld hatte, borgte ihm Felix Adler sechzig Franken für die Bahnfahrt nach Davos.

Vier Tage später erschoss David Frankfurter dort den NSDAP-Landesgruppenleiter Wilhelm Gustloff.

An den Mordprozess erinnerte sich Sigi Dreifuss sehr deutlich, da er – aus heute unerfindlichen Gründen – als Aushilfsreporter für den »Manchester Guardian« sowie die »Exchange Telegraphe Company Extelco« (eine auf Börsen spezialisierte britische Nachrichtenagentur) daran teilgenommen hatte. So konnte er seinen Freunden nun alles genau beschreiben: die Verhandlungen, das Klima im Gerichtssaal, die aggressive, hysterische Entrüstung bei den scharenweise angereisten deutschen Berichterstattern, während sich der schweizerische Gerichtspräsident spürbar bemühte, die deutschen Ankläger zu besänftigen.

David Frankfurter, so erfuhr man nach dem Prozess, hatte geglaubt, seine Tat würde die Aufmerksamkeit der Welt auf die Nazityrannen lenken und die Öffentlichkeit aufrütteln.

Nun saß er im Zuchthaus Sennhof in Chur, und der barbarische Größenwahn der Nazis richtete immer mehr und immer schlimmeres Unheil an.

5 Das Wort »Stalingrad« hatte die kleine Ruth Dreifuss zum ersten Mal im Herbst 1942 gehört, als der Vater lauter braune Fähnchen rund um jenen Punkt in seine Landkarte steckte. Im darauf folgenden Januar wurde das Wort für sie zu einem fast magischen Begriff: Die Deutschen, so hatte Sigi erklärt, waren seit Wochen in Stalingrad eingekesselt. Abgeschnitten von den übrigen Streitkräften, die vor der russischen Gegenoffensive Tag für Tag weiter zurückweichen mussten, saßen sie halb verhungert und erfroren fest. Hitler hatte ihnen verboten, einen Ausbruch zu versuchen und Stalingrad aufzugeben. Am 31. Januar und 2. Februar 1943 mussten sie kapitulieren; rund 90 000 deutsche Soldaten wurden gefangen genommen.

Nach dieser Niederlage sagte ihr Vater einen Satz, den Ruth niemals vergessen sollte: *Jetzt werden sie endlich zurückgeworfen!* Stalingrad brachte die Wende, und deshalb prägte sich ihr das Ereignis als eine ihrer deutlichsten Kindheitserinnerungen ein. Insbesondere vergaß sie auch nie, dass es die Russen waren, die diese Wende erzwangen.

Tatsächlich veränderte die deutsche Niederlage von Stalingrad – zusammen mit der Landung amerikanisch-britischer Streitkräfte in Nordafrika – alles in diesem Krieg. Auch die Stimmung vor Sigis Weltkarte, denn von da an feierte die ganze Familie das Vordringen der Alliierten und den allmählichen Rückzug der Deutschen.

Jetzt werden sie endlich zurückgeworfen! – dieser Ausruf fasste nicht nur Sigis unsägliche Erleichterung in Worte. Der Satz war zugleich eine Kampfansage, eine der wichtigsten Lektionen, die der Vater nach Ruths Erinnerung ihr selbst und ihrem Bruder mit auf den Weg gab. Denn der Satz hieß auch, *dass Widerstand gegen Tyrannei erste Pflicht sei.*

Auf dieser Überzeugung ihres Vaters gründete die Politisierung der beiden Dreifuss-Kinder. Die Situation war dramatisch, es ging um Leben oder Tod und nichts anderes. Widerstand zu leisten, sich der Bedrohung im Kampf zu stellen, war die einzige Möglichkeit zu überleben. Dass Widerstand aber noch keinen Sieg garantierte, lernte die Dreijährige im Frühjahr 1943, als Sigi eine Zeit lang von großen Verlusten der Alliierten sprach. Die deutsche Wehrmacht, erklärte er, versuche mit aller Gewalt, das Blatt noch einmal zu wenden. Bis sie vollständig bezwungen sein würde, müssten die Alliierten wohl noch lange kämpfen, und unendlich viel Leid würde geschehen, bis die Menschheit von den Tyrannen befreit sein würde.

Sigis Erklärungen, so verstand Ruth Dreifuss später, entsprachen auch der Botschaft des Pessach-Festes, das damals gerade bevorstand: ... *aus der Fron zur Freiheit, aus Elend zur Freude, aus Trauer zum guten Tag, aus Finsternis zum großen Licht* ... – diese Worte sollte Sigi Dreifuss am Sederabend sprechen.

Und wie ihr Vater die Familie einige Zeit im Voraus auf Pessach einstimmte, bereitete auch die kleine Ruth sich schon darauf vor. Am Abend vor dem ersten Feiertag darf das jüngste Kind beim Seder nämlich eine wichtige Rolle spielen, indem es – auf Hebräisch – die »Vier Fragen« stellt. Diese Fragen geben den Anstoß dazu, mit der »Haggada« zu beginnen, der Erzählung von der Befreiung der Israeliten aus über zweihundertjähriger Knechtschaft in Ägypten vor rund 3300 Jahren.

Vielleicht zum ersten Mal im Leben spürte Ruth ihren Ehrgeiz; wenn Eltern, Bruder und die ganze Familie Adler um den Sedertisch versammelt sein würden zu der Feier, die zu den schönsten des jüdischen Jahres gehört, wollte sie sich keine Blöße geben. Das tat sie auch nicht, denn als der Vater ihr am Abend des 19. April 1943 das Zeichen gab, wusste sie ihre vier Fragen in- und auswendig: *Ma nisch-tanà halájla haséh mikol halajlót ... Was unterscheidet diese Nacht von allen anderen Nächten? Jede Nacht sonst essen wir doch gesäuertes und ungesäuertes Brot – heute nur Mazzot. Sonst essen wir die verschiedensten Kräuter – heute nur Bitterkraut. Sonst brauchen wir nichts einzutunken – heute zweimal. Sonst sitzen wir beim Essen frei oder angelehnt – heute alle nur angelehnt.*

Diese vier Punkte musste Sigi Dreifuss nun erläutern, und er tat es auf höchst beeindruckende Art. Zwar herrschte bei dem rituellen Mahl voller symbolischer Bedeutung wie jedes Jahr neben frommem Ernst auch viel Heiterkeit. Doch vermittelte Sigis Sederfeier, wie Rolf Adler sich erinnert, ihm selbst, seinen Eltern und Geschwistern *noch etwas Zusätzliches, besonders Stimmungsvolles, weil er alle Melodien singen konnte und jeden Abschnitt erst auf Hebräisch las, danach übersetzte und dabei den Sinn des Pessachfestes sehr anschaulich erklärte: dass Freiheit nicht einfach ein Privileg sei, dass sie selbst von äußerlich freien Menschen immer von neuem erkämpft werden müsse.*

So wurde die lange Feier auch für die Kinder interessant, und es verstand sich nach Adlers Erinnerung von selbst, dass sie Pessach im folgenden Jahr wieder bei Familie Dreifuss feierten.

Solche Auftritte vor aufmerksam lauschender Gesellschaft gehörten zu den Höhepunkten in Sigis Leben; nie konnte er umfassendes Wissen und tiefe Überzeugungen spannender darstellen als an den jüdischen Feiertagen, obgleich er seine Zuhörer das Jahr über auch mit anderen Vorträgen, vor allem zu naturkundlichen oder musikalischen Themen, leidenschaftlich gern belehrte und mit derart profunden Kenntnissen verblüffte, dass sie meistens hingerissen oder aber, in einzelnen Fällen, betrübt waren, weil sie selbst sich daneben als die reinsten Ignoranten vorkamen. Wie auch immer – als Lehrer fühlte sich Dreifuss in seinem Element, und er sorgte dafür, dass nicht nur seine Frau und die beiden Kinder davon profitierten.

Welche Rolle aber war eigentlich Jeanne zugedacht in diesem familiären Umfeld, das von ihrem Gatten in jeder Beziehung dominiert wurde?

Welche Rolle hätte Jeanne Dreifuss schon spielen können in ihrer überaus großen Bescheidenheit und Dankbarkeit dafür, dass er sie trotz ihrer kleinbürgerlichen Herkunft geheiratet hatte? Jeanne war die perfekte Gattin für Sigi: Ihre Bewunderung und ihr Staunen ergaben den idealen Rahmen für seine Entfaltung, und ihr ausgeglichenes Wesen besänftigte gleichzeitig seinen unruhig suchenden Geist.

Ihren Vornamen verdankte Jeanne übrigens einer wesentlich selbstbewussteren Frau und dem Bedürfnis ihres Vaters Jules Bicard, mit der Namensgebung so etwas wie eine trotzige politische Reminiszenz zu verbinden. Dazu musste man wissen, dass Jeanne d'Arc, 1431 als angebliche Hexe auf dem Scheiterhaufen verbrannt, wie keine andere historische Gestalt in Frankreich zur Identifikationsfigur geworden war. Im Verlauf der Zeit gab es wohl keine gesellschaftlichen und politischen Kräfte, die sie nicht als ihre spezielle Heldin für sich reklamiert hätten, Linke ebenso wie extreme Rechte, Antisemiten wie Juden. Und da zur Zeit, als Jules Bicard in Paris lebte, Jeanne d'Arc und die Juden im Zeichen der Dreyfus-»Affäre« als göttliche und teuflische Antipoden dargestellt wurden, reagierte Jules so wie alle patriotischen Juden Frankreichs mit großer Entrüstung. Die Jungfrau von Orléans, fand er, sei zuallererst die Heldin all jener, die wie die jüdischen Elsässer und Lothringer nicht erst anno 1870 unterjocht und unschuldig verfolgt worden seien.

Und obwohl die antisemitische Instrumentarisierung von Jeanne d'Arc bei der Geburt seiner Tochter längst zurücklag und Jules Bicard nicht mehr in Frankreich lebte, hatte er die Kränkung nicht vergessen. Leider interessierte sich ein St. Galler Standesbeamter jener Zeit kein bisschen für Jules' selbstbewusste patriotische Stellungnahme. Als der Mann den Namen des neugeborenen Mädchens ins Geburtsregister eintragen sollte, stellte er fest: Im deutschsprachigen Raum heiße Jeanne noch immer Johanna. So trug Jules' Tochter denn zweimal in ihrem Leben und einmal danach den Namen Johanna: im Geburts-, im Hochzeits- und im Sterberegister.

Jeanne Dreifuss sah ihrer wagemutigen Namensschwester, die in Männerkleidung ein Heer in den siegreichen Kampf führte, auch nicht sehr ähnlich. Sie stand zwar mit beiden Beinen auf der Erde, doch hatte sie, wie ihre Freunde beobachteten, *einen Horror vor Streit und setzte nichts leichtfertig aufs Spiel,* war im Gegenteil *bedächtig und zurückhaltend, mütterlich, warmherzig und zärtlich.*

Nach ihrem Rollenverständnis verkörperte der Mann das Familienoberhaupt. Sigi fällte die Entscheidungen, Jeanne wirkte im Hintergrund, verstand sich als seine Helferin und umsorgte ihn mit Hingabe. Gutes Fleisch, so erinnern sich ihre Kinder, reservierte sie für Sigi nicht, weil er es verlangt hätte, sondern weil sie es so wollte.

In ihrer unbeirrbaren Fürsorglichkeit und Treue glich Jeanne ihrer Mutter Mina Bicard. Und wie jene war auch Jeanne immer zufrieden mit dem, was sie hatte: mit einem kleinen Leben, kleinen Freuden, kleinem Glück.

Mina und Jules Bicard waren, als Jeanne, Sigi und die Kinder nach Bern umzogen, in St. Gallen geblieben. Schon zwei Monate später musste Sigi der dortigen Israelitischen Fürsorge mitteilen, die fast vollständige finanzielle Unterstützung der Schwiegereltern übersteige in der neuen beruflichen Situation seine Kräfte, woraufhin die Fürsorge einhundertfünfzig Franken zum monatlichen Lebensunterhalt der beiden *Leutchen*, wie sie in einem Brief des zuständigen Verwalters genannt wurden, beisteuerte.

Als Mina sich im Herbst 1942 bei einem Sturz den Arm brach und ihren Haushalt nicht mehr selbst besorgen konnte, übersiedelten sie auf Vorschlag der Fürsorge ins Israelitische Altersasyl Lengnau, zu dessen Pensionspreis Sigi Dreifuss ein Drittel oder monatlich fünfzig Franken beitragen konnte; den Rest beglich die Fürsorge.

Nachdem sie nun fast nur noch zu den Jahrzeittagen von Sigis verstorbenen Eltern nach St. Gallen reisten und Jeannes jüngerer Bruder Henri, der weiterhin dort lebte, lieber zu ihnen nach Bern zu Besuch kam, brach Sigi im März 1943 auch die letzte materielle Verbindung zur Vergangenheit ab und verkaufte mit seinem Bruder Jacques zusammen das Elternhaus. Für eine anständige Summe, würde man beim Anblick des imposanten Gebäudes Teufenerstraße 10 vermuten.

Weit gefehlt: Der Liegenschaftenmarkt lag am Boden, und von den 60 000 Franken, die Sigi und Jacques zur Rückzahlung einer noch bestehenden Hypothek aufwenden mussten, bekamen sie aus dem Hausverkauf gerade 55 000 Franken zurück. Doch das schlechte Geschäft ließ sich nach Ansicht von Sigis altem Freund Ernst Kleinberger rechtfertigen: St. Gallen lag, so Kleinberger, *psychologisch schon halb in Deutschland. Da waren die beiden Brüder vielleicht sogar froh, ihr Haus loszuwerden.*

Noch etwas deutete darauf hin, dass Sigi und Jeanne zu diesem Zeitpunkt beschlossen, definitiv nicht mehr nach St. Gallen zurückzukehren. Vor der Übersiedlung nach Bern hatten sie eigens beantragt, Mitglieder der St. Galler Kultusgemeinde bleiben zu dürfen. Im Sommer 1943 aber baten sie schriftlich um Aufnahme in die Berner Gemeinde, und im Dezember erhielten sie positiven Bescheid.

So durfte Hansli von nun an zusammen mit seinem Freund Rolf Adler den Religionsunterricht von Rabbiner

Messinger besuchen. Jeanne integrierte sich mühelos, weil sie jede Woche mindestens einen Nachmittag lang mit anderen Frauen der Gemeinde für die Flüchtlingskleiderkammer nähte und flickte. Sigi hingegen wünschte nur unverbindliche gesellschaftliche Kontakte mit ein paar interessanten Gesprächspartnern und lud, außer dem Ehepaar Adler und einigen weiteren Bekannten, vor allem Rabbiner Eugen Messinger, dessen Bruder Jacques sowie deren Vater, Altprediger Josef Messinger, ab und zu nach Hause ein.

Sollten die drei ihn jemals gefragt haben, ob auch er sich in der Gemeinde oder in der Flüchtlingshilfe engagieren könnte, so hat die Antwort – getreu seinem Vorhaben – nein gelautet, denn Sigis Name erschien auf keinem einzigen Schriftstück der Gemeinde je in Zusammenhang mit einem Amt oder einer Arbeit.

Dabei wären der Rabbiner und seine Mitstreiter in der Flüchtlingsfürsorge über Sigis große Erfahrung mit Sicherheit sehr froh gewesen, weil sie die Probleme mit der Zeit kaum mehr meistern konnten.

Ende Dezember 1942 befanden sich in der Schweiz etwas mehr als 16 000 Emigranten und Flüchtlinge. Das überraschte, wenn man sich Bundesrat Eduard von Steigers berüchtigten Ausspruch in Erinnerung rief, er und seine Bundesratskollegen hätten *immer die Ansicht vertreten, eine Zahl von 6000 bis 7000 stelle ungefähr das dar, was gerade noch tragbar sei.*

Die Regierung hatte nicht etwa ihre Meinung geändert. Sie fühlte sich vielmehr hintergangen, weil mehr als die Hälfte der 16 000 Flüchtlinge allein seit August 1942 und illegal eingereist war. Nachdem im März 1942 die Deportationen französischer Juden nach »Osten« begonnen hatten, gefolgt von der Verschleppung holländischer und belgischer Juden, hatte der eidgenössische Polizeichef die strikte Rückweisung aller ausländischen Flüchtlinge verordnet.

Darauf hatte die Basler »National-Zeitung« eine kämpferische Pressekampagne gestartet, die eine Flut empörter Leserzuschriften auslöste. Die *Preisgabe des Asyls* im Wissen darum, dass die abgewiesenen Flüchtlinge in den sicheren Tod geschickt wurden, fand bei einem Großteil der Schweizer Bevölkerung kein Verständnis.

Unter dem Druck der allgemeinen Entrüstung und auf inständige Bitten der schon damals berühmten »Flüchtlingsmutter« Gertrud Kurz erlaubte der Chef des Eidgenössischen Justiz- und Polizeidepartements EJPD daraufhin die Einreise jüdischer Flüchtlinge in »besonderen Fällen«. Ausnahmslos über die Grenze zurückgeschickt wurden aber französische Jüdinnen und Juden, da sie in ihrer Heimat nach Ansicht der schweizerischen Behörden nicht gefährdet seien.

Als die deutsche Wehrmacht im November 1942 auch noch den Rest Frankreichs besetzte, stieg die Zahl der aufgenommenen Flüchtlinge vorübergehend von 30 bis 40 auf rund 100 pro Tag. Doch als sich Ende Dezember wie gesagt schon annähernd 8500 *illegal* eingereiste Flüchtlinge in der Schweiz befanden, verstärkte der Bundesrat wie schon im Sommer die Abwehr, und wieder reagierte die schweizerische Bevölkerung mit heftigen Protesten.

Zahlreiche Beschwerden gab es auch vonseiten der in Auffang- und Arbeitslagern internierten Flüchtlinge: unzureichende hygienische Verhältnisse und Ernährung, grobe Vernachlässigung von Kranken, Misshandlungen, harte Disziplinarstrafen für kleine Vergehen, Verbot von Lagerzeitungen wegen angeblich aufwieglerischer Inhalte, monatelange Trennung von Eheleuten ... – Vielen Internierten ging es schlecht in der Schweiz.

Um so wichtiger war es, dass Rabbiner, Priester und Vertreter der verschiedenen Hilfswerke die Lager regelmäßig besuchten, um die Flüchtlinge anzuhören und ihnen eine Stimme zu geben, denn oft wurden schlimme Zustände erst untersucht und allenfalls behoben, wenn sich jemand von außen dafür einsetzte.

Für die jüdischen Flüchtlinge auf Berner Kantonsgebiet sorgten Rabbiner Messinger, sein Vater und sein Bruder, eine Anzahl von Freiwilligen wie etwa die junge Gattin des Gemeindepräsidenten, Odette Brunschvig, sowie die offizielle Flüchtlingsfürsorgerin Nelly Bollag. Sie alle bemühten sich um die Internierten in den Lagern und die Emigranten, die in der Stadt Bern wohnen durften und von den Behörden nicht ganz so streng gehalten und zu Sträflingen degradiert wurden wie die Insassen der Arbeitslager. Dennoch war auch ihre Bewegungs- und Entscheidungsfreiheit begrenzt; als Almosenempfänger mussten sich ausnahmslos alle Flüchtlinge fühlen; nur der großen Gnade der Schweiz war es zuzuschreiben, dass sie eine Zeitlang da leben durften, und deshalb hatten sie nach Ansicht der zuständigen Autoritäten prinzipiell ruhig und dankbar zu sein.

Verständlich, dass sich Frustration, Trauer und die Erinnerung an schreckliche Erlebnisse mitunter in handfesten Aggressionen entluden: Mehr als einmal kam es in der Mensa der jüdischen Gemeinde, wo die Flüchtlinge billig essen konnten, zu Streitereien und sogar Handgemengen zwischen Frauen und Männern.

Um Spannungen abzubauen, hielt der Rabbiner gehaltvolle Vorträge, die beim spärlichen Publikum nicht besonders gut ankamen; Odette Brunschvig und Nelly Bollag animierten die Flüchtlinge zu künstlerischen Darbietungen; außerdem versuchte man sie mit der Gemeinde besser bekannt zu machen, doch zeigten die einheimischen Juden wenig Lust, an den monatlichen Emigrantentreffen teilzunehmen oder die Festtage gemeinsam mit den fremden Juden zu feiern.

Abgesehen davon fanden viele Flüchtlinge, auf dem Fürsorgeamt der jüdischen Gemeinde würden sie nicht so herzlich und hilfsbereit behandelt wie von Frau Dr. Kurz.

Gertrud Kurz war sicher nicht die einzige herausragende Schweizer Persönlichkeit, die sich mit aller Kraft für die Flüchtlinge einsetzte. Unter den zahlreichen unermüdlichen Kämpfern wurde zum Beispiel auch die Leiterin des Schweizerischen Arbeiterhilfswerks, Regina Kägi-Fuchsmann, bekannt oder Pfarrer Paul Vogt, der den Behörden unter anderem durch seine Freiplatzaktion bewies, dass das Boot noch lange nicht voll sei, wenn man der Bevölkerung nur erlaube, Flüchtlinge bei sich aufzunehmen.

Gertrud Kurz aber wurde zur »Mutter der Emigranten«. Ursprünglich hatte sie von der Schweizerischen Zentralstelle für Flüchtlingshilfe nur den Auftrag bekommen, sich um einen Teil der Konfessionslosen zu kümmern, denn für protestantische Flüchtlinge sorgte offiziell das Hilfswerk der Evangelischen Kirchen der Schweiz, für Katholiken die Caritas, für Juden der Verband Schweizerischer Jüdischer Flüchtlingshilfen.

Da sie also *die übrig Gebliebenen einsammeln* sollte, wie sie es in Interviews spaßhaft formulierte, betreute Kurz Atheisten, Kommunisten und Antikommunisten, doch hielt sie nichts davon ab, ihr Haus ebenso für Christen, Moslems und Juden offen zu halten. Auch lud sie die Flüchtlinge – im Gegensatz zur jüdischen Gemeinde – nicht bloß einmal monatlich zu geselligem Beisammensein bei Tee und Kuchen ein, sondern jeden Donnerstag. Was immer sie für die Flüchtlinge beschaffen oder erledigen konnte, wurde auch gerne erledigt. So erwarb sich Gertrud Kurz, wie das »Israelitische Wochenblatt« berichtete, durch ihr *echt warmes, menschliches Fühlen eine unwandelbare Zuneigung aller Emigranten in Bern und weit über Bern hinaus.*

Dass sie damit aber gleich zu einer Konkurrenz für die jüdischen Fürsorger werden sollte, war wohl das letzte, was sie angestrebt hatte. – Eine peinliche Situation für alle Beteiligten.

Allerdings gab es daneben weit folgenschwerere Probleme: Denn seitdem das Schweizerische Kinderhilfswerk und das Rote Kreuz *auf Wunsch der Behörden*, wie es hieß, im Dezember 1942 begonnen hatten, alle nach dem 1. August 1942 eingereisten Kinder im Alter von sieben bis sechzehn Jahren von ihren Müttern in den Flüchtlingslagern zu trennen und in Privatfamilien unterzubringen, machten die jüdischen Jugendbetreuer sehr beunruhigende Erfahrungen.

Die Trennung der Kinder von ihren Müttern war ein Problem für sich, mochte die Idee auch als gute Tat angepriesen werden, weil die jungen Flüchtlinge in Schweizer Familien *die dunklen Erlebnisse der letzten Monate vergessen und wieder fröhliche Kinder werden könnten*, wie es in der Presse hieß. Da sich aber längst nicht genügend jüdische Familien in der Lage fanden, diese traumatisierten Kinder aufzunehmen, lebten die meisten von ihnen mindestens bis Kriegsende bei Christen. Und da fingen die Probleme aus der Sicht vieler jüdischer Seelsorger erst an: Wohl wurden die Pflegekinder im Allgemeinen gut vesorgt. Doch versuchten nach der Beobachtung des jungen Berner Religionslehrers Jacques Messinger nahezu neunzig Prozent der Familien, ihre Schützlinge zum Christentum zu bekehren oder zumindest in dieser Richtung zu beeinflussen.

Sigi Dreifuss verstand Messingers Sorgen sehr gut. Als Schulrat in St. Gallen hatte er selbst sich vehement dafür eingesetzt, dass jüdische Kinder eine sorgfältige jüdische Erziehung erhielten. Ebenso war er sich mit Messinger darin einig, dass eine fundierte Beziehung zum Judentum nicht nur im Religionsunterricht, sondern im täglichen Leben vermittelt werden müsse.

Sigis eigene Kinder und Rolf Adler, der inzwischen so gut wie zur Familie gehörte (wie umgekehrt auch die Dreifuss-Kinder bei Adlers ein und aus gingen), genossen außer der sorgfältigsten religiösen Unterweisung jede denkbare

Förderung: kluge Belehrung, verständnisvolles Eingehen auf große und kleine Probleme, ein Klima, in dem Humor und Lebenslust angeregt wurden.

Sigi Dreifuss mit seinen beiden Kindern in Bern

Trotzdem vermochten weder das glückliche Familienleben noch die Freudentänze vor Sigis Weltkarte darüber hinwegzutäuschen, dass man sich noch immer bedroht fühlen musste. Sogar ernsthafter bedroht als seit langem.

Im Juni 1944, als die Invasion alliierter Truppen in der Normandie befürchten ließ, die deutsche Wehrmacht könnte im Rücken dieser nordfranzösischen Front eine Präventivaktion gegen die Schweiz unternehmen und das Land überfallen, entschloss sich der Bundesrat zur Einberufung zusätzlicher Truppen für den Schweizer Grenzschutz. Sigi Dreifuss reagierte sofort und schickte Jeanne und die Kinder zum zweiten Mal in die Westschweiz, um wenigstens sie in Sicherheit zu bringen. War es naiv, unter diesen Umständen zu hoffen, sie könnten irgendwo sicher sein?

Jedenfalls nahm die Kriegsgefahr in den folgenden Wochen nicht ab: Mitte August landeten die Alliierten in Südfrankreich und rückten rasch in Richtung Schweizer Grenze vor, wo sie die deutschen Truppen womöglich in die Schweiz abdrängen würden. Außerdem war es den Deutschen in ihrer praktisch ausweglosen Lage zuzutrauen, die Schweiz von Norden und Osten her zu überfallen, um ihren Einheiten, die aus Italien herauskommen wollten, einen Fluchtweg durch die Schweiz zu verschaffen. Dass sich Bundesrat und Armeeführung auf das Schlimmste gefasst machten, ließ sich daran erkennen, dass sie im Oktober 1944 die Truppenstärke, zum ersten Mal seit Juli 1940, wieder auf 200 000 Mann aufstockten.

Sollte der Krieg noch eine Weile dauern – wie lange würden die Vorräte dann noch ausreichen? Das war für Dreifuss und seine Kollegen mittlerweile ein großes Problem, denn was nützten die von den Alliierten erlaubten Importquoten, wenn man die Lebensmittel kaum mehr ins Land holen konnte? Schon seit August 1943 war der wichtigste Umschlagplatz, der Hafen von Genua, nicht mehr zu benutzen. Und seitdem die Alliierten Südfrankreich besetzt hatten, fiel auch der Hafen von Marseille weg. Nicht einmal per Bahn ließen sich die Güter transportieren: Infolge der Differenzen zwischen Frankreich und Spanien war der Bahnverkehr unterbunden, so dass die für die Schweiz bestimmten Güter nicht vom Fleck kamen. In Barcelona, Canfranc, Lissabon und Bilbao stauten sich bereits 300 000 Tonnen Waren, die fast alle in den Bewirtschaftungskreis von Sigis Warensektion gehörten. Wann würden diese Güter in der Schweiz eintreffen, falls überhaupt?

Unterdessen ging der Krieg offensichtlich in die Endphase. Die Deutschen, hieß es, hätten Befehl, auf ihrem Rückzug alle Rheinkraftwerke und Brücken zwischen Basel und dem Bodensee zu sprengen. Ende November rückten die Alliierten zum Rhein vor; General Guisan verstärkte den Brückenschutz, die Sprengungen konnten zum Glück verhindert werden.

Dezember, Januar, Februar, März . . . Heftige Luftkämpfe an der nördlichen Schweizer Grenze, Bombenabwürfe über Basel . . . Die Alliierten setzten von allen Seiten her zum Schlusskampf an, die deutsche Westfront brach zusammen, die ganze Welt konnte der einst siegreichen Wehrmacht beim Untergang zuschauen.

Und in Bern marschierten sie noch immer, die deutschen Nazis, trugen ihre Hakenkreuzfahnen und Spruchbänder – »Glaube an Deutschland wie an Gott!« – zum Casino, feierten dort im Burgerratssaal Heldengedenkfeiern oder den »Tag der Machtübernahme« und ließen sich von Minister Köcher und den diversen NSDAP-Funktionären über den Zustand ihres »Tausendjährigen« Reiches belügen.

Die Teilnehmerzahlen dieser Anlässe standen in keinem Vergleich zu früher, aber noch am 11. März 1945 gelang es den Organisatoren laut Rapport der Berner Sicherheitskriminalpolizei, rund 240 Leute zu »Heil Hitler«-Rufen anzufeuern – Tage, nachdem die Amerikaner den Rhein überschritten hatten, und viele Wochen, nachdem Bilder und Berichte von der Räumung des Todeslagers Auschwitz um die Welt gegangen waren.

Am 1. Mai 1945 verbreitete der deutsche Rundfunk die Nachricht, Adolf Hitler sei *in seinem Befehlsstand in der Reichskanzlei, bis zum letzten Atemzuge kämpfend, für Deutschland gefallen.*

Ruth Dreifuss erinnert sich genau an den Tag: Ihr Vater hatte schon lange eine Flasche Wein oder Champagner, eingepackt in Seidenpapier, im Keller gelagert. An jenem 1. Mai holten alle miteinander den »Hitlerwein« herauf. Nachdem Sigi die Flasche bedächtig geöffnet hatte, prosteten die Eltern sich zu: auf Hitlers Ende, auf die Zukunft . . .

Für den ersehnten Festtag hatten sie auch schon eine Tischbombe mit den Flaggen der Alliierten gekauft, die nun feierlich gezündet wurde. Was für ein Jubel, als sie mit

ohrenbetäubendem Knall eine lange Kette farbiger Papier-
fähnchen gegen die Zimmerdecke spie.

Vom ungewohnten Alkoholgenuss hatte Jeanne einen
kleinen Schwips, und wie sie mit dieser Fähnchengirlande
um den Hals am Schrank lehnte und glücklich lachte,
prägte sich ihrer Tochter als unvergessliches Bild ein.

Am selben Tag beschloss der Bundesrat die Auflösung
der NSDAP in der Schweiz; Landesgruppenleiter Stengel,
von Bibras Nachfolger, erhielt unverzüglich den Auswei-
sungsbefehl. Im Wohnquartier von Familie Dreifuss wurde
wohl mancher Vorhang zur Seite geschoben, als die Polizei
gleichentags mit Hausdurchsuchungen und Beschlagnah-
mungen begann: bei Elisabeth Duncker im Elfenauweg, in
den Büros der Frauenarbeitsgemeinschaft im Lombachweg, im Deutschen Heim beim Helvetiaplatz, bei allen politischen Leitern und in allen Lokalen der Deutschen Kolonie.

Am 3. Mai 1945 beantragte die Bundesanwaltschaft die
Ausweisung von sechsundzwanzig der meistbelasteten und
gefährlichsten Nazigrößen; drei Wochen später standen
weitere zweihundertsiebzig deutsche Staatsangehörige auf
der Liste jener, die der Bundespolizei als aktive und ein-
satzbereite NSDAP-Funktionäre oder -Mitglieder bekannt
waren.

Der Nazi-Herrschaftssitz, einen Steinwurf vom Wohnhaus der Familie Dreifuss entfernt, wurde geräumt; Landesgruppenleiter Stengel verließ die Schweiz am 25. Mai
1945. Die Duncker verschwand am 30. Juni.

6 *Voilà: Rue de Lausanne cent neuf! Da links im Hoch-parterre ist unsere Wohnung.*

Sidney (das schweizerdeutsche Sigi gehörte nun endgültig der Vergangenheit an) blickte mit erwartungsvollem Lächeln auf die Kinder.

Was sagt ihr dazu? Und schaut mal: Gleich über der Straße ein Park mit Seepromenade – ist das nicht großartig?

Ruth und Hans Jakob drehten sich um. Für einen Augenblick sahen und hörten sie gar nichts als eine Straßenbahn, die soeben vor ihrer Nase vorbeifuhr.

Ein bisschen laut ist es hier, das stimmt, sagte Sidney. *Aber man wird sich daran gewöhnen. Und jetzt sollt ihr unsere Wohnung sehen. Venez mes enfants, venez, Ruthli et Jean Jacques. – Klingt schön: Jean Jacques, findet ihr nicht auch? Adieu Hansli, bonjour Jean Jacques!*

Sidney Dreifuss war in bester Stimmung. Er fasste Jeanne unter, nahm Ruth an die andere Hand, klemmte die Pfeife zwischen die Backenzähne und begann auf dem Weg zur Haustür im Dreivierteltakt zu hüpfen und zu singen: *M-päpä, m-pä- Libiaa-mo, libiamo ne'lie-eti caa-lici, che la bellezza infio-ora ...*

Ein Blick zu einem der Fenster im Hochparterre rechts ließ ihn verstummen.

Traviata, erster Akt, Alfredos Brindisi, sagte er wie zur Entschuldigung, doch die Dame war bereits hinter ihrem Vorhang verschwunden.

Wie das Äußere des sechsstöckigen Hauses, hatte auch die Wohnung mit den hohen Zimmern etwas herrschaftlich Gediegenes. Sogar eine Dienstmädchenkammer gehörte dazu, ein winziger dunkler Raum mit je einem kleinen Fenster auf Küche und Treppenhaus. Da sollte seine Hobelbank hinkommen, entschied Sidney. Und die Druckmaschine für Preislisten und Etiketten.

Das Büro ist Jean Jacques' Zimmer, sagte er im Weitergehen. *Und du Ruthli* – er betrat das Esszimmer, das Aussicht auf Straße und Park hatte –, *du wirst hier schlafen. Abends machen wir einfach die Schiebetür zum Wohnzimmer zu, dann hast du deine Ruhe. Und tagsüber werde ich hier arbeiten.*

Die Wohnung war, anders ausgedrückt, ziemlich eng für vier Personen plus Sidneys neuen Geschäftssitz und trotzdem keine schlechte Wahl, wie sie glaubten: Weil der Genfer Wohnungsmarkt nach dem Krieg zusammengebrochen war, hatten sie aus einer Vielzahl von Angeboten die beste Adresse aussuchen können – nahe beim See, fast direkt neben einer Schule, nur wenige Minuten vom Bahnhof gelegen – und brauchten überdies die ersten drei Monatsmieten nicht zu bezahlen.

Neben diesen Vorteilen hatte die Entscheidung, nach Genf zu ziehen, allerdings ziemlich viel von einer Fahrt ins Ungewisse. Da die schweizerischen Kriegswirtschaftsämter nicht mehr gebraucht wurden, nachdem die Amerikaner durch den Abwurf der Atombombe Anfang August 1945 die Kapitulation der Japaner erzwungen und ein grauenvolles Ende des Weltkriegs herbeigeführt hatten, war Dreifuss seiner Kündigung zuvorgekommen und Ende August von der Beamtenstelle zurückgetreten, um sich wieder selbstständig zu machen.

Nun war der Import und Export von Früchten, Sidney sah es wohl, eine völlig neue Branche für ihn; bislang hatte er immer mit textilen Rohstoffen und Stickereien zu tun gehabt. Doch erinnerte er sich sehr gut an die eigenen Vorhaltungen gegenüber Jeanne, etwa als sie einst vor dem Kauf des Teufener Ferienhäuschens zurückschreckte, weil sie das Geld später vielleicht für Dringenderes brauchen würden.

Damals hatte er ihr gesagt, es sei eine Sünde, allem Neuen mit Wenn und Aber zu begegnen, man müsse im Leben auch einmal etwas Großes wagen, das seien sie ihren Kindern und sich selbst schuldig.

Warum sollte ausgerechnet er sich nun vor diesem Neuen fürchten? Immerhin hing er nicht ganz in der Luft, hatte er über einen gewissen Herrn Dietzler doch bereits Beziehungen zu einem Genfer Konservenfabrikanten geknüpft, mit dem er hoffentlich bald ins Geschäft kommen würde.

So begann Sidney Dreifuss im September 1945 also noch einmal von vorn, und trotz der drückenden Erinnerung an die ungeheuerlichen Geschehnisse der vergangenen Jahre fühlte er sich stark und zuversichtlich wie selten zuvor. Nun, da der Krieg und der zwölf Jahre dauernde nazistische Alptraum vorüber waren, konnte er zusammen mit Jeanne und den Kindern wieder auf eine sichere, unbedrohte Zukunft hoffen, wieder unbeschwert und sogar übermütig sein. Glücklich über jeden neuen Tag. Über das aussichtsreiche eigene Geschäft, die gute Wohnung, das goldene Licht über dem Park auf der anderen Straßenseite, die Spaziergänge an lauen Herbstnachmittagen, an denen der Wind in kalt-warmen Böen vom See her in die Bäume fuhr und die verfärbten Blätter zauste, bis das Laub rot-gelbem Regen gleich von den Ästen tropfte und über die Rasenflächen wirbelte, während die Stimmen der herumrennenden Kinder sich vor Fröhlichkeit fast überschlugen.

Jean Jacques hatte keinerlei Schwierigkeit mit dem Wechsel von der Berner Schule an die Ecole de Sécheron. Französisch lernte er im Nu, und mit seinem liebenswürdigen Wesen gewann er schnell neue Freunde.

Im September 1945 machte sich auch Ruth zum ersten Mal auf den »Schulweg«; ihr Kindergarten befand sich am Quai Wilson, einige hundert Meter von der Rue de Lausanne entfernt in unmittelbarer Seenähe.

Dreifuss est notre nom – mit diesen Worten stellte Jeanne sich und ihre kleine Tochter der Kindergärtnerin Germaine Duparc vor. Mademoiselle Duparc, wie sie genannt wurde, fand den Moment der ersten Bekanntschaft mit den beiden so bemerkenswert, dass sie ihn nie vergaß. *Dreifuss ist unser Name,* das klang ihrer Meinung nach so würdevoll. Jedenfalls war Germaine Duparc sehr angetan von den beiden, und für Ruth begannen die glücklichsten zwei Jahre ihrer ganzen Schullaufbahn.

Wie sich herausstellte, war Ruths Kindergarten mit dem Namen »La Maison des Petits« Pädagogen aus aller Welt ein Begriff. Edouard Claparède, der Genfer Professor für Erziehungswissenschaften, hatte die Kleinkinderschule 1914 gegründet, um sein Universitätsinstitut »Jean-Jacques Rousseau« durch ein lebendiges Experimentierfeld zu ergänzen. Das »Haus der Kleinen« diente gleichzeitig der psychologischen Forschung und der Ausbildung schweizerischer und ausländischer Kindergärtnerinnen, gab Pädagogikstudenten die Möglichkeit, theoretisches Wissen in der Praxis zu testen und war schließlich eine öffentliche, unentgeltliche Schule für Kinder aus allen Gesellschaftsschichten.

Drei Persönlichkeiten hatten den Kindergarten zu etwas Außergewöhnlichem gemacht: die beiden Erzieherinnen Mina Audemars und Louise Lafendel sowie der Psychologieprofessor Jean Piaget, seit 1932 Co-Direktor des »Institut Jean-Jacques Rousseau«. Audemars und Lafendel arbeiteten an der »Maison des Petits« nach pädagogischen Grundsätzen und Methoden, die in erster Linie die Kreativität der Kinder wie auch der Erzieherinnen förderten. Die »Psychologie des Kindes« bestimmte und animierte die Arbeit der Lehrerinnen: Kinder sollten ihre Neugier stillen, sehen, berühren, erfinden können und so auf natürliche Art, durch die Erzieherin behutsam gelenkt, zum Nachdenken, Urteilen, zur intellektuellen und letztlich moralischen Disziplin geführt werden.

Respekt vor dem Kind war oberstes Gesetz dieser experimentellen Pädagogik – eine brüskierende, befremdliche Idee für eine Gesellschaft, die Prügelstrafen und Demütigungen noch immer als sinnvolle, ja notwendige Erziehungsmaßnahmen betrachtete und dem Modell des Genfer Universitäts-Kindergartens entsprechend kritisch gegenüberstand.

Ruth Dreifuss (unten ganz links) im Kindergarten in Genf. Oben Mitte: Germaine Duparc

Den kleinen Schülerinnen und Schülern bekam die liebevolle Aufmerksamkeit gut. Umgekehrt verdankte Jean Piaget ihnen seine Erkenntnisse der Psychologie des Kindes: Als Chef de travaux des Instituts hatte er 1921, unterstützt von Universitätsassistentinnen und -assistenten, an der »Maison des Petits« mit seinem systematischen Studium des kindlichen Denkens begonnen.

Piaget und seine Leute forschten noch immer, als Ruth Dreifuss im Herbst 1945 in ihren Kindergarten eintrat. Zu jener Zeit hatte Piagets Arbeitsweise – das Befragen der Kinder und die Auswertung der Tests – bereits den Ruf der »klinischen Methode« schlechthin.

Kein Grund zur Besorgnis für die kleinen Versuchspersonen. Sie unterzogen sich den psychologischen Tests mit großem Eifer, weil es für sie nichts als spannende Spiele oder Rätselaufgaben waren. Im Übrigen liebte Ruth die Tests auch wegen der Zeit und Aufmerksamkeit, die ihr dabei geschenkt wurden. Das war sie aus ihrem Elternhaus zwar gewohnt, doch hatte sie im Kindergarten den Eindruck, den Erwachsenen erklären zu dürfen, wie die Welt sei, und dabei hörten diese geduldig zu, selbst wenn sie die Dinge anders beurteilten als Ruthli Dreifuss.

In jenen Jahren interessierten sich Piaget und seine engste Mitarbeiterin Bärbel Inhelder vor allem für die Beziehung zwischen Wahrnehmung und Intelligenz des Kindes. Sie erforschten die kindliche Entwicklung der Begriffe von Zeit, Bewegung und Geschwindigkeit, die Vorstellung von Zahlen und Mengen, das räumliche Denken sowie die natürliche Geometrie des Kindes.

Die entsprechenden Tests empfand Ruth als echte Herausforderung. So stellten die Assistenten beispielsweise verschiedene Behälter vor sie hin, in die sie etwas Wasser gefüllt hatten. Ruth musste nun entscheiden, ob im Teller oder im Glas mehr oder aber in beiden gleich viel Wasser sei. Das war nicht leicht abzuschätzen. An ein anderes »Spiel« mit Bauklötzen erinnert sie sich so genau, dass sie es noch heute quasi in den Fingerspitzen spürt: Die Klötze waren auf verschiedene Weise gestapelt, und sie musste herausfinden, wo die größere Anzahl von Klötzen sei. Oder: Wo lagen mehr Plastikflöhe – in einer Reihe oder auf einem Häufchen? Schwierige Fragen, die Ruth unbedingt richtig beantworten wollte. Und gelang es ihr Monate später vielleicht plötzlich, ein Fehlurteil zu durchschauen, war sie sehr stolz.

Da viele dieser Tests gleich im Kindergarten durchgeführt wurden, gehörte Piagets Forschungsarbeit als fester Bestandteil zum Kindergartenleben; niemand fühlte sich dadurch gestört, am wenigsten Germaine Duparc, die als kleines Kind selbst schon von Piaget getestet worden war. Die Situation stellte im Ganzen aber sehr hohe Ansprüche an die junge Frau, die vor ihrer Kindergärtnerinnenausbildung übrigens schon das Studium der Biologie, Anthropologie und Physik abgeschlossen hatte und nun, neben der Betreuung von Kindern und Praktikantinnen, fortwährend Mengen von Korrespondenz erledigen und Besucher aus aller Welt empfangen musste.

Jean Piaget war für die kleinen Versuchspersonen nur ein ältlicher Professor, den sie kaum je zu Gesicht bekamen und der mit den Resultaten ihrer Rätselaufgaben, wie sie hörten, ganze Bücher füllte. Germaine Duparc hingegen wurde von ihren Schülerinnen und Schülern geliebt und verehrt als eine Erzieherin, die mit ihrer Intelligenz, Bescheidenheit, Toleranz und Liebe jeden Kindergartentag zum Erlebnis machte und nachhaltige Spuren in den Köpfen und Herzen hinterließ.

Auch Ruth Dreifuss blieb ihrer ersten Lehrerin freundschaftlich verbunden; durch all die späteren Jahre hatte sie hin und wieder das Bedürfnis, mit ihr über wichtige Dinge zu reden oder ihren Rat einzuholen.

Rüthli, wie sie im Kindergarten hieß, wäre von Germaine Duparc allein schon deshalb nicht so bald vergessen worden, weil sie sehr kreativ war und als einziges Kind zum Beispiel zwei oder drei Lieder komponierte und textete. Außerdem war sie nach Germaine Duparcs Beobachtung *bei allem, was sie tat, sowohl fröhlich als ernst. Das ist normalerweise unvereinbar,* so Duparc, *aber Rüthli war wirklich beides zur selben Zeit. Zum anderen war sie schon sehr gefestigt sowie verblüffend ehrlich und direkt.* Als eine ehemalige Lehrerin einmal Blumen in die Schule brachte und damit kommentierte, dass die Kinder wie diese Blumen den Frühling verkörperten, sie selbst hingegen den Herbst, was ihnen erst später begreiflich sein würde, gab Ruth zur Antwort: *Ich verstehe das sehr gut. Wir sind der Frühling, weil wir wie die kleinen Blumen sprießen. Sie aber sind schon eine verwelkte Blume.*

Da die Dame Kinder liebte, war sie begeistert von Rüthlis Erklärung.

Und eben deshalb, weil sie auf alles eine Antwort hatte, hielt ihre damalige Freundin Nadine Zilbermann Ruth für *etwas Besonderes. War etwas passiert,* so erinnert sie sich, *sagte Ruth sofort: Jetzt brauchen wir keine Ausreden, sondern Ideen, wie wir die Sache wieder gutmachen.*

Nadine vergaß auch nie, dass Ruth *laufend neue Spiele erfand und fantastische, zuweilen aber etwas sonderbare Einfälle hatte. Da ich in der Nähe von Ruth wohnte,* erzählt sie, *nahm meine Mutter sie öfter gleich mit, wenn sie mich im Kindergarten abholte. Einmal zog Ruth auf dem Weg plötzlich die Schuhe aus, um sie, wie sie uns erklärte, den Armen zu geben. Nur mit Mühe konnte meine Mutter sie überzeugen, dass sie nach dem Willen ihrer Eltern wohl nicht barfuß nach Hause gehen sollte.*

Ähnlich zeigte sich Ruths »soziale Ader« in einem Spiel, dessen überraschenden Ausgang Germaine Duparc damals in ihrem Arbeitstagebuch beschrieb: *Alle Kinder sollten nacheinander je zu zweit ein Wettrennen um den Garten machen. Während sich die anderen schwatzend und streitend in Zweierreihen aufstellten, blieb Rüthli in der Nähe des Hauses und machte sich mit einem Kästchen zu schaffen. »Das Samariterkästchen für den Fall eines Unglücks«, erklärte mir ein Kind im Vorbeigehen. Und zu meinem Erstaunen ließen sich mehrere Kinder während des Rennens auf das Gras fallen. »Achtung, Achtung, ein Unfall!« schrie Jean-Pierre. »Verletzte! Schnell die Ambulanz!«*

»Krankenschwestern« eilten sofort zum Haus, Rüthlis Samariterkasten kam zum Einsatz – und keines der Kinder dachte mehr an ein Wettrennen.

Gemäß ihrer eigenen Erinnerung war Ruth Dreifuss im Kindergarten *ziemlich rebellisch.* Ihr *größtes Glück* aber bestand darin, *jeden Tag lernen zu dürfen.* Und als müsste dies einst bestätigt werden, hat Germaine Duparc ein Bild aus jener Zeit aufbewahrt, worauf Ruth neben die Zeichnung eines Mädchens, das vor einem Haus auf dem Bauch liegt, auf Französisch geschrieben hatte: *Mein Kind, arbeite gut in der Schule, sonst wirst du nichts wissen.*

Im Kindergarten, so betonte sie später immer, habe sie die zwei wichtigsten Geschenke ihres Lebens erhalten: die Fähigkeit zu lesen und die Fähigkeit sich auszudrücken. Von dem Moment an habe sie alles gehabt, um sich ins Leben zu stürzen.

Die Ecole de Sécheron, Ruths Primarschule seit September 1947, sollte die Hoffnung auf weitere Förderung und Befriedigung ihres Lerneifers jedoch enttäuschen. Nach kurzer Zeit schon hasste sie die Schule von Herzen, weil der ungewohnte Drill, der Zwang zur Disziplin und die Grobheit einzelner Lehrer ihr keine andere Wahl ließen, als versteckt oder offen Widerstand zu leisten.

Von da an machte sie sich einen Spaß daraus, die Autorität der Lehrer in Frage zu stellen, sie zu provozieren, dauernd, wie sie zugab, gegen Ungerechtigkeiten zu protestieren und rechthaberisch zu sein. Aus Rüthli war, mit anderen Worten, über Nacht ein enfant terrible geworden.

Und ein verunsichertes Kind, das die Welt draußen von neuem als Bedrohung empfand. So war Ruth Dreifuss nur noch glücklich, wenn sie mit Eltern und Bruder zusammensein durfte, auch wenn sie die Liebe von Jean Jacques nicht für selbstverständlich nehmen konnte. Fragte sie ihn nämlich manchmal, ob auch er sie liebe, neckte er sie mit der Antwort, er habe sich an ihre Anwesenheit gewöhnt.

Jean Jacques war ein Musterknabe: fast immer Klassen-erster, bei Lehrern und Mitschülern gleichermaßen beliebt. Dagegen ließen die schulischen Leistungen seiner Schwester sehr zu wünschen übrig, weil sie sich konsequent verweigerte. Dennoch wollte sie immer die Anführerin der Klasse sein, wie sie sich erinnert. Und bevor man sie schlug, hatte sie schon zurückgeschlagen, was sie in den Augen der anderen als ein bisschen verrückt erscheinen ließ.

Ihr Mitschüler Jacques Weber, der mit ihr bereits den Kindergarten besucht hatte, beobachtete, *dass Ruth zwar in die Klasse integriert, aber doch häufig allein war. Auch im Unterricht,* so Weber, *hielt sie sich im Hintergrund: Sie meldete sich selten zu Wort und war sehr oft geistig abwesend.*

Aus gutem Grund: Da sie in der »Maison des Petits« begriffen hatte, *dass man alles lernen kann, was man will,* in der Primarschule aber geistig unterernährt zu bleiben glaubte, hatte sie immer ein Buch auf den Knien. Zwar wollte sie über dem Lesen das eigentliche Leben nicht gerade vergessen. Doch halfen ihr die Bücher, einerseits aus dem verhassten Schulalltag zu flüchten und andererseits spannende Begegnungen und Entdeckungen zu machen. Lesen zu können war für Ruth Dreifuss ein Wunder: Damit besaß sie den Schlüssel zur ganzen Welt.

Wie das neugierige Kind im Märchen öffnete sie mit ihrem Schlüssel jeden Tag eine neue Tür und ließ sich dabei am liebsten nicht beobachten, denn sie wusste genau, dass sich in den aufgeschlossenen Räumen nicht selten Geheimnisse verbargen, die noch nicht für sie bestimmt waren. So passte sie in der Schule auf, beim Lesen nicht erwischt zu werden, und schloss sich zu Hause kurzerhand in einem Schrank ein.

Da sie den verblüfften Eltern erklärte, bei den gegebenen Wohnverhältnissen müsse man ja immer um einen eigenen Platz kämpfen, war es nur logisch, dass sie später mit

Büchern und Taschenlampe in eine Besenkammer umzog, wo sie sich besser bewegen konnte, und dort fühlte sie sich zwischen Bohner, Flaumer und Schrubber so wohl, dass sie am liebsten auch die Nächte dort verbracht hätte, um in Ruhe weiterzulesen. Das ging den Eltern dann aber doch zu weit.

Ruths Leidenschaft für Bücher war außergewöhnlich. Sobald sie fließend lesen konnte, holte sie sich zwei- bis dreimal wöchentlich neue Lektüre in der Gemeindebibliothek, je zwei Bücher aufs Mal: einen Jugendroman und ein Sachbuch. Da sie pro Tag mindestens ein Buch las und ihre Eltern über diese Unersättlichkeit besorgt waren, begann sie die Bücher zu verstecken: In der Toilette, unter der Matratze, in den Schränken – überall lag neuer Lesestoff bereit.

Dass sie diese Leidenschaft von ihrem Vater geerbt hatte, schien ihr klar. Zum einen sah man auch Sidney dauernd mit einem Buch in der Hand; zum andern hatte er ihr aus seinen Büchern schon vorgelesen, als sie noch sehr jung war. So erinnert sie sich, wie sie als Kleinkind auf einem Schemel saß, während er vor ihr auf und ab ging und laut las: Dante auf Italienisch, Shakespeare auf Englisch, Cervantes auf Spanisch.

Als sie aus der Bibliothek später einmal das Rolandslied in einer zweisprachigen, alt- und neufranzösischen Ausgabe nach Hause brachte, konnte er das Altfranzösische verstehen, weil die Langue d'oc, wie er ihr auseinander setzte, dem Katalanischen ähnlich sei, das er beherrschte. Und einmal mehr bemerkten sie beide voller Staunen und Stolz, wie viel er als Autodidakt seiner wissbegierigen Tochter doch erklären konnte.

Dass auch Ruth Dreifuss immer gern erklärte, weiß ihre Freundin Maryse Beuchat Van Trappen, die damals im selben Haus wohnte, fast zwei Jahre jünger und weniger selbstbewusst war und als dankbare Zuhörerin von Ruth dennoch geschätzt wurde. *Ruth war ziemlich merkwürdig,* erzählt sie. *Ihrem Alter stark voraus, ohne Zweifel intelligent und doch keine gute Schülerin, ließ sie sich von den anderen Kindern nichts sagen, redete in einem sehr selbstsicheren und, wie ich fand, bisweilen auch eingebildeten Ton und hatte schon sehr reife, unerschütterliche Ansichten. Das machte mir großen Eindruck. Wenn wir aber miteinander spielten, schien sie plötzlich wie verwandelt. Dann war ich sehr glücklich, dass ich ihr offenbar doch nicht auf die Nerven ging, wie ich oft befürchtete.*

Tatsächlich konnte Ruth bei Maryse, etwa wenn sie den Inhalt der soeben gelesenen Bücher zusammenfasste, ihr altkluges Wissen ausspielen, gleichzeitig von der Lektüre ausruhen und ab und zu nichts als ein kleines Mädchen sein, das einen Puppenwagen vor sich herschob.

Ihre Puppe war, wie sie hörte, teuer gewesen, und Jeanne hätte eine andere eigentlich schöner gefunden. Sidney aber bestand auf einer Puppe, die seiner Meinung nach klug aussah, nicht so »einfältig« wie die anderen, worauf Ruth sie – in einer Verknüpfung der Namen von Bruder und Mutter – Jean-Pierre nannte, denn aus unerfindlichen Gründen rief Sidney seine Frau, wenn er zärtlich gestimmt war, immer Peterli.

So hatte Ruth nun eine Puppe mit einem beziehungsreichen Namen, und sie wollte sie natürlich lieb haben und mindestens gleich sorgfältig behandeln wie die schöne Ausstattung, die Jeanne für sie nähte und strickte. Jean-Pierre war ja auch ein hübsches Kerlchen, das wirklich klug aus seinen blau-weiß-rot gemusterten Kissen blickte – doch bot die Auseinandersetzung mit ihm auf Dauer zu wenig geistigen Reiz.

Und obschon Ruth ihn täglich pflegte, bestimmte sie ihn relativ bald und definitiv zum Einzelkind, weil sie vermutlich *eher kleinfamilienorientiert* war, wie sie es später formulierte.

Dass Jean-Pierre nicht eben leidenschaftlich geliebt wurde, entging auch Maryse nicht, wenn sie beide ihre Puppen spazieren führten, bei den Steinpfeilern vor der Haustür auf den Boden betteten – und Ruth in einer plötzlichen Anwandlung alles liegen und stehen ließ. Offenbar weckte der niedliche Puppenkram ihre Ungeduld und das dringende Bedürfnis, ganz und gar nicht mädchenhaft herumzutollen, weshalb sie kurz entschlossen davonrannte und im Park auf der anderen Straßenseite verschwand.

Was ihre Bewegungsfreiheit dort ein bisschen einschränkte, war das Verbot, die Rasenflächen außerhalb einer reservierten Stelle zu betreten, sowie eine Regel, welche die Kinder sich selbst ausgedacht hatten.

Sah es für den unbeteiligten Beobachter nämlich so aus, als beschäftige sich die bunt gemischte Kinderschar nur damit, Eichhörnchen und Schwäne zu füttern, mit Springseilen aus zusammengeknüpften Luftschläuchen um die Wette zu hüpfen, kleine Schiffe in den Brunnen schwimmen zu lassen oder winters über die Steinstufen zum Seeufer hinunterzurodeln, standen sich dieselben Kinder in Wahrheit wie Hund und Katze in zwei Gruppen gegenüber: Hier die Sprößlinge aus dem »besseren« Sécheron-Quartier, dort die ärmlichen Pâquis-Kinder, und ihr Krieg war, in den Worten von Ruth Dreifuss, die sich als rauflustiges Mädchen offensichtlich munter daran beteiligte, *von eben diesem Klassenkonflikt zwischen Kleinbürgertum und Arbeiterschaft geprägt.*

Am liebsten hätten die Sécheron-Kinder, zu denen auch Ruth und Maryse gehörten, ganz verhindert, dass die »gamins de la rue de Berne«, wie sie die Pâquis-Kinder spöttisch nannten, ihren Schritt in den Park setzten. Weil die sich aber nicht darum scherten und den Sécheron-Kindern immer wieder in die Quere kamen, gab es nicht selten Auseinandersetzungen und Schlägereien. Da half nur die rigorose Einteilung des Parks in »Sektionen« für die einen und

die anderen, so, wie im Übrigen auch das Schulareal aufge-
teilt war.

Unter uns im Sécheron-Quartier, erzählt Jacques Weber, *spürten wir die Unterschiede zwischen gutsituierten Söhnen und Töchtern und Arbeiterkindern nicht. Einige Häuser der Rue de Lausanne waren ziemlich schick. Ab der Nummer 121 stadtauswärts verlor sich der noble Charakter der Straße allmählich; von da an waren es eher Arbeiterhäuser. Doch obschon die Kinder von weiter draußen als zugehörig akzeptiert wurden, war es niemandem gleichgültig, was für eine Anschrift er hatte.*

Die Rue de Lausanne 109, wo Familie Dreifuss wohnte, gehörte laut Weber *eindeutig zu den »guten« Adressen* wie ein paar weitere »feine« Gebäude an der Kreuzung Avenue de France/Rue de Lausanne. *Da logierten Leute in gehobener Stellung: Geschäftsmänner, Advokaten, Ingenieure.*

Stellten sich Ruths Freundinnen und Freunde aber auch Sidney Dreifuss als »Mann in gehobener Stellung« vor, waren sie leider im Irrtum.

7 *Das Geschäft mit Früchten*, sagt Jean Jacques Dreifuss lakonisch, *klappte nicht.*

Wahrscheinlich fehlte Sidney das nötige Engagement dafür. Ruth Dreifuss jedenfalls glaubt, dass ihren Vater am Geschäft allein die Kontakte mit den Kunden interessierten. Doch war er deswegen nicht etwa faul. Olga Courvoisier, die Mutter von Maryse, hatte im Gegenteil den Eindruck, *dass Monsieur Dreifuss immer sehr beschäftigt war. Nur nicht mit Früchten oder Fruchtkonserven, sondern mit Briefmarken.*

Tatsächlich hatte Sidney, da das Geschäft mit den Früchten nicht recht in Gang kam, den mutigen Entschluss zu etwas Neuem ein zweites Mal gefasst und damit begonnen, aus seinen beträchtlichen Briefmarkenkenntnissen einen Nebenerwerbszweig zu entwickeln. Bis dahin war Sidneys philatelistisches Interesse reine Liebhaberei gewesen. Die schönsten Marken mit Frauentrachten, Tieren, Alpenblumen, historischen Gestalten füllten seine Alben; jede Seite war mit schwarzer Tinte umrandet und in Schönschrift betitelt, jede Marke umrahmt, mit genauen Erklärungen versehen und in das entsprechende Themengebiet eingereiht.

Um aus der Leidenschaft nun auch finanziellen Gewinn zu ziehen, musste Sidney die Marken en gros einkaufen und vor allem einen Abonnnentenkreis aufbauen, der sie ihm wieder abnahm. Das gelang ihm durch eine größere Startinvestition, nämlich den Kauf der lichtensteinischen »Modern Philatelic Company« oder »Mophilco«, deren großen Stamm amerikanischer Kunden Sidney Dreifuss von nun an regelmäßig mit Serien gestempelter und ungestempelter Marken beliefern konnte.

Außerdem traf er sich sonntags mit anderen Briefmarkenhändlern in zwei verschiedenen Clubs, kaufte und verkaufte, und wenn er neue Assortiments billiger Marken nach Hause brachte, wusste die ganze Familie, was es geschlagen hatte: Zu Tausenden mussten die Marken in der Badewanne eingeweicht und vom Papier gelöst, auf Zeitungen ausgelegt und getrocknet werden; Sidney bereitete den Versand vor, Jeanne schrieb Adressen, die Kinder – manchmal auch ihr Berner Freund und Feriengast Rolf Adler – steckten die Marken in Umschläge.

Immerhin ergaben sich aus dem recht aufwändigen Geschäft bisweilen auch schöne Begegnungen mit anderen Philatelisten, Nissim Capon beispielsweise, einem älteren Mann aus der Nachbarschaft. Dieser weit gereiste Geschichtenerzähler, Enkel eines hochgelehrten Rabbiners aus Sarajewo, nicht sehr erfolgreicher Kaufmann und begeisterter Hobbykoch, der seine Speisen manchmal in winzigen Schüsselchen mitbrachte, damit Familie Dreifuss zumindest davon koste, Capon also wurde ein Freund der Familie, den Ruth und Jean Jacques noch alljährlich zum Geburtstag besuchten, als sie schon längst erwachsen waren – bis er mit 103 oder 104 Jahren in seinem Spitalbett mit den Worten *Porca miseria!* das Zeitliche segnete.

Wie nicht anders zu erwarten, brachte der proletarische Anblick des alten Juden die Dame im Hochparterre rechts in enorme Wallung, wenn er mit seinen Speiseschüsselchen vor der Wohnungstür gegenüber ihrem Guckloch auf Einlass wartete. Vermutlich war diese direkte Nachbarin der Familie Dreifuss, eine Pariserin mit aristokratischem Gehabe, die einzige Person im Haus, die sich entschieden zu den Leuten »in gehobener Stellung« zählte. Zudem konnte sie Juden nicht ausstehen, weil sie, wie Olga Courvoisier wusste, in einem Pariser Bankenkonkurs ein Vermögen verloren hatte und den jüdischen »Geldadel« dafür verantwortlich machte.

Die Dame konnte auch Familie Dreifuss nicht leiden.

Wenn Ruth und Maryse an ihrer Tür vorbeigingen, öffnete sie manchmal schnell, um Maryse einen Schokoladeriegel zuzustecken, vor Ruth aber schlug sie die Tür zu. Maryse und ihrer Mutter war das so peinlich, dass sie sich noch Jahrzehnte später mit Widerwillen daran erinnerten.

Auch mein Vater, räumt Olga Courvoisier ein, *mochte Juden im Allgemeinen nicht so gut leiden. Er habe zu viel geschäftlich mit ihnen zu tun gehabt, sagte er immer, aber es gebe auch gute Juden. Sidney Dreifuss zählte er zu den »sehr guten Juden«.*

Olgas Vater wohnte im ersten Stock über Familie Dreifuss, und bei kurzen Gesprächen im Treppenhaus lernten er und Sidney sich näher kennen: Aldo Bianchini hatte noch unter Kaiser Franz Josef gedient und als gebürtiger Südtiroler einiges an wechselvoller Zeitgeschichte miterlebt. Als die beiden Männer so etwas wie Freunde geworden waren, kochte Bianchini für Sidney hin und wieder eine Busecca nach Mailänder Art, einen Kutteleintopf mit Tomaten, den Sidney liebte.

Solange es solch herzliche nachbarschaftliche Kontakte gab, brauchten sich auch Ruth und Maryse durch die unfreundliche Französin nicht sehr beeindrucken zu lassen, die in der Regel fand, die Kinder würden Ruhe und Ordnung im Hause stören. Fröhlich plappernd gingen die beiden Mädchen treppauf, treppab und schleppten Puppenwagen, Theaterkostüme, Bastelmaterial zwischen ihren Wohnungen hin und her. Einmal bauten sie aus Schuhkartons und Zündholzschachteln zwei Puppenhäuser, ein andermal aus Zigarrenkistchen ein Marionettentheater.

Im Dezember half Ruth Dreifuss ihrer Freundin beim Basteln von Weihnachtsgeschenken und stellte selbst Chanukkageschenke her. *Wir respektierten die Religion der anderen,* sagt Maryse Beuchat; *dennoch machte Ruth deutlich, dass sie auf ihr Judentum stolz sei. Sie erzählte mir viel darüber und erklärte den Sinn ihrer Feiertage, allerdings nicht wie eine Doktrin, sondern so, wie man einem geschätzten Menschen gern etwas von sich näher bringt.*

Maryse konnte, da Ruths Erklärungen ziemlich intellektuell daherkamen, nicht alles aufnehmen, erkannte aber deutlich, *dass ihre ganze Familie im Judentum tief verwurzelt war und dass die Religion sie mit großer Würde erfüllte.*

Nur auf Übergriffe reagierte ihre Freundin empfindlich. Als Olga Courvoisiers Schwester einmal von »unserer Bibel« sprach, fiel ihr Ruth Dreifuss sehr dezidiert ins Wort: *Das, was Sie das Alte Testament nennen, Madame, ist nicht Ihre, sondern unsere Bibel.*

Ruth Dreifuss hatte klare Vorstellungen von Recht und Unrecht, und wenn ihr etwas nicht passte, protestierte sie unmissverständlich. Auch willkürliche Entscheide mochte sie gar nicht; alles musste für sie Sinn machen. Konnte sie diesen Sinn nicht sehen, reagierte sie unter Umständen sehr massiv, zum Beispiel mit hohem Fieber ganze zwei Wochen lang, weil sie das Geschenk einer Freundin, ein heiß begehrtes Hündchen, von ihrem Vater aus nicht annehmen

Familie Dreifuss auf einem Sonntagsausflug in der Nähe von Rolle

durfte, da ein Hund in einer Stadtwohnung nicht glücklich sei, wie er sagte.

Damit schlug er ihr zum ersten und einzigen Mal einen großen Kinderwunsch ab, worauf sie sich, kaum wieder gesund, einen imaginären Hund zulegte und sich selbst in einen Jungen namens Sioïn verwandelte, wie sie ihren Eltern bekannt gab. Als Sioïn war sie frei, die Eltern konnten diesem geheimnisvollen Fremden, der sie regelmäßig auf ihren Sonntagswanderungen begleitete, nichts befehlen und schon gar nicht, dass er keinen Hund haben dürfe.

Ruths Abgrenzungsbedürfnis und zeitweilige Aufsässigkeit kontrastierten sehr stark mit Jean Jacques' Verhalten, der nach eigenem Urteil viel konventioneller war als seine rebellische Schwester. Er hatte auch eine völlig andere Stellung innerhalb der Familie. Sidneys Bruder Jacques hatte zwei Töchter im selben Alter wie Jean Jacques und Ruth: Die ältere, Madeleine, wurde als Jugendliche streng orthodox und wanderte unter dem neuen Namen Ruth 1957 nach Jerusalem aus, wo sie ihrem holländischen Gatten elf Kinder gebar; Mirjam wurde Schauspielerin und arbeitete während mehr als zwei Jahrzehnten erfolgreich in Wien und Berlin, bevor sie in den Achtzigerjahren nach Zürich zurückkehrte.

Somit blieb Jean Jacques der einzige männliche Nachkomme der Familie. *Der Stammhalter! Le pilier du nom!*, wie er lachend hinzufügt. *Mit diesem einzigen Dreifuss-Sohn meinten die Eltern ein Wunder kreiert zu haben und setzten darum sehr große Hoffnungen in mich.* Ganz sicher, dachten sie, würde er später nicht Kaufmann sein müssen. Stattdessen würde er studieren und mit interessanter, befriedigender Arbeit sein Leben zubringen. *Darauf bauten sie – und investierten entsprechend viel in mich.*

Ruth musste sich mit einem hinteren Rang im Familienbild abfinden. Das prägte sie, und ich bin sicher, dass sie darunter zeitweise litt. Trotzdem brachte auch sie mir immer große Liebe und Bewunderung entgegen. Sie idealisierte und überschätzte mich. Das fand ich irritierend.

Jean Jacques Dreifuss spielte die erste Geige aber nicht bloß, weil er allein den Familiennamen vor dem Aussterben bewahren konnte. Jacques Weber, der als Chemieprofessor an der Genfer Universität viel später wieder ein Kollege von ihm sein sollte, erinnert sich, dass der junge Dreifuss *außergewöhnlich talentiert war: in der Schule, im Sport, in allem erfolgreich. Wir jüngeren Burschen bewunderten ihn sehr.*

Jean Jacques strahlte laut Maryse Beuchat Van Trappen eine große Offenheit aus. Das fiel ihr immer auf, wenn er auf ihr Klingeln hin an die Wohnungstür kam und mit leicht geneigtem Kopf und großzügiger Geste lächelnd aufmachte. *Er hatte auch immer ein Lächeln in den Augen, wenn er etwas beobachtete,* erzählt sie. *Er schien in sich zu ruhen. Vielleicht war es das, was seine übermütige, heftige kleine Schwester Ruth an ihm so bewunderte. Seine Ausgeglichenheit wirkte wahrscheinlich beruhigend auf sie, die so etwas Aufbrausendes, Überschäumendes hatte.*

Und gemäß zwei weiteren Freunden der Familie aus jener Zeit, May und Max Lichtenstein, war Jean Jacques *un type très chic, ein Prachtjunge! Intelligent, sehr schnell im Lernen ... Da hatte es Ruth, obwohl auch sie ein interessiertes Kind war, offensichtlich schwerer. Sie machte sich wohl selbst Probleme.*

Fragte sich nur, wie sie neben ihrem viel gerühmten Bruder keine Probleme hätte haben sollen als mittelmäßige Schülerin, die später, nach dem traditionellen Rollenverständnis ihrer Eltern, ohnehin heiraten und Kinder haben würde. Allein mit ihrem störrischen Charakterzug und der Fähigkeit, enorme Mengen von Lektüre aufzunehmen und zu speichern, konnte Ruth neben Jean Jacques bestehen und die Aufmerksamkeit der Familie auf sich ziehen.

Allerdings fühlte sie sich von Jeanne und Sidney trotz allem nicht weniger geliebt, umsorgt und beschützt. Das Zusammensein mit ihnen und dem Bruder erschien ihr so schön, wie sie sich das Leben im Paradies vorstellte. Nur dort, dachte Ruth Dreifuss, könne das Klima ähnlich anregend sein wie bei ihr zu Hause, wo Interesse und Wissensdurst Tag für Tag mit Diskussionen und präzisen Auskünften befriedigt wurden. Um für alle Fragen gewappnet zu sein, bildete sich ihr Vater dauernd weiter; Lexika und Werke über die Geschichte der Kultur und Wissenschaft schätzte er als die schönsten Bücher überhaupt.

Nur ein alter Freund wie Max Lichtenstein, der Sidney und Jeanne noch aus der St. Galler Zeit kannte, fand es bisweilen nicht so erheiternd, mit diesem *wandelnden Lexikon* auf den regelmäßigen Sonntagsspaziergängen in der Umgebung von Genf einen Vortrag nach dem anderen zu hören, während er mit seinem eigenen Spezialgebiet, dem Zionismus, bei Sidney auf weitgehendes Desinteresse stieß.

Dass Dreifuss seine beiden Kinder trotz skeptischer Vorbehalte gegenüber dem Zionismus bei der zionistischen Jugendbewegung Haschomer Hazaïr mitmachen ließ, hatte einen besonderen Grund: Er und Jeanne begrüßten wie viele andere Eltern die jüdischen Jugendbünde, weil sich die Kinder dort kennen lernten und später vielleicht weniger mit nichtjüdischen Partnern verbinden würden. So fragten sie Ruth und Jean Jacques nur, welche anderen Kinder mit ihnen in der Jugendgruppe seien. Nach dem ideologischen Hintergrund der Gruppe erkundigten sie sich nicht und wussten deshalb, wie Ruth vermutete, wahrscheinlich auch nicht, dass der Haschomer links-sozialistisch war.

Ihren nichtjüdischen Freunden beschrieben Ruth und Jean Jacques Dreifuss Haschomer Hazaïr als eine Art jüdische Pfadfindergruppe, denn nicht anders als Pfadfinder pflegten die jungen »Schomrim« bei Sport, Spiel und Gesang den Kameradschaftsgeist.

Doch die sinnvolle Freizeitgestaltung der Jugendlichen war nicht erstes Ziel. Vielmehr bereiteten die Leiter des Haschomer Hazaïr die jungen Jüdinnen und Juden in wöchentlichen Zusammenkünften sowie in Sommer- und Winterlagern mit Sprachkursen, Vorträgen und Diskussionen auf das Leben in Israel vor. Im waadtländischen Bex gab es überdies einen Bauernhof, wo die jungen Leute handwerkliche und landwirtschaftliche Kenntnisse und Erfahrungen für die spätere Kibbuzarbeit sammeln konnten.

Auch Jean Jacques und Ruth Dreifuss nahmen an solchen Ferienlagern in idyllischen Schweizer Tälern und auf abgelegenen Alpen teil, simulierten die harten Lebensumstände nach der Einwanderung in Israel, schützten sich vor möglichen Überfällen der Araber, indem sie nachts Wachtposten um ihre Schlafstätten oder ihren Bauernhof herum aufstellten. Das war nach Jean Jacques' Erinnerung *nur lustig, wenn man mit einem hübschen Mädchen zusammen Schicht hatte.*

Nach drei oder vier Jahren passte Jean Jacques die politische, genauer gesagt allzu kommunistische Ausrichtung der Gruppe nicht mehr. Diesem Urteil schloss sich Ruth als treue Schwester an und setzte stolz auch ihren Namen unter seinen Austrittsbrief.

Sie wechselten zu Brith Hazofim, einer zionistischen Jugendgruppe, die sich eher zu sozialdemokratischen Idealen bekannte. Zwei, drei Jahre später versuchte es Ruth auch für einige Monate mit dem religiösen Jugendbund Bne Akiba, und bis 1958 nahmen sie und Jean Jacques – obschon Ruth mit etwa vierzehn Jahren auch einer christlichen Pfadfinderinnengruppe beigetreten war – an den gesamtschweizerischen Jugendlagern des Israelitischen Gemeindebundes teil.

Mit der Zeit wurde ihnen klar, dass die Aktivitäten der jüdischen Jugendgruppen nicht bloß als Vorbereitung für das Leben in Israel oder als vorbeugende Maßnahme gegen

Assimilation und spätere Mischehen zu verstehen waren, wenngleich es zutraf, dass Gemeinschaftserlebnisse wie Singen, Tanzen, Theateraufführungen, abendliche Lagerfeuer und Nachtmärsche das Zusammengehörigkeitsgefühl der jungen Leute stärkten.

Darüber hinaus verfolgte der Jugendbund aber auch explizit pädagogische Ziele. So sollten die Jugendlichen ihre Kenntnisse des Judentums vertiefen und jüdisches Selbstbewusstsein entwickeln, als Freunde miteinander denken, analysieren, diskutieren und streiten lernen. Das war nach Ruths Empfinden etwas Wunderbares – und etwas vom Schönsten am Judentum überhaupt –, *weil man dabei ohne das leiseste persönliche Ressentiment die größten intellektuellen Schlachten schlagen konnte.*

Konkret mussten sie also mit Freundinnen und Freunden zusammen historische Prozesse neu aufrollen und sich nach Kräften in der Argumentation üben. Jean Jacques Dreifuss nennt jene Verhandlungen rückblickend etwas geringschätzig »Pseudotribunale«; seine Schwester hingegen betrachtete die Diskussionen über Staatsräson und Moral, Gerechtigkeit und Justiz (am Beispiel von Sokrates oder Alfred Dreyfus) *als gute Übung im politischen Denken und in der Betrachtung verschiedener Standpunkte.*

Auf die praktische Umsetzung der zionistischen Ideale brannte sie dagegen nicht gerade, obschon sie als junges Mädchen, wie sie meint, wahrscheinlich daran dachte, später einmal eine zeitlich begrenzte Lebensetappe in Israel zu verbringen. Was ihr viel mehr zusagte, war die theoretische Auseinandersetzung mit dem Zionismus: Hat das jüdische Volk ein Recht auf einen israelischen Staat? Wenn ja, wie steht es dann mit den Rechten der Menschen, die dort gelebt hatten, bevor die Juden zurückkamen?

Solche Streitgespräche politisierten Ruth Dreifuss und ihre Jugendbundfreunde sehr stark.

Und wahrscheinlich bedauerte Sidney Dreifuss in den

Diskussionen mit seinen Kindern eines Tages ernsthaft, früher nicht genauer nach dem ideologischen Hintergrund ihrer Jugendgruppen gefragt zu haben. Zu spät: Die Sozialisation im Kreise anderer junger Juden hatte aus Ruth und Jean Jacques nicht jüdische Pfadfinder, sondern überzeugte Linke gemacht.

Was ihm auf der politischen Ebene ein bisschen aus der Hand geglitten war, hatte er in weltanschaulicher Hinsicht jedoch ohne Zweifel erreicht: seinen Kindern die Identifikation mit ihren Wurzeln zu ermöglichen. Dabei war es nicht von Belang, dass sie in ihrem täglichen Leben ein liberales Judentum praktizierten und die wenigsten der rund sechshundert Gebote und Verbote beachteten. Ihre jüdische Identität gründete auch ohne buchstabengetreue Pflichterfüllung auf einem moralischen Entwurf: Als Juden waren sie dazu aufgefordert, sozial zu handeln, sich aktiv für ihre Mitmenschen einzusetzen, die Welt zum Besseren zu verändern, individuelle und kollektive Verantwortung zu übernehmen – jüdische Moral verpflichtete sie unter Umständen aber auch zu Ungehorsam und Widerstand.

Das bedeutete nichts anderes, als was Sidney ihnen seit ihrer frühen Kindheit beizubringen versucht hatte: sich einzulassen auf die Welt und gleichzeitig kritische Distanz zu nehmen; zu handeln, ohne das Nachdenken darüber zu vernachlässigen, und aus neuen Erkenntnissen heraus allenfalls andere Wege einzuschlagen. Mit dieser Dialektik lernten sich Ruth und Jean Jacques Dreifuss auf eine Art auseinander zu setzen, die so alt war wie das Judentum selbst: indem sie mit den Eltern disputierten.

Fragen durfte man im Hause Dreifuss alles. Fragen regten dazu an, mit Gegenfragen zu antworten. Argumente reizten zu Widerspruch, Gewissheiten riefen Zweifel hervor. Wahrheiten waren nur so lange gültig, als deren Beweis zu überzeugen vermochte. Der Beweis konnte aber häufig widerlegt werden. Daraus schloss Jean Jacques, *dass es höchstens eine Approximation an eine temporäre Wahrheit gibt, mehr nicht.*

Und am nötigsten schien Ruth die Skepsis dort, wo die Wahrheit ihrer Meinung nach als Monopol reklamiert wurde. Beispielsweise im Konzept des »auserwählten« jüdischen Volkes. Gegen diesen jüdischen *Anspruch auf Exklusivität und Wahrheit* rebellierte sie sehr heftig, und sie konnte ihn nie akzeptieren.

Da sie aus ihrer kritischen Haltung heraus wissen wollte, wie es denn die anderen Religionen mit dem Wahrheitsanspruch hielten, begann sie alles über die Religionen der Welt zu lesen, was sie in der Bibliothek finden konnte. Nicht genug damit, erhoffte sie sich tiefere Einsicht in die christlichen Lehren, indem sie ihre Mitschülerinnen regelmäßig in den katholischen und reformierten Religionsunterricht begleitete. Und da sie die Diskrepanz zwischen den frommen Reden dort und der Realität draußen nicht verstand, klingelte sie von Zeit zu Zeit bei irgendeinem Pfarrer, um ihm vor der Haustür die provokante Frage zu stellen, wie er sich mit dem Elend auf der Welt abfinden könne. Später sagte sie darüber, dass sie damals *Sparringpartner brauchte wie ein Boxer.*

Unterdessen war ihr Bruder in der Bar-Mitzwa-Vorbereitung und durch den Einfluss eines Lehrers ziemlich religiös geworden. Als er am Schabbat nach seinem dreizehnten Geburtstag, im April 1949, in der Synagoge zum ersten Mal als »Bar-Mitzwa«, das heißt als »Sohn der Pflicht« zur Thora aufgerufen wurde und damit in die Rechte und Pflichten eines jüdischen Mannes trat, war er erfüllt von großer Dankbarkeit. Oberrabbiner Alexandre Safran vergaß nie, *mit welch tiefem Ausdruck Jean Jacques bei der Feier seinen Eltern dankte.* Er hörte ja Dutzende solcher

Reden, wie er sagte, *aber Jean Jacques' bewegende Worte* blieben ihm *immer in Erinnerung.*

Als Bar-Mitzwa-Geschenk gaben Jeanne und Sidney ihrem Sohn einen alten Chanukka-Leuchter, ein Erbstück aus der Ritualiensammlung der Familie. Es sollte das letzte sein, welches er als gläubiger Jude in Empfang nahm.

Jean Jacques' kurzlebige Hinwendung zur Religiosität hielt Ruth Dreifuss nicht davon ab, Oberrabbiner Safran auf die gleiche Weise herauszufordern wie ihre christlichen »Sparringpartner«. Bislang hatte er an ihr ja genauso viel Freude gehabt wie an ihrem Bruder. Insbesondere mochte er *den lebhaften, verstehenden Ausdruck ihrer Augen, ihre scharfsinnigen Bemerkungen und die ernsthafte intellektuelle Aufrichtigkeit, mit der sie am Unterricht teilnahm.* Ruth stellte, wie er fand, *klare, intelligente Fragen, die schon einen Teil der Antwort enthielten, und forderte dazu heraus, Zusammenhänge noch mehr zu erhellen. Wenn ich ihr so zuhörte,* sollte er im Frühjahr 1993 vor einem großen Festpublikum in seiner Synagoge erklären, *ging mir ein Gedanke durch den Kopf, den unsere Ahnen vor besonders begabten Schülern manchmal hatten: »Ich bin sicher, dass dieses Kind ein Licht sein wird!«*

Wieso das jüdische Volk vor allen anderen von Gott auserwählt sei, blieb für Ruth Dreifuss trotz seiner Erklärungsversuche Anfang der fünfziger Jahre jedoch im Dunkeln. Auf Rabbiner Safrans Thesen antwortete sie mit christlichen Gegenthesen, die sie aus ihrer Lektüre und den Gesprächen mit verschiedenen Pfarrern immer neu für den jüdischen Religionsunterricht zusammenstellte. Das ging so jahrelang, denn sie war ausdauernd und leidenschaftlich bei der Sache – bis Rabbiner Safran die Geduld verlor. Eines Tages sagte er zu ihr ganz einfach, sie komme ja nicht mehr zum Lernen zu ihm, sondern bloß, um alles in Frage zu stellen. Und schmiss sie freundlich hinaus.

Den Ruf einer streitlustigen Rebellin hatte die junge Dreifuss nicht nur bei den Autoritätspersonen. Weil sie sich auch mit ihren Kolleginnen und Kollegen häufig zankte und auf Streitereien und sogar Faustkämpfe einließ, wie sich ihre ehemalige Mitschülerin im jüdischen Religionsunterricht, Viviane Schwarz-Rosenberg erinnert, wurde sie von ihnen als »garçon manqué« gehänselt, als Mädchen, an dem ein Junge verloren gegangen sei.

Gewiss hatte der Vater ihr einst beigebracht, Widerstand als erste Pflicht zu verstehen. Nun aber sah sich Ruth Dreifuss permanent als Kämpferin. Ob sie sich gegen die Lehrer auflehnte oder als Sioïn eine freiere männliche Identität verschaffte, ob sie die »ungenügende geistige Nahrung« der Schule durch private Lektüre kompensierte oder mit den Fäusten bewies, wie stark ein Mädchen sein könne – Ruth kämpfte.

Offensichtlich hatte die Erfahrung, welche dieser Kampfbereitschaft seit ihrer frühen Kindheit zugrunde lag, nämlich die Bedrohung durch Krieg, Naziterror und Holocaust, bleibende Wirkung. Ruth litt auch noch immer an Albträumen. Und die grausame Realität des vor wenigen Jahren Geschehenen holte sie zu ihrem Unglück auf einen Schlag nochmals ein, als sie mit etwa acht Jahren nach dem Religionsunterricht mit anderen Kindern in der Bibliothek der jüdischen Gemeinde einmal Verstecken spielte und dabei auf »Bilderbücher« stieß, die sie mit Fotografien aus den Todeslagern konfrontierten.

Ruth war so schockiert, dass sie in der darauf folgenden Nacht hohes Fieber bekam. Als sie ihren besorgten Eltern von den Bildern erzählte, verboten sie ihr alle grausamen Bücher über die Nazizeit, so dass sie diese dann mit der Taschenlampe unter der Bettdecke lesen musste.

Die Bilder aber konnte sie nie vergessen und auch viel später nicht verkraften, so wenig wie die meisten entsprechenden Filme. »Shoa« konnte sie sich nicht anschauen;

»Mein Kampf« von Erwin Leiser stand sie nicht bis zum Ende durch; der einzige Film, den sie eben noch aushielt und darum mehrmals sah, war »Nuit et Brouillard« von Alain Resnais.

In der Schule sprach sie über diese Dinge nicht. Der Krieg war vorüber. Niemand wollte etwas davon hören. Der Holocaust gehörte bereits der Geschichte an. Weder mit Schulfreunden noch mit Erwachsenen konnte sie darüber reden.

Mit zehn oder elf Jahren aber nahm sie doch einmal, zum ersten Mal außerhalb ihres Elternhauses, zu dem heiklen Thema Stellung, weil sie damals einen offen antisemitischen Lehrer hatte, der sie bewusst mit Bemerkungen quälte und vor der Klasse als Jüdin schikanierte. Sein spürbarer Hass lähmte sie so sehr, dass sie wochenlang verzweifelt war und viel weinte.

Als der Leidensdruck zu groß wurde, entschloss sie sich zur Gegenwehr: Ruth nahm einen Stenografieblock ihrer Mutter und beschrieb Blatt um Blatt mit der Geschichte des jüdischen Volkes, von Massada über Kreuzzüge und Inquisition bis zum Holocaust. Was sie nicht genau wusste, schlug sie in Bibliotheksbüchern nach. Ob sie Tage oder Wochen an ihrem Aufsatz schrieb, weiß sie heute nicht mehr. Doch erinnert sie sich an die Erklärung, mit der sie die Arbeit ihrem Lehrer überreichte: Ob er vielleicht freundlicherweise die Zeit hätte, ihre Schreibübung zu korrigieren.

Einen Tag später gab er ihr die Geschichte wortlos zurück; die Seiten waren rot gesprenkelt, er hatte prompt alle Fehler angestrichen. Doch von dem Tag an machte er keine antisemitische Bemerkung mehr. *Vielleicht,* dachte Ruth Dreifuss später manchmal, *war er einfach ein Verrückter. Aber er hatte seine Lektion gelernt.*

8 Mühte sich Ruth Dreifuss also *schulmeisterlich*, wie sie später sagte, damit ab, ihrem Lehrer das fatale Fehlverhalten klar zu machen, konnte Jean Jacques mit antisemitischen Schmähungen überhaupt nichts anfangen, weil er sie gar nicht erst hörte – abgesehen von einem einzigen Mal, als er von einem Schulkollegen »sale juif« (»schmutziger Jude«) gerufen wurde, worauf er mit keinem Wort reagierte.

Dass seine Schwester den pädagogischen Eifer auch noch damit erklärte, für sie gebe es *im Grunde nichts Schöneres, als mit anderen zusammen daran zu arbeiten, ein guter Mensch zu werden,* war für Jean Jacques Dreifuss vollends unverständlich, denn er postulierte genau das Gegenteil: *Das Ideal wäre, man könnte so sein, wie man ist. Darum möchte ich an mir auch nicht arbeiten.*

Folglich wollte er nur in Frieden gelassen werden, selbst wenn er sich *als linkshändiger jüdischer Schweizer und politisch links orientierter, unkonventioneller Denker mitunter ziemlich »anders« fühlte,* wie er sagt; keinesfalls aber sah er sich deswegen gezwungen, wie Ruth dauernd auf dem Quivive zu sein und offensiv gegen Ausgrenzungen einzuschreiten. *Ich wollte andere, im Gegensatz zu Ruth, auch nie von Irrtum oder Wahrheit überzeugen,* fügt er hinzu. *Von Großantworten halte ich nichts. Es gibt nur Teilantworten.*

Darin ging seine Schwester freilich mit ihm einig – zumindest in Bezug auf religiöse Fragen. Und deshalb verloren sie, unabhängig voneinander, aber etwa gleichzeitig, Anfang der Fünfzigerjahre auch ihren Glauben.

Eben weil er in den Monaten nach seiner Bar-Mitzwa zur Überzeugung kam, dass es keine »Großantworten« gebe, interessierte sich Jean Jacques immer weniger für religiöse Fragen. Gibt es ein Leben nach dem Tod? Das wollte er gar nicht mehr wissen, denn die Frage erschien ihm etwa so sinnvoll wie jene, *ob es ein Leben vor dem Frühstück gebe.* Entsprechend war auch die Frage, ob Gott existiere, für ihn kein wirkliches Problem mehr, weil es an seinem Handeln ohnehin nichts änderte. Als er das begriffen hatte, schien ihm die Idee der Existenz Gottes nur noch kulturell von Bedeutung, aber nicht mehr greifbar.

Ganz ähnlich war inzwischen auch seine Schwester über der jahrelangen Infragestellung jüdischer und christlicher Glaubenssätze zum Schluss gekommen, dass man mit festen Gewissheiten in religiösen Fragen logischerweise nicht rechnen sollte, da Gott rational nicht fassbar sei. Wie aber sollte sie an Gott glauben, wenn er sich nicht erkennen ließ? Sie wusste es nicht. Und dieses Nichtwissen lieferte ihr von nun an, wurde sie nach ihrem Glauben gefragt, die einzige unverrückbare Antwort: Sie sei Agnostikerin.

Doch im Gegensatz zu ihrem Bruder hörte sie nicht auf, sich selbst, jüdischen Religionslehrern, Pfarrern und Eltern Fragen zu stellen, denn obschon sie sich als *das Gegenteil eines spirituellen Menschen* empfand, war die Menschheit nach ihrer Überzeugung ohne spirituelle Dimension nicht zu verstehen. Aus diesem Grund begann sie in ihrer Auseinandersetzung mit den Weltreligionen nun auch bewusst *die Vielfalt der menschlichen Antworten auf Leben, Leid und Tod* zu suchen.

Nicht weiter erstaunlich, erkannte sie dabei sehr bald, dass das jüdische Volk mit seiner Leidensgeschichte nicht allein war, dass es zu allen Zeiten und in allen Weltgegenden Menschen gegeben hatte, die das Schicksal von Verfolgung und Marter mit ihm teilten (wobei sich Ruth Dreifuss noch nicht zwingend damit befassen musste, dass aus den Nachfahren der einstigen Opfer eines Tages auch Täter werden konnten).

Wie auch immer: Die angestammte Angst vor Vernichtung sollte sie noch jahrelang begleiten, bis es ihr schließlich gelang, der persönlichen Erfahrung des Bedrohtseins einen Sinn zu geben und das erlebte Leid als politischen und moralischen Auftrag zu selbstverständlicher Toleranz und Offenheit gegenüber Fremden aufzufassen – waren doch auch die Juden, wie Ruth Dreifuss nie vergessen wollte, in Ägypten einst Ausländer und rechtlose Sklaven gewesen.

Wohl oder übel mussten die Geschwister nun, da sie nicht mehr gläubig waren, auch ihr Verhältnis zu den jüdischen Traditionen neu definieren. Das heißt, vorläufig wurde ihnen jede Konsequenz erspart. Denn weder Ruths agnostische Position noch Jean Jacques' völlige Indifferenz gegenüber religiösen Fragen hinderten Jeanne und Sidney Dreifuss daran, jeden Freitagabend, wie sie es immer getan hatten, mit ihren Kindern Schabbat zu feiern. Genauso blieben Pessach und Jom Kippur die wichtigen Festtage, die sie für die Familie stets gewesen waren, und selbstverständlich verzichteten Ruth und Jean Jacques am Jom Kippur auch, wie es üblich war, während rund fünfundzwanzig Stunden auf jegliches Essen und Trinken.

Wahrscheinlich verbot ihnen zum einen der Respekt gegenüber den Eltern, sie mit einer blanken Verweigerung zu konfrontieren. Zum anderen aber verspürten sie auch eine gewisse Nostalgie: Solange sie denken konnten, hatten die jüdischen Feiern ihnen allen sehr viel bedeutet, weil sie dann *ganz füreinander da waren, besinnlich und zugleich fröhlich gestimmt,* wie Ruth Dreifuss später manchmal erzählte.

Im Übrigen ging sie das Judentum noch immer etwas an, weil sie ein Teil des jüdischen Volkes blieben – oder *Glieder einer langen Kette,* wie ihre Eltern sagten, als auch sie sich in späteren Jahren ein Stück weit von der religiösen Praxis entfernt hatten. *Teil einer langen Kette zu sein und das mindestens kulturell aufrechtzuerhalten,* sagt Jean Jacques Dreifuss, *daran hingen sie.*

Also änderte sich vorläufig auch nichts an der Tatsache, dass sie bei Freunden und Bekannten *geradezu als Bild einer jüdischen Familie* galten. Und o*bschon Monsieur und Madame Dreifuss,* wie Oberrabbiner Safran sich erinnerte, *wohl wegen ihrer großen Untadeligkeit und Bescheidenheit nicht weiter auffielen, waren sie in der jüdischen Gemeinde auf natürliche Weise integriert.*

Allerdings führten nicht wenige Genfer Juden nach Jean Jacques' Einschätzung *ein bürgerliches Leben und wohnten entsprechend im reicheren Champel-Quartier.* Da Jeanne und Sidney Dreifuss am »mondänen« Leben dieser Kreise weder teilnehmen konnten noch wollten, gab es laut May Lichtenstein in Wirklichkeit nur wenige Menschen, die sie gut kannten, und die »natürliche Integration« der Familie in die jüdische Gemeinde beschränkte sich darauf, dass die Kinder den Religionsunterricht besuchten, Jeanne wie immer im Frauenverein für die Bedürftigen nähte und strickte und Sidney in der Synagoge seinen festen Platz hatte.

Mangel an Konsequenz konnte man ihm in der Tat nicht vorwerfen. Dreifuss, der sich in jüngeren Jahren so willig für das Gemeinwohl eingesetzt und in heiklen Rollen exponiert hatte, der sich in Bern immerhin noch im Umfeld der Rabbinerfamilie mit politischen Standpunkten oder zu Angelegenheiten der Gemeinde zu Wort meldete, Dreifuss hielt sich nun ganz im Hintergrund der Bühne.

Dass ihr Vater vor einem großen Publikum richtig aufblühen konnte und mit seinem Charme und Esprit jedermann bezauberte, erlebten Ruth und Jean Jacques mit Staunen, als Großvater Jules Bicard zum achtzigsten Geburtstag von der ganzen elsässisch-schweizerisch-französischen Verwandtschaft gefeiert wurde. Bei der Gelegenheit hielt aber nicht bloß Sidney eine äußerst witzige und interessante Rede; auch Jules war an dem Tag für einmal nicht so ernst und streng. Sonst flößten der kahle Schädel, die sehr gerade Körperhaltung und das steife Bein des außerordentlich kleingewachsenen Mannes Ruth immer großen Respekt ein. An jenem Sonntag im Januar 1947 jedoch erzählte er nur amüsante Episoden aus seinem Leben als abenteuerlustiger Dandy im Paris der Jahrhundertwende, und wie er so in Fahrt geriet, wirkte er trotz seiner Gehbehinderung robust und stark, als könnte er hundert Jahre alt werden.

Als er am 1. Juli des darauf folgenden Jahres völlig überraschend starb, blieb Großmutter Mina allein in ihrem Lengnauer Altersheim zurück und kümmerte sich nun um so mehr um jene, die Hilfe brauchten: las jemandem vor, der nicht mehr gut sah, führte einen anderen regelmäßig spazieren, kämmte einer Zimmernachbarin morgens das Haar. Auch hielt sie den Kontakt zur Familie immer aufrecht und tauschte mit ihrer Tochter Jeanne und dem Sohn Henri, da sie sehr gerne Briefe schrieb, bis zu dreimal wöchentlich die letzten Neuigkeiten aus.

Jeanne, Ruth und Jean Jacques Dreifuss mit Großmutter Mina Bicard in den Sommerferien in Kiental

Besuch erhielt sie nicht sehr oft; dafür begleitete sie Jeanne, Sidney und die Kinder alljährlich in die Sommerferien irgendwo im Kiental, auf einer Alp über Meiringen oder im französischen Jura. Denn so bescheiden sie das Jahr durch leben mussten – eine kleine Wohnung oder ein Häuschen zu mieten für zwei, drei Sommerwochen, das gönnten sie sich.

Auch Rolf Adler, Jean Jacques' ehemaliger Kindergartenfreund aus Bern, verbrachte jahrelang die Sommerferien und wenn möglich ein paar Tage im Frühling und Herbst mit Familie Dreifuss, während Jean Jacques wiederholt mit Rolfs Familie in den Skiurlaub fahren durfte.

Was Adler über die lange Zeit seiner Freundschaft mit Jeanne und Sidney Dreifuss fast am meisten beeindruckte, war die unbändige Freude, die sie an ihren Kindern hatten, der Stolz auf sie, die Hochschätzung – und die Fähigkeit, diese Gefühle so liebevoll zu zeigen.

Doch reflektierte die ungewöhnlich positive, beglückende Ausstrahlung der beiden nach Ansicht ihrer Kinder auch, wie sehr sie sich noch immer aneinander freuten und wie gut sie zusammenpassten: Sidney war extrovertiert, dynamisch, unternehmungslustig; Jeanne gab ihm und den Kindern häusliche Geborgenheit. Sie war der ruhende Pol; zu ihr gingen Ruth und Jean Jacques mit ihren blauen Flecken. *Wollten wir uns aber raufen und blaue Flecken holen,* sagen sie, *gingen wir zum Vater, der mit uns zur Erkundung der Welt auszog.*

Allerdings hatte die scheinbar naturgegebene Rollenteilung auch eine Kehrseite, die nach May Lichtensteins Erinnerung und etwas überspitzt ausgedrückt so aussah, dass *Jeanne kochte, putzte, flickte – und Sidney unterdessen mit den Kindern im Wohnzimmer saß oder draußen herumspazierte und über Gott und die Welt diskutierte.*

Sommerausflug mit einer befreundeten Familie (Ruth oben links, Sidney oben rechts, Jean Jacques unten links, Jeanne unten zweite von rechts)

Tatsächlich bat Jeanne ihre Kinder nur selten um Mithilfe im Haushalt, hieß sie vielleicht einmal etwas einkaufen, das Geschirr abtrocknen oder mit hochgestreckten Armen die Strickwolle halten, damit sie die Stränge aufwickeln konnte. Aber sogar die Betten mussten sie lange nicht selbst in Ordnung bringen, und wenn Ruth einmal Gemüse rüsten sollte, war sie ungeduldig, möglichst bald wieder lesen gehen zu dürfen.

Kein Wunder, sagt May Lichtenstein mit einem leicht vorwurfsvollen Unterton, *konnte sich Jeanne nicht fortwährend weiterbilden wie Sidney. Hausarbeit braucht Zeit. Man kann nicht kochen und gleichzeitig lesen. – Im Übrigen,* fügt Max Lichtenstein hinzu, *hatte Jeanne ihre eigenen klaren Ansichten. In erzieherischen Fragen etwa nahm sie stets einen festen, bestimmten Standpunkt ein.*

Jeanne Dreifuss sorgte nicht bloß dafür, dass sich die Familie pünktlich an den gedeckten Tisch setzen konnte. Eines Tages musste sie einsehen, dass sie sich besser auch gleich selbst um etwas mehr Geld in ihrer Haushaltskasse bemühte.

Sieben Jahre lang hatten sie sich mit Sidneys Einkünften aus dem Handel mit Früchten und Briefmarken über Wasser gehalten. 1952 entschied Jeanne, dass es so nicht weitergehen könne.

Zufällig wurde gerade eine Sekretärin für das Genfer Büro des International Rescue Committee gesucht, einer konfessionell neutralen, demokratisch-antitotalitären Hilfsorganisation mit Hauptsitz in New York, die 1933 zur Unterstützung von Nazi-Opfern gegründet worden war und nach 1940 Tausenden zur Flucht aus dem besetzten Frankreich verhalf, darunter vielen höchst gefährdeten Leuten aus dem antifaschistischen Widerstand. Nach dem Krieg kümmerte sich die Schweizer Zweigstelle des Hilfswerks um die medizinische und psychologische Betreuung von Überlebenden aus den Konzentrationslagern und bereitete gleichzeitig deren Emigration nach Amerika oder Kanada vor. Danach verlagerten sich die Bemühungen für einige Zeit hauptsächlich auf Kinder, die in Besorgnis erregendem Gesundheitszustand aus deutschen und griechischen Lagern für Displaced persons herausgekommen waren, sowie auf Flüchtlinge aus den Oststaaten.

Nun hatten sich die zu einer umfassenden Flüchtlingsbetreuung gehörende Kleinarbeit und der permanente Kampf um genügend finanzielle Mittel in den vergangenen Jahren zu einer derart aufwändigen Sache entwickelt, dass die Leiterin des International Rescue Committee in Genf, Alida de Jager, und ihr Buchhalter Michael Guggenheim die Aufgabe nicht mehr allein bewältigen konnten.

Eines Tages kam Guggenheim auf die Idee, Jeanne seiner jungen Chefin zu empfehlen; Familie Dreifuss lud den einsamen, geschiedenen Mann öfter zum Essen ein, wobei er auch von Jeannes kaufmännischer Ausbildung erfahren hatte.

Mit Jeanne erhielten wir aber viel mehr als eine Teilzeit-Bürokraft, erklärt Alida de Jager, *denn sie engagierte sich mit ganzem Herzen für ihre Arbeit, war nicht bloß eine hervorragende Sekretärin und einfühlsame Sozialarbeiterin, sie konnte auch problemlos an Stelle von Guggenheim die Buchhaltung erledigen, als er mehrere Monate krank war, und sie vertrat mich immer absolut zuverlässig und kompetent, wenn ich für kürzere oder längere Zeit verreisen musste.*

Als Alida de Jager bei ihren Besuchen an der Rue de Lausanne auch Sidney kennen lernte, war es zu ihrem Erstaunen *unübersehbar, wie genussvoll er sich in Jeannes Bewunderung sonnte. Dass er als Geschäftsmann nicht sehr viel Erfolg hatte,* so de Jager, *minderte Jeannes Stolz auf ihn nicht im Geringsten, im Gegenteil: Sie hielt Sidney für zu gut für seine Arbeit.*

Ob er dagegen *die enorme Tüchtigkeit seiner hochintelligenten und begabten Frau wirklich zur Kenntnis nehme,* diese Frage konnte sich Alida de Jager nicht ganz verkneifen, soweit sie überhaupt Zeit fand, darüber nachzudenken, denn sie arbeitete fast rund um die Uhr und setzte alles daran, genügend Spendengelder aufzutreiben, die administrativen Kosten auf ein Minimum zu beschränken und sich in erster Linie voll für die Flüchtlinge einsetzen zu können.

Wie sollte sie sich erst wundern, als in der Berichterstattung über die Grüninger-Affäre, Jahrzehnte später, hier und da auch Sidneys Name genannt wurde: Niemals, so erinnerte sich Alida de Jager, hatte sie in den Gesprächen über die aktuellen Probleme ihres Flüchtlingswerks von Jeanne oder ihm selbst ein Wort über seine einstige Verantwortung für das Flüchtlingsbüro der jüdischen Gemeinde von St. Gallen erfahren.

Seine Kinder klärte er im Verlauf der Jahre zumindest in kurzen Zügen über das Kapitel Paul Grüninger auf; dabei verteidigte er ihn vehement gegen die absurden Vorwürfe, aus finanziellem Gewinnstreben oder aus Interesse an »rassigen Jüdinnen« gegen die Vorschriften gehandelt zu haben. Allerdings gab Sidney zu, dass ihm bei der Rückdatierung der Einreisedaten von Flüchtlingen nicht wohl gewesen sei, dass es Spannungen zwischen den Schweizer Juden und den ostjüdischen Emigranten gegeben habe und dass die Flüchtlinge eine Last bedeutet hätten. Wie und wann und wo er selbst Flüchtlinge über die Grenze geholt und zum Teil versteckt hatte, darüber ließ er sich ihnen gegenüber nicht aus.

Mit Paul Grüninger hatte er seither nie mehr zu tun gehabt. Möglicherweise wusste Dreifuss jedoch, dass Grüninger im September 1953 vom Jüdischen Weltkongress aus Genf überraschend eine Spende von dreihundert Franken erhielt, überwiesen im Auftrag des Präsidenten Nahum Goldmann und *in dankbarer Anerkennung für alles,* was er für die Sache der Flüchtlinge geleistet habe.

Wie Stefan Keller in seinem Buch »Grüningers Fall« schreibt, wäre es denkbar, dass sich der Jüdische Weltkongress auf Betreiben von Sidney Dreifuss nochmals kurz an den ehemaligen St. Galler Polizeihauptmann erinnert hatte.

Alida de Jager erzählte Sidney wie gesagt kein Wort von der ganzen Angelegenheit. Im Augenblick standen längst vergangene Krisen und Katastrophen auch gar nicht zur Debatte, da er eine wichtige berufliche Entscheidung treffen musste: Battistel-Amiotti, sein früherer italienischer Arbeitgeber, hatte ihm angeboten, entweder die türkische Niederlassung der Firma zu übernehmen oder wieder in Milano zu arbeiten.

Ruth und Jean Jacques waren begeistert von der Vorstellung, in die Türkei auszuwandern und in Alexandrette, einer Hafenstadt an der Ostküste des Golfs von Iskande-run, zu leben. Ihren Vater jedoch bekümmerte die Freude der Kinder, da er sich mit seinen gut fünfzig Jahren offen-bar zu alt für ein solches Unternehmen fühlte, zu alt, wie er sagte, um nochmals neu anzufangen, obschon er lange Zeit davon geträumt habe.

Jean Jacques erinnerte sich wirklich, dass die Eltern noch während des Krieges oder kurz danach ernsthaft über die Möglichkeit gesprochen hatten, nach Quito in Ecuador auszuwandern; schließlich waren sie nach Genf gezogen, weil es mit Quito, wie er später erfuhr, nicht geklappt habe.

Dass Sidney Dreifuss die Textilfirma in Alexandrette nicht übernehmen wollte, machte Ruth und Jean Jacques traurig. Plötzlich sahen sie die ersten Zeichen seiner Zer-brechlichkeit und realisierten vielleicht zum ersten Mal, dass er nicht ewig leben würde.

Ruth Dreifuss im Alter von zehn Jahren mit ihrer Mutter Jeanne

Trotz der Teilzeitbeschäftigung von Jeanne Dreifuss stand es um die finanziellen Verhältnisse der vierköpfigen Familie nach wie vor nicht zum Besten. Inzwischen hatte Sidney auch die Vertretung einer elsässischen Plastikfabrik in Genf übernommen. Die Fabrik gehörte Verwandten von Jeanne im elsässischen Sélestat, und Sidney wollte versuchen, ihre Zahnbürsten, Kämme und dergleichen abzusetzen. Jean Jacques Dreifuss bezweifelt allerdings, dass sein Vater damit erfolgreich war, und auch Max Lichtenstein erinnert sich, dass Sidney kaum etwas an den Plastikwaren verdiente. *Seine wirtschaftlichen Probleme waren ihm aber grundsätzlich nicht der Rede wert,* sagt Lichtenstein. *Jeanne erwähnte höchstens nebenbei, sie müssten eben sparen und könnten sich dieses und jenes nicht leisten. Doch gejammert wurde nie.*

Ruth und Jean Jacques Dreifuss spürten die schwierige Situation nur einmal, als ihre Eltern die hohen Kosten für ein jüdisches Jugendlager nicht auch noch aufbringen konnten. Um selbst etwas zu verdienen, war Ruth noch zu jung. Und Jean Jacques brauchte einen großen Teil seiner freien Zeit zum Fußballspielen, da er mit dreizehn Jahren in den Club der Genfer »Servette«-Junioren aufgenommen worden war. Immerhin gelang es ihm, obschon er Training und Wettkämpfe sehr ernst nahm, daneben noch ein Taschengeld zu verdienen: vor Pessach als Mazzenausläufer und zwischendurch als Kleinholzhändler und Geschäftskompagnon seines Jugendgruppenfreundes René Schwarz.

Renés Vater besaß nämlich ein Messerwaren-Importgeschäft und klagte bisweilen über die vielen leeren Holzkisten, die im Keller lagerten. Eines Tages kamen René und Jean Jacques auf die Idee, die Kisten zu zerhacken und als Anfeuerholz zu verkaufen, worauf sie eine »Firma« mit dem Namen »Les Trois Pieds Noirs« gründeten, immer wieder für viele Stunden im Keller verschwanden und ihre Ware schließlich, handlich verpackt in Kartonschachteln, auf einem Leiterwagen zu Verwandten und Bekannten transportierten.

Wie es sich jedoch ergab, arbeitete René Schwarz wenig später unversehens nicht mehr mit Jean Jacques, sondern mit Sidney Dreifuss zusammen: Eben schulentlassen, stieg René im Jahr 1953 in das Geschäft seines Vaters ein, zur selben Zeit, da Leo Schwarz einen neuen Buchhalter suchte und Sidney den Posten anbot.

Dreifuss' Anstellung begann am 1. Mai 1953. In erster Linie verantwortlich für die Buchhaltung und das *tadellose Funktionieren* des Büros, wie es im Arbeitsvertrag mit der Firma Schwarz Frères S. A. hieß, sollte er sich nach Möglichkeit auch mit dem Einkauf beschäftigen. Den Briefmarkenhandel musste er nicht ganz aufgeben, sofern er nur die Freizeit dafür benutzte.

Da er mit seinem Früchte-Import-Export-Geschäft zuletzt größere Schwierigkeiten gehabt hatte, waren Jeanne

Jean Jacques Dreifuss und Rolf Adler auf einer Reise nach Israel

und die Kinder nun sehr erleichtert über Sidneys regelmäßiges und gesichertes Einkommen.

Allerdings hieß das auch, dass Sidney, obschon er mit all seinen Fähigkeiten zu so vielem getaugt hätte, wäre es ihm in jungen Jahren nur geglückt, aus dem ungeliebten Kaufmannsberuf auszubrechen, am Ende seiner beruflichen Laufbahn noch immer und nicht eben begeistert Zahlen zusammenrechnete.

Gleichzeitig beobachteten Ruth und Jean Jacques Dreifuss bei ihrer Mutter eine Energie und Arbeitsfreude, die mit der verantwortungsvollen Aufgabe im International Rescue Committee noch zu wachsen schienen. Scheinbar problemlos meisterte sie ihre Pflichten als Mutter, Hausfrau und Teilzeitsekretärin und trat damit zum ersten Mal aus dem Schatten ihres dominanten Ehemannes. Nun konnte Jeanne, wie sie mit einer gewissen Genugtuung bemerkte, auch ihren Kindern einmal zeigen, was in ihr noch alles steckte.

9 Mittlerweile besuchte Ruth Dreifuss die erste Mädchensekundarklasse an der Rue Necker. Ihre Einstellung zur Schule war unverändert; noch immer las sie während des Unterrichts ein Buch nach dem anderen. An der typischen »Jungmädchenliteratur« hatte die Dreizehnjährige allerdings kein Interesse, da sie sich nun für ernsthaftere Dinge reif fühlte und sich zum Beispiel eingehender mit der Geschichte und Politik ab den Dreißigerjahren beschäftigen wollte, insbesondere mit den maßgeblichen politischen Figuren und deren Haltung zum Nazismus.

Selbstverständlich prüfte sie aus diesem Blickwinkel auch die Ereignisse der Nachkriegszeit, genau wie das aktuelle politische Geschehen, denn *die Tyrannen waren* nach ihrer Beobachtung *ja nicht ausgestorben; Rassismus, Antisemitismus, Gewalt gegen Schwächere, Verletzung von Menschenrechten, Verhinderung von Demokratie – alles war noch da.*

Was übrigens die politischen Verhältnisse der Schweiz betraf, so vertrat Sidney im Gegensatz zu seinem verstorbenen Vater, der jahrzehntelang freisinniges Parteimitglied gewesen war, den Standpunkt, ein Schweizer Bürger brauche keine Partei, solange er sich in Freiheit und Selbstverantwortung politisch, gesellschaftlich und wirtschaftlich entfalten könne. Hätte er sich aber für ein Programm entscheiden müssen, wäre ihm nach Jean Jacques' Erinnerung *ein Liberalismus, wie ihn die Zeit vor 1914 gekannt hatte, wohl als die überzeugendste weltanschauliche und politische Richtung erschienen.*

Ganz im Gegensatz zum Kommunismus, den Sidney Dreifuss ebenso wie den Faschismus verabscheute. Kommunismus war für ihn ein Synonym für Unfreiheit und Tyrannei, für ein System, das die Menschen knechtete und unglücklich machte, während einfaches menschliches Glück seiner Ansicht nach ein Grundrecht war, das durch politische Maßnahmen gewährleistet werden sollte.

Deshalb war er auch so stolz darauf, als Schweizer Bürger in aller Freiheit ein Wort mitreden zu dürfen in der Politik, bereitete sich stets sorgfältig auf Abstimmungen oder Wahlen vor, legte die Unterlagen auf dem Küchentisch aus, traf seine Entscheidungen – und *zur Feier des Tages* durfte seine Tochter Ruth danach mit ihm an die Urne gehen.

So hatte sie durch ihren Vater also schon früh gelernt, »einfaches menschliches Glück« und Politik in einen direkten Zusammenhang zu bringen, wie sie umgekehrt seit frühester Kindheit wusste, dass auch das Unglück zu einem großen Teil in der Politik wurzelte und dass Krieg nicht eine Naturkatastrophe war. *Aus dieser Überzeugung,* erklärte Ruth Dreifuss später, sei ihre *absolute Leidenschaft für das Politische entstanden.* Wie auch, zu einem nicht unbedeutenden Teil, aus der Bewunderung für die Frauen und Männer, die den Mut zum Widerstand gegen die Tyrannen aufbrachten.

Darum erinnerte sie den Vater in ihren Diskussionen hin und wieder an Stalingrad, wo Soldaten der Roten Armee, Kommunisten!, Hitlers Triumphzug aufgehalten und das Blatt zugunsten der Alliierten gewendet hatten. Kommunisten, so argumentierte Ruth, dürfe er nicht einfach als Anhänger einer »tyrannischen Doktrin« verurteilen. Ihr Kampf habe schließlich der unbedingten Pflicht zum Widerstand und damit seiner eigenen obersten Maxime entsprochen.

Logisch, dass Ruth Dreifuss aus ihrer Gemeindebibliothek alle Bücher nach Hause brachte, die es dort nur gab über die kurze Volksfrontzeit und den Bürgerkrieg in Spanien, den französischen Front populaire und Léon Blum, den ersten sozialistischen Ministerpräsidenten Frankreichs, über Jean Jaurès und seine »Histoire socialiste«.

Daneben las sie, angeregt durch ihren Bruder, auch schon Jean-Paul Sartre, Jean Anouilh, André Malraux, abgesehen von zahllosen nicht ganz so hervorragenden Autoren, da sie, getrieben durch ihr gewohnt *endloses Interesse,* ein breites Spektrum kennen lernen wollte. Trotz ihrer größtmöglichen Unvoreingenommenheit erschienen ihr die Ideen der Kommunisten, wie sie rückblickend feststellt, *damals im Großen und Ganzen aber doch anziehender als andere.*

1954 war Ruth Dreifuss schließlich so weit, zum ersten Mal an einer Maikundgebung teilzunehmen, denn was sie auf den Spruchbändern der Demonstranten las, entsprach durchaus ihren eigenen Überzeugungen. Freilich hatte sie gemäß ihrer Erinnerung, die sie Frank A. Mayer im Schweizer Fernsehen einmal erzählte, *höllische Angst* vor dieser Massenzusammenkunft und der Vorstellung, dass sie da gar nicht hineinpassen könnte, weil ihre Familie zwar dieselben Probleme wie eine Arbeiterfamilie hatte, der Arbeiterbewegung aber doch relativ fern stand.

Was sie nach kurzem Zögern dann doch zum Mitmachen bewog, war der Anblick einer Reihe spanischer Kommunisten, die in militärisch straffer Haltung nebeneinander marschierten mit ihren roten Fahnen, während hinter ihnen ein einziger Anarchist mit einer selbst gebastelten schwarzen Flagge, eine Flasche Wein in der Tasche, zufrieden mitspazierte.

Dass diese Bewegung demnach einer Vielfalt von Überzeugungen – vom strammen Kommunismus bis zum freiheitlichen Anarchismus – Platz einräumte, vermittelte der jungen Ruth Dreifuss augenblicklich ein gutes Gefühl. Unter diesen Leuten und in dieser Bewegung, dachte sie, würde auch sie ihren Platz finden.

Wie sie aber so mitmarschierte und noch über den eigenen Mut staunte, wurde ihr bewusst, wie lange sie im

Grunde genommen *in einer Phantasiewelt gelebt und sich damit begnügt hatte, Indianerromane zu verschlingen und ziemlich epigonenhaft selbst zu schreiben oder davon zu träumen, als Ethnologin oder Archäologin alte Völker kennen zu lernen, in der Welt bekannt zu machen und gegen jede schlechte Behandlung zu verteidigen.*

Aus diesen Phantasien war sie erst in der Sekundarschule gleichsam herausgefallen, als sie auf eine Bewegung aufmerksam wurde, die im realen Leben und mit sichtbaren Taten gegen das Unrecht vorging, nämlich in den USA, wo farbige und weiße Menschenrechtsaktivisten immer entschlossener gegen Rassentrennungsgesetze und jede Art von rassistischer Diskriminierung kämpften. Die nordamerikanische Bürgerrechtsbewegung öffnete Ruth Dreifuss auch die Augen darüber, dass es in Südamerika und Afrika nicht weniger dramatische Segregationsprobleme gab und dass deren Ursprung zweifellos in der Sklaverei zu suchen war.

Von diesem Thema sollte sie sehr lange nicht mehr loskommen. Noch Ende 1957 – inzwischen hatten ganz andere persönliche und politische Ereignisse ihr Leben erschüttert – schrieb sie einen Schulvortrag über Sklaverei, an den sich May Lichtenstein und Alida de Jager Jahrzehnte später noch erinnerten: Von den Ursprüngen der Sklaverei bis zum Herbst 1956 und der vorläufig letzten Ergänzung der von den Vereinten Nationen festgeschriebenen universalen Menschenrechtskonvention handelte jene sorgfältig recherchierte und durchdachte Arbeit, für welche Ruth Dreifuss historische, ethnologische und literarische Quellen einschließlich der Bibel beizog und verdientermaßen die Bestnote erhielt.

Dass die Geschichte der Sklaverei längst nicht abgeschlossen war und unzählige Menschen noch immer nicht in Freiheit und Frieden leben konnten, machte ihr sehr zu schaffen. Der Zweite Weltkrieg war doch vorüber. Wie kam es, so fragte sie sich, dass der Terror in Form völlig »normaler«, behördlich sanktionierter Apartheid ruhig weiterexistierte?

Die Parallele zur nazistischen Ideologie der *Versachlichung von Menschen bis hin zu Mord und Ausrottung* schien ihr offensichtlich. Wo aber lagen die psychologischen Hintergründe dieser unmenschlichen Geisteshaltung? Welchem Antrieb gehorchten die Täter? Solchen Fragen suchte Ruth Dreifuss sogar mit einem Pausenspiel auf die Spur zu kommen, indem sie ihren Mitschülerinnen vorschlug, »Slumszenen in Harlem« darzustellen, um im Stillen beobachten zu können, wie sich eine Gruppe konstituierte, wie jemand ausgeschlossen oder zum Anführer bestimmt wurde, warum einige, im Gegensatz zu anderen, Angst vor Autoritäten hatten oder wie sich die Gefährlichkeit der Macht ausdrückte.

Und plötzlich wurde Ruth Dreifuss klar, dass die Gesellschaft *das Wichtigste im Leben* sei, wie sie es formulierte, *weil die Gestaltung der Gesellschaft über Gerechtigkeit oder Ungerechtigkeit, Krieg oder Frieden* entschied.

Von da an, fügte sie hinzu, habe sie die Frage, wie die Menschen zu einer gerechten Gesellschaft beitragen können, nie mehr losgelassen.

Diese Frage stellte sich ihr auch unter den roten und schwarzen Fahnen am Tag der Arbeit. Doch die Reden zum 1. Mai 1954 enthielten wenig mehr als die Forderung, endlich für gerechte Verhältnisse zu sorgen. Wie dieses Ziel konkret erreicht werden sollte, war im begeisterten Geschrei diverser Kampfparolen nicht zu vernehmen.

Eine der möglichen Antworten, welche die Genfer Genossen verständlicherweise nicht geben konnten, hörte sie dafür am 18. Juni 1954 im Radio.

An jenem Tag wählte die französische Nationalversammlung nämlich Pierre Mendès France zum Ministerpräsidenten, und was die Sensation dieser Wahl ausmachte, war seine Absichtserklärung, unverzüglich das Indochina-problem zu lösen: Innerhalb eines einzigen Monats, so versprach Mendès France, würde er einen Waffenstillstand herbeiführen in dem schon mehr als sieben Jahre dauernden Krieg. Sollte es ihm bis zum 20. Juli 1954 nicht gelingen, im Rahmen der Genfer Konferenz für Frieden in Indochina zu sorgen, würde er mit seiner Regierung zurücktreten.

Diese Entschlossenheit machte Ruth Dreifuss ungeheuren Eindruck: Mendès France war also ein Politiker, der gegen Unfrieden und Unfreiheit der Menschen aufstand, und zwar sofort – denn jeder verlorene Tag kostete Hunderte von Kriegern und Zivilpersonen das Leben – und ungeachtet jeder Anfeindung, die dem radikalsozialistischen Außenseiter von der eigenen Partei, von bürgerlichen und rechts stehenden Kreisen sowie vor allem auch von den Kommunisten entgegenschlug.

Ebenso war er offensichtlich der einzige, der es sich anderthalb Monate nach der katastrophalen französischen Niederlage von Dien Bien Phu zutraute, den verlorenen Krieg einigermaßen anständig zu liquidieren, und zwar zu einem Zeitpunkt, da ein Fiasko der Genfer Indochinakonferenz – angesichts der völlig festgefahrenen Positionen nach acht Verhandlungswochen – praktisch unabwendbar schien.

Mendès France machte sich unverzüglich an die Arbeit: stellte einen Tag nach der Wahl sein Kabinett vor, traf zwei Tage später den Chef der amerikanischen Konferenzdelegation, General Bedell Smith, sowie den britischen Außenminister Eden zu einer Besprechung in Paris, reiste am fünften Tag nach Bern, um mit dem chinesischen Ministerpräsidenten Tschou En-lai in der französischen Botschaft ein »freies Gespräch« zu führen und die chinesischen Bedingungen für einen Waffenstillstand aus erster Hand zu erfahren. Am achten Tag überraschte er die französische Bevölkerung mit einer Radioansprache und der Ankündigung, er werde sich in Zukunft regelmäßig auf diese Weise an sie wenden, um laufend über seine Gedanken, Pläne und Handlungen zu informieren – was er bis Ende Januar 1955 auch durchhalten sollte, obschon ihm diese »causeries du samedi« im In- und Ausland neben viel Popularität auch massive Kritik einbrachten.

Als Pierre Mendès France schließlich, zehn Tage vor Ablauf der Frist, persönlich in Genf eintraf, schwänzte Ruth Dreifuss ohne Zögern die Schule, um den Anblick dieses imponierenden Staatsmannes nicht zu verpassen, dessen Stil – »le style PMF«, so das entsprechende Schlagwort, das bereits in aller Munde war – eine völlig neue politische Kultur verkörperte und der überzeugt war, dass die Welt ohne jede Doktrin, auf rationale, nüchterne Weise zum Besseren verändert werden könne.

Tatsächlich sah Ruth Dreifuss in Mendès France, nicht anders als eine Generation junger Menschen – intellektueller, linker, zum Teil katholischer Kreise – ein Vorbild, dem sie volles Vertrauen schenken konnte, weil sein politisches Konzept und sein persönliches Selbstverständnis, wie die Radioansprachen von Woche zu Woche bewiesen, auf Tugend, Staatsgesinnung und Moral gründeten.

Regieren hieß für ihn: *Parler vrai. Expliciter ses choix. Se soumettre au contrôle démocratique,* also die Wahrheit zu sagen, Entscheidungen verständlich zu machen und demokratischer Kontrolle zu unterstellen. Und mit jemandem, der Politik, Wahrhaftigkeit und Moral miteinander zu versöhnen suchte, konnte man sich wohl identifizieren.

Wenn es denn einen Politiker gab, den Ruth Dreifuss bis zum heutigen Tag ohne Einschränkung als Vorbild und geistigen Übervater akzeptieren konnte, so war es Pierre Mendès France, der Mann, der es wirklich zustande brachte, zusammen mit den Vertretern der Vietnamesen, Russen, Chinesen, Kambodschaner, Laoten, Briten und Amerikaner nach Ablauf von vier Wochen, mit einer kleinen Verspätung von ein paar Stunden, vor der Weltöffentlichkeit den Waffenstillstand im französischen Indochinakonflikt verkünden zu können.

Dass Mendès France wenige Monate nach diesem großen Erfolg von der französischen Nationalversammlung mit einem ohrenbetäubenden Geheul und Pfeifkonzert von seinem Posten weggefegt werden sollte, hing damit zusammen, dass er nach dem Verzicht auf Vietnam, Laos und Kambodscha keine andere Wahl hatte, als nun auch Tunesien und Marokko in die Unabhängigkeit zu entlassen, und dass er zum anderen eine Wiederaufrüstung Westdeutschlands sowie die Aufnahme der Bundesrepublik in die Westeuropäische Union und die NATO befürwortete.

Für diese angeblich unverzeihbare »Preisgabe der machtpolitischen Stellung Frankreichs in der Welt« prophezeiten ihm seine Gegner, die ihn auch gern einen »kleinen jüdischen Teppichhändler« oder »Mendès Anti-France« nannten, er würde als Antiheld in die Geschichte eingehen.

Sie sollten nicht Recht behalten – wenngleich es unter den vielen jungen Menschen, die Mendès France zuvor bewundert, ja verehrt hatten, wohl nur wenige gab, die ihn auch noch im Scheitern als Vorbild respektierten. So wie Ruth Dreifuss.

Eben hatte sie Mendès France noch voller Stolz zugeschaut, wie er die französischen Kolonien, eine nach der anderen, in die längst überfällige Selbstbestimmung entließ. Gleichzeitig schlitterte Frankreich, kaum dem Vietnamdebakel entronnen, bereits in den nächsten Kolonialkrieg, weil Mendès France zu fest darauf vertraut hatte, dass wirtschaftliche und soziale Reformen genügen würden, um die Unabhängigkeitsbestrebungen Algeriens einzudämmen.

Und da er wie die meisten seiner Landsleute Algerien für ein Stück Frankreichs gehalten und geglaubt hatte, dort seien nicht viel mehr als ein paar Rebellen am Werk, ließ er seinen damaligen Innenminister François Mitterand gewähren, als dieser einen Tag nach dem Aufstand in Algerien Anfang November 1954 Polizei- und Militärtruppen losschickte, um die »Sicherheitsmaßnahmen« zu verstärken.

Nun konnte Mendès France protestieren, so viel er mochte – zu spät: Frankreich wurde in einen brutalen Guerillakrieg verwickelt, einen Krieg, der in der Folge die Elektroschockfolter einführen und zahllose junge Franzosen zur Flucht aus ihrer Heimat treiben sollte, weil sie nicht als Folterknechte oder Kanonenfutter nach Algerien einrücken wollten.

Ruth Dreifuss hatte keine Ahnung, wohin sie mit ihrer Bestürzung über diese schlimmen Entwicklungen gehen, wie sie selbst aktiv werden könnte. 1955 war sie fünfzehn Jahre alt, Schülerin der zweiten Sekundarklasse – und einfach noch zu jung, wie sie selbst einsah, um irgendeinen sinnvollen Beitrag zu einer »gerechten Gesellschaft« zu leisten.

Nach dem Urteil ihres Vaters wäre sie freilich längstens alt und gescheit genug gewesen, um endlich bessere Schulzeugnisse nach Hause zu bringen. Was, so fragte er sich, sollte aus dieser Tochter nur werden, die lieber in ihrer Bücherwelt untertauchte, einem französischen Premier ihre stumme Aufwartung am Straßenrand machte oder beim Radioapparat saß und gebannt die Nachrichten verfolgte, als sich ernsthaft für ihre Ausbildung zu interessieren?

Ein Studium, so viel war ihm klar, kam für Ruth nicht in Betracht. *Am besten* würde sie wohl *eine Handelsschule absolvieren;* so hätte sie *ein nützliches Diplom in der Tasche, um bis zur Heirat ihren Lebensunterhalt zu bestreiten:* Diesen Entscheid traf Sidney Dreifuss, ein Kaufmann wider Willen, für seine einzige und speziell nach ihm geratene Tochter.

Ausgerechnet zur Sekretärin oder Buchhalterin sollte sie also ausgebildet werden, um über Stenoblöcken und Kontokorrentbüchern bis zu dem fernen Tag zu leiden, an dem ein gnädiger Herr das Fräulein befreien und heimführen würde?

Ruth Dreifuss nahm es hin. Solange sie sich fast ausschließlich damit beschäftigte, politische Ereignisse zu verarbeiten, bewegten sich ihre Gedanken ohnehin meistens weit über den Niederungen des privaten Alltags. Dass ihr Vater sie nun in eine Handelsschule steckte, änderte daran fast gar nichts.

Und so betrat sie im Herbst 1955, wie von ihr erwartet wurde, die gleiche Ecole de Sécheron mit dem lächerlichen Pseudo-Berner Dach samt Glockentürmchen und weiteren stilistischen Absonderlichkeiten à la »village suisse«, wo sie schon die Primarschule besucht hatte, um in dieser Trutzburg, die wie ein Stein gewordener Anachronismus in der Gegend herumstand und vom Verkehr der Kreuzung Avenue de France/Rue de Lausanne umspült wurde, weitere drei Jahre abzusitzen.

Immerhin einen Lichtblick gab es: Ihre Mitschülerinnen waren keine kleinen Mädchen mehr. Auch sie zogen sich inzwischen lieber in eine Ecke zurück und vertieften sich in Gespräche. Das kam Ruth Dreifuss entgegen, weil sie, wie ihre Kolleginnen bald herausfinden sollten, gern und viel redete.

Die jungen Handelsschülerinnen merkten auch schnell, dass Ruth Dreifuss *ähnlich und doch vollkommen anders war* als sie selbst: *ausgesprochen freundlich, hilfsbereit, lustig und an jedem Streich interessiert, doch mit einer sehr speziellen Art von Humor ausgestattet: Auf Leute, die sie nicht beeindruckten,* so erinnern sich ihre Kolleginnen, *reagierte Ruth leicht sarkastisch, mit einem maliziösen Lächeln in den Augen, das ihre Gedanken leicht erraten ließ.*

Ruth war *burschikos, aber sehr unsportlich. Sie kokettierte sogar damit, im Sport eine Niete zu sein, noch dazu mit einer Null im Betragen,* obschon sie die sportlichen *Leistungen ihres geliebten Bruders zweifellos sehr bewunderte.*

Sie war, wie ihre Mitschülerinnen registrierten, *stets einfach, ohne jeden modischen Schnickschnack gekleidet und nie geschminkt; ihr schönes schwarzes Haar trug sie kurz, wenn auch nicht ganz kunstgerecht geschnitten, weil ein Haarschnitt von einer Lehrtochter billiger war.*

Schon sehr reif und intellektuell, liebte sie Diskussionen über Literatur, Geschichte und Politik, alles, worüber sich mit den Lehrern streiten ließ, und wenn einer etwas Unrichtiges behauptete, scheute sie sich nicht, ihn zu korrigieren. Sie war auch der Typ, der einen Aufsatz diskutieren wollte, wenn sie sich mit einer schlechten Note nicht abfinden konnte, und sie machte klar, dass sie als Autodidaktin die Schule eigentlich nicht bräuchte.

Dass sie mit den spezifisch kaufmännischen Fächern wie Stenographie und Buchhaltung *die größte Mühe hatte,* machte sie in den Augen der anderen Handelsschülerinnen nur um so mehr zum *bunten Vogel.* Und obschon Ruth Dreifuss bei einzelnen Professoren als kleines Monster und größter Lehrerschreck galt, waren ihre Kolleginnen manchmal sehr froh um sie, weil sie, nach allgemeiner Ansicht *schon eine gefestigte Persönlichkeit, mit feinem Gespür* zwischen den Erwachsenen und ihnen *zu vermitteln wusste.*

Louis Châtelain, ihr damaliger Lehrer in französischer Literatur, empfand Ruths *leicht verschlossene Schweigsamkeit* ihm gegenüber *als kritische Haltung,* die er *an der sehr fähigen Schülerin sogar schätzte.*

Da er die Mädchen zu durchschauen versuchte, war ihm Ruths »maliziöses« Lächeln sicher, weil sie nämlich ihn durchschaute. Als er gegen Ende des ersten Schuljahres zum Beispiel drei Aufsatzthemen an die Wandtafel schrieb, wusste sie genau, welche Arbeit er von ihr erwartete: Nicht »Aprilscherz« und auch nicht »Wenn ich könnte …«, sondern »Was würde ich tun, wenn ich nur noch 24 Stunden zu leben hätte?«

Ruth Dreifuss wählte natürlich eines der anderen Themen. Da sie manchmal aber auch die Aufsätze ihrer Mitschülerin Denise schrieb und gern dazu benutzte, dort ihre provokativsten Gedanken unterzubringen, berichtete sie in einer zweiten Arbeit nun mit großer Lust, was ihr zu den letzten vierundzwanzig Stunden von Denise einfiel – wofür jene prompt die Bestnote bekam. Dazu hielt Châtelain noch einen kleinen Vortrag über die »Elemente von Todesdrang und Hedonismus«, die im Aufsatz von Denise doch einigermaßen verblüfft hätten, und über die Notwendigkeit der Versöhnung mit Gott im Angesicht des Todes. Im Übrigen, sagte er am Schluss der Stunde zu Ruth Dreifuss, habe er sich dieses Thema extra für sie ausgedacht, schade, dass sie es nicht behandeln wollte.

Todesdrang und Hedonismus? Ach was. Ruth Dreifuss interessierte weder die Sinnenlust noch das romantische Bedürfnis, in jugendlicher Blüte von der Bühne abzutreten. Sie beschäftigte sich mit dem letzten imperialistischen Aufbäumen der ehemals unbestrittenen großen Kolonialmächte, mit den Gefahren der Dekolonisation, der Tragödie des Algerienkrieges. Sie lebte in Angst und Schrecken ob der kriegswütigen Rhetorik der beiden hauptsächlichen Exponenten des Kalten Krieges, die sich als absolut unversöhnliche Supermächte mit ihren Atomwaffen bedrohten und versicherten, dass es im Ernstfall unvermeidlich wäre, diese auch einzusetzen …

Bis im Frühjahr 1956 zum Erstaunen der ganzen Welt bekannt wurde, dass N. S. Chruschtschow am XX. Parteitag der KPdSU (und am ersten Parteitag nach Stalins Tod) eine vierstündige geheime Rede vor fast 1500 Delegierten aus allen Regionen der Sowjetunion gehalten und die verbrecherischen Auswüchse des stalinistischen »Personenkults« sowie Stalins grausame terroristische »Säuberungspolitik«, Massenrepressalien, Folterungen, Verhöre, unzähligen Morde, Massendeportationen aufs Schärfste verurteilt hatte.

Und wie viele andere westliche Linke schöpfte Ruth Dreifuss auf diese Nachricht hin Hoffnung auf eine grundlegende Veränderung der Verhältnisse nicht nur in der Sowjetunion, sondern vor allem auch im Spannungsverhältnis zwischen Ost und West.

10 Frühjahr 1956: Achtundzwanzig Februartage lang hatte eine »Jahrhundertkälte« Genf und Umgebung erstarren lassen. Zahllose Bäume barsten, Schiffe steckten zwischen tiefen Eisschollen fest, Wasservögel mussten aus dem See gefischt werden, halb erfrorene Obdachlose kamen zur unverhofften Gelegenheit, sich wieder einmal den Bauch zu füllen an den Töpfen barmherziger Mitmenschen.

Nun war März, und mit den warmen Tagen kamen auch die Farben wieder, das zarte Grün der Blätter, das Rot und Gelb und Blau der Stiefmütterchen und Vergissmeinnicht in den Blumenbeeten. Und schon flanierten wieder Liebespaare am Seeufer, lagen Schülerinnen und Schüler bäuchlings auf den sonnenbeschienenen Parkwegen und lasen mit blinzelnden Augen in ihren Büchern, ehe sie den Kopf auf die gekreuzten Arme legten und friedlich wegschlummerten.

Ruth Dreifuss traf ihre Freundinnen, dem Ernst der Lage entsprechend, lieber in der elterlichen Wohnung: Sie brauchte dringend Nachhilfe in Stenographie, besonders in der Diktatvorbereitung, und war sehr froh um den Beistand einiger Schulkolleginnen sowie ihrer Jugendgruppen-Freundin Viviane Rosenberg, die einige Monate lang regelmäßig in der Mittagspause in die Rue de Lausanne kam, um sie mit der Kurzschrift besser vertraut zu machen.

Auf Erfolgserlebnisse wartete Viviane allerdings vergeblich; Ruth hatte nicht die geringste Neigung, sich mit diesem Sekretärinnenpflichtfach anzufreunden.

Immerhin verlor Viviane Rosenberg nicht so schnell die Geduld, weil sie sich bei Familie Dreifuss sehr wohl fühlte: *Ihre Tür stand immer offen für andere Menschen,* erzählt sie. *Alle waren eingeladen, an Diskussion und Meinungs-*

austausch teilzunehmen. Abgesehen davon hatte Jeanne eine wunderbar warme Ausstrahlung, während mich Sidney durch seine Lebendigkeit beeindruckte. Wie er beispielsweise über italienische Opern reden konnte, habe ich nie vergessen; immer wieder erklärte er mir auf sehr eindringliche Weise, was an »Lucia di Lammermoor« so großartig sei.

Inzwischen hatte Ruths Bruder, wie nicht anders erwartet, mit Leichtigkeit die Matura bestanden und bereits zu studieren angefangen. Welche Studienrichtung er wählen wollte, war ihm nach der Matura allerdings selbst noch nicht klar gewesen.

Eines der letzten Bilder von Sidney Dreifuss vor seinem Tod 1956

Als er seinem Vater ein paar Wochen später mitteilte, er habe sich für die Medizin entschieden, war Sidney nicht eben glücklich, denn er fragte, ob es ausgerechnet ein so langes und aufwändiges Studium sein müsse, das eine riesige finanzielle Belastung bedeuten würde. Außerdem zweifelte er an der Richtigkeit der Entscheidung: Das könne doch nicht Berufung sein, hielt er ihm entgegen, wenn er vor kurzem noch gar nicht gewusst habe, dass er Arzt werden wolle.

Zum Glück trat Jeanne dazwischen und unterstützte ihren Sohn in diesem schwierigen Gespräch. Trotzdem beharrte Sidney darauf, dass Jean Jacques sich die Sache nochmals überlege. Wäre es nach seinen Wünschen gegangen, hätte sein Junge beispielsweise Physiker werden sollen. Das wollte Jean Jacques aber nicht, *wegen der Atombombe*, wie er sagte. Dennoch interessierte ihn die Wissenschaft, und so schien ihm ein Medizinstudium der brauchbarste Kompromiss zu sein, weil in dem weiten wissenschaftlichen Gebiet auch die Menschlichkeit eine Rolle spiele.

Jean Jacques Dreifuss setzte sich durch, was zum einen bedeutete, dass er nun sehr viel lernen musste, um am Ende des ersten Studienjahres zusätzlich zum Propädeutikum noch die Lateinmatura abzulegen, und dass zum anderen seine Fußballerkarriere zu Ende war.

Seine Schwester beschäftigte unterdessen ein ganz anderes Problem, nämlich ein ernsthafter Verweis der Schulleitung, weil sie sich aufsässig gegen die Lehrer benommen und im Unterricht privaten Lesestoff auf den Knien gehabt hatte. *Die Ecole de commerce*, hieß es in dem blauen Brief, sei keine obligatorische Schule. Ruth Dreifuss könne ruhig gehen, wenn ihr das lieber sei.

Das hielt sie für keine gute Lösung, umso weniger, als ihr Vater im Frühjahr 1956 an einer Lungenentzündung erkrankte und, nachdem das Schlimmste überstanden war, von seinem Hausarzt zur Rekonvaleszenz für drei Monate in die Berge geschickt wurde.

Sidney Dreifuss blieb bis August 1956 in Montana. Als er nach Genf zurückkehrte, fühlte er sich unverändert müde und schwach.

Schwierige Zeiten – und die privaten Sorgen waren nicht einmal die schlimmsten. Was seit Oktober 1956 im Osten passierte, ging Ruth Dreifuss fast noch mehr unter die Haut.

Tatsächlich hatte die osteuropäische Entstalinisierung in den vergangenen Monaten dazu geführt, dass der militante Antikommunismus im Westen etwas abflaute, als könnte sich nun Schritt für Schritt ein gesellschaftliches Klima entwickeln, in welchem eine ernsthafte Entspannungspolitik keine Utopie bleiben müsste.

Allerdings hatten Chruschtschows radikale Enthüllungen die Kommunisten aller Welt in eine tiefe Krise gestürzt; Abertausende von ihnen waren aus der Partei ausgetreten, erschüttert über das Ausmaß der stalinistischen Verbrechen und die eigene Verblendung. Doch auch für die geschwächten kommunistischen Parteien war eine neue Ära angebrochen: Die Sowjets gaben nicht mehr unangefochten den Ton an; die Zeiten, da jeder Versuch einer eigenständigen Interpretation des Marxismus-Leninismus in Ungnade gefallen war, hatten sich offensichtlich überlebt. Ein Umschwung mit bemerkenswerten Folgen: Zumindest in Westeuropa konnten Kommunisten und Sozialdemokraten nun in einen Dialog treten, der vor 1956 undenkbar gewesen war.

Und nun auf einmal dieser Aufruhr in Ungarn: Der rabiate Protest ungarischer Studenten gegen die unverbesserliche stalinistische Garde und ihren Staatssicherheitsdienst. Zunehmender Volkszorn gegen den moskauhörigen Parteichef Gerö, der im Radio bekannt gibt, die ungarische Partei würde »Unordnung, nationale Brunnenvergiftung und Provokation« mit eiserner Disziplin bekämpfen. Weitere und immer größere Demonstrationen.

In der Nacht vom 23. auf den 24. Oktober plötzlich der Marsch sowjetischer Truppen auf Budapest, von Gerö gegen das eigene Volk »zu Hilfe gerufen«. Kriegsszenen: Die

ungarische Geheimpolizei schießt blindwütig auf unbe-
waffnete Demonstranten.

Sechs Tage später vorübergehender Rückzug der sowjetischen Panzer aus der Hauptstadt. Am 1. November neuer-
licher Aufmarsch der Roten Armee, nachdem Ministerprä-
sident Imre Nagy Ungarns Neutralität und Austritt aus dem
Warschauer Pakt verkündet hat – und am 4. November die
Eskalation: blutige Straßenkämpfe zwischen Arbeitern, Studenten, Teilen ungarischer Truppen und der Roten Armee.

Die ungarische Revolution war durch brutale Waffengewalt niedergeschlagen worden. Wie in der ganzen westlichen Welt gingen auch in Genf Scharen von Menschen auf
die Straßen, um gegen Moskaus eiserne Hand zu protestieren. Die meisten dieser Leute waren noch nie auf einer
Kundgebung gewesen; nun wollten sie ihrer Solidarität mit
dem ungarischen Volk und der Empörung über die 2500
Ermordeten öffentlichen Ausdruck geben – wobei das ge-
waltsame russische Vorgehen natürlich ideologisch ausge-
schlachtet wurde, schließlich herrschte Kalter Krieg.

Trotzdem beteiligten sich auch Ruth und Jean Jacques
Dreifuss an den Protestdemonstrationen, zum Beispiel am
7. November 1956, als sich Tausende von Menschen unter
dem machtvollen Geläut aller Kirchenglocken in einem
emotionsgeladenen Schweigemarsch vom Monument National zur Place Neuve bewegten, die mit roten und weißen
Nelken geschmückt war.

Kurz nachdem dort die ungarische und die schweizerische Fahne gehisst worden waren, verstummten die Glo-
cken – und fast gleichzeitig verwandelte sich die stille
Trauer der Menschen in Aggression. *Da hören wir ganz in
unserer Nähe,* erinnern sich Ruth und Jean Jacques Dreifuss, *wie jemand in der aufgebrachten Menge die Parole
ausgibt: »Lasst uns den Burschen die Schnauze einschla-
gen!« – »Auf zur kommunistischen Druckerei! Zünden
wir sie an!«*

Das ging Ruth Dreifuss entschieden zu weit. Was, so fragte sie sich entsetzt, hatte eine Genfer Druckerei mit den Ereignissen in Ungarn zu tun? Weil es den Leuten um sie herum aber zweifellos ernst war, machte sie sich zusammen mit ein paar anderen eiligst auf den Weg zur Druckerei der »Voix Ouvrière« in der Rue du Pré-Jérôme und wartete dort auf die wütenden Demonstranten, die kurz danach eintrafen und Steine gegen das Haus warfen. Als die Polizei die Lage endlich unter Kontrolle hatte, konnte Ruth Dreifuss kaum fassen, was soeben passiert war: Um ein Haar hätte der Mob die Druckerei samt allen Menschen im Haus in Brand gesteckt.

Ein paar Tage später. Noch war der ungarische Widerstand nicht ganz bezwungen. Nahe der jugoslawischen Grenze lieferten sich bewaffnete ungarische Freiheitskämpfer und russische Infanterie- und Panzereinheiten heftige Gefechte. Doch in Budapest, so hieß es, würden die Menschen inzwischen wahllos von der Straße weg verhaftet, Intellektuelle und Künstler würden aus ihren Häusern geholt, Tausende von Gefangenen seien bereits per Eisenbahn nach Russland deportiert worden.

Hals über Kopf machten sich Zehntausende ungarischer Bürgerinnen und Bürger auf die Flucht. Während beim österreichischen Komitee für Flüchtlingsfragen aus der ganzen Welt Asylangebote eingingen, rüsteten sich die westeuropäischen Länder für die vorläufige Aufnahme der Flüchtlinge: Hilfsorganisationen sammelten Geld, Kleider und Nahrungsmittel, Schulklassen strickten Wolldecken und Socken, Studenten organisierten Stipendiengelder für ungarische Kommilitonen, Behörden- und Kirchenvertreter richteten Notlager ein.

Für einige Dutzend ungarischer Jugendlicher, die ohne ihre Eltern geflohen waren, fand Alida de Jager ein Lehrlingsferienheim: Die Bauarbeitergewerkschaft stellte es dem International Rescue Committee als Wohnhaus für die

Flüchtlinge zur Verfügung und bot den jungen Menschen auch Lehrstellen an. Fragte sich nur noch, wie Jeanne Dreifuss und Michael Guggenheim in der kurzen Zeit alle Formalitäten erledigen und den Empfang der Jugendlichen vorbereiten sollten; Alida war bereits abgereist, um sie aus Österreich in die Schweiz zu begleiten, alles ging drunter und drüber ...

Und mitten in dieser Aufregung wurde Sidney Dreifuss erneut krank und musste sogar, da er plötzlich Ödeme bekam, ins Kantonsspital eingewiesen werden.

Alida de Jager, die inzwischen an der österreichisch-ungarischen Grenze eingetroffen war und täglich mit Jeanne telefonierte, um die Vorbereitungen zu koordinieren, erinnert sich an ihre völlige Überraschung, als sie von Sidneys Zustand hörte; wenige Tage zuvor hatte er noch nicht den Eindruck eines schwer kranken Mannes gemacht.

Es war eine autoimmune Nierenkrankheit, erklärt Jean Jacques Dreifuss. *Um die Flüssigkeit zu ersetzen, die mein Vater durch die Ödeme verlor, machte man ihm eine Plasmatransfusion, welche eine akute allergische Reaktion in ihm auslöste.*

Als May Lichtenstein am Abend des 17. November zusammen mit Jeanne im Spital eintraf, war Sidneys Haut, wie sie sagt, *ganz violett. Und meine kleine Jeanne starrte ihn nur ungläubig an. Es war grauenvoll.*

Der 18. November 1956 war ein Sonntag. Ungewöhnliche Stille lag über Stadt und Land. Die Menschen gingen mitten auf der Straße, Radfahrer überquerten gefährliche Kreuzungen, ohne nach links oder rechts zu schauen, Pétanque-Spieler platzierten ihr »cochonnet« auf der Sicherheitslinie der Route Suisse – kein Hupen hinderte sie an diesem ersten autofreien Sonntag daran.

Unterdessen saß Jeanne an Sidneys Spitalbett. Hielt seine Hand. Blickte ihn an.

»Verranno a te sull'aure . . .« Wie oft hatte Sigi diese Arie aus »Lucia di Lammermoor« vor sich hin gesungen, ein glückliches Lachen in den Augen. Wie sehr er die Arie liebte, weil sie über dem Abschiedsschmerz auch die starke Bindung zweier Liebender ausdrückte, die unter allen Umständen zusammenhalten wollten wie er selbst und Jeanne – sein »Peterli«, seine »Raffael-Madonna«, wie er sie zärtlich nannte.

Nun saß sie still an seinem Bett. Es waren ihre letzten gemeinsamen Stunden.

Jeanne und Jean Jacques waren bei ihm, als Sidney Dreifuss in jener Nacht starb. Ruth war kurz zuvor, nach einem langen Abend an seinem Krankenbett, nach Hause gegangen.

Dass sein Vater wegen eines medizinischen Fehlentscheids sterben musste, konnte Jean Jacques Dreifuss *nicht verdauen. Ich habe es nie akzeptiert, sagt er, sondern verdrängt, und in all den Jahren seither versuchte ich, niemals zurückzuschauen, weil es mich noch heute traurig macht.*

Die Nachbarin Olga Courvoisier wagte nicht gleich zu reagieren, wie sie sich noch im hohen Alter leicht beschämt erinnerte, obschon ihr eine Dame vom oberen Stock gesagt hatte, Monsieur Dreifuss sei vermutlich gestorben. *Als ich mir anderntags ein Herz fasste, sagt sie, und an Jeannes Türe klingelte, brauchte ich nicht zu fragen, ob es wahr sei. Jeanne und ich umarmten uns fest. Sie war sehr tapfer und reagierte ganz gefasst auf Sidneys Tod.* »Dies ist nun einmal mein Los, was soll ich machen« *– das war ihre Haltung, die sie augenblicklich einnahm. Und zu meiner großen Überraschung ging sie kurze Zeit später daran, in Sidneys Büro bei der Firma Schwarz die Buchhaltung in Ordnung zu bringen, die er nicht mehr hatte abschließen können.*

Ruth Dreifuss sprach in der Schule nicht über den Tod ihres Vaters. Manche Mitschülerinnen wussten gar nicht, dass er gestorben war. Sie ließ sich nichts anmerken.

Was hätte sie ihnen sagen sollen? Dass sie diesen plötzlichen Tod nicht fassen könne? Dass der Vater aus ihrem Leben verschwunden sei in einer Zeit, da sie noch mitten in der Revolte gegen ihn steckte? Dass sein abrupter Weggang ihr jede Chance genommen habe, den Ablösungsprozess im Guten zu beenden?

All das hätte jedenfalls nichts darüber ausgesagt, wie sie den Tod des Vaters unter diesen Umständen verarbeiten sollte.

Etwas Seltsames fiel den Mitschülerinnen an Ruth Dreifuss aber doch auf, und zwar ein ganz ungewohnter Arbeitseifer. Eigentlich hatte sie nach Sidneys Tod ja beschlossen, die Schule sofort aufzugeben, sich einen Job zu suchen und mit Jeanne zusammen Geld zu verdienen. Davon wollte Jeanne aber nichts wissen, sie beharrte im Gegenteil darauf, dass ihre Tochter die Ausbildung fortsetze und abschließe. Also hatte Ruth Dreifuss wohl keine andere Wahl, als sich anzustrengen und zum ersten Mal brav zu sein in der Schule.

Von Jean Jacques kannte man ohnehin nichts anderes. Und Jeanne arbeitete nun buchstäblich Tag und Nacht: Tagsüber beschäftigten sie die ungarischen Flüchtlinge – seit neuem in einem praktisch vollen Arbeitspensum –, abends machte sie noch die Buchhaltung eines Hotels. Weil das alles finanziell nicht ausreichte, verkaufte sie schweren Herzens Sidneys Briefmarkensammlung.

Nur die israelischen und schweizerischen Marken haben wir behalten, sagt Jean Jacques Dreifuss, *aber ich habe sie nie mehr angeschaut. Sie liegen seit langem in einem Banksafe.*

Sidneys Bücher über Alpenfauna und -flora gab Jeanne als Geschenk weg. Viele Judaika erhielt die jüdische Gemeinde von Genf. Nach Sidneys Tod hörten Jeanne, Ruth und Jean Jacques auf, am Freitagabend das Schabbatmahl zu feiern. Es wäre nicht mehr dasselbe gewesen ohne ihn.

Abgesehen davon, dass über der vielen Arbeit das Leben irgendwie weiterging, kämpfte Jeanne Dreifuss um nichts anderes als das Geld für die Ausbildung ihrer Kinder. Eine größere Sorge gab es für sie nicht.

Was mit den täglichen Pflichten nichts zu tun hatte, blendete sie dagegen monatelang fast vollständig aus.

Erst am Muttertag im Mai 1957 traf sie ihre Nachbarin Olga Courvoisier wieder einmal; mit ihren Töchtern Ruth und Maryse machten sie einen Ausflug nach Céligny und gönnten sich dabei ein Essen in einem Gartenrestaurant.

Danach rückten die beiden Frauen etwas näher zusammen, und sei es nur, dass sie hin und wieder in Jeannes Küche saßen und bei einer Tasse Tee ein bisschen plauderten – wobei Jeanne übrigens *nur einmal über ihren verstorbenen Gatten sprach*, wie sich Olga Courvoisier erinnert: *Etwa zwei Monate vor Sidneys Tod, Jean Jacques hatte eben die ersten Prüfungen seines Medizinstudiums bestanden, so erzählte sie mir, seien sie und Sidney an der Place Molard vor dem Comestiblegeschäft »Au coq d'or« gestanden und hätten die schönen Fische im Schaufenster betrachtet. Sidney habe große Lust auf eine Languste gehabt und mit dem Gedanken gespielt, eine zu kaufen. Da habe sie ihn zurückgehalten und gesagt, einen solchen Luxus könnten sie sich angesichts der Kosten von Jean Jacques' Studium nicht leisten. – Das ging Jeanne nun nicht aus dem Kopf. Sie bereute so sehr, ihm die kleine Freude nicht gegönnt zu haben.*

Darüber hinaus sagte Jeanne zu ihrer Ehe mit Sidney noch einen einzigen Satz: Dass sie sich sehr geliebt hätten.

Etwa ein Jahr nach Sidneys Tod war Jeanne Dreifuss schließlich so weit, auch mit anderen Bekannten und Freunden wieder Kontakt aufzunehmen. May Lichtenstein zum Beispiel: Da sie und Max sich mittlerweile getrennt hatten und May die Kinder allein großziehen musste, wurde Jeanne zu einer wichtigen Stütze für sie, vor allem als geduldige Zuhörerin und Gesprächspartnerin.

Im Übrigen hatte inzwischen auch Ruth eine enge Beziehung zu May, weil sie, um ein bisschen Geld zu verdienen, sowohl die Lichtenstein-Kinder als auch ein paar Buben und Mädchen aus Mays nachbarschaftlichem Freundeskreis hütete.

Als Kindermädchen in den Sommerferien in Milano Marittima

In den Sommerferien 1957 fuhr Ruth Dreifuss als Kindermädchen gar mit ihnen ans Meer, nach Milano Marittima, was May merklich entlastete, da die älteste Tochter Irène erst sechs und die Zwillinge etwas über vier Jahre alt waren. Wie May beobachtete, *verstand sich vor allem Irène glänzend mit Ruth: Morgens in aller Herrgottsfrühe waren sie schon auf den Beinen und hörten zusammen Opern.* Wobei Ruth der Kleinen alle Operntexte auch übersetzte und erklärte.

Diese Geduld, ihre große Wärme und außerordentliche Liebe für Kinder, erzählt Irène, *machten Ruth zu einer Art Mutter für mich. So war sie in schwierigen Zeiten mein Beistand. Mit großer Bestimmtheit zeigte sie mir, dass man das Recht habe, dieses oder jenes zu tun. Und lehrte mich auf der anderen Seite, in Diskussionen tolerant zu sein, selbst wenn man eine andere Meinung vertrat.*

Nebenbei gesagt brachte Ruth Dreifuss ihren ersten Baby-sitterlohn nicht etwa freudig nach Hause. Sie verbrannte ihn auf der Stelle – inspiriert durch die Lektüre des Romans »Silbermann« von Jacques de Lacretelle, wonach auch sie ein Zeichen setzen wollte, dass alle Vorurteile über das Ver-hältnis von Juden zum Geld falsch seien. Wie sie allerdings wusste, ließ sich Antisemitismus weder mit Argumenten noch mit solch tugendhaften Taten bekämpfen, weil es im Wesen des irrationalen Rassismus lag, Menschen nicht auf-grund ihres Handelns, sondern nach ihrer Zugehörigkeit zu beurteilen.

Jeanne und Ruth Dreifuss in Genf

Wie auch immer – der Familie ging es finanziell nun um einiges besser als früher: Jeanne arbeitete wie gesagt äußerst fleißig, um sich und ihren Kindern Geldsorgen möglichst zu ersparen; Ruth konnte sich wenigstens ihr Taschengeld selbst verdienen, Jean Jacques erhielt ein staatliches Stipen-dium.

Als Präsident der Genfer jüdischen Studentenschaft or-ganisierte und leitete er inzwischen große Vortragszyklen,

Diskussionsabende und gesellige Anlässe. Klar, dass auch seine Schwester Ruth regen Anteil an seinem gesellschaftlichen Leben nahm: *Ich war erfolgreich,* so Jean Jacques Dreifuss, *besser integriert als sie, war ihr großer Bruder, der einzige Mann in der Familie, der ihr geblieben war ... Ruth hatte mich schon früher überschätzt; nun idealisierte sie mich geradezu. Ihre Bewunderung war mir ein Problem. Doch wir sprachen nie über unsere Gefühle.*

Tatsächlich profitierte Ruth Dreifuss sehr viel von den Kontakten, die sie durch ihren Bruder damals knüpfen konnte. Einige Beziehungen, die sie ursprünglich ihm verdankte, wurden später zu engen, zum Teil lebenslangen Freundschaften. So machte Jean Jacques sie beispielsweise mit Pater Jean de la Croix Kaelin bekannt, einem Dominikaner, der in der Nähe des jüdischen Gemeindehauses das Centre universitaire catholique leitete. Dieser Mann wurde schon bald auch Ruths Freund und sein Zentrum eines ihrer *Fenster zur Welt,* wie sie sagt.

Zunächst einmal sollte sie aber, da ihre Handelsschule nun abgeschlossen war, in die Welt »hinausgehen« und schauen, wie ihr das Leben einer berufstätigen jungen Frau so bekam.

11 »Signorina Dreifuss, darf ich Sie daran erinnern, dass der Kunde in unserm Hause König ist. Also lächeln Sie bitte, wenn Sie mit den Gästen sprechen!«

Ihre Klassenkolleginnen wären erstaunt gewesen, sie in dieser Situation zu sehen. Ruth Dreifuss hatte doch vorgehabt, nach Abschluss der Handelsschule Sozialarbeiterin zu werden, um sich wie ihre Mutter und Alida de Jager »in den Dienst der schwächsten Glieder der Gesellschaft zu stellen«.

Der Plan ließ sich leider nicht sofort verwirklichen: Für den Eintritt in die Genfer Ecole d'études sociales musste man neunzehn Jahre alt sein. Ruth war erst achtzehn und wurde trotz de Jagers schriftlicher Empfehlung nicht vorzeitig in die Schule aufgenommen.

Also blieb ihr wohl nichts anderes übrig, als für dieses eine Jahr in Genf einen Job zu suchen. Zu ihrer Überraschung hielt Jeanne Dreifuss jedoch gar nichts von dieser Idee; in ihrer Nähe, sagte sie, würde sich ihre Tochter zu stark auf sie fixieren und das eigene Leben verbauen.

In ihrer typischen Effizienz nahm Jeanne die Angelegenheit im Frühjahr 1958 gleich selbst in die Hand, als sie für ein paar Tage zur Erholung in ein Tessiner Kurhotel fuhr – und nebenbei nach einer freien Sekretärinnenstelle Ausschau hielt.

So kam Ruth Dreifuss zu ihrem Posten als Hotelsekretärin und Empfangsfräulein im Höhenkurort Cademario. Erster Arbeitstag war der 29. August 1958.

Im Juli nahmen Ruth und Jean Jacques Dreifuss zum letzten Mal an einem vom Schweizerischen Israelitischen Gemeindebund organisierten Jugendlager teil. Gemeinsam mit über hundert jungen Jüdinnen und Juden aus dem ganzen Land erlebten sie in Zweisimmen nochmals die

Nachtmärsche, Lagerfeuer, politischen Streitgespräche und jene betont jüdische Atmosphäre, die nicht mehr zu ihrem eigenen Leben gehörte oder nie Teil davon gewesen war – zumindest was die Feier des Tischa be-Aw anging, eines strengen Fasttages, an dem fromme Juden der Zerstörung des ersten und zweiten Jerusalemer Tempels gedenken und rund vierundzwanzig Stunden lang beten und trauern. Ruth und Jean Jacques fasteten mit, da der Gedenktag nun einmal in die Zeit ihres Sommerlagers fiel. Aber sie nahmen damit auch endgültig Abschied von jeder spezifisch jüdischen Lebensweise.

Als Ruth Dreifuss Ende August 1958 in Cademario eintraf, stellte sie auf dem Vorplatz des Kurhotels ihren Koffer ab, um zuerst einen Blick auf Haus und Garten zu werfen. Sie betrachtete den Abhang hinter dem Hotel, die eingefassten Blumenbeete, Treppchen, Kieswege, Palmen, die Treibhäuser ganz oben am Waldrand, durch deren Scheiben die Umrisse hoher Kakteen erkennbar waren, bemerkte eine winzige Kapelle mitten in der Parkanlage und einen alten Mann, der in der Nähe des Häuschens an den Zweigen eines niedrigen Blütenstrauches rupfte.

Es begann zu dunkeln. Die Luft war wunderbar mild.

Das Postauto, das sie von Lugano heraufgebracht hatte, war schon wieder abgefahren; von der kurvenreichen Straße unterhalb des Kurhauses erklang ein Hornsignal, verhallte, und kurz danach verlor sich auch das dumpfe Motorengeräusch in der Ferne. Auf einer Gartenterrasse wenige Meter über dem Vorplatz befand sich anscheinend das Schwimmbecken. Unsichtbar hinter dichtem Gebüsch war jemand soeben mit lautem Knall aufs Wasser aufgeklatscht, es zischte, gluckerte, rauschte – der Mensch schien ein energischer Schwimmer zu sein.

»Benvenuto a Cademario!« Vor dem Hoteleingang stand plötzlich ein Mann, der ihr auf Anhieb nicht besonders sympathisch war, und streckte die Hand in ihre Richtung. »Sie sind Signorina Dreifuss, ja? Eugenio Trezzini, angenehm. Ich bin der Personalchef. Kommen Sie, kommen Sie rein. Gut, dass Sie endlich eingetroffen sind. Ich wollte soeben wegfahren.«

Die Aussicht aus dem Fenster ihrer Kammer machte auch im letzten Tageslicht noch einen viel versprechenden Eindruck: Weit unten zwischen bewaldeten Bergflanken der Luganersee, eine reizvolle Hügellandschaft in der näheren Umgebung des Hotels, rote und graue Hausdächer unten am Abhang, Palmen und Laubbäume zu beiden Seiten des Fensters ... Würde sie sich hier – mindestens nach Feierabend – nicht fast so wohl fühlen wie ein Kurgast?

Die Hoffnung sollte sich leider nicht ganz erfüllen: Wie alle anderen rund achtzig Angestellten des Hotels arbeitete Ruth Dreifuss elf bis fünfzehn Stunden täglich, um 220 Gäste zu bedienen, die ihr umso fauler und vergnügungssüchtiger erschienen, je öfter sie sich hinter dem Empfangsschalter kaum mehr auf den Beinen halten konnte. So wie das gesamte Personal war Ruth nicht selten *total fertig mit den Nerven,* so dass sie abends *wie ein Pferd nach dem Rennen zitterte und die ganze Nacht vom schrillen Läuten und den verflixten Kabeln der Telefonanlage träumte.*

Manchmal versuchte sie das Leben an diesem Ort gleichsam von außen, als Studie zum Thema Entfremdung zu betrachten. Dann konnte sie ihren Chef Trezzini, der jeden Gast mit einem viel zu gezwungenen, unterwürfigen Lächeln persönlich willkommen hieß, fast bemitleiden. Fatalerweise verlangte Trezzini von seinen Angestellten jedoch dieselbe ehrerbietige Haltung. Und damit ihnen die Demut vor dem Gast in Fleisch und Blut überging, mussten sie so viel lächeln, dass ihnen abends die Gesichtsmuskeln schmerzten. Der Kunde hatte immer Recht. Führte er sich wie ein armseliger Schwachkopf oder übler Wichtigtuer auf, hatte er trotzdem Recht.

Noch viel schlimmer aber war, wohin die Entfremdung führen konnte: dass sich Ruth Dreifuss zum Beispiel wirklich schuldig fühlte, ihre Entlassung ohne ein Wort akzeptiert hätte und mit gesenktem Kopf abgereist wäre, nachdem sie einen Gast, der sie belästigte, einmal geohrfeigt hatte. Da diesem die Frechheit zu einer Beschwerde über Signorina Dreifuss blitzschnell vergangen war, hatte sie allerdings keinen Grund zur Abreise.

Übrigens war Personalchef Trezzini zu seiner Macht über die Angestellten wenigstens offiziell legitimiert. Riccardo hingegen, der »garçon de salle«, herrschte im Geheimen. Allein von seiner Laune hing es ab, welche Kellner, Zimmermädchen oder Sekretärinnen sich, kaum hatten die Kurgäste den Speisesaal verlassen, von den zuweilen recht üppigen Speiseresten auf den silbernen Platten bedienen durften. Da das Personal üblicherweise nicht verwöhnt wurde und stets einen Heißhunger auf gutes Fleisch und Gemüse oder Süßigkeiten hatte, kannte Ruth Dreifuss niemanden, der sich leichten Herzens mit Riccardo überworfen hätte, und fand es manchmal ziemlich beschämend, wie dankbar auch sie diesem kleinen Potentaten war, wenn sie mit Brot die kalte Bratensauce auftunken und verschiedene Salate, kaltes Gemüse und Süßspeisen auf einen Teller häufen durfte.

Demütigend war schließlich auch die Unterbringung der Angestellten, die mangelnde Privatsphäre in den Schlafkammern, die sie alle mit jemandem teilen mussten. Dass sie in ihrem Zimmer nie lesen, Musik hören oder einfach faulenzen konnte, ohne der manischen Ordnungsliebe oder dem Redeschwall einer anderen Frau ausgesetzt zu sein, empfand Ruth Dreifuss als ziemliche Belastung.

Auch wurde man bei dem Mangel an räumlicher Distanz mehr als einem zuweilen lieb war über die sexuelle Orientierung, die verborgenen Leidenschaften und erotischen Eskapaden des übrigen Personals auf dem Laufenden gehalten – Gesprächsthemen, die nach ihrer Ansicht im Grunde eher die gefühlsmäßige als die sexuelle Frustration der Leute offenbaren.

Glücklicherweise gelang es Ruth Dreifuss in den sieben Monaten ihrer Anstellung in Cademario immer wieder, an freien Tagen trotz ihrer Müdigkeit lange Spaziergänge zu machen, stundenlang im Freien zu lesen und ihren Arbeitsplatz aus dieser Warte ganz nüchtern als das zu betrachten, was die Gäste darin sahen: ein traditionsreiches Kur- und Ferienhotel, das seit seiner Gründung im Jahr 1914 als beispielhaft fortschrittlich galt und noch immer einen guten Ruf genoss. Frischkostreiche Ernährung, Bewegung und Entspannung an Licht, Luft und Sonne, Morgenturnen, Barfußspaziergänge, Bergtouren, Bäder, Theater- und Musikabende, all das gehörte nach dem Willen des Kurhausgründers, dem aus Zürich zugezogenen Arzt Adolf Keller, zu einer modernen »Naturheilanstalt« und lockte, wie man sah, mehr als genug Gäste an.

Als Ruth Dreifuss dort arbeitete, war Keller neunundsiebzig Jahre alt und noch immer medizinischer Leiter des Hauses. Ein jüngerer Arzt unterstützte ihn, so gut es eben ging, denn der alte Mann ließ sich nicht gern dreinreden.

Das galt auch für eine ganz andere Domäne, die er entschieden für sich reklamierte: die Herrschaft über seinen Garten auf dem steilen Landstück hinter dem Haus sowie die Pflege der Kakteenzucht. Heute sind die meisten seiner damaligen Kakteentreibhäuser halb demoliert, leer oder voller Unkraut. Zu jener Zeit aber waren sie eine Attraktion: Bei Dr. Keller in Cademario, hieß es, könne der Gast eine der bedeutendsten privaten Kakteensammlungen der Schweiz besichtigen.

Der Hobbygärtner war aber auch leidenschaftlicher Sportler. Als »Bewegungsnaturell«, wie er sich selbst nannte, freute sich Keller spitzbübisch, wenn es ihm gelang, träge Kurgäste zu aufreibenden Waldläufen und Bergtouren zu animieren. Monte Lema, Monte Gradiccioli, Monte Tamaro oder die Berge rund um den Luganersee – kein Gipfel war dem durchtrainierten Alten zu steil. Mit Sonnenbrand und Muskelkater lagen die Opfer seiner Überredungskunst Tage später noch schlapp auf ihren Liegestühlen, während Keller gut gelaunt Scharen neu eingetroffener Gäste zum Turnen auf eine nahe Alp hinaufführte.

Ein Kurgast, der sich diesem Stress konsequent entzog, war Ruth Dreifuss schon vorher als Ausnahmeerscheinung aufgefallen. Er gehörte in ihrer Einschätzung zu den raren Gästen, die etwas mehr als »ewige Urlauber« darstellten, ja er schien nicht einmal Ferien zu machen in Cademario und unterschied sich von den anderen auch darin, dass er immer in abgewetzten Kleidern herumlief. Sie schätzte ihn auf dreißig bis fünfunddreißig Jahre; er hieß Giulio Seniga und war Italiener.

Der Mann machte nicht etwa einen unsportlichen Eindruck. Seine ausgedehnten Spaziergänge in der Umgebung von Cademario bewiesen vielmehr, dass er nicht bewegungsscheu, sondern ungesellig war. Ruth Dreifuss hatte ihn auf ihren eigenen Wanderungen mehrmals von weitem beobachtet.

Eines Tages trafen sie sich.

Sein Italienisch konnte sie nur mit Mühe verstehen, so viel aber begriff sie: Dass er in Italien Sekretär eines hohen Funktionärs der kommunistischen Partei gewesen war und mit der KPI gebrochen hatte, weil die Spitzen der Partei, diese »Vollstrecker der stalinistischen Politik«, wie er sagte, die wahren kommunistischen Ideale verraten hätten.

Die Leidenschaftlichkeit, mit der er diese Ideale schilderte, versetzte Ruth Dreifuss in Erstaunen. Für ihren Vater war der Kommunismus immer ein Schreckgespenst gewesen. Nun stand jenem unverrückbaren väterlichen Urteil der Standpunkt eines Mannes gegenüber, der nicht weniger energisch für das *Heil* plädierte, das der Kommunismus über die Menschheit bringen könnte. Dafür war sie Giulio Seniga dankbar – nicht weil seine Sicht überzeugender gewesen wäre als die entgegengesetzte Haltung ihres Vaters, sondern weil es Ruth Dreifuss nun leichter fiel, sich in Freiheit eine eigene Meinung zu bilden.

Doch was, fragte sie sich, trieb Giulio dazu, ihr Verständnis zu erbetteln? Was war mit ihm los, dass er so einsam und rastlos tagelang durch die Gegend marschierte? Warum war er spürbar niedergeschlagen, als litte er unter einem schlechten Gewissen? Ruth Dreifuss fand es nicht heraus. Als er nach einigen Wochen abreiste, verschwand er für immer aus ihrem Leben. Sie behielt nur eine Fotografie von ihm, ein Buch, das er eigens für sie gekauft hatte in Lugano – John Reeds »Zehn Tage, die die Welt erschütterten« –, und die Erinnerung an mehrere gemeinsame Spaziergänge.

Jahre später erst sollte Ruth Dreifuss im Gespräch mit einer Genfer Kommunistin zufällig erfahren, dass Giulio Seniga aus Italien geflohen war und der Polizei zuvor noch Namenslisten und andere geheime Dokumente der KPI übergeben habe.

Die Information stimmte nur zum Teil. Giulio war tatsächlich in die Schweiz geflohen. Aber er hatte die Dokumente nicht der Polizei ausgehändigt. Er hatte sie mitlaufen lassen und irgendwo versteckt. Zusammen mit angeblich einer Million Dollar aus der Parteikasse.

Abgesehen davon entsprach auch der Eindruck seiner jungen Bekannten in Cademario, dass er sich »unter dem Gewicht der Gewissensbisse verzehre«, nicht der Realität; Seniga hielt im Gegenteil immer an seiner Unschuld fest. Und zwar öffentlich, wie in seinem 1961 erschienenen und 1980 wieder aufgelegten Buch »Togliatti e Stalin«, wo es hieß, seine »Aktion« als »Flucht mit der Kasse der KPI« oder als »Verrat« darzustellen, sei eine beleidigende Lüge.

In Wirklichkeit habe es sich dabei um eine bewusste Auflehnung unter jedem politischen und organisatorischen Gesichtspunkt gehandelt.

Im Tessiner Exil gründete Giulio Seniga eine autonome kommunistische Bewegung und den Verlag »Azione Commune«. Er verlegte Bücher, organisierte Kundgebungen und Gesprächsrunden, lebte seiner Umgebung den Kommunismus eines echten »puro e duro« vor, als wäre er Parteisekretär, und zahlte sich aus der entwendeten Kasse ein bescheidenes Gehalt aus.

All diese Einzelheiten erwähnte der seltsame Kurgast gegenüber Ruth Dreifuss damals mit keinem Wort. Doch so interessant ihr die Geheimniskrämerei rund um seine Person erschien – was sie weit mehr beeindruckte, waren Senigas Brandreden auf die Ausbeutung der Arbeiterklasse. In diesem Punkt war sie auch in etwa gleicher Meinung wie er, als sie im Frühjahr 1959 nach Genf zurückkehrte. Im Gegensatz zu Seniga brachte sie Marx allerdings nicht in Zusammenhang mit der russischen Revolution; sie interessierte sich vielmehr für die marxistische Kritik am Kapitalismus sowie die Analyse von Arbeit und Leben der Menschen am Beispiel der Verhältnisse im eigenen Land. Immerhin war sie selbst gleich am ersten Arbeitsplatz, zermürbt von der täglichen Erschöpfung und der aufgezwungenen Dienstfertigkeit, zum Opfer jener von Marx beschriebenen Entfremdung geworden – sogar sie, die ihre Freunde und Bekannten bis dahin immer durch ihr unerschütterliches Selbstbewusstsein verblüfft hatte. Wie verhängnisvoll musste sich der Entfremdungsprozess dann erst auf die »schwächsten Glieder der Gesellschaft« auswirken, die von klein auf nichts anderes gewohnt waren, als den Kopf einzuziehen und mehr schlecht als recht über die Runden zu kommen?

Wie geplant, absolvierte Ruth Dreifuss nun die Genfer Sozialarbeiterschule und einige Praktika. Dabei entdeckte sie nicht nur, dass in der Schweiz viele Menschen in Armut lebten und von der Gesellschaft ausgestoßen wurden, sondern auch, wie schlecht diese Gesellschaft in der Lage war, Armut und Ausgrenzung zu bekämpfen. So beschäftigte sich Dreifuss während eines Praktikums beispielsweise mit Kindern, die in Heimen platziert werden mussten. Beim Studium ihrer Dossiers sah sie, dass ihr kurzes Leben ihnen schon eine ganze Reihe von Niederlagen beschert hatte und mit der bevorstehenden Heimeinweisung in Kürze einen neuen Schlag versetzen würde.

Die Situation war Ruth Dreifuss unerträglich. Von einer kleinen Sozialarbeiterin aber konnte das Problem nicht gelöst werden. Es war Sache der Politik, solches Leid zu verhindern, brauchbare Institutionen zu schaffen und für die nötigen Gelder zu sorgen.

Dasselbe bei Familien in Notsituationen: Auch da fehlten soziale Einrichtungen, die das Leben der Menschen erleichtert hätten. Schwierige Wohnverhältnisse etwa führten fast unweigerlich zu familiären Konflikten, als Folge davon häufig zu vormundschaftlichen Eingriffen in die Familien bis hin zu psychiatrischen Maßnahmen oder Freiheitsentzug.

Als 20-jährige, in der Ausbildung zur Sozialarbeiterin

187

Ruth Dreifuss hatte so viel Mitleid mit den Leuten, die in diese Mühlen gerieten, dass sie sich eine Zeit lang völlig überrollt fühlte. Und sie litt noch mehr, als sie im zweiten Studienjahr, um sich finanziell über Wasser zu halten, bei einer Volkszählung mitarbeitete und Einblick in die Lebensverhältnisse von Ausländerinnen und Ausländern in der Schweiz erhielt. Dabei lernte sie Menschen kennen, die zusammengepfercht in einem Keller wohnten; sechzig Pritschen, je zwei übereinander, waren da unten aufgestellt. Andere Leute hausten in einer stillgelegten Tiefkühlanlage. Zwei Paare teilten sich ein großes Bett in einem Gartenhäuschen. Die Not, die sie an vielen Orten antraf, schockierte Ruth Dreifuss zutiefst.

Wollte sie diesen Menschen als Sozialarbeiterin helfen, so viel war ihr bereits klar geworden, würde sie gezwungenermaßen hier und da herumdoktern und »Fälle bearbeiten«. Um die Missstände an der Wurzel anzupacken und tief greifende Veränderungen herbeizuführen, musste sie sich jedoch politisch engagieren, und zwar *für eine sozialistische Politik, die den kleinen Leuten half, den Service Public ausbaute, öffentliche Einrichtungen schuf, eine bestimmte Anzahl konkreter Probleme, die den Menschen zu schaffen machten, auf Dauer zu beseitigen versuchte.*

Dass auch politische Weichenstellungen nicht jede gesellschaftliche Malaise richten könnten, war Ruth Dreifuss bewusst. Lösungen, die nur gut waren, gab es wohl nicht. Trotzdem musste die Politik nach ihrer Überzeugung *auf pragmatische, offene und ehrliche Weise Verantwortung wahrnehmen.* Diesem moralischen Anspruch wollte sie persönlich gerecht werden. Gegen alle Schwierigkeiten wenigstens versuchen, Versprechen auch einzulösen. Zugeben, dass bestimmte Lösungen ihre Nachteile hatten. Vor allem aber: Die Folgen der Dinge an den Zerbrechlichsten der Gesellschaft bemessen.

Meine Haltung, so Ruth Dreifuss, *ist eine vom sozialistischen Gedankengut geprägte Moral des Ausgleichs. Ich fühlte mich den Zerbrechlichen immer mehr verpflichtet als allen anderen. Moral hat für mich mit Menschenwürde, Menschenrechten und Frieden zu tun. Menschen dürfen niemals zu Sachen entwürdigt werden.*

Geschah das trotzdem, hätte Ruth Dreifuss am liebsten dreingeschlagen vor Zorn. Aber sie beherrschte sich; Selbstbeherrschung hielt sie für eine Form von Höflichkeit.

Tatsächlich überstand sie die beiden Jahre an der Genfer Sozialarbeiterschule nur, weil sie sich an der Universität öfters in Psychiatrie- und Philosophievorlesungen einschlich. Jeanne Hersch beispielsweise hörte sie regelmäßig. Außerdem besuchte sie immer die Rencontres Internationales de Genève.

Das tat auch Jeanne Hersch, die sich bei den öffentlichen Diskussionen dieser Zusammenkünfte hin und wieder mit scharfen Attacken zu Wort meldete und damit zumindest eine Störung der tiefen Andacht erreichte. Das konnte diesem Genfer Symposium, das seit 1946 jeden Herbst während rund zehn Tagen durchgeführt wurde, nicht schaden: In den Zuschauerrängen die Westschweizer Intelligenzija, vorn die Runde der Weisen aus dem In- und Ausland – Wissenschafter, Politiker, Theologen, Schriftsteller, Persönlichkeiten von moralischem Gewicht –, alle manifestierten sie ihre Bereitschaft, gemeinsam über Probleme nachzudenken, die zum Handeln aufriefen oder immerhin nicht vergessen werden durften. Da ihr Anspruch aber explizit »bescheiden« war, wurden zum Schluss nicht etwa Forderungen ausgesprochen oder Resolutionen verabschiedet. Die Rencontres stellten »nur« ein Forum dar, wo die gegensätzlichsten Haltungen, in überaus freundliche Worte gekleidet, aufeinander prallten, in Frage gestellt und verteidigt wurden.

Dennoch waren die Rencontres als Beitrag zu einer differenzierten Meinungsbildung sehr wichtig, und dass sie von Ruth Dreifuss ernst genommen wurden, dafür sorgten die jeweiligen Schwerpunktthemen der Symposien, die nicht selten genau mit den Problemkreisen übereinstimmten, welche auch sie gerade am meisten beschäftigten: 1959 beispielsweise, ein halbes Jahr, nachdem sie sich mit Giulio Seniga eingehend darüber unterhalten hatte, lautete das Diskussionsthema »Mensch und Arbeit«; oder »Hunger« im darauf folgenden Jahr, als sie, befremdet vom eng begrenzten Handlungsspielraum der Sozialarbeit, mit dem Gedanken spielte, vielleicht doch lieber ihren alten Traum wahr zu machen und sich in einer entlegenen Gegend der Dritten Welt für bessere Lebensbedingungen einzusetzen.

Eine Schülerin, die so ernsthaft an politischen Fragen interessiert war, konnte der Aufmerksamkeit der Schulleitung nicht entgehen. Sicher nicht einer Direktorin namens Jacqueline Wavre, die auch sozialdemokratische Politikerin und Frauenrechtlerin war. Also bestellte sie Ruth Dreifuss eines Tages in die Sprechstunde, um ihr zu sagen, dass eine brillante Schülerin wie sie mehr aus ihren Fähigkeiten herausholen, die Matura und ein Hochschulstudium machen sollte.

Und fast zu gleicher Zeit wurde eine andere Genfer Sozialdemokratin auf Ruth Dreifuss aufmerksam. Ihre wohlwollende Einschätzung teilte sie nicht Dreifuss selbst mit, sondern Charles-Henri Barbier, dem Chefredakteur der dreisprachig erscheinenden Konsumgenossenschafts-Zeitung in Basel.

Die Frau, die Barbier zu einer neuen Redakteurin verhalf und Ruth Dreifuss eine Alternative zur Sozialarbeit eröffnete, war Jeanne Hersch.

12 *Ich hatte Ruth Dreifuss nie wahrgenommen in meinen Vorlesungen,* erzählte die hochbetagte Philosophin in ihrer gewohnt energischen Art. *Einmal aber stellte eine junge Frau in der anschließenden Diskussion eine frappierend intelligente Frage, die erkennen ließ, dass die Studentin das Wesentliche der Sache genau verstanden hatte.*

Auf dem Heimweg fragte ich die Italienerin, die damals für mich arbeitete und an dem Abend zur Vorlesung mitgekommen war, ob sie diese gescheite Frage bemerkt hätte. Sie erinnerte sich nicht speziell daran.

Ein paar Tage später traf ich Charles-Henri Barbier; er suchte verzweifelt eine neue Mitarbeiterin für die französischsprachige Ausgabe der »Coop-Zeitung« und fragte mich, ob ich ihm vielleicht eine intelligente und tüchtige Person empfehlen könnte. Wen sollte ich ihm schon nennen, ich hatte keine Ahnung. Da erinnerte mich meine Haushälterin an jene Studentin, die mich kürzlich so beeindruckt hätte. Das fand ich sehr gut – nur kannte ich die Frau nicht. Also beschrieb ich sie verschiedenen Leuten, die in der Vorlesung gewesen waren, und fand so ihren Namen heraus.

Das war ihr Steigbügel. Von dem Moment an, schloss Jeanne Hersch, *hat Ruth Dreifuss es geschafft, ihren Weg zur Spitze kontinuierlich zu verfolgen.*

Dass sie so plötzlich Redakteurin geworden sei, sagte Dreifuss später, sei so etwas wie ein Unfall in ihrer Geschichte gewesen, da sie den Schritt ja nicht geplant habe. Und sie fügte hinzu: *Etwas Ähnliches sollte mir nur noch einmal passieren: im März 1993. – Übrigens fand Jeanne Hersch viele ihrer Studentinnen wohl einfach zu gut oder zu schlecht für einen solchen Job. Deshalb kam sie wahrscheinlich auf die Idee, man könnte es ja mit mir versuchen.*

Jedenfalls überzeugte Ruth Dreifuss in ihrem Vorstellungsgespräch in Basel, obwohl sie keinerlei journalistische Berufserfahrung vorweisen konnte. Und nach der ersten Fühlungnahme mit Charles-Henri Barbier und ihrem direkten Vorgesetzten Eric Descoeudres wusste sie auch, dass sie ihren Idealen bald ein gutes Stück näher kommen würde: Barbier, ein hochgebildeter Intellektueller französischer Prägung, war konsequenter Verfechter der Frauenemanzipation und der Genossenschaftsbewegung sowie unermüdlicher Kämpfer für die Sache der Dritten Welt. Descoeudres hing als Antikolonialist und überzeugter Pazifist der Idee des gewaltlosen Widerstands an. – Politische Haltungen, die im Klima des Kalten Krieges unweigerlich Vorurteile hervorriefen. »Coopération«, hieß es folglich, sei eine schweizerische »Huma«: eine kleine Schwester der kommunistischen französischen Tageszeitung »Humanité«.

Ruth Dreifuss bezeichnete den Wechsel in den Journalismus später als Beginn einer »Lehre«. Dass sie damit nicht den handwerklichen Aspekt des Métiers meinte, lässt sich leicht nachprüfen beim Durchblättern der mehr als hundertfünfzig »Coopération«-Ausgaben, die sie mitgestaltet hat.

Wenn man das Gesicht eines Erwachsenen mit jenem auf der Fotografie aus Kindheitstagen vergleicht, sagte sie im Gespräch mit einem Journalisten einmal, *staunt man immer, bestimmte Züge wiederzuerkennen. Umgekehrt könnte man anhand des Kinderfotos niemals erraten, wie der Erwachsene einst aussehen wird. Bei mir und meiner beruflichen Laufbahn war es genauso: In meiner Jugendzeit standen mir viele verschiedene Wege offen. Erst jetzt erkenne ich rückblickend einen gewissen Zusammenhang.*

Schaut man sich aber die Artikel an, die sie während ihrer »Lehrzeit« von April 1961 bis Dezember 1964 schrieb, drängt sich sofort ein Gedanke auf: Wer so leidenschaftlich politisch Stellung bezieht, wird es nicht lassen können, eines Tages direkt in die Politik einzugreifen.

Die Zeitung des Verbands Schweizerischer Konsumvereine erschien wie erwähnt dreisprachig: als »Genossenschaft«, »Cooperazione« und »Coopération«. Ugo Frey, ein Tessiner, der sechs Jahre zuvor die Redaktion von »Cooperazione« übernommen hatte, erinnerte sich vierzig Jahre später lachend an die damaligen Arbeitsverhältnisse: *Meine Büroausstattung bestand aus Tisch, Stuhl und Bleistiften – ein Telefon und eine Schreibmaschine suchte ich vergeblich. Unser Oberboss Barbier arbeitete selbst in so einem Loch, dafür war das Treppenhaus gebohnert, dass man fast ausrutschte. Wir waren miserabel entlöhnt; nur Auflage und Beachtung unserer Zeitungen stiegen kontinuierlich. 1961 erschien die »Genossenschaft« in etwa 550 000 Ausgaben; sie war leicht moralistisch nach meinem Geschmack. »Cooperazione« hatte eine Auflage von rund 25 000, »Coopération« von 160 000 Exemplaren. Frieden, weltumspannende Brüderlichkeit und Zusammenarbeit waren das Motto von »Coopération«, das ich manchmal naiv fand und trotzdem ein bisschen in der »Cooperazione« imitierte.*

Immerhin hatten die Mitarbeiter, obschon die äußeren Bedingungen zu wünschen übrig ließen, freie Hand in der Themenwahl, weil sich Barbier für alles interessierte. Nur den Redaktionskleinkram schob er laut Frey immer von sich mit den Worten: »*Das werden wir später anschauen.*« Schwierig war für die Redakteure aber vor allem die konstante Überforderung; außer der Zeitungsarbeit hielten sie alle möglichen Veranstaltungen auf Trab, wo sie als PR-Leute über die wirtschaftliche Entwicklung der Genossenschaften, Jahresbilanzen und dergleichen reden mussten. Descoeudres brauchte dringend Hilfe.

Und auf einmal, fährt Ugo Frey fort, *sitzt diese Mädchengestalt an unserm Sitzungstisch, dunkel gekleidet, ziemlich schlank, wenn ich mich richtig erinnere, mit einem Chignon auf dem Kopf. Sie blickt ein bisschen eingeschüchtert auf das schmutzige grüne Tischtuch voller Brandlöcher. Barbier rauchte, ich rauchte, Aldo Dami, Redakteur der internen Zeitung »Coopérateur suisse«, ein intellektueller Clochard, halb taub, aber ein kluger Kopf, war starker Zigarrenraucher, und Mademoiselle Dreifuss sitzt vor dem grünen Tuch mit den eingebrannten Löchern und blickt mit dunklen Augen auf diese qualmende Männergesellschaft. Unsere neue Redakteurin. Sie sagte nicht viel. Sie musste erst lernen, was Blei ist, was Schreiben, Redigieren heißt.*

Aber sie begann schnell zu reden und zu schreiben.

Die Tessinerin Francesca Snozzi hatte ihre Stelle nur wenige Monate vor Ruth angetreten. Damals war sie Ugo Freys Sekretärin; es dauerte Jahre, bis auch sie Redakteurin wurde. Weil sie in dem alten Haus an der Tellstraße alle auf demselben Stockwerk arbeiteten, lernte sie Ruth Dreifuss bald näher kennen.

Ich erinnere mich, erzählt Francesca Snozzi, *wie beeindruckt ich war, als sie die ersten Artikel schrieb und gleich auch Interviews und Reportagen machen wollte. Ruth konnte überall mitreden und übernahm ohne Zögern jede Aufgabe, die man ihr stellte. Sie war voller Ideen, erzählte viel, überzeugte durch ihre selbstbewusste Lebhaftigkeit. Sie wurde von allen Redakteuren, Coop-Direktoren und Verwaltungsräten sehr geschätzt als intelligente, hübsche junge Frau. Ruth stellte mehr dar als andere, aber sie wollte auch mehr, das spürte man.*

Als Francesca Snozzi wenig später für ihre kleine Wohnung die Kündigung erhielt, nahm Ruth Dreifuss sie für einige Zeit in ihrem Mansardenzimmer auf. Später konnte sie im selben Haus in der Güterstraße 126 Ruths Nachbarzimmer mieten.

Die beiden jungen Frauen lebten ganz einfach; hatten nicht viel Geld, arbeiteten von morgens bis abends, bereiteten sich nach Feierabend auf einer Rechaudplatte etwas Kleines zu und setzten sich zum Essen auf den Balkon, wenn das Wetter gut war. Der Gesprächsstoff ging ihnen nie aus: *Meistens*, erinnert sich Francesca Snozzi, *schwatzten wir bis in die Nacht hinein, jede in ihrer Sprache. So lernten wir unter viel Gelächter voneinander französisch beziehungsweise italienisch.*

Ruth las immer, ein Buch nach dem andern: Romane, Essays, viele Gedichte von Rimbaud, Verlaine, Baudelaire ... Ich lernte sehr viel von ihr. Noch mehr beschäftigte sie in unsern Gesprächen aber etwas, das mich bis dahin nie besonders interessiert hatte: Ruth brachte mir die Dritte Welt nahe. Darüber redeten wir jeden Tag.

Journalistin Ruth Dreifuss auf Redaktionsausflug

»Geschichte von Dahomey. Vom Sklavenhandel zur politischen Unabhängigkeit« – diesem Thema widmete Ruth Dreifuss am 22. April 1961, drei Wochen nach ihrem Stellenantritt, denn auch ihren ersten großen Artikel in der »Coopération«.

Ugo Frey: *Barbier war völlig absorbiert von der Drittweltproblematik. Unsere Zeitungen enthielten seitenlange Artikel und Reportagen über alle diese Entwicklungsländer. Dahomey, das heutige Benin, hatte es ihm besonders angetan. Nach einer Reise vor Ort startete er in Basel ein Hilfsprojekt: Die Schweizer Genossenschaftsbewegung sollte das Patronat für die Entwicklungszusammenarbeit mit Dahomey übernehmen. Von da an ließ uns Barbier keine Ruhe mehr.*

Alle Coop-Angestellten wurden gebeten, einen Teil ihres Lohns zu spenden für diese Aktion. Ruth Dreifuss war nach Freys Erinnerung *so fasziniert davon, dass sie bestimmt mehr als ein ganzes Tagessalär opferte. Dann begann Barbier über Dahomey zu schreiben, nacheinander mindestens vierzehn Artikel, die wir auch auf italienisch und deutsch übersetzen und in unsern Blättern abdrucken mussten. Er plante noch einmal so viele Artikel über die Frauen von Dahomey – die kamen gottlob nicht zustande, ich konnte einfach nicht mehr.*

Ruth fand Barbier zweifellos ganz formidabel. Sie stand unter seinem Einfluss und entwickelte sich dabei wie ein Schmetterling.

Das stritt sie später – bei aller Reserviertheit gegenüber Freys blumigen Geschichten – nicht ab. Ebenso wichtig war für sie aber Eric Descoeudres, der sie in die Redaktionsarbeit einführte und wie Barbier als Gesprächspartnerin von Anfang an sehr ernst nahm.

Wenn es wahr ist, was Ugo Frey über Barbier erzählt, war der *ein schauriger Wolf, einer, der die Frauen mit seinem gelben Krokodilblick in einer gewissen Weise an-*

schaute. Frey hatte ein Auge für diese Dinge, weil er selbst die Frauen liebte. Doch über Descoeudres wüsste er nichts Ähnliches zu berichten. In seinem Urteil war der schmallippige, hagere Mann mit dem nachdenklichen Gesichtsausdruck *ein feiner, geistreicher, toller Mensch.*

Für den Schriftsetzer Ruggero Filannino stellte Descoeudres *ein Vorbild* dar. *Er redete nicht bloß über Gewaltlosigkeit,* erklärt Filannino, *er war in seiner ganzen Persönlichkeit und Lebensweise eine Art Ghandi.*

Descoeudres kam regelmäßig in die Druckerei, um mit ihm das Layout zu besprechen. *Eines Tages,* erinnert sich Ruggero Filannino, *sagte er zu mir: Monsieur Filannino, unsere Redaktion hat sich von einem Tag auf den andern verdoppelt. In Zukunft wird außer mir auch Mademoiselle Dreifuss mit unseren Artikeln zu Ihnen kommen.*

Als Ruth dann zum ersten Mal vor mir stand, war ich perplex, weil sie aussah wie eine Gymnasiastin. Ich ahnte nicht, dass sie schon so reif war, so viel wusste und so scharf analysieren und argumentieren konnte. Bald merkte ich auch, wie zuverlässig, offen, intuitiv und begeisterungsfähig sie war.

Anders als freundlich erlebte ich sie nie. Für Gestaltung und Produktion der Zeitung war es sehr wichtig, dass sich Redakteur und Metteur ohne langes Hin und Her verstanden; Ruth und ich arbeiteten immer mit Freude an der Sache und gegenseitigem Respekt zusammen. Aber ich gebe zu: Anfangs hielt ich es für ganz unmöglich, dass eine Person in ihrem Alter so selbstsicher – nicht frech, sicher! – sein könnte.

Nach ihrem Artikel über Dahomey – das sie journalistisch erst im folgenden Jahr wieder beschäftigen sollte, als Barbiers Genossenschafts-Hilfsprojekt anlief – schrieb Ruth Dreifuss vorwiegend Inlandgeschichten. Egal, ob sie über eine private Genfer Hilfsorganisation berichtete, welche die

Vormundschaftsbehörde bei der Unterbringung und Betreuung von Heimkindern unterstützte, ob sie den Landdienst junger Genossenschafter auf einer Davoser Alp oder einen Besuch beim Schweizer Filmarchiv in Lausanne beschrieb – eine ganze Zeitungsseite füllte sie jedes Mal.

»Coopération«-Redakteurin Dreifuss mit weiteren Angestellten des Hauses

Die Anfängerin im Journalismus merkte man ihrem altklugen und leicht schulmeisterlichen Stil nicht an. Und weil ihr die Leidenschaft für dieses *tolle Metier* letztlich jedes Thema spannend erscheinen ließ, zögerte sie zwischendurch auch nicht, Leserbriefe mit veritablen kleinen Artikeln zu beantworten. Selbst wenn sie dabei die Fabrikation des Camembertkäses beschreiben musste.

Ugo Frey schaute der jungen Kollegin, im Gegensatz zu allen anderen, lange Zeit mit einer gewissen Skepsis bei der Arbeit zu. Respekt und sogar ein bisschen Bewunderung brachte er ihr erst entgegen, als sie sich wieder einmal für ihr bevorzugtes Thema ins Zeug legen durfte.

Ahnungslos betrat ich ihr Büro, erzählt Ugo Frey, *und hörte, wie sie soeben ins Diktaphon sagte: Ich denke, dass das Problem der unterentwickelten Länder... – Was tust du? fragte ich. Ohne sich weiter stören zu lassen, sagte sie nur schnell, als wäre es überhaupt nichts Besonderes: Barbier hat mich beauftragt, an seiner Stelle an der Universität Fribourg einen Vortrag über Unterentwicklung zu halten.*

Ihr Pult war übersät mit Papieren und Büchern zum Thema – die Dahomey-Geschichte schwebte damals ohnehin schon über uns wie ein Schwert. Aber dass sie sich gleich einen Universitätsvortrag zutraute, schien mir ein starkes Stück. Was heißt das, sagte ich, was du soeben diktiert hast: »*Ich denke, dass das Problem der unterentwickelten Länder und so weiter und so fort*«? – *Denkst du, oder weißt du es auch? Bist du überhaupt genügend im Bild?*

Ähnlich überrascht reagierte Francesca Snozzi: *Bist du verrückt? sagte ich zu ihr. Das ist eine Universität, wo du reden sollst! – Ich fand es fast unanständig von ihr, so etwas anzunehmen; außerdem blieb ihr zur Vorbereitung nicht mehr Zeit als eine halbe Woche.*

Ugo Frey: *Ruth ließ sich nicht beeindrucken von uns, schrieb allen Warnungen zum Trotz ihren Vortrag – und brillierte damit. Barbier erhielt großartige Reaktionen aus Fribourg. Man muss sich das vorstellen: Ruth war damals wenig älter als zwanzig!*

Abgesehen davon konnte sie auch mit negativer Kritik durchaus humorvoll oder selbstironisch umgehen. Das schloss Frey aus der Tatsache, dass sie einen ihrer Artikel an der Innenseite der Bürotür aufhängte, vollgekritzelt mit Anstreichungen, Fragezeichen und Kommentaren ihrer Genfer Freunde, denen sie den Text zur Beurteilung vorgelegt hatte.

Nur auf Kritik von mir, sagt Ugo, *reagierte sie mitunter recht sensibel. Vielleicht war ich ein bisschen brutal, so bin ich manchmal: angriffig, spöttisch, ja böse. Jedenfalls hatten Ruth und ich mehrere scharfe Auseinandersetzungen. Dabei wurde sie bleich wie ein Tuch, ihre Augen blitzten wie Dolche, und es blieb mir nichts anderes übrig, als den Mund zu halten und sofort ihr Büro zu verlassen.*

Im Allgemeinen war ihre Beziehung jedoch kollegial, und Frey ließ keinen Zweifel an seiner »stillen« Bewunderung für die attraktive junge Kollegin.

Dass Ruth Dreifuss *ihre Wirkung auf Männer auch genoss*, entsprach im Übrigen einer Beobachtung, die ihre Zimmernachbarin Snozzi nicht selten machte: *Sie war eine außergewöhnliche junge Frau, voll überschäumender Kraft, wie ein Vulkan. Ich selbst hatte sehr viel weniger solche Erfolge, aber das trübte unsere Beziehung nicht. Ich sah keinen Grund zur Eifersucht – war ja auch neun Jahre älter als Ruth und bereits ein bisschen gesetzt.*

Neben diesem »Vulkan« zu leben ging ihr nie auf die Nerven. Im Gegenteil: Francesca mochte ihre Kollegin gerade, weil sie so intensiv war und ihre Gefühle spontan ausdrücken konnte. Nicht zuletzt die liebevolle, treue Verbundenheit, mit der Ruth Dreifuss ihrer Meinung nach *großes Talent zur Freundin bewies.*

So hatte sie in Basel auch schon bald neue Freundinnen und Freunde gefunden, erinnert sich Francesca Snozzi, *die sie regelmäßig zum Essen nach Hause einlud.*

13 Die übermütige Lust am neuen Leben sollte sie nicht eben lange beflügeln. Ruth Dreifuss hatte in Basel erst richtig Fuß gefasst, als sie in ihrer Freizeit plötzlich wieder regelmäßig nach Genf zurückkehren musste.

Jeanne war in den Sommerferien bei einer Bergwanderung gestürzt. Wochen später hatte sie noch immer starke Hüftschmerzen; sie nannte ihr Leiden inzwischen Rheuma.

Dann machte man Röntgenaufnahmen, berichtet Jean Jacques Dreifuss, *und entdeckte dabei Metastasen eines Krebses. Die Biopsie zeigte, dass es ein bösartiger Tumor war, doch die Ärzte sagten ihr das nicht. Sie rieten zu einem operativen Eingriff. Ich stand kurz vor dem Staatsexamen und assistierte bei der Operation. Man sah sofort, dass sie so viele Metastasen in der Leber hatte, dass jede Hilfe zu spät kam.*

Seine Schwester unterrichtete er davon während einer gemeinsamen Fahrt nach Lausanne. *Als ich realisierte, was das hieß*, so beschrieb sie jenen Moment Jahre später, *spürte ich neben der Trauer über den nahen Tod der Mutter plötzlich die Nachhaltigkeit der Natur: Das Licht über der Landschaft schien auf einmal ganz intensiv zu leuchten.*

Gleichzeitig wurde mir klar, wie schwierig es sein würde, über den Tod zu reden. Wir waren so jung und unerfahren; wie sollten wir mit unserer Mutter teilen, was wir wussten?

Jean Jacques Dreifuss war unfähig, offen mit Jeanne zu sprechen nach ihrer Entlassung aus dem Spital. Er spielte alles herunter – auch gegenüber Henri, ihrem Bruder, dem sie immer sehr nahe gestanden war. Er und seine Frau hatten die Sommerferien mit ihr verbracht, sie wollten wissen, ob es Jeanne besser ginge nach ihrem Unfall. Jean Jacques aber hatte nicht den Mut, sie aufzuklären. Er wollte sie schonen. Was Jeanne selbst inzwischen ahnte oder wusste, verschwieg auch sie.

Eine amerikanische Stiftung hatte Jean Jacques bereits ein Stipendium zugesprochen; nach dem Staatsexamen sollte er an einer kalifornischen Universität in der Hirnforschung arbeiten. Dreifuss meldete sich ab und suchte sofort eine Stelle in Genf. Sein Physiologieprofessor konnte ihn frühestens ab Herbst 1962 beschäftigen. So kam es, dass er in der Zwischenzeit während einiger Monate zum ersten und letzten Mal in seiner beruflichen Laufbahn praktizierender Arzt war: in der Klinik Beau-Séjour, wo seine Mutter zuletzt gepflegt werden sollte.

Dass sie nicht mehr arbeiten konnte, machte Jeanne Dreifuss am meisten zu schaffen. *Und sie schämte sich geradezu,* erinnert sich May Lichtenstein, *vom Rescue Committee einen Lohn zu beziehen, ohne etwas dafür geleistet zu haben. Das ließ ihre Bescheidenheit fast nicht zu.*

Jeanne war es nicht gewohnt, zu Hause herumzuliegen. Seit Sidneys Tod hatte sie so hart gearbeitet, dass es ihr schwer fiel, sich innerlich von Pflichten und Aufgaben zu lösen. Wie sollte sie die Hände in den Schoß legen, wenn der Kopf nicht zur Ruhe kam? Wie die Stille ertragen, Stunde um Stunde, Tag für Tag?

Ruth war in Basel; vorläufig konnte sie nur über das Wochenende nach Genf kommen. Jean Jacques schaute täglich nach der Patientin, doch er musste auch seine Prüfungen vorbereiten. Glücklicherweise bekam Jeanne ab und zu Besuch von guten Freundinnen und einer Frau, die seit einigen Jahren zu ihren treuesten Helferinnen gehörte: Victoria Tonus.

Ich lernte Familie Dreifuss kennen, erklärt Victoria einleitend, *als ich mich 1958 auf Jeannes Zeitungsinserat meldete.*

Victoria Tonus kann kaum stillsitzen. Sie fuchtelt mit den Händen, spricht rasend schnell und würzt jeden zweiten Satz mit Slang- und Kraftausdrücken. Sie ist eine Frau, die noch im Alter von über sechzig Jahren auf meterhohe Leitern klettert, wenn die Zimmerwände bis unter die Dachbalken einen neuen Anstrich benötigen. Sie hat ihr Leben lang jede Arbeit angepackt, weiß mit jedem Werkzeug umzugehen. Nur mit der Trauer ist sie nie zu Rande gekommen.

Madame Dreifuss, erzählt sie also, *suchte eine Putzfrau. Zu jener Zeit konnte mein erster Sohn noch nicht mal krabbeln, ich musste ihn überallhin mitschleppen, weil ich ein Dutzend fremder Haushalte besorgte. Wir wohnten in einem alten Haus in La Plaine und hatten einen riesigen Gemüsegarten, Sie können sich denken, was für ein Höllenkrampf all das zusammen war.*

Ob ich den Haushalt von Madame Dreifuss bekommen würde – meinen vierzehnten – bezweifelte ich allerdings. Ich war soeben mit frisch gefärbtem knallrotem Haar aus Italien zurückgekommen, hatte in meiner Heimat Bergamo wieder mal Ferien gemacht und den Coiffeur besucht, das Resultat der Verschönerung war grauenhaft.

Mein Kopf macht Ihnen vielleicht einen ungünstigen Eindruck, sagte ich zu Madame Dreifuss, aber putzen kann ich trotzdem. – Wo denken Sie hin, sagte sie. Wenn es Ihnen recht ist, können Sie gleich heute mit der Arbeit beginnen.

Das war der Anfang einer tollen Freundschaft. Jeanne war wie eine Mutter zu mir, ich liebte sie von ganzem Herzen. Ich gehörte zu ihrer Familie, so wie Jeanne, Ruth und Jean Jacques zu mir und meinem Leben gehörten.

In den ersten Jahren sah ich sie meistens nur kurz, wenn ich zweimal pro Woche mittags bei ihr eintraf. Sie musste gleich arbeiten gehen, und wenn sie zurückkam, war ich schon wieder auf dem Sprung. Doch während ich noch die schmutzige Wäsche einpackte, plauderten wir ein bisschen. So erfuhr ich mit der Zeit, was für ein Mensch sie war. Über sich selbst redete Jeanne nie. Sie beschäftigte sich nur mit den Problemen ihres Alltags und mit den Kindern. Sie wollte, dass Ruth und Jean Jacques sich verwirklichen könnten. Das war ihr einziges und höchstes Ziel. Dafür schuftete sie Tag und Nacht.

Gott, wie stolz sie auf Jean Jacques war! Sie hatte aber auch Grund dazu: Er war so ein lieber Kerl! Manchmal, wenn ich den Haushalt erst abends machen konnte, kümmerte er sich um meinen kleinen Jean-Marc, der auf einer Decke am Boden lag und herumzappelte.

Jeanne war so gut zu ihren Kindern, sie erhob nie die Stimme, redete nie ungeduldig mit ihnen. Das einzige, was ihr Kummer bereitete, war Ruths Figur. Ich will nicht, sagte sie manchmal zu mir, dass Ruth so dick wird wie ich. Ruth soll eine schöne Frau sein, anders als ich. – Und wie ist ihre Tochter herausgekommen? Schaue ich Ruth heute an, sehe ich Jeanne vor mir: Dieselbe Figur, derselbe Gang, dieselben Bewegungen! Ruth spricht mit der gleichen warmen Stimme wie ihre Mutter, sie hat die gleiche zärtliche Art – sie ist Jeannes Ebenbild!

Nun gut: Als Jeanne krank wurde und wochenlang zu Hause war, hab' ich meine Arbeit immer besonders flink erledigt, damit noch Zeit für sie übrig blieb. Dann hab' ich Jeanne gepflegt, gewaschen und gekämmt.

Ein paar Monate vor ihrem Tod waren wir mal im Badezimmer. Sie schaute zu einer Wand hoch, wo ein Wasserschaden den Verputz aufgebläht und rissig gemacht hatte. Meine Krankheit, sagte sie, ist ganz genau so: Sie nimmt immer mehr Platz in Anspruch. – Aber nein, sagte ich, es wird sicher alles wieder gut werden.

Ich hätte nie geglaubt, dass es so schlimm um sie stand, niemals!

Jeanne Dreifuss wusste, dass sie bald sterben würde. Ihre Kinder bereiteten sich innerlich auf den Abschied vor. Aussprechen ließ es sich nicht. Vor Freundinnen konnte Jeanne ihre Sorgen und Ängste noch am ehesten zugeben. So wurde außer Victoria Tonus auch May Lichtenstein Zeugin einer erschütternden Szene, als sie Jeanne zu Jom Kippur 1961 besuchte. *Kantor Müller hatte ihr ein Gebetbuch aus der Synagoge gebracht,* berichtet May. *Als ich sie am Abend besuchte, war Jeanne ganz durcheinander. Wie sie wohl hoffen sollte, in das Buch des Lebens eingeschrieben zu werden, sagte sie weinend. Sie habe zu wenig gebetet, sei viel zu selten in der Synagoge gewesen. – Ich versuchte sie zu trösten, aber was kann man in einem solchen Moment schon sagen.*

Ruth Dreifuss machte tapfer ihre Arbeit, bis Eric Descoeudres sie ermutigte, öfter schon am Donnerstag für ein verlängertes Wochenende nach Genf zu fahren, um Jean Jacques in der Pflege der Mutter abzulösen. Und als sich Jeannes Zustand verschlechterte, offerierte Descoeudres ihr sogar, in Genf zu arbeiten und Post oder Telefon zu Hilfe zu nehmen für das Nötigste, um daneben so viel wie möglich bei der Mutter sein zu können.

In jener Zeit, erklärte Ruth Dreifuss später, *zwischen September 1961 und Juni 1962, wurde ich endgültig erwachsen. Für Jean Jacques waren jene Monate eine absolute Enttäuschung, weil er erkannte, dass die Medizin bestimmten Problemen völlig hilflos gegenübersteht. Ich aber war mir bewusst, was für ein riesiges Privileg es war, in Mutters letzten Lebenswochen an ihrer Seite zu sein. Ich spürte, dass ich die größte Verantwortlichkeit, die es gibt, auch wahrnehmen konnte. Die beiden letzten Monate mit ihr waren so voll, so zärtlich ...*

Im Mai musste Jeanne schließlich hospitalisiert werden. Jean Jacques Dreifuss arbeitete in der Klinik Beau-Séjour gerade auf der Abteilung, wo seine Mutter lag. Sein

Zimmer für die Nachtwache war ganz in der Nähe des ihren.

Wenn wir miteinander redeten, sagt er, hatte ich noch immer nicht den Mut, ihr die Wahrheit zu sagen. Ich sagte, es ginge besser. Aber es ging bergab.

Victoria Tonus war mit ihrem zweiten Kind schwanger, als sie Jeanne in der Klinik besuchte. *Sie freute sich so sehr,* sagt sie. *Jeanne redete mir und sich selbst gut zu: Mach dir keine Sorgen, alles wird gut. Wenn du dein Baby hast, wirst du mit beiden Kindern zu mir kommen, um den Haushalt zu machen, ich werde unterdessen auf sie aufpassen. Wir könnten zusammen auch mal etwas nähen für das Kleine ...*

Als ich in jener Woche mit Putzen fertig war an der Rue de Lausanne, brachte mich Jean Jacques wie immer im Auto nach Haus. Beim Abschied legte er mir beide Hände auf die Schultern und sagte: Victoria, meine Mutter ist verloren. – Wie kannst du das sagen, schrie ich. Du bist Arzt! Er antwortete: Eben deshalb muss ich es sagen.

Wir hielten uns aneinander fest und weinten sehr. Es war die Hölle.

Seit April war Ruth Dreifuss nur noch einmal wöchentlich zur Arbeit nach Basel gefahren. Nun verbrachte sie Tag und Nacht bei ihrer Mutter, um ihr zusammen mit Jean Jacques beizustehen. Ein paar Tage vor ihrem Tod klagte Jeanne, sie hätte so gerne noch alles in Ordnung gebracht. Es war das einzige Mal, dass sie in einer Andeutung über das bevorstehende Ende sprachen. Ihre Tochter antwortete, sie solle sich keine Sorgen machen. Alles sei in Ordnung.

Jeanne Dreifuss starb am 17. Juni 1962, 57-jährig, ebenso alt wie Sidney bei seinem Tod sechs Jahre zuvor.

In ihrem Nachlass fanden Ruth und Jean Jacques Dreifuss ein Kärtchen vom Sommer 1940: Auf der Vorderseite ein großes D als Kreis um die Initialen S und J, darunter jenes kleine Gedicht, das Sidney an den Anfang des Tagebuchs ihrer Hochzeitsreise gestellt hatte: »Zusammen wollen wandern / durchs ganze Leben wir, / auf Höhen und in Tälern, / denn ich gehör zu Dir.«

»Liebster«, hatte Jeanne in ihrer zierlichen Handschrift auf die Rückseite des Kärtchens geschrieben, »über fünf Jahre dauert sie nun schon, diese gemeinsame Wanderschaft. Da möcht' ich Dir vielmals danken für all' Deine Liebe und Fürsorge, Dein Verständnis und Deine Treue. Ich bin sehr glücklich mit Dir. Ganz fest drück' ich Dir die Hand auf weitere gute Kameradschaft. Wenn ich in die leuchtenden Äuglein unserer Kinder blicke, dann habe ich die schönste Bestätigung, dass unsere Liebe etwas Großes, Reines ist. Der liebe Gott wird uns sicher auch weiterhin in seinen Schutz nehmen. Auf Ihn und Dich vertraue ich. Dein Peter.«

14 Wer Pater Jean de la Croix Kaelin kannte, hätte nicht gestaunt, wenn er eines Tages verschwunden wäre: geschnappt von Polizisten der französischen Spionageabwehr, hinter Gitter gesteckt ... Im günstigsten Fall wäre er von den Franzosen wohl endgültig des Landes verwiesen worden.

Der Mann lebte in der Tat gefährlich. In seinem katholischen Studentenzentrum in Genf, wo auch Ruth und Jean Jacques Dreifuss regelmäßig verkehrten, hätte sich der Nachweis eines Delikts allerdings nicht erbringen lassen. Schließlich konnte man dem Dominikaner nicht verbieten, neben christlichen Studentinnen und Studenten auch Moslems, Juden, Buddhisten und Parsis zu betreuen in seinem Haus. Oder harmlose Vorträge zu veranstalten, die sich vor allem um ethische Fragen drehten: Grenzbereiche zwischen Wissenschaft, Philosophie und Theologie, »Vom Roboter zur Freiheit« und Ähnliches.

Dennoch hätte man bei ihm ein Corpus delicti gefunden, das er unentwegt zu subversiven politischen Aktivitäten benutzte – verbotenen Handlungen, die gravierend genug waren, um die diplomatischen Beziehungen zwischen Frankreich und der Schweiz empfindlich zu stören. Das Gerät stand vor seinem Haus: eine Vespa!

Auf diesem Motorrad schmuggelte der Geistliche immer wieder Leute über die Grenze bei Annemasse: Algerische Widerstandskämpfer und Franzosen, die nicht nach Algerien einrücken wollten oder soeben als Deserteure von dort herkamen.

Zweimal hätte ihm die französische Polizei beinahe das Handwerk gelegt. *Man wollte mich ausweisen,* erzählte Pater Kaelin milde lächelnd, *aber der Schweizer Botschaf-*

ter in Paris legte ein Wort für mich ein. Ich hatte nämlich auf die Bitte seiner Frau hin noch vor dem algerischen Krieg einmal eine gefährdete Algerierin über die Grenze in die Schweiz gebracht, eine Bekannte von ihnen. – So kam ich nochmals davon und konnte weiterhin zwischen Annemasse und dem Universitätszentrum in Genf hin- und herpendeln und Leute rüberbringen. Die meisten Zöllner kannten mich und nahmen es nicht so genau mit der Kontrolle.

Ende der Neunzigerjahre lebte der Mann, inzwischen rund 85-jährig, als Seelsorger in einem Innerschweizer Frauenkloster, und wenn er nicht gerade Messe las, Beichte abnahm oder weibliche Häftlinge aus Hindelbank betreute, die bei den Nonnen Urlaub machen durften – bisher sei noch keine Strafgefangene »richtig« getürmt, stellte er mit Genugtuung fest –, spielte er in seinem stillen Studierzimmer am liebsten Zither, die gemalten Engelsbilder im Loch unter den Saiten immer im konzentrierten Blick.

Ende der Fünfziger-, Anfang der Sechzigerjahre brachte er andere Saiten zum Klingen: in den jungen Menschen aus aller Welt, die in seinem Haus wohnten, arbeiteten, die Freizeit verbrachten und voneinander vor allem eines lernten: Toleranz gegenüber Andersdenkenden und Andersgläubigen.

Das Centre universitaire catholique war laut Ruth Dreifuss *eine Schule* für sie. *Und Pater Jean eine bedeutende, prägende Persönlichkeit, ja sogar ein Vorbild.*

In meinem Zentrum verkehrten viele algerische Me-dizinstudenten, so Pater Kaelin. *Wahrscheinlich kam ich durch sie dazu, in der nationalen algerischen Unabhängigkeitsbewegung mitzuarbeiten.*

Schade, was aus dem FLN geworden ist. Macht kann die Menschen verderben. In den Zeiten des Befreiungskampfes waren sie so rein. Für sie nahm ich die Gefahr gerne in Kauf. Einmal transportierte ich auf meiner Vespa einen Koffer mit einer Million Francs von einer Bank in Genf zu einer Person, die ich nicht kannte und nicht einmal sah; das Geld kam von Algeriern in Paris und sollte über ein Schweizer Konto zum FLN gelangen; ich hatte den Schlüssel zum Banksafe. Gütiger Gott, betete ich während der Fahrt, verhindere, dass ich jetzt einen Unfall habe!

Später fand ich einen Laien, der solche Dinge für mich erledigen konnte. Diese Aktivitäten waren ja doch eine brenzlige Sache für einen wie mich.

Abgesehen davon wussten praktisch alle Studenten in meinem Haus, auch jene, die politisch eher rechts standen, dass ich Leute über die Grenze brachte. Die meisten waren der gleichen Meinung wie ich: Algerien musste unabhängig werden.

Pater Kaelin konnte seinen Leuten vertrauen und offen reden. Andere Helfer – von denen es damals nicht wenige gab in Genf – mussten vorsichtiger sein. Von vielen ahnte man nicht einmal, dass auch sie den algerischen Widerstand aktiv unterstützten als »Kofferträger«, Fluchthelfer, Logisgeber oder anderweitige Mitarbeiter der geheimen »Netzwerke«.

Verschwiegenheit war oberstes Gebot, erklärt Isabelle Vichniac, eine russische Jüdin mit französischem Pass, die seit 1953 als Korrespondentin bei den Vereinten Nationen in Genf stationiert war und nebenbei für die algerische Unabhängigkeit fast alles machte, was man nicht durfte. Leidenschaftliche Antikolonialistin, geißelte sie in ihren Artikeln in »Le Monde« und anderen französischen Zeitungen die Gräuel des algerischen Krieges, Massaker, Folter, Konzentrationslager.

Das machte die Pariser Zensurbehörden auf sie aufmerksam – aber auch die »Frères« oder »Brüder«, wie die algerischen Rebellen genannt wurden. Wenig später zählten Isabelle und ihr Mann Génia – der Dichter mit dem

Künstlernamen Jacques Givet – zu den verlässlichsten Mit-kämpfern, die nicht bloß Leute schmuggelten, beherberg-ten und bei Freunden versteckten, sondern auch geheime Beziehungen zwischen der französischen und der proviso-rischen algerischen Regierung einfädelten.

Von der diskreten Mittlerfunktion der Vichniacs wuss-ten die Agenten des französischen Geheimdienstes nichts. Schlimm war, dass sie ein paar andere Dinge wussten und auf Schweizer Boden nichts dagegen unternehmen konn-ten. So schlichen sie täglich – stilecht wie die Helden eines drittklassigen Spionageromans in grauen Regenmänteln, Sonnenbrille auf der Nase, Zeitung unterm Arm – absolut machtlos um jenes Haus in einem verschlafenen Genfer Quartier herum, wo die Vichniacs regelmäßig polizeilich ge-suchte FLN-Leute und französische Deserteure oder Schwei-zer »Netzwerk«-Mitarbeiter aus ihrem großen Freundes-kreis empfingen.

Ruth Dreifuss hatte nichts mit unserm »Netzwerk« zu tun, berichtet Isabelle Vichniac. *Sie kam als Freundin zu uns. Wahrscheinlich hatte ich sie kennen gelernt, weil ich als freie Mitarbeiterin auch für »Coopération« schrieb. Ich erinnere mich, dass sie mir im ersten Moment sehr jung erschien für eine Redakteurin. Doch wir mochten uns so-fort, und ich lud sie nach Hause ein. Auch mein Mann und die Kinder nahmen sie freundschaftlich auf. Mein jüngster Sohn gab ihr gleich einen neuen Namen: Marie-Églantine; Marie stand für die Frau, Églantine für die Blume, denn es musste seiner Meinung nach ein poetischer Name sein. Ruth war eine blühende Frau, da hatte er recht. Und der Name blieb ihr, innerhalb des Vichniac-Zirkels nannten sie alle bloß Marie-Églantine.*

Sie kam dann öfter zum Essen, wir hatten immer viele interessante Leute an unserm Tisch: Journalisten, Funk-tionäre internationaler Organisationen, Politiker – und na-türlich auch FLN-Leute wie Francis Jeanson, der später in

Abwesenheit zu zehn Jahren Haft verurteilt wurde. Jeanson war ein brillanter Kopf, Philosoph, Sartre-Anhänger. Er kam zu uns Whisky trinken, essen, machte jungen Frauen den Hof, aber er gab mir nie Instruktionen für unser »Netzwerk«. Alles passierte sehr spontan, wir machten fortlaufend, was eben anfiel.

Nochmals: Ruth arbeitete nicht für uns; in dieser Beziehung hatten wir nichts miteinander zu tun. Man redete auch nicht über diese Dinge. Trotzdem war ich sicher, dass auch sie Leute über die Grenze brachte. Doch sie war die Letzte, die sich darüber ausgelassen hätte. Ruth wollte nicht die Heldin auf der Bühne spielen, das verbot ihr der Stolz. Ich wusste einfach, dass sie mitarbeitete. Wenn mir Leute eine bestimmte Helferin beschrieben, eine »dunkelhaarige, sehr ernsthafte, lustige junge Frau«, wusste ich sofort, wen sie meinten.

Ruth setzte sich immer für Gerechtigkeit und gegen den Krieg ein – wie Pater Kaelin, den ich als Unterstützer der algerischen Sache kannte.

Sie war eine große Kämpferin für die Dritte Welt. Nachdem die Details über den sowjetischen Gulag ans Licht gekommen waren, verloren viele junge Linke das Vertrauen in den Kommunismus, Ruth desgleichen. Doch es war ein Transfer, keine Richtungsänderung. Es war dasselbe Herz, das die jungen Leute zum Tiers-Mondismus hinzog. Die Hilfe für Algerien war nur eine natürliche Konsequenz.

Ruth hatte gar nichts Sektiererisches. Undenkbar, dass sie Sachen gemacht hätte wie die Roten Brigaden oder die deutschen Terroristen: Anschläge, die bestimmten Leuten auch in der Schweiz zuzutrauen waren. Ruth hatte kein Bedürfnis nach Abenteuern. Sie stand ganz woanders; der Terrorismus war ihr so fremd wie Minijupe oder Schminke.

Doch wenn es etwas zu tun gab für Algerien, worüber wir ganz offen reden konnten (im Gegensatz zu unseren und ihren geheimen Aktionen), war sie sofort zur Stelle.

Eine Schreibmaschine, eine Arbeit, was immer ich brauchte – wenn sie es mit ihrem Gewissen vereinbaren konnte, half sie gerne aus. Ruth war die Großzügigkeit in Person; dazu geistreich, voller Humor, warmherzig, zärtlich. Und etwas rundlich, verführerisch wie eine kleine warme Brioche, frisch aus der Bäckerei. Sie gefiel den Männern, die bei uns verkehrten. Ja, Marie-Églantine war »appétisante«!

Ähnlich wie Pater Kaelin übte Isabelle Vichniac erheblichen Einfluss auf Ruth Dreifuss aus. Eine Frau wie sie, die schon in der französischen Résistance gegen die Nazis gekämpft und seither nie aufgehört hatte, sich in die Politik einzumischen und Partei zu nehmen – für Koreaner, Vietnamesen, Algerier, Kurden, Palästinenser, für die Opfer von Imperialismus, Faschismus, Stalinismus, aber auch gegen die europäische Linke, deren Feigheit und Heuchelei sie in Rage brachte –, eine solche Frau konnte Ruth achten und bewundern.

In jener Zeit wurde mir bewusst, erzählte Ruth Dreifuss später, *dass auch ich aktiver werden musste. Junge Franzosen über die Grenze zu schmuggeln, die nichts mit dem Krieg in Algerien zu tun haben wollten, war nicht genug. Das machte ich zwar weiterhin; später waren es Portugiesen, die nicht bereit waren, nach Afrika einzurücken. Ich kannte die Grenze mittlerweile nicht schlecht und hatte den Eindruck, meinem Vater treu zu sein mit diesem Einsatz...*

Für den algerischen Widerstand blieb freilich nicht mehr viel zu tun: Die offiziellen Verhandlungen waren bereits in Gang; Algerien erreichte seine Unabhängigkeit Anfang Juli 1962.

Das änderte nichts daran, dass Ruth Dreifuss beschlossen hatte, zum politischen Einsatz überzugehen. Von da an bezeichnete sie sich selbst als »militante«, d. h. als politische Aktivistin. Und noch drei Jahrzehnte später – als sie selbst zur Regierung gehörte, der sie früher immer auf die Finger geschaut hatte – konnte sie es nicht lassen, ab und zu (so zum Beispiel in einem TV-Interview mit Frank A. Mayer Ende Oktober 1993) in alter Militanz auszurufen: *Bürgerinnen und Bürger dieses Landes, meldet euch in der Politik, damit man nicht mit euch Politik macht!*

Nur brauchte sie sich dreißig Jahre zuvor nicht darum zu kümmern, ob ihre Haltung in parteipolitischen Sekretariaten akzeptiert werde; damals war sie ungleich freier, auch zu ganz anderen politischen Maßnahmen zu greifen wie der erwähnten: *Grenzüberschreitungen mit Verfolgten* (so ihre heutige Ausdrucksweise), Teilnahme an Demonstrationen, Verteilung von Flugblättern sowie *ungeduldige, sofortige, konstante Denunziation intolerabler Zustände*, wie sie es formuliert. Und noch etwas: Als junger Journalistin stand es ihr frei, nicht bloß zu sagen, sondern auch zu schreiben und zu veröffentlichen, was immer sie richtig fand.

Im März 1962 ging Ruth Dreifuss nämlich dazu über, den Journalismus gezielt als politisches Instrument einzusetzen. Die Probezeit lag hinter ihr, die ersten Inlandreportagen waren zufrieden stellend ausgefallen, den Segen ihrer Chefs hatte sie. Nun hielt sie nichts mehr zurück.

Ein Artikel über das Schweizer Filmarchiv in Lausanne forderte sie zu einem ersten scharfen Kommentar heraus: Eine Hexenjagd könne man das nennen, schrieb sie, was gegen den Leiter der Cinémathèque suisse, Freddy Buache, und Vinicio Beretta, den Direktor des Filmfestivals von Locarno, veranstaltet würde. Die Welle von »McCarthysmus«, die über die Schweiz hinwegginge, hätte die beiden erfasst, weil sie doch tatsächlich Filme aus kommunistischen Ländern zu zeigen wagten. Die Kalten Krieger einer gewissen Schweizer Presse meinten wohl, das Filmschaffen von Künstlern aus dem Osten müsse hinter Eisernem Vorhang und Berliner Mauer zurückgehalten werden, so wie sie selbst sich hinter ihrer absurden Mauer von Widerstand und Gesprächsverweigerung verschanzten ...

Einen Monat später schalt sie unter dem Titel »La voix de l'OAS« den Redakteur einer Walliser Tageszeitung: Zwei Wochen, schrieb Dreifuss, habe er Gelegenheit gehabt, sich im entscheidenden Moment der Waffenstillstandsverhandlungen in Algerien aufzuhalten. Statt objektiv zu informieren, habe er sich in seiner enttäuschenden Artikelserie aber zum Sprecher der »Organisation armée secrète« gemacht, einer Organisation, *vergessen wir das nicht, deren Ziele reaktionär und deren Methoden kriminell sind.*

Jetzt würde das wirkliche Drama erst beginnen, habe er geschrieben – als wären sieben Jahre Krieg und die Tatsache, dass diesem Krieg vor allem Moslems zum Opfer fielen, kein »wirkliches Drama«!

Die Berichterstattung des Walliser Kollegen, schloss sie nach einer ausführlichen Kritik aller anstößigen Details seiner Arbeit, sei ehrenhaft, soweit sie der Wahrheitsfindung diene. Sie würde jedoch gefährlich, wenn sie für die Taten einer kriminellen Organisation bürge, und sie grenze an Tatsachenverfälschung, wenn sie blind sei für den algerischen und französischen Faschismus.

Dieser dezidierte Ton prägte von nun an praktisch alle ihre Artikel. Ihr Stil: nicht selten sarkastisch, immer autoritär und belehrend, etwas überschwänglich und auffallend emotional.

Was immer man davon halten mochte – kalt ließen die Texte mit der typischen Handschrift der jungen »RD« wahrscheinlich nicht, denn sie wies auch immer wieder ungeduldig und zornig auf schweizerische Missstände hin. So schrieb sie beispielsweise im September 1962 auf der Titelseite von »Coopération« über fünfundvierzig Familien, die in Zürich auf die Straße gesetzt worden seien, weil skrupellose, profitgierige Spekulanten lieber Büros, eine Garage und ein Luxushotel bauten. – Zeit für die Eidgenössischen Räte, stellte Dreifuss kurz und bündig fest, endlich einmal Ordnung zu schaffen und sich in der Herbstsession nicht bloß *über das schwere Wohnungsproblem zu beugen,* sondern dem Treiben der Spekulanten auf gesetzlichem Weg ein Ende zu bereiten. Die Grundlage dazu wäre schließlich vorhanden, und zwar in Artikel 34 quinquies der Bundesverfassung. Würde nicht bald etwas geschehen, könnte es vielleicht *zu spät sein, die Ausbreitung einer anarchistischen Situation in der Schweiz zu verhindern!*

So also schrieb die junge Frau, die noch zu Jahresbeginn auf der Frontseite derselben Zeitung als neue festangestellte Redakteurin vorgestellt worden war, jene adrett gekleidete, herzige Glücksfee, die mit strahlendem Lächeln auf eine Nudelschachtel im Arm geblickt und damit einen der hundert Preise des Coop-Winterwettbewerbs präsentiert hatte.

Adrett konnte man ihr Äußeres inzwischen jedenfalls nicht mehr nennen. *Wir hielten nichts von Mode,* erzählt Francesca Snozzi. *Aber Ruths Erscheinung, mamma mia, war nun wirklich disastroso! Einmal erschien sie in einem blauen Seide-Wolle-Kleid mit kleinen Rosen und grünen Blättern, eigentlich ganz hübsch. Nur trug sie es dann täglich und überall, auch bei der Arbeit, dabei war es ein Festkleid. Ein andermal trug sie eine Bluse mit zerrissenem Ärmel. Einen Tag, noch einen und noch einen, bis ich sagte: Basta! Jetzt wird das geflickt!*

Löcher in den Strümpfen, sagt Ugo Frey, *waren bei Ruth nichts Außergewöhnliches. Ihre Kleider, diese Fetzchen von Pullis und Röcken, entbehrten jeder Beschreibung.*

Dazu passte übrigens der blaue Citroën 2 CV, in dem sie zum Erstaunen ihrer Redaktionskolleginnen und -kollegen eines Tages aufkreuzte. Denn ein Statussymbol konnte man die Occasions-Klapperkiste nicht gerade nennen – weshalb ihr der 2 CV ja auch so gut gefiel. Und noch fünfundzwanzig Jahre später, als sie ein monatliches Einkommen von mehr als 10 000 Franken hatte, bevorzugte Ruth Dreifuss keine andere Automarke, wenn ihr Wagen wieder mal ersetzt werden musste.

Dass sie nun jederzeit mobil war, kam ihrem bewegten Lebensstil entgegen. Als Kind hatte sie sich am liebsten in ihrem Schrank eingeschlossen, um in Ruhe zu lesen. Sie las noch immer viel, aber nun schaffte sie es, in ihrer Freizeit auch noch von einem Ort zum nächsten zu flitzen und ihre zahlreichen Freundschaften zu pflegen. Das allein rechtfertigte für sie den Besitz eines Autos. *Materielle Güter interessieren mich nicht,* sagte sie stets. *Der einzige Reichtum, der mir Freude macht, sind meine Freundinnen und Freunde.*

Zu ihnen gehörte beispielsweise der erwähnte Ruggero Filannino, »ihr« kluger, liebenswerter Schriftsetzer, den sie damals des Öfteren zu Hause in Muttenz besuchte. *Ruth, meine Frau und ich,* so erinnert sich Ruggero, *erzählten einander jeweils Geschichten: Ich berichtete von meiner Jugend in Italien, von meiner kommunistischen Familie und der Fälschung meines Geburtsdatums, die mir das Leben rettete im Krieg. Meine Frau beschrieb, wie sie das Schweizer Bürgerrecht und selbst die Niederlassungsbewilligung verlor, als sie den kriegsversehrten italienischen Deserteur Filannino heiratete. Und Ruth erzählte von ihrem Vater: dass er im Krieg jüdische Flüchtlinge über die Grenze geholt und ihnen so das Leben gerettet habe.*

Auch Francesca Snozzi, die bis zu ihrer Pensionierung, zuletzt als inoffizielle Chefredakteurin, bei »Cooperazione« bleiben sollte, war nach Jeannes Tod eine wichtige Bezugsperson für Ruth Dreifuss.

In den ersten Wochen redeten wir abends sehr häufig über die Frage, was nach dem Sterben passiere, erinnert sich Francesca. *Ruth sagte, danach käme gar nichts. Als Agnostikerin könne sie sich nicht mit dem Glauben an ein*

Leben nach dem Tod trösten. Ich war praktizierende Katholikin, ich sah alles ganz anders. Wir erklärten uns gegenseitig unsere Standpunkte, aber wir blieben bei unserer Meinung. Und wir respektierten einander. Ich beachtete die katholischen Gepflogenheiten. Sie war sehr jüdisch, obschon sie nicht in die Synagoge ging und immer betonte, dass sie nicht gläubig sei.

Wie Francesca Snozzi blieb auch Victoria Tonus eine lebenslange Freundin von Ruth Dreifuss. Treu, wie sie für Jeanne gearbeitet hatte, besorgte sie nach deren Tod den Haushalt von Jean Jacques und Ruth: Ihre Wohnung an der Rue de Lausanne hatten die beiden nämlich behalten, unverändert vollgestellt mit alten Möbeln. *Nach Jeannes Tod*, sagt Victoria Tonus, *wollten sie mir etwas davon schenken. Sie boten mir das ganze Schlafzimmermobiliar ihrer Mutter an. Ich wollte es nicht, das wäre mir zu nahe gegangen. Stattdessen nahm ich einen antiken Vitrinenschrank mit gedrechselten Säulen, ein Sofa und ein paar andere Dinge. Gebraucht hätte ich gar nichts, ich akzeptierte das Geschenk bloß, weil mich die Sachen an Jeanne erinnerten.*

Sonst ließen Ruth und Jean Jacques die Wohnung, wie sie immer gewesen war. Nur das Leben darin veränderte sich. Das war vielleicht ein Kommen und Gehen! Wir mussten dauernd Betten herrichten für Leute, die bei ihnen Aufnahme fanden. Einige dieser Gäste blieben jahrelang, andere verbrachten nur ein paar Nächte dort. Schwarze, Weiße, Ausländer, Schweizer, Flüchtlinge, Studenten – alle waren willkommen. Ruth und Jean Jacques hatten nicht viel, aber was sie hatten, teilten sie. Die Leute aßen, tranken, lebten bei ihnen, und wenn sie gegangen waren, brauchten neue Freunde einen Zufluchtsort. So ging das jahrelang.

Freigebig waren sie übrigens auch mit ihrem Auto. Jeder konnte den 2 CV gebrauchen, das ganze Quartier hatte ihn schon ausgeliehen, auch mein Mann und ich. Ruth und Jean Jacques gaben alles weiter. Sie behielten nichts für sich allein.

Jean Jacques Dreifuss arbeitete inzwischen am physiologischen Institut der medizinischen Fakultät, wo er sich seiner Doktorarbeit widmete. »Un chic type« war er von klein auf gewesen. Nun, da die Eltern nicht mehr lebten, bedeutete er seiner Schwester wahrscheinlich noch mehr als früher. Seine lebhafte Intelligenz, der Wissensdrang, ja selbst das dauernde Pfeiferauchen erinnerten an den Vater – seine Bescheidenheit, sein ausgeglichenes Temperament und eine gewisse Scheu an die Mutter. Jean Jacques war ein großartiger Bruder für Ruth. Das machte die Beziehung nicht einfach, weil sie sehr an ihm hing. So wusste er schon im Voraus, dass sie beispielsweise Mühe haben würde mit der Frau, für die er sich eines Tages entscheiden würde.

Auf der intellektuellen Ebene, erklärt Jean Jacques Dreifuss, *gab es hingegen keine Probleme. Wir verfolgten dieselbe politische Linie, interessierten uns für das berufliche Umfeld des anderen – und wir hatten gemeinsame Freunde. Ruth stellte mir ihre neuen Bekannten vor – Isa und Génia Vichniac zum Beispiel –, ich machte sie umgekehrt mit Pater Kaelin und den Diskussionsgruppen im katholischen Zentrum der Universität bekannt. So kamen wir mit ein paar gleich gesinnten Freunden damals auch zu unserem gemeinsamen Zeitungsprojekt.*

15 Ruth und Jean Jacques Dreifuss, Claude und Jean-Pierre Bossy und ein paar andere gehörten, wie Pater Kaelin meinte, zu jenen jungen Menschen in seinem Zentrum, die ihre moralischen Ansprüche konsequent selbst zu leben versuchten.

Sein Vorbild spielte für sie aber doch eine wichtige Rolle. Und es war sicher kein Zufall, dass sie an keinem anderen Ort als im katholischen Universitätszentrum eines Tages beschlossen, eine neue linke Zeitung auf die Beine zu stellen. Dauernd nur zu diskutieren genügte ihnen nicht mehr; ihre politischen Überzeugungen sollten auch unter die Leute gebracht werden und bestimmte Entwicklungen wenn möglich längerfristig beeinflussen.

Wie sie diese Zeitung realisieren könnten, war ab Herbst 1962 das Hauptthema ihrer Gespräche.

Sie wussten nicht, dass eine Gruppe von Waadtländer Intellektuellen in Lausanne zur gleichen Zeit dieselbe Diskussion führte. Als die Waadtländer – einige Lehrer und Professoren, ein Architekt, zwei Rechtsanwälte, ein Schriftsteller, ein Coop-Direktor, ein eidgenössischer Beamter – Monate später jedoch einmal in Kaelins Zentrum auftauchten, weil sie zufällig von der »Genfer Gruppe für eine linke Zeitung« gehört hatten, eröffnete sich ihnen die unerwartete Perspektive einer Zusammenlegung der beiden Zeitungsprojekte.

Über die politische Stoßrichtung waren sie sich einig – was angesichts der ideologischen Gespaltenheit der linken Bewegung ziemlich erstaunte. Alles weitere: finanzielle, gestalterische, organisatorische Aspekte brauchten sie gar nicht lange zu besprechen; die Waadtländer hatten schon ein gründlich durchdachtes, fertiges Konzept. Eigentlich gab es bei diesem Zusammenschluss nur ein Problem: keinerlei Möglichkeit, auch die inhaltlichen Vorschläge der religiös inspirierten Leute unter den Genfern zu berücksichtigen.

Der Konflikt führte dazu, dass sich die Genfer Gruppe praktisch auflöste, lange bevor die erste Ausgabe der gemeinsamen Zeitung mit dem Titel »Domaine Public« in Druck ging. Schließlich wollten (abgesehen von den Gebrüdern Bossy, die ein paar Jahre später wieder dazustoßen sollten) bloß noch zwei ihrer Leute mit den Waadtländern zusammenarbeiten: Ruth und Jean Jacques Dreifuss. Und die konnten es als Kompliment auffassen, dass sie von ihnen überhaupt akzeptiert wurden. Von André Gavillet, genauer gesagt.

Die Idee zu »Domaine Public«, sagt Gavillet, *stammte hauptsächlich von mir.*

Verblüffend, dass er das so direkt bestätigt, zumal er eigene Leistungen sonst aus Prinzip möglichst stark relativiert und über sich selbst am liebsten gar nicht redet. Von allen anderen Meriten will der unangefochtene »maître à penser«, der »Patron und Leader«, wie ihn seine langjährigen Freunde nennen, denn auch gar nichts hören. *Was meinen die damit: Sie hätten viel gelernt von mir!* sagt er streng. *Wir waren Freunde, und wir alle haben viel gelernt, so wie man im Leben nun mal voneinander lernt. Die Rolle des großen Lehrmeisters habe ich nicht gespielt. Nein, ganz bestimmt nicht.*

Dem hat er nur eines beizufügen: dass er bisweilen eher zu viel an den Texten der Kollegen herumredigiert habe.

André Gavillet ist wohl einer der erstaunlichsten unter allen schwierigen Männern, neben denen Ruth Dreifuss je zu bestehen suchte. Ein irritierender, widerspruchsvoller Mensch: sanft und unerbittlich, liebenswürdig und unnahbar, zurückhaltend und leidenschaftlich zugleich.

Ein schüchterner, wortkarger Typ und als Wortführer von »Domaine Public« der fleißigste Schreiber von allen.

Einer, der jede Fremdbestimmung ablehnte, selbst aber häufig sein ganzes Umfeld dominierte mit seinen rigorosen intellektuellen Ansprüchen.

Ein äußerst bescheidener, leiser Mensch, der die schärfsten Töne anschlug, um den Widerspruchsgeist seiner Freunde anzustacheln und sie aufzufordern, die Stimme zu erheben *in diesem Land, wo man persönliche Bemerkungen wie in einer Kirche höchstens verschämt zu flüstern wagt, während die Gemeinde aus vollem Hals die Danksagung anstimmt,* wie er einmal schrieb.

Ruths provokative Kommentare in »Coopération« bewiesen schon lange, dass sie wenn nötig laut und deutlich werden konnte. Trotzdem schien es ihr sehr schwer, André Gavillet zu genügen, der mit seinen rund vierzig Jahren *politisch schon so viel erfahrener war*. Wie wenig zählte ihrer Meinung nach dagegen die Tatsache, dass sie unter den Gründungsmitgliedern von »Domaine Public« die einzige Profi-Journalistin war – und die einzige Frau, die sich unter einem Dutzend Männern behauptete.

Übrigens nahm Gavillet die kämpferische junge Frau durchaus ernst; das ließ sich unter anderem an ihrer Aufgabe ablesen, für »Domaine Public« die schweizerischen Beziehungen zur Dritten Welt zu beobachten, womit sie als einzige Mitarbeiterin halbwegs über die Landesgrenze hinausschauen durfte. Alle anderen Themenkreise ihrer Zeitung sollten sich, im Sinne eines Beitrags zur Gestaltung und Entwicklung der Schweiz der Sechzigerjahre, bewusst auf das Inland beschränken. *Die Linke war damals allgemein eher international orientiert,* erinnert sich Ruth Dreifuss. *Man hatte den Eindruck, hier passiere gar nichts, alles Bedeutsame geschehe anderswo. Es herrschte eine gewisse Heimatlosigkeit.* »Domaine Public« *war unsere Antwort darauf. Wir wollten die Schweiz wiederfinden. Und wir sagten uns: Was hier passiert, ist auch wegweisend für die Zukunft der Linken.*

Um einiges kritischer fiel dagegen Gavillets Standortbestimmung aus: *Wir haben uns zwar früh erhoben,* schrieb er in einem unveröffentlichten Probeeditorial für die erste Nummer von »Domaine Public«, *aber wir haben nicht durch Frühreife geglänzt.*

Die politischen Erinnerungen einiger von ihnen, erklärte er, reichten zurück bis zum Spanischen Bürgerkrieg und zu den Nachwehen der großen Wirtschaftskrise; sie alle hätten, eingepuppt in ihrem Kokon, die Erfahrungen des Zweiten Weltkriegs, der Dekolonisation, des Kalten Krieges und des schweizerischen Wohlstands geteilt. Sie hätten den Konkurs der Ideologien miterlebt, die Mystifikation, die Entstellung der peinlichsten Tatsachen und schlimmsten Skandale. Und die Alternative dazu: den bürgerlichen Konformismus, die stolze falsche Bescheidenheit dieses Landes, das so klug verwaltet, aber wunderbarerweise von allen weltweiten Wirren verschont worden sei, um danach entschieden auf den Weg dieses beneidenswerten schweizerischen Wohlstands geführt zu werden.

Historisch gesehen, fügte Gavillet spöttisch hinzu, *ist der Erfolg nicht zu leugnen. Und wem soll man ihn zuschreiben? Wenn nicht der Weisheit der Regierenden, dann am Ende wohl der Vorsehung. Seltsame Zeiten: Nach unserem weiten Umweg in die dämmerige Landschaft der sterbenden Ideologien fordert man uns nun zum Eingeständnis auf, der Erfolg der Bürgerlichen sei ein Beweis für die Existenz Gottes ...*

Vor diesem Hintergrund ging es André Gavillet nicht darum, die Schweiz »wiederzufinden« oder »mitzugestalten«. »Domaine Public« sollte zunächst einmal Kritik üben: *nicht bloß politische, sondern totale Kritik,* untermauert mit soliden Fakten und exakt recherchierten Informationen. *Ein ambitiöses Programm,* gab er zu. *Wenn man aber einsieht, dass eine »totale« Kritik nur konkret, bezogen auf das Hier und Heute sein kann und dass sie die Theorie mit der Analyse des täglichen Lebens verbinden muss, ist auch klar, wie gut sich die journalistische Form dafür eignet.*

Objektiv und wahrhaftig im Umgang mit den Fakten, kompromisslos im persönlichen Urteil würde dieses »brulôt bimensuel«, wie Gavillet seine Zeitung nannte, alle zwei Wochen ein bisschen zündeln: hier ein Feuerchen, um Retuschen und blinde Flecken im historischen Gedächtnis der Musterknaben sichtbar zu machen. Dort eines, um Licht in obskure politische Spielchen und finstere Winkel der Wirtschaft zu bringen, und ein paar Extratropfen Sprit in ein drittes, das den kaltblütigen Profiteuren und Ausbeutern gelegentlich schön einheizen sollte. Wenn ihre Backen davon auch noch lange nicht rot würden.

Kein neckisches Kinderspiel, was Gavillet da im Sinn hatte, sondern eine *Revolte und ein Angriff:* gegen die Machenschaften der Leute an den Schalthebeln der Macht. Gegen die schicksalsergebene Unterwürfigkeit und Passivität der Gesellschaft. Gegen Desorientierung und Kraftlosigkeit der Linken.

Ruth Dreifuss hatte so viel Kraft wie vielleicht nie zuvor. Während ihrer ganzen Schulzeit – ausgenommen die beiden Kindergartenjahre –, in der kaufmännischen Ausbildung, als Hotelsekretärin, an der Sozialarbeiterschule: Immer hatte sie das ungute Gefühl gehabt, viel Zeit und Energie zu verschwenden.

Bei »Coopération« war das anders. Als politische Journalistin konnte sie sich jeden Tag mit ihrer »einzigen Leidenschaft« abgeben: der Frage, »wie das Zusammenleben der Menschen funktioniert.« Oder funktionieren müsste nach ihrem Verständnis.

»Domaine Public« sollte sie zusammen mit ihren Freunden auch selbst herausgeben und verantworten. Eine kleine, unabhängige, freche Zeitung mit begrenztem Einfluss. Aber ein brauchbares Mittel im Einsatz für mehr Gerechtigkeit, wie sie hoffte. Gab es etwas, das sie sich mehr gewünscht hatte?

Bei »Domaine Public«, sagte sie später, *fand ich meine geistige und emotionale Heimat. »Domaine Public« ist noch heute meine Heimat.*

Ab März 1963 traf sich die Gruppe jeden Monat mindestens einmal in Lausanne. Das Projekt nahm allmählich Gestalt an. Jedes Gründungsmitglied zahlte hundert Franken in eine gemeinsame Vereinskasse und versprach weitere vierhundert Franken als Defizitgarantie. Damit war die finanzielle Basis zur Lancierung der Zeitung gesichert. Die konzeptionellen und methodischen Richtlinien standen bereits fest. Nun mussten endlich der Redaktionsstab und die einzelnen Ressorts bestimmt werden. Dabei erhielt Ruth Dreifuss in Charles Pochon mit seinem schon damals riesigen privaten Zeitungsarchiv einen außerordentlich gut dokumentierten Mitverantwortlichen für die Dossiers »Schweiz-Dritte Welt« und »Information«. Jean Jacques Dreifuss übernahm wissenschaftliche und medizinische Themen sowie die Pharmaindustrie. Die anderen Kollegen betreuten die Schwerpunkte Wirtschaft und soziale Sicherheit, historische, rechtliche, soziologische und militärische Fragen, Raumplanung, Erziehung und Kultur.

Blieb noch die definitive Festlegung auf einen Namen. »Domaine Public« erfüllte wie kein anderer Vorschlag die Kriterien eines »angenehmen Klangs« und der »Idee von Anti-Vertraulichkeit«. »Domaine Public« würde die Angelegenheiten aller auf den Tisch bringen, aber nicht jedermanns Freund sein.

Und um gleich von Anfang an sicherzustellen, dass die Zeitung unabhängig war und auch bleiben würde, lehnte die Redaktion jedes Geschäft mit Inseraten kategorisch ab. Dafür verzichteten die Mitarbeiter auf Honorare und stellten nicht einmal Spesen in Rechnung. Allein durch die Einkünfte aus den Abonnements – zwölf Franken jährlich für zwanzig Nummern – sollte ihr Blatt über die Runden kommen, vorausgesetzt, jeder von ihnen schaffte es, Dutzende seiner Bekannten zu einer festen Zusicherung zu bringen, was gar nicht so einfach war. Schließlich erschien die erste Nummer von »Domaine Public« mit einer Startauflage von achttausend Exemplaren erst am 31. Oktober 1963 und nicht, wie ursprünglich geplant, schon nach den Sommerferien. Aber im Gegensatz zu den meisten anderen »neuen linken Zeitungen«, die kaum über das Stadium des Jugendalters hinauskamen, gibt es »Domaine Public« noch heute. Grau geworden sind inzwischen bloß die Zeitungsgründer von damals. Und ein paar von ihnen zündeln noch immer.

Doch zurück zu den Anfangszeiten, in denen Ruth Dreifuss, wie Ugo Frey erzählt, *so absorbiert war von den Vorbereitungen für »Domaine Public«, dass wir uns manchmal fragten, ob sie eigentlich bei »Coopération« oder bei »Domaine Public« angestellt sei. Als die Zeitung dann endlich da war, trug sie immer einen Stapel davon mit sich herum und versuchte allen ein Abonnement anzudrehen.*

Den Vorwurf, für »Coopération« nicht genügend Engagement zu zeigen, konnte ihr allerdings niemand ernsthaft machen. Seit Anfang 1963 hatte Ruth Dreifuss sogar sehr viel gearbeitet, ihre zahlreichen Artikel bewiesen es. Die Freude an der eigenen Zeitung gab ihr aber auch die nötige Energie für die anfänglich häufigen Redaktionssitzungen in Lausanne sowie die umfangreiche Materialsammlung zu den entwicklungs- und wirtschaftspolitischen Beziehungen der Schweiz mit der Dritten Welt – abgesehen davon, dass sie besonders sorgfältig recherchierte, weil sie ihr wichtigstes Anliegen vor den Kollegen von »Domaine Public« überzeugend darstellen wollte.

Im Ganzen gesehen sollte die Arbeit jedoch in keinem Verhältnis zum journalistischen Ertrag stehen. Als Ressortleiterin übernahm sie selbst die Verantwortung dafür: *Dass letztlich nicht viele Artikel zu diesem Thema erscheinen konnten,* erklärte sie, *lag in erster Linie an uns, der verantwortlichen Gruppe.* Fehlte es den anderen an Zeit oder Motivation? Wie auch immer – für Ruth Dreifuss gab es noch einen persönlichen Grund dafür, dass ihre Anstrengungen mit der Zeit versandeten. Und der hing mit dem strengen Chef von »Domaine Public« zusammen.

Sie getraute sich nämlich nicht mehr zu schreiben.

Wie kam sie dazu? Ihr Talent zum Journalismus war unbestritten. Vor allem eine dreiteilige »Coopération«-Reportage über eine Reise nach West- und Ostberlin – auf den Tag genau dreißig Jahre nach Hitlers Machtergreifung – hatte ihr zu Beginn des Jahres viel Lob eingebracht. In einem persönlichen, engagierten Stil geschrieben, reich an Fakten, aussagekräftigen Beobachtungen und politischer Reflexion stellten diese Artikel wohl ihre besten Arbeiten dar, die sie für »Coopération« je schrieb. Die einzigen, die sie unter anderen alten Papieren irgendwo aufbewahrt hat.

Sie hätte noch ein paar andere dazulegen können: ihre erste, leicht verspätete »Rede« zum schweizerischen Nationalfeiertag, einen Kommentar vom 3. August 1963, in welchem sie dazu aufrief, stets wachsam gegenüber faschistischen Umtrieben zu sein und die schweizerische Demokratie entschieden zu verteidigen.

Oder ihren Leitartikel »Contre qui luttent les Suisses?« vom 19. September 1963, eine scharfe Kritik fremdenfeindlicher und antikommunistischer behördlicher Maßnahmen mit dem Schlusswort: *Gegen wen kämpfen die Schweizer? Hoffentlich werden wir darauf nie antworten müssen, dass unsere Mitbürger den Kommunismus oder andere Feinde des Regimes zu bekämpfen glaubten, in Wirklichkeit aber die Demokratie angriffen.*

Oder ihren am 14. Dezember 1963 erschienenen Beitrag zur Frage, inwiefern die Schweiz mit ihren 800 000 ausländischen Arbeitskräften als Kolonialmacht zu bezeichnen sei und wie die Rechte und Pflichten dieser Menschen aussehen müssten, um sie aus der demütigenden Situation zu befreien.

Ruth Dreifuss posaunte ihre politischen Überzeugungen sehr selbstbewusst in die Welt hinaus. Für ihre bescheidene Lebenserfahrung – sie war immerhin erst dreiundzwanzig Jahre alt – schrieb sie auch ziemlich besserwisserisch. Das änderte nichts daran, dass sie eine hervorragende Politjournalistin war, ebenso gewandt Theaterstücke besprach, interessante Berichte über langwierige Coop-Seminare verfasste und Buchbesprechungen schrieb, die nach dem Urteil ihrer Kolleginnen und Kollegen selbst als literarische Stücke bezeichnet zu werden verdienten.

Ruth profilierte sich mit der Zeit enorm, sagt auch Ugo Frey. *Manchmal war ihr Stil schrecklich emotional. Oder schulmeisterlich, nach dem Schema »erstens, zweitens, drittens«. Aber sie wusste tatsächlich sehr viel. Francesca und ich nannten sie nur »La Ruth, il cane sapiente«. Wie sie zum Beispiel über Karl Jaspers und die Deutsche Frage schrieb, war wirklich nicht schlecht. Außerdem imponierten mir die Mitarbeiter, die sie für »Coopération« gewinnen konnte; ich meine jetzt nicht ihren Bruder, diesen Pater Kaelin oder André Gavillet, obwohl auch die ganz gut waren, sondern Leute wie Claude Lévi-Strauss.*

In diesem Punkt allerdings täuschte sich Frey: Ruth Dreifuss hatte den großen französischen Ethnologen nicht dazu überredet, seine Arbeiten in »Coopération« zu veröffentlichen. Wohl hatte sie einen Abschnitt aus seinem Buch »Traurige Tropen«, in dem er sich kurz über die Schönheit von New York auslässt, neben ein paar nicht besonders schöne Fotos der amerikanischen Großstadt gestellt und unter dem Titel »Insolite New York« veröffentlicht. *Für den Abdruck seines Textes,* bekannte sie später mit einem verlegenen Lächeln, *hatte ich aber keine Erlaubnis eingeholt. Und ich habe Lévi-Strauss persönlich auch nie getroffen. – Trotzdem war er ein Meilenstein für mich.*

Lévi-Strauss lehrte an der Ecole Pratique des Hautes Etudes in Paris vergleichende Religionswissenschaften der schriftlosen Völker; zudem hatte er am Collège de France seit 1959 den Lehrstuhl für Anthropologie inne.

Am liebsten hätte Ruth Dreifuss bei ihm studiert. Mit alten Völkern und Religionen beschäftigte sie sich schon, seitdem sie lesen konnte. Das Studium der Ethnologie war immer einer ihrer Wunschträume gewesen – und erst recht, nachdem sie erkannt hatte, dass die Gestaltung der Gesellschaft das Wichtigste im Leben sei und dass sie selbst für das Recht unterdrückter Menschen kämpfen müsse. Weil sie sich jedoch nicht zutraute, einen Professor um Studienbetreuung anzufragen – schließlich hatte sie nicht einmal die Matura gemacht –, schlug sie sich die Idee aus dem Kopf.

Was ihre Entscheidung aber vor allem beeinflusste, war Lévi-Strauss selbst oder genauer das Buch, dessen einen Abschnitt sie in ihrer Zeitung abgedruckt hatte.

1955 erschienen, war »Traurige Tropen« bereits ein Schlüsselwerk der ethnologischen Literatur. Ein großartiges Buch: Reiseroman, Autobiographie, wissenschaftliche Beschreibung brasilianischer Indianervölker und philosophisch-kritische Betrachtung der Ethnologie in einem. Eine Synthese seiner damaligen wissenschaftlichen Erkenntnisse, wie Lévi-Strauss später sagte, aber auch all dessen, woran er geglaubt und wovon er geträumt habe.

Ruth Dreifuss hatte ein besonderes Talent im Aufspüren von Lesestoff, der sie genau dort abholte, wo sie in ihrem Denkprozess stand. »Traurige Tropen« war ein Buch, das sie nicht nur ein großes Stück weiterbrachte. Es schien eigens für sie geschrieben, weil es ihr eine Illusion nahm und die Bestätigung gab, dass sie auf dem richtigen Weg sei.

Lévi-Strauss machte ihr nämlich klar, dass sie als Forscherin zwar versuchen könne, andere Gesellschaften zu verstehen. Dass es ihr als Wissenschafterin aber unmöglich wäre, an deren Stelle zu denken und in deren Namen zu handeln. Dass sie somit auch nicht die in jeder Gesellschaft vorkommenden sozialen Missstände bekämpfen könnte, weil sie sonst ihre Objektivität und Unparteilichkeit verlieren würde. Dass sie schließlich nur zu Hause, als Angehörige ihrer eigenen Kultur und als Bürgerin ihrer eigenen Gesellschaft in der Lage wäre, zu einer Verbesserung der sozialen Verhältnisse beizutragen – *denn dank einem umgekehrten Privileg,* so Lévi-Strauss, *können wir einzig die Gesellschaft, der wir angehören, verändern, ohne Gefahr zu laufen, sie zu zerstören.*

Wenn die Veränderung der Gesellschaft aber nur aus dieser selbst heraus möglich war, wie Lévi-Strauss schrieb, dann konnte Ruth Dreifuss auch ihren frühesten Berufswunsch begraben und zu Hause bleiben.

Dennoch war ihre jahrelange Beschäftigung mit fremden Kulturen nicht umsonst gewesen. Und obschon Lévi-Strauss viele seiner Kollegen schockiert hatte, weil er die moralische Legitimation der Ethnologie und das eigene berufliche Selbstverständnis in ein völlig neues Licht rückte, war »Traurige Tropen« kein fatalistisches Buch.

Der Kolonialismus, nach Lévi-Strauss die *Todsünde des Westens,* ließ sich nicht rückgängig machen. Die Europäer waren in fremde Kulturen eingebrochen. Sie hatten deren Ordnungen zerstört und sich damit selbst zu Verbrechern gemacht. Die Ethnologie, die ja im Schatten des Kolonialismus entstanden war, hatte all die Zeit hindurch versucht, Glaubensinhalte und Lebensweisen aussterbender Kulturen festzuhalten, um sie vor dem endgültigen Vergessen zu retten.

Und hier sah Lévi-Strauss bei aller Melancholie auch so etwas wie einen Hoffnungsschimmer, einen Weg in die Zukunft. Denn er hielt es für möglich, wenigstens Lehren aus den ethnographisch erfassten alten Ordnungen zu ziehen. Und erst recht für notwendig, *nach den unerschütterlichen Grundlagen der menschlichen Gesellschaft zu forschen,* wie er schrieb.

An diese Notwendigkeit glaubte auch Ruth Dreifuss.

Wenn die Menschen seit jeher, so las sie bei Lévi-Strauss, *nur eine einzige Aufgabe in Angriff genommen haben, nämlich eine Gesellschaft zu schaffen, in der es sich leben lässt, dann sind die Kräfte, die unsere fernen Vorfahren angespornt haben, auch in uns gegenwärtig. Nichts ist verspielt; wir können alles von vorn anfangen. Was getan wurde und gescheitert ist, kann noch einmal versucht werden.*

Voilà: Gemeinsam mit den Freunden von »Domaine Public«, mit einer kritischen Zeitung, furchtlosen Fragen und konstruktiven Vorschlägen wollte Ruth Dreifuss den Versuch unternehmen.

Warum hinterließ ihr Schreiben dann – um auf diese Frage zurückzukommen – so wenig Spuren in dem Blatt?

Weil man es André Gavillet nicht so leicht recht machen konnte, besonders in den ersten Jahren, als er seine Kollegen hauptsächlich dafür einsetzte, Informationen und Analysen zu beschaffen, dann aber nur das Material ihrer Artikel gebrauchte und jeden Text umschrieb. An sich zeichneten die Autoren (lange Zeit fast ausschließlich Männer) ihre Arbeiten nicht persönlich; so hat es »Domaine Public« immer gehalten. Für eine bestimmte Ausgabe beschlossen sie aber, sich mit kleinen signierten Artikeln vorzustellen. Ruth Dreifuss schrieb über den Malcantone, und obschon es ein persönlicher Text war, drückte Gavillet auch diesen paar Zeilen seinen Stempel auf. Das nervte sie ziemlich.

Danach schrieb sie zwar weiterhin viele Artikel für »Domaine Public«, freilich ohne sie Gavillet zu geben, und korrigierte und verbesserte alles so lange, bis es nicht mehr aktuell war. Erst viele Jahre später begann sie allmählich wieder leichter zu schreiben. Gavillet hatte ihr die Lust daran fast komplett verdorben.

16 Immerhin spielte Ruth Dreifuss, wenn sie auch nicht viel schrieb, eine umso wichtigere Rolle bei der Lancierung von »Domaine Public«, wie der damalige verantwortliche Redakteur Gavillet berichtet:

Im Oktober 1963 wurde sie von einem »Coopération«-Leser in einem Brief dazu aufgefordert, eine empörende Geschichte publik zu machen: Sein Sohn war in der Militärpilotenausbildung gefoltert worden. In einer Truppen-übung hatte man den jungen Mann zusammen mit anderen Flugschülern per Helikopter auf »feindlichem Territorium« ausgesetzt; man wollte sehen, wie sie sich im Ernstfall – beispielsweise nach einer Bruchlandung – durchschlagen und was sie zu ihrer Verteidigung vorbringen würden, falls sie feindlichen Autoritäten in die Hand fielen.

Nach langem Marsch, so Gavillet, *erreichten sie den Schwarzsee im Kanton Freiburg, setzten in Booten über, pirschten auf der andern Seite durch die Wälder – und hör-ten unterdessen regelmäßig Radionachrichten vom Ton-band: Wachsende internationale Spannungen wurden da gemeldet, der Nachrichtensprecher verfiel in aufgeregtes Crescendo, die Sowjetunion, verkündete er schließlich, hätte die Feindseligkeiten eröffnet ... Und die umherirren-den Pilotenschüler liefen den »Sowjets« geradewegs in die Arme. Sie wurden misshandelt und festgenommen.*

Darauf brachten ihre Kollegen sie zum Verhör in eine Baracke; das Zimmer war mit sowjetischen Flaggen und Portraits kommunistischer Parteichefs ausstaffiert. Ein Offizier in Zivil hatte die Aufgabe, sie – wenn nötig auch etwas unsanft – »zum Reden« zu bringen. Rekruten, die in der Übung als »Hilfsfolterknechte« mitzuspielen hatten, schraubten die Handschellen der Gefangenen so eng, dass ihre Handgelenke nachher blutunterlaufen waren. Einige der zwanzig Leute fielen in dem scharfen Verhör in Ohnmacht, und zum Schluss der Übung gehörte unter anderem eine simulierte Hinrichtung ...

In »Coopération«, erzählt André Gavillet, konnte Ruth die Geschichte nicht unterbringen. Also nahmen wir sie uns vor – doch die ganze Sache erschien uns so unglaublich, dass wir auch in »Domaine Public« nichts veröffentlichen wollten, bevor wir uns alles genau angeschaut hätten.

Um mit dem verantwortlichen Chef der Übung sprechen zu können, stellte ich mich am Telefon ein bisschen hochtrabend als »Redakteur einer wichtigen Zeitung der Romandie« vor. Der Oberst war bereit, so schnell wie möglich nach Lausanne zu kommen. An sich hielt er unsere Einmischung ja für eine Frechheit, doch wir waren die einzigen, denen er überhaupt Rede und Antwort stand.

Besonders wichtig schien ihm, dass die Rekruten Zivilkleider getragen hätten und nicht in Uniform geohrfeigt und misshandelt worden seien. »Mais c'étaient des Zivilisten!«, insistierte er halb französisch, halb deutsch, als könnte er es uns auf diese Art besser verständlich machen. Da Brutalität nun einmal dazugehörte, sollte sie nach seinem raffinierten Sittenbegriff möglichst organisiert, im Rahmen einer nützlichen, realistischen Übung angewandt werden. Und unter der Bedingung, dass es sich bei den Opfern um Zivilisten handelte ... So legitimierte und verschleierte er die Hintergründe der ganzen politisch motivierten Angelegenheit.

Seine Stellungnahme, die genauen Details der Übung sowie ein paar offene Fragen druckten wir in der dritten Nummer von »Domaine Public« Anfang Dezember 1963 ab. Die Geschichte provozierte einen Skandal, eine Kleine Anfrage im Parlament – und sie verschaffte uns viel Aufmerksamkeit. Dank ihr hatten wir schon nach zwei Monaten achthundert Abonnenten.

Natürlich wusste die Leserschaft von »Domaine Public« nicht, wer hinter der Enthüllung der unerhörten Rekruten-geschichte steckte; wohl aber war vielen welschen Leserinnen und Lesern bekannt, dass in der französischsprachigen Ausgabe der Coop-Zeitung immer wieder ähnlich dezidierte Artikel gegen die Kommunistenhetze im In- und Ausland abgedruckt wurden, vor allem von der Redakteurin mit dem Kürzel »RD«. War sie vielleicht sogar selbst Mitglied der Partei der Arbeit?

Oh nein, sagte sie allen, die es wissen wollten. Zwei oder drei PdA-Versammlungen hätten ihr vollauf gereicht, um sicher zu sein, dass sie dort nicht dazupasste.

Tatsächlich gehörte Ruth Dreifuss seit kurzem der Sozialdemokratischen Partei an, und obwohl sie schon seit ein paar Jahren überzeugt war, *dass mit diesem politischen Instrument*, wie sie es formulierte, *am ehesten etwas erreicht werden könne*, war es erst Claude Bossy und ihrem Bruder gelungen, sie endlich zu einem Parteieintritt zu bewegen.

Ende April 1963 hatten nämlich historische Wahlen stattgefunden in Genf. Nachdem im März das Frauen-stimm- und wahlrecht auf Gemeinde- und Kantonsebene eingeführt worden war, konnten nun erstmals Frauen in den Gemeinderat gewählt werden.

Kurz vorher, erzählt Claude Bossy, *waren Jean Jacques Dreifuss und ich eines Abends in der Stadt unterwegs, um SP-Wahlplakate aufzuhängen, und wie wir so über unsere Kandidatinnen redeten, fragten wir uns plötzlich, warum sich eigentlich nicht auch Ruth nominieren ließ. Wir riefen sie auf der Stelle aus einer öffentlichen Telefonkabine an. Sie hatte keinerlei Interesse, Gemeinderätin zu werden. Allerdings, fügte sie bei, wäre sie grundsätzlich bereit, in die SP einzutreten. So wurde Ruth wenig später Mitglied des Parti socialiste de Genève.*

Und zwar mit der wirklich ernsthaften Absicht, ausschließlich zur Parteibasis oder zum »einfachen Fußvolk«

zu gehören; politische Mandate schienen ihr schlichtweg unvereinbar mit dem Bedürfnis, völlig eigenständig zu bleiben. Dennoch war sie bereit, *auch mal für jemand anderen zu marschieren im Wahlkampf,* solange ihre eigenen Gedanken nicht eingeschränkt würden. Dass sie dafür wahrscheinlich von vielen Parteikolleginnen und -kollegen etwas lernen könne, machte ihr den Einsatz lohnenswert genug, und dachten diese Leute in manchen Zusammenhängen vielleicht ganz anders als sie selbst, wollte sie umso lieber mit ihnen zusammenarbeiten.

Laut André Gavillet konnte man in jenen Jahren durch die Partei *an einer bestimmten Dynamik teilnehmen: Das Wirtschaftswachstum gab SP-Bundesrat Tschudi genügend Spielraum für den Ausbau der Sozialwerke, des Bildungs- und Stipendienwesens und so weiter. Zwar nahm der Einfluss der politischen Parteien auf die Gesellschaft eher ab, doch ließ sich der Wille, bestimmte Dinge zu verändern, nur mit politischen Mitteln durchsetzen. Darum waren viele von uns in der SP. Speziell in der Waadtländer*

Foto: Philippe Krauer, Illustré

Mit Freunden von »Domaine Public«: Jean-Pierre Bossy, Jean-Claude Favez, Claude Bossy und Jean-Daniel Dellay

SP lohnte sich das Mitmachen, weil uns dort die Freiheit zur Eigeninitiative gelassen wurde.

Wobei »Domaine Public«, das sichtbare Produkt dieser Freiheit, nach der Beobachtung von Ruth Dreifuss und Charles Pochon wohl auch darauf zurückzuführen war, dass die intellektuellen Fähigkeiten Gavillets und einiger anderer Waadtländer Kollegen *von der Partei zu wenig genutzt wurden.*

Jedenfalls sollte aus »Domaine Public«, diesem Sprössling mit den viel versprechenden Anlagen, einmal etwas werden. *Nur machten leider schon unsere ersten Diskussionen deutlich,* so Ruth Dreifuss, *dass wir vor allem über wirtschaftliche Zusammenhänge zu wenig wussten. Uns fehlte, anders gesagt, eines der wichtigsten Instrumente, um die Mechanismen dieser Gesellschaft zu analysieren. Wenn wir jedoch ernst genommen werden wollten, mussten wir auch in dieser Beziehung mitreden und Lösungen anbieten können.*

Als Mitglied von SP und »Domaine Public« schien es mir folglich nur konsequent, die Ökonomie zu meinem Spezialgebiet zu machen.

Ruth Dreifuss wusste auch schon genau, wie sie vorgehen wollte: Sie würde den Job bei »Coopération« aufgeben, in Genf eine neue Stelle annehmen und gleichzeitig die Abendmaturitätsschule absolvieren. Sie würde also tagsüber Geld verdienen und sich in ihrer Freizeit auf die Maturaprüfungen vorbereiten, um danach mehrere Jahre für ein Studium zu opfern, das ihr bislang nie besonders reizvoll erschienen war.

Ganz so einfach wäre das Ziel demnach nicht zu erreichen. Einerlei. Sie hatte sich entschieden, den hohen Einsatz zu bezahlen, und war ungeduldig, die neue Aufgabe anzupacken. Diesen Eindruck machten zumindest ihre letzten, etwas uninspirierten »Coopération«-Artikel vom

Herbst und Winter 1964, darunter eine wenig überzeugende Lobeshymne auf den neuen Coop-Supermarkt in Bulle oder zwei überaus lange Interviews mit dem Coop-Generalsekretär Claude Merker, der in Mali soeben eine Konsumgesellschaft auf die Beine stellte.

Ruth Dreifuss brauchte nur noch bis Ende Dezember auszuharren. Dann nahm sie, fröhlich und traurig zugleich, Abschied von Basel, vom geliebten Job und manchen Freunden.

Den Psychiater Dr. François Jäggi kannte sie schon länger. Er war an der Genfer Sozialarbeiterschule ihr Lehrer gewesen und hatte zur gleichen Zeit wie Jean Jacques in der Klinik Beau-Séjour gearbeitet, wo ihre Mutter gestorben war. Jäggi bot Ruth Dreifuss eine Stelle an der psychiatrischen Poliklinik an; im Centre psycho-social konnte er sie in einem bestimmten Forschungsprojekt beschäftigen.

Sie sagte ohne Zögern zu. Die Psychiatrie hatte sie immer fasziniert, seitdem sie als Zwölfjährige die Briefe Vincent van Goghs gelesen und begriffen hatte, dass vermutlich alle Menschen den Wahnsinn als eine Art Lebensgefährten in sich trügen.

François Jäggi, ein hochkultivierter, belesener Mensch, imponierte ihr auch wegen seiner politischen Vergangenheit: Als junger Arzt hatte er sich den internationalen Brigaden im Spanischen Bürgerkrieg zur Verfügung gestellt; als er nach Lagerhaft im südfranzösischen Gurs und nach langwieriger Tuberkulosebehandlung in einer Schweizer Höhenklinik endlich wieder arbeitsfähig war, wurde er als Kommunist mit Berufsverbot bestraft, bis er 1956 aus der Partei austrat. Dafür wurde er dann von seinen früheren Genossen geächtet.

Seither hatten nur noch wenige Menschen Zugang zu ihm und seinem engsten Familienkreis. Ruth Dreifuss gehörte dazu.

Als sie im Februar 1965 bei ihm zu arbeiten anfing, beschäftigte sich Jäggi gerade intensiv mit den Ursachen der Hebephrenie, wie eine Form von Schizophrenie genannt wird, die im Pubertätsalter auftritt. Ist diese Krankheit organisch bedingt? Oder sozial-familiär? Muss man annehmen, dass die Anlage dazu ererbt werden kann? Das waren damals viel diskutierte Streitpunkte. Ebenso steckte die Entwicklung von Psychopharmaka erst in den Anfängen. Manche Spezialisten hielten es für möglich, zur medikamentösen Behandlung schizophreniekranker Menschen unter anderem halluzinogene Stoffe einzusetzen, wobei die Krankheit durch bestimmte Betäubungsmittel vorübergehend provoziert würde.

Das war auch der Grund für die Experimente, die ein anderer Psychiatrieprofessor, ein Freund von Jean Jacques, zu jener Zeit durchführte: Psychopharmakaversuche, bei denen sich Ruth Dreifuss im November 1963 sogar einmal als Testperson zur Verfügung gestellt hatte – ein Experiment, das sie danach monatelang verarbeiten musste, bis sie in den Sommerferien 1964 mehrere Wochen in Israel zubrachte und in einem Kibbuz nahe dem Toten Meer sowohl durch die strenge körperliche Arbeit unter der sengenden Sonne als auch durch die beglückende Kibbuzerfahrung in einer wunderschönen Landschaft endlich wieder zu voller Energie zurückfand.

François Jäggi interessierten die organischen Erklärungen der Schizophrenie weniger als die Vorstellung, dass die Krankheit von jungen Patienten in der Familienkonstellation angelegt sei. Sein Forschungsprogramm, an welchem Ruth Dreifuss teilnehmen sollte, zielte einerseits auf die exakte Beschreibung der Familientypen von jungen Schizophrenen, andererseits auf die Entwicklung einer Methode zur Früherkennung der Krankheit.

Und kaum nach Genf zurückgekehrt, steckte Ruth Dreifuss schon mitten in den Vorbereitungen dieses Projekts.

François Jäggi hatte es sich in den Kopf gesetzt, möglichen Vorzeichen der Krankheit mittels eines *grauenhaft präzisen, langen Fragenkatalogs,* wie sie sagte, auf die Spur zu kommen. Ihre Aufgabe bestand nun darin, erst alle gesicherten Erkenntnisse aus der Fachliteratur zusammenzutragen, um anschließend den Fragebogen auf dieser Basis gemeinsam mit ihm zu erarbeiten. Den letzten Schritt, die Interviews mit den Eltern von Patienten, sollte sie wiederum selbstständig durchführen.

Nach wochenlangen Vorarbeiten formulierte sie mit ihm also einen Testfragebogen. Endlich waren sie so weit, an die Eltern von Patienten der Klinik und des Rehabilitationszentrums heranzutreten. Ruth Dreifuss machte das erste Interview. Ein zweites ... Dabei sah sie, dass ihre Gesprächspartner plötzlich mit ihrem ganzen Schmerz konfrontiert wurden. *Die Situation,* so Ruth Dreifuss, *war furchtbar belastend für sie, die reinste Qual. Diese Familien hatten Probleme: Gefühle von Hilflosigkeit, Trauer und Schuld gegenüber ihrem kranken Kind. Wie konnte ich ein drittes und viele weitere Elternpaare mit meinen Fragen quälen? Diese Vorstellung war mir unerträglich.*

Gleichzeitig verlor Ruth Dreifuss das Vertrauen in François Jäggi. Wie groß, fragte sie sich, war denn die Chance, mit ihrem Fragebogen zu einem brauchbaren Forschungsergebnis zu kommen? Würde sich dieses Ergebnis jemals therapeutisch umsetzen lassen? Hatten sie tatsächlich alle Erkenntnisse mit berücksichtigt? Waren sie nicht bloß Tüftler und Bastler?

Wie aber sollte sie ihm diese Zweifel mitteilen? Jäggi stützte sich auf sie, er vertraute ihr. Sie war nicht bloß seine Angestellte, sondern fast eine zweite Tochter. Wie sollte sie ihm nun sagen: »Unser Fragebogen bereitet diesen Leuten unerträglichen Schmerz, ich kann ihnen das nicht zumuten.« Wie sollte sie Jäggi klar machen, dass ihre Fragen vielleicht nicht genügend ausgereift seien, dass sie persönlich die Erfolgschancen dieser Arbeit für verschwindend klein hielt?

Ruth Dreifuss wagte es ihm nicht zu sagen. Sie brachte es einfach nicht über sich, ihm alles offen zu legen. Das Dilemma war so ausweglos, dass es sie in eine schwere Krise, eine Depression stürzte.

Eine Neurose, versuchte sie später zu erklären, was mit ihr passiert war, *ist wie ein Öltropfen auf dem Wasser; er dehnt sich aus. Wie die Geschichte jenes Pfarrers, der stumm wurde: Weil der Pfarrer eine Geliebte hatte und diese Beziehung verheimlichen wollte, fiel es ihm immer schwerer, von der Kanzel herunter zu predigen, ja sogar eine Predigt zu schreiben, bis er völlig verstummte. Erst in der Behandlung kam der Grund seiner Stummheit, der »Öltropfen«, zutage.*

Ruth Dreifuss erlebte es ganz ähnlich: Ein drittes Interview durchzuführen war ihr absolut unmöglich. Nun aber brachte sie plötzlich auch nichts anderes mehr zustande. Saß nur stundenlang in ihrem Büro und starrte auf ein weißes Blatt Papier. So dehnte sich der Ölschleier langsam aus ...

François Jäggi erkundigte sich bei ihr, wo sie mit ihrer Arbeit stünde, ob sie vorankäme. Sie verheimlichte ihm, dass sie schon längst aufgegeben hatte. Inzwischen wartete er schon auf die ersten ausgefüllten Fragebogen. Und sie war wie gelähmt, fühlte sich schuldig über den Verrat an ihm und wusste noch nicht einmal, dass sie eben deswegen immer unfähiger wurde, ihre Lähmung abzuschütteln. Es war, wie sie Jahre später sagte, die schwerste psychische Krise, die sie je durchmachte, die einzige depressive Erfahrung.

Inzwischen war es längst Sommer geworden. Seit wie vielen Wochen stand ihr das Wasser nun schon bis zum Hals? Niemand aus ihrem Freundeskreis sah ihr an, dass sie dabei war, endgültig den Boden unter den Füßen zu verlieren. Kein Mensch bemerkte, dass sie hinter der geschlossenen Tür ihres Büros an sich selbst fast verzweifelte.

Konnte ihr jemand helfen? Jean Jacques hatte seit längerem eine Freundin. Claire-Lise war eine kluge, sympathische junge Frau, Ruth mochte sie gern. Sie hatten auch genügend Gesprächsstoff, Claire-Lise studierte an der Ecole d'études sociales wie sie selbst ein paar Jahre zuvor. Doch die Beziehung zu Jean Jacques hatte sich verändert, seitdem er Claire-Lise kannte. Das Zusammensein zu dritt war schwierig; Ruth und er mussten sich voneinander lösen, und das ging nicht ohne Spannungen ab.

Außerdem plante er, im Herbst nach Kanada zu übersiedeln, um am berühmten neurologischen Institut der McGill-Universität in Montreal einen Post-Doc in Hirnforschung zu machen. Da Claire-Lise ihm nach ihrem Schulabschluss im kommenden Frühjahr nachfolgen wollte, war zu befürchten, dass die beiden vielleicht sogar dort bleiben würden.

Also musste Ruth Dreifuss ihre Krise wohl aus eigener Kraft überwinden.

Wäre es nicht das Beste, dachte sie eines Tages im Herbst 1965 auf einmal, voller Verwunderung über den einfachen, einleuchtenden Gedanken, *wenn ich diese unselige Mitarbeit an Jäggis Forschungsprojekt endgültig abbrechen und mein Scheitern offen zugeben würde? Dann wäre ich auf einen Schlag befreit! Könnte ich wieder Perspektiven entwickeln. Neue Aufgaben übernehmen. Einen nützlichen Beitrag leisten.*

17 »Ganz die Alte« jedoch war Ruth Dreifuss nach dieser einschneidenden Erfahrung nicht. Und obschon sie später sagte, die Krise sei berechtigt gewesen und sogar nützlich, stand sie für eine Weile noch etwas unsicher auf den Beinen.

Zu unsicher, um die längst fällige Aussprache mit François Jäggi sogleich hinter sich zu bringen und ihr Versagen zuzugeben. Sie brauchte erst eine Art Therapie zur eigenen Rückenstärkung: eine herausfordernde, schrittweise lösbare Aufgabe, damit sie schließlich mit einer überzeugenden »Ersatzleistung« vor ihn hintreten könnte.

Eine Broschüre mit dem Titel »L'Hygiène mentale à Genève«, fünfundvierzig Seiten Text, Tabellen und Grafiken, alles Wissenswerte über die verschiedenen psychiatrischen Einrichtungen von Genf: François Jäggi war begeistert über die seriöse Arbeit, die ihm seine Assistentin Dreifuss ein paar Monate später vorlegte, und er sorgte dafür, dass das Exposé im Frühjahr 1966 als Publikation der psychiatrischen Universitätsklinik Bel-Air veröffentlicht wurde.

Dass das Büchlein noch etwas ganz anderes darstellte, nämlich den sichtbaren Erfolg ihrer »Selbstbehandlung« einer Depression, musste ihm Ruth Dreifuss erst erklären. Nun, da sie endlich den Mut dazu fand, gab sie alles zu. Einschließlich ihrer Sorge um seinen Ruf als Wissenschaftler, falls er sich nicht dazu entschließen könne, das ganze Fragebogenprojekt offiziell abzublasen.

Natürlich war er enttäuscht – und gezwungen, den Sinn seiner Schizophreniestudie neu zu überdenken, worauf er sie tatsächlich aufgab.

Seiner Mitarbeiterin Ruth Dreifuss verschaffte er eine andere Beschäftigung, und zwar in der Patientenbetreuung auf der Wiedereingliederungsabteilung, wo ihre Fähigkeiten künftig besser zum Zuge kommen sollten: Über Nacht zur Lehrerin befördert, durfte sie von nun an Psychiatriepatientinnen und -patienten in Französisch, Mathematik und – seltsame Fügung – kaufmännischen Fächern unterrichten. Und alle waren zufrieden: Während Jäggi seine geschätzte Ruth in der Nähe behielt und die Kursbesucher von einer Lehrerin profitierten, die den Lernstoff so vermittelte, dass er im Alltag »draußen« auch brauchbar sein würde, konnte sie selbst neues Selbstvertrauen entwickeln – ein, wie sie sich ausdrückte, *viel stärkeres Selbstvertrauen* als jenes, das sie bei ihren quälenden Elternbefragungen verloren hatte.

Nebenbei gesagt, leisteten sogar ihre eigenen Orthographie- und Grammatiklektionen einen kleinen Beitrag zu dieser Stärkung. So, wie sie nämlich einst unterrichtet worden war im Kindergarten, hatte sie sich zwar in kurzer Zeit große Fertigkeit im Lesen angeeignet. Durch die so genannte lecture globale, die auf dem Lesenlernen ganzer Wörter aufbaute, war ihr aber zugleich eine praktisch unüberwindbare Flüchtigkeit antrainiert worden, so dass Ruth Dreifuss nie ganz fehlerfrei schreiben konnte und zur Vermeidung peinlicher Schnitzer immer vieles im Wörterbuch nachschlagen musste. Spontane Eintragungen in Gästebücher beispielsweise waren für sie, wie sie mit ironischer Übertreibung feststellte, *zeitlebens die reinste Qual.* Immerhin machte sie durch ihren Französischunterricht am Rehabilitationszentrum endlich ein paar Fortschritte ...

Jean Jacques Dreifuss arbeitete nun in Kanada. Seit seiner Abreise war Ruth ganz auf sich gestellt – zum ersten Mal im Leben. Doch er konnte ohne Sorge sein: Ihr ging es wieder gut, sie kam auch allein zurecht. Wäre er in Genf geblieben, hätten sie sich ohnehin nur noch selten gesehen. Das Collège du soir beanspruchte inzwischen den größten Teil ihrer Freizeit. Zwei Stunden Unterricht jeden Abend, vier

Stunden am Samstag, Aufgaben und Prüfungsvorbereitungen am Sonntag: Wer das alles neben der täglichen Berufsarbeit durchstehen wollte, war am besten frei von familiären Bindungen.

Ruth Dreifuss hatte keinerlei Schwierigkeiten, den Stress und die schulischen Anforderungen zu meistern: *In jedem Fach, jedem Examen,* sagt ihre damalige Mitstudentin Christiane Grandmousin, *war Ruth besser als die anderen, und sie musste längst nicht so viel büffeln wie wir.*

Christiane Grandmousin erweckte Ruths Interesse, weil sie sich ebenfalls intensiv mit der Politik beschäftigte, und obschon sie ideologisch nicht ganz einer Meinung waren, verkaufte Ruth ihr *natürlich gleich ein Abonnement von* »*Domaine Public*«, wie sie sich lachend erinnert.

Mit drei ihrer Klassenkollegen trafen sich Ruth und Christiane bis über die Matura hinaus, ja bis zum Abschluss des ersten Studienjahres an der Universität, regelmäßig zu Hause zum Lernen. Schließlich vermittelte Ruth Dreifuss ihrer Kollegin noch eine Stelle im Centre psychosocial, so dass auch Christiane Grandmousin dort unterrichten konnte.

Enge Freundinnen aber wurden sie trotzdem nicht. Gerade deshalb war ihre Beziehung ein typisches Beispiel für die Art von Ruth Dreifuss, offen und hilfsbereit auf andere zuzugehen und neue Bekannte spontan anzunehmen, gleichzeitig jedoch klar zu bestimmen, wo sie die Grenzen der Nähe sah.

Über intime Einzelheiten ihres Lebens hatte sich Ruth Dreifuss immer ausgeschwiegen, und den meisten Freundinnen und Freunden war es schon passiert, dass sie auch weniger heikle Fragen sehr kühl und kurz angebunden mit einem Themenwechsel beantwortet hatte. Das wäre wohl nicht sonderlich aufgefallen, hätte sie selbst nicht so viel spürbaren Anteil am Leben anderer genommen.

Gemäß Jean-Daniel Delley, der Ruth ebenfalls in der Studienzeit traf, jedoch erst später mit ihr befreundet war, als er in den frühen Siebzigerjahren zum »Domaine Public«-Zirkel stieß, konzentrierte sie sich im Gespräch stets mit so viel Aufmerksamkeit auf ihr Gegenüber, *dass man unweigerlich das Gefühl hatte, in dem Moment für sie einzigartig zu sein. Und dass die Probleme oder Leiden anderer Menschen sie mehr interessierten als die eigenen.* Dabei erkundigte sich Ruth regelmäßig auch nach allen Familienmitgliedern, der Gesundheit der Eltern, der Entwicklung der Kinder, dem Wohlergehen der Brüder und Schwestern, selbst wenn sie niemanden von ihnen jemals getroffen hatte. *Bis schließlich keine Zeit mehr blieb, um etwas über Ruth zu erfahren,* wie ihre Freundin Gabrielle Antille, damals Assistentin und seit 1990 Professorin an der Genfer Universität, ein bisschen schuldbewusst hinzufügt.

Dass sich *Ruth von dieser Anteilnahme für andere fast auffressen ließ,* fand Jean-Daniel Delley umso bedauerlicher, als ein nicht ausgesprochen leutseliger Mensch wie er viel später, nachdem Ruth Dreifuss zu höchsten politischen Ehren gekommen war (und bei ihm und seiner Frau abzusteigen pflegte, bis sie in Genf wieder eine eigene Wohnung hatte), jeden Spaziergang an ihrer Seite geradezu *als Fegefeuer* erleben sollte, *weil sie dauernd irgendwelchen Leuten begegnete und von allen wissen wollte, wie es ihnen denn so ginge.*

Tatsächlich staunten manche Leute in ihrem Umfeld nicht selten darüber, wie schnell Ruth jeweils von »Freunden« redete, wenn sie neue Bekanntschaften gemacht hatte, wie leicht es aber umgekehrt passieren konnte, dass sie sich auch engeren Vertrauten in bestimmten Situationen einfach entzog.

Ruth Dreifuss konnte ihr Verhalten erklären: Nach ihrem Verständnis gehörten eben nicht bloß ein paar auserwählte Menschen zu ihren »Freundinnen und Freunden«, sondern auch viele, die eines Tages zufällig ihren Weg kreuzten und in ihrem Leben für eine gewisse Zeit eine Rolle spielten – weil sie mit ihr zur Schule gingen, zusammenarbeiteten, gemeinsam politisch aktiv waren oder irgendwie Hilfe brauchten.

Jemandem zu begegnen, sagte sie in einem TV-Interview einmal, sei für sie immer der Anfang einer Verpflichtung, und je schwächer ein Mensch sei, desto mehr fühle sie sich ihm verpflichtet.

Nichts, erklärte sie weiter, *hat mich so stark geprägt wie die Shoah – was sehr schwer zu erklären ist, wenn man sie nicht selbst erlebt hat. Die Shoah ist für mich eine Art Symbolsprache mit Bildern, die das Leben und den Abgrund vor Augen führen. Die Deportationszüge sind eines dieser Sinnbilder. Jene Güterwaggons waren vollgepfercht mit Menschen, die sich zum größten Teil nie zuvor begegnet und doch gegenseitig verantwortlich waren, weil sie miteinander versuchen mussten, so viel Menschlichkeit wie möglich hinüberzuretten.*

Und diese Aufgabe galt es nach ihrer Überzeugung auch unter normalen Lebensumständen wahrzunehmen.

Ruth ist eine tief moralische Persönlichkeit, sagt Jean-Claude Favez, ein anderer ihrer engsten Freunde aus dem »Domaine Public«-Zirkel. *Ihre Einstellung gegenüber den Mitmenschen, ihr Nachdenken über Leben und Tod waren immer von dieser moralischen Haltung geprägt. In diesem Sinne hatte Ruth, obgleich sie nicht religiös war, zweifellos eine spirituelle Vision vom Leben. Einen gewissen Glauben an die Bestimmung des Menschen hat sie nie aufgegeben.*

Persönlich konnte der Historiker Favez damit nur wenig anfangen, wie er lächelnd hinzufügt; als ihr Freund wusste oder ahnte er jedoch, dass eben der Glaube an eine Bestimmung Ruth Dreifuss das innere Gleichgewicht gab, das er für eine ihrer größten Stärken hielt.

In diesem Sinne verstand sie auch die Aufgabe, »die Menschlichkeit an sich zu retten«: als einen Dienst an der Gesellschaft, den sie für etwas völlig Selbstverständliches hielt und entsprechend zwanglos in ihrem Alltag lebte. *Der Begriff »Dienst«, schloss sie, darf eben nicht als mühselige, freudlose Belastung aufgefasst werden. Ich habe durchaus meinen Spaß dabei.*

Wer sie kannte, glaubte Ruth Dreifuss aufs Wort. Leichtsinnig und übermütig, wie sie in jüngeren Jahren bei aller tiefen Ernsthaftigkeit gewesen war, verhielt sie sich mitunter auch im Alter von fünfundzwanzig, dreißig Jahren noch; nur wusste sie ihre sprichwörtliche Emotionalität, diese heftigen »Leidenschaften der Seele«, wie die Philosophen früher gesagt hätten, inzwischen besser zu zügeln. *Und wenn ihr das nicht ganz gelang,* sagt Favez, *wenn sie in ihrer Emotionalität manchmal doch ein bisschen übertrieb, machte das auch nichts. Ruth wirkte nie lächerlich, weil sie vollkommen authentisch war. Sie konnte gar nicht anders, als sich durch sehr viele Dinge berühren zu lassen – was sie aber nicht davon abhielt, ihre Gefühle intelligent zu »gebrauchen«.* Zählte er zu diesen Qualitäten noch *ihre bemerkenswerte Intuition und das Talent, im persönlichen Umfeld auf völlig natürliche Weise die Führungsrolle zu übernehmen,* bemerkte er dabei, *wie sehr sie es liebte, im Zentrum zu stehen, und wie bereitwillig die anderen Ruth Dreifuss auch als Chefin akzeptierten,* zweifelte er nicht daran, *dass sie für eine politische Laufbahn geradezu geschaffen war.*

Tatsächlich war Dreifuss von der Geschäftsleitung der Genfer SP inzwischen zur Vizepräsidentin ihrer Jugendorganisation »Jeunesse socialiste« gewählt worden, obschon sie sich beim Parteieintritt zwei Jahre zuvor alles andere als ein politisches Amt an den Hals gewünscht hatte. Dass sie den Posten nun brav akzeptierte, hatte für sie keinerlei Beigeschmack von Inkonsequenz oder Unglaubwürdigkeit. *Erstens*, erklärte sie dazu, *war das kein erster Schritt in eine politische Karriere, sondern eine Arbeit, die nun einmal jemand übernehmen musste. Zweitens galt für mich keine Parole einfach so, von vornherein; ich wollte Probleme immer gemeinsam erörtern. Abgesehen davon hatte ich das Parteileben gern. Deswegen arbeitete ich auch stets loyal mit, das kann ich für mich in Anspruch nehmen.*

Die Juso-Vizepräsidentin hätte allerdings nicht geleugnet, dass ihr »Domaine Public« immer noch wesentlich mehr bedeutete als die Partei. Dabei war sie nicht bloß vom Ehrgeiz getrieben, ein gutes Meinungsblatt aus der (laut Favez) *bizarren kleinen Zeitung* zu machen, *die ihre Leserschaft in allen möglichen, zum Teil sogar elitären rechts stehenden Kreisen, aber nicht unbedingt in der SP fand.*

Gewiss hatten sie beide und ihre Redaktionskollegen mit »Domaine Public« nach wie vor einiges im Sinn, umso mehr, als manche Leute gemäß der Erinnerung des langjährigen Welschlandkorrespondenten des »Tages-Anzeigers«, Marcel Schwander, ganz offen höhnten, diesen einen Bogen bedruckten Papiers, dieses federleichte, unbedeutende Blättchen im schweizerischen Blätterwald könne man doch wohl nicht ernst nehmen.

Abgesehen davon, dass das »Blättchen« kritischen Lesern wie Schwander *in Bezug auf den Umfang eher zu klein war – verglichen mit seinem intellektuellen Format und Einfluss –*, strengte sich »Domaine Public« nicht an, im Wettstreit mit all den übrigen Blättern zu rauschen. Was von der Westschweiz her im ganzen Land zu hören sein sollte, waren andere, unerwartete Töne: »Störaktionen beim allgemeinen Danksagungsgebet«, wie André Gavillet es einst umschrieben hatte.

Und die Zwischenrufe wurden gehört; die kritische Einmischung in alle wirtschaftlichen, politischen, sozialen und kulturellen Fragen der Schweiz erschien inzwischen immerhin mehr als zweitausend Leserinnen und Lesern so wünschenswert oder notwendig, dass sie »Domaine Public« abonniert hatten.

Doch obwohl Ruth Dreifuss unbestritten zum »harten Kern« der Gruppe gehörte, jenen paar Leuten um Gavillet also, welche die politische Linie der Zeitung wesentlich prägten, und obwohl sie kaum eine Redaktionssitzung verpasste, unermüdlich die Diskussion vorantrieb, Themenvorschläge, politische Analysen, Recherchen (etwa für eine höchst erhellende Artikelserie über den schweizerischen Kapitalismus und dessen weltweite Verflechtung) einbrachte, war ihr das publizistische Resultat der gemeinsamen Anstrengungen möglicherweise weniger wichtig als der emotionale Gewinn, den sie aus dieser Arbeit zog.

Seit vielen Jahren verbrachten sie einen beträchtlichen Teil ihrer Freizeit zusammen. Sie waren sich in unzähligen Debatten in die Haare geraten, hatten tage- und nächtelang politisiert, gelacht, palavert (und dazu gut gegessen und getrunken), waren fraglos füreinander da, wenn einer von ihnen privat einmal Hilfe brauchte.

Kein Zweifel: In dieser Gemeinschaft fühlte sich Ruth Dreifuss »zu Hause« wie nirgendwo sonst, geborgen wie einst in ihrer Familie. Mit einigen der Freunde verstand sie sich so gut, dass sie eher Brüder oder Lebensgefährten in ihnen sah. Nähe, Vertrautheit, Komplizenschaft, gegenseitige Förderung und bedingungslose Verlässlichkeit – was immer den besonderen Charakter und Reiz familiärer Beziehungen ausmacht, die »Domaine-Public-Bande« konnte es ihr bieten.

Ob sie in einer »normalen« Paarbeziehung glücklich geworden wäre? Wer weiß. Immerhin stellte sie später fest, diesem oder jenem bereits verheirateten oder allzu bindungsscheuen Freund leider zum falschen Zeitpunkt begegnet zu sein.

Wurde Ruth Dreifuss aber direkt darauf angesprochen, wann sie denn ernsthaft nach einem passenden Ehepartner Ausschau halten wolle – sie ginge mittlerweile doch schon auf die Dreißig zu –, antwortete sie ihren mütterlichen Freundinnen May Lichtenstein oder Victoria Tonus mit mildem Lächeln: Heiraten sei für die einen gut und recht. Die anderen blieben lieber ledig. Sie persönlich gehöre der zweiten Gruppe an.

Daraus zu schließen, sie habe sich plötzlich auf die Seite der »Emanzen« geschlagen, wäre jedoch falsch. Kein Mensch in ihrem Bekanntenkreis erinnert sich, aus dem Mund der jungen Ruth Dreifuss jemals feministische Schlagworte vernommen zu haben. Tatsächlich wurde sie erst gegen Ende der siebziger Jahre von der Frauenbewegung eingeholt. All die Jahre zuvor hatte sie schlicht kein Bedürfnis, sich darauf einzulassen.

Dafür gab es mehrere Erklärungen: So war sie zum Beispiel allen Ernstes überzeugt, *das Gröbste in Sachen Gleichstellung* sei Anfang der sechziger Jahre schon erreicht worden, als die Waadtländer, Neuenburger und Genfer Männer ihren Frauen das Stimm- und Wahlrecht wenigstens auf Kantons- und Gemeindeebene zuerkannten. Ganz stolz auf die Fortschrittlichkeit der Welschen, hatte Ruth Dreifuss von da an fest mit der Lernfähigkeit und Einsicht aller übrigen Schweizer gerechnet. Bis es so weit wäre, dass jede Frau über die Geschicke des Landes mitbestimmen könne, schien ihr somit nur noch eine Frage der Zeit.

Zweitens war die prägende Männerfigur ihrer Kindheit alles andere als ein Despot gewesen. Undenkbar, dass der Vater das typisch männliche Überlegenheitsgehabe herausgekehrt und die Mutter als Frau ohne Bürgerrechte bevormundet hätte. Im Gegenteil: Sidney hatte sich immer geärgert, wenn das Frauenstimmrecht in kantonalen Abstimmungen ein weiteres Mal verworfen wurde, und dazu hatte er von 1919 bis zu seinem Tod 1956, also in knapp vierzig Jahren, fünfundzwanzig Mal Grund. Hätte es in Sidneys Macht gelegen, wären die Männer für ihre Arroganz konsequenterweise mit dem *Entzug* der Bürgerrechte bestraft worden.

An der traditionellen Rollenverteilung im Privatleben hielt er allerdings fest. Das konnte ihm Ruth nicht zum Vorwurf machen, solange sich die Mutter allem Anschein nach willig in ihr Schicksal fügte und keineswegs zurückgesetzt fühlte. Abgesehen davon hatte Sidney auch seine Tochter – und das war wohl der entscheidende Grund für ihr Desinteresse am »Geschlechterkampf« – nicht wie ein Chauvinist behandelt. Im Gegenteil: Hätte sie nicht so viel Wertschätzung und ermunternde Anteilnahme erhalten, wäre Ruth wohl kaum jenes stolze, selbstbewusste Mädchen gewesen, das stets wusste, was ihm zustand.

Wenn man so will, war sie schon emanzipiert gewesen, als ihr der kluge Ausdruck des kleinen Jean-Pierre im Puppenwagen noch lange nicht ausreichte, um sich als braves Hausmütterchen zu fühlen. Und so hingebungsvoll Jeanne sich ihrer häuslichen Alltagsarbeit widmete – Ruth konnte die Freude nicht nachvollziehen. Scharfsinnige Debatten fand sie wesentlich reizvoller.

Wahrscheinlich erwartete Jeanne, ihre Tochter würde irgendwann ganz selbstverständlich in die Hausfrauen- und Mutterrolle hineinwachsen. Doch sie irrte. Ruth hatte sich in ihrer Kindheit, als sie eines Tages »Sioïn« erfand und der Familie den kleinen Jungen vorspielte, nicht zufällig eine männliche Identität verschafft. Und dass der grenzenlos bewunderte Vater sie im Gespräch genauso ernst nahm wie seinen Sohn, blieb für ihr Selbstwertgefühl nicht folgenlos.

Ruth Dreifuss war nie »nur ein Mädchen« gewesen. Entsprechend fremd schien ihr die Idee, später auf einmal »nur Hausfrau« zu sein. Die Gesellschaft sah für Frauen aber nicht viel mehr vor. Warum jede Frau, unabhängig von ihren Talenten und Neigungen, letztlich auf ihre »weibliche Bestimmung« reduziert wurde und bloß das erreichte, was die Männer ihr zubilligen wollten, hatte die französische Philosophin Simone de Beauvoir in »Le Deuxième Sexe« schon 1949 analysiert. Ruth Dreifuss kannte das Buch sehr wohl. Sie wusste auch, dass die Basler Anwältin Iris von Roten für ihre »offenen Worte zur Stellung der Frau«, die sie 1958 im Buch »Frauen im Laufgitter« zu formulieren wagte, entsetzlich verunglimpft wurde und dass dies die Richtigkeit ihrer Thesen auf geradezu erschreckende Weise untermauerte.

Beide Standortbestimmungen machten nicht wenigen Schweizerinnen zum ersten Mal bewusst, dass die fehlende politische Gleichberechtigung bei weitem nicht ihr einziges Problem in dieser patriarchalen Gesellschaft war; viele Feministinnen entschlossen sich dazu, nun endlich gemeinsam gegen rechtliche und wirtschaftliche Diskriminierung, sexuelle Ausbeutung, Abhängigkeit und Unterdrückung vorzugehen. Ruth Dreifuss nahm es zur Kenntnis.

Doch sie kämpfte nicht mit. Sie kämpfte, genauer gesagt, nicht gemeinsam mit den Frauen, aber auch nicht gegen die Männer. *Mein Einsatz,* erklärte sie dazu, *galt vielmehr einer gesellschaftlichen Gleichstellung, welche den Feminismus einschloss, gleichzeitig aber darüber hinausging beziehungsweise breiter angelegt war. Gerade das Interesse für die Dritte Welt ließ mir die Frauenbewegung anfänglich als etwas Zweitrangiges, ja als Luxus erscheinen. Erst später, über die Realität der Arbeitswelt, begann ich mich mit den speziellen Formen der Ausbeutung von Frauen grundlegend zu beschäftigen. Dennoch war und ist mein Feminismus nicht eine ausschließliche Priorität, sondern ein Teil meines sozialistischen und demokratischen Engagements.*

18 Anders als viele Feministinnen hegte Ruth Dreifuss »den« Männern gegenüber denn auch keinen grundsätzlichen Groll. Zwar hatte auch sie, wie die meisten Mädchen, in ihrer Schulzeit ein paar bestürzende Dinge erlebt; andere hätten von sexueller Belästigung gesprochen. »Zwischenfälle«, »unerfreuliche Erlebnisse«, wie immer sie es bei sich nannte – sie hatte niemandem davon erzählt und war mit der Zeit darüber hinweggekommen.

Vielleicht ließ eben diese relative Unversehrtheit Ruth Dreifuss so lange nicht einsehen, was sie mit der Frauenbewegung verbinden sollte. Dafür musste sie sich später nicht selten die Frage gefallen lassen, warum sie eine halbe Ewigkeit zugewartet habe, ehe sie solidarisch mit anderen gegen die real existierende, tägliche Benachteiligung der Frauen zu kämpfen begann.

Weshalb ließ sie es bleiben, obwohl sie in jenen Jahren für alles mögliche auf die Barrikaden ging? Wieso leistete sie erst sehr spät ihren Beitrag zu einer allgemeinen Bewusstseinsänderung? Sogar viele Frauen glaubten ja, das tradierte Rollenverständnis habe noch immer seine Gültigkeit, weil es letztlich der »starken« beziehungsweise »schwachen« Natur der Geschlechter entspräche. Ruth Dreifuss wusste es besser. Warum also machte sie nicht schon damals klar, dass sich diese Vorstellungen in der Gesellschaft seit Generationen einfach »vererbt« hatten? Und dass man dieses unselige Erbe, anders als abstehende Ohren oder mangelnde Begabung für Musik, entschieden zurückweisen könne?

Sie setzte, wie sie sagte, *andere Prioritäten*. Die feministische Bewegung – der es zu verdanken war, dass Frauen wie Ruth Dreifuss mit der Zeit endlich die eine oder andere

Führungsposition errangen – interessierte sie zu wenig. Rational fand sie die Chancenungleichheit, wie sie in Interviews später sagte, zwar schon allein deshalb *dumm, weil sich die Gesellschaft eines riesigen intellektuellen und kreativen Potenzials beraubte,* wenn sie die Frauen wo immer möglich zurückband. Trotzdem war Ruth Dreifuss noch nicht so weit, die Notwendigkeit gemeinsamer Kampfmaßnahmen zu *spüren,* wie sie es heute formuliert.

So ähnlich, wie der tumbe Riese darüber staunt, dass die Menschen Bäume nicht einfach mitsamt den Wurzeln ausreißen, dachte Dreifuss über die so genannte Frauenfrage: Wollten die Frauen nicht als das »schwache Geschlecht« abgestempelt werden, erklärte sie einmal im Schweizer Fernsehen, müssten sie ihrer Meinung nach eben Stärke beweisen, indem sie *glaubwürdige Analysen ihrer gesellschaftlichen Ungleichheit* vorlegten und dann daran gingen, *ihre Bedürfnisse selber zu artikulieren* und auch durchzusetzen.

Für sie selbst kein Problem! Menschenwürde, davon war sie zutiefst überzeugt, schloss auch das Recht ein, sich seinen Platz in der Gesellschaft selbst wählen zu dürfen. Die Nebenrolle innerhalb der Familie – schließlich ging nichts über den Stammhalter – war ihr ungefragt zugefallen. Dass sie jedoch nicht verpflichtet war, den elterlichen Wünschen zu entsprechen und den für sie vorgesehenen Lebensplan zu verwirklichen, war für sie immer klar. Ruth Dreifuss dachte ja nicht daran, sich je als »Nur-Hausfrau« von einem Mann »ernähren« zu lassen. Entgegen der einstigen Erwartung ihrer Eltern sorgte sie von sich aus für ihre eigene – auch wirtschaftliche – Autonomie.

Das alles erklärte aber nur zum Teil, warum sie nicht zu heiraten gedachte. Hätte sie mit ein bisschen Anstrengung und Glück nämlich einen Mann gefunden, der ihre persönliche und berufliche Selbstständigkeit akzeptiert hätte und (im Gegensatz zu ihren Busenfreunden) zudem noch »frei« gewesen wäre, so hätte Ruth Dreifuss dennoch bezweifelt, dass das traditionelle Arrangement bei ihr funktionieren würde.

Zwar kannte sie mehrere verheiratete Paare, die redlich um ein ausgewogenes Verhältnis bemüht waren. Trotzdem lebten auch diese, wie sie beobachtete, *auf ungesunde Art* zusammen: wenn der Mann seine berufstätige Frau nämlich in der Freizeit mit den häuslichen Pflichten allein ließ, um sich selbst den Rücken für öffentliche Aufgaben freizuhalten.

Ruth Dreifuss nahm mit ihrer Arbeit für Partei und »Domaine Public« bereits eine solche öffentliche Aufgabe wahr, und das Studium machte sie nur, um mit fundierteren Kenntnissen politisieren zu können. Unter diesen Umständen musste sie, wie sie in Interviews später erklärte, wohl damit rechnen, dass sich ein Partner eines Tages unfreiwillig die Schürze umbinden und, *noch schlimmer,* in ihrem Schatten fühlen würde. Sollte sie ihren Liebsten also zu Hause im Stich lassen, während sie sich mit Wichtigerem als Frühlingsputz und Wäschepflege beschäftigte? Nein. Lieber wollte sie einen viel versprechenden politischen Posten, einen interessanten Job ablehnen. Oder aber beruflich und politisch aktiv sein und dafür nicht heiraten.

Gleiche Rechte mit gleicher Rücksichtslosigkeit durchzusetzen kam für sie nicht in Frage. Und sie glaubte, indem sie als »glücklich unverheiratete« Frau ihren eigenen Vorstellungen entsprechend lebte, zweierlei aufzuzeigen: dass es »gesünder« sei, die egoistischen Verhaltensmuster der Männer nicht zu kopieren, und dass die Frauen in dieser männerdominierten Welt durchaus bestehen könnten, wenn sie nur wollten.

Gab es denn etwas, das eine Frau wie sie nicht fordern oder leisten, erreichen oder ablehnen konnte? Diese stolze Selbstsicherheit, die Ruth Dreifuss in jeder Lebenslage ausstrahlte, imponierte ihren Freunden ungemein. *Für einen intelligenten Mann,* sagen »Domaine Public«-Freunde, Parteigenossen, ehemalige Kommilitonen und Arbeitskollegen übereinstimmend, *war Ruth eine absolut bemerkenswerte Frau, sogar wenn er nicht ganz ihre Brillanz und ein bisschen Angst vor ihr hatte.*

Durch ihren Intellekt erwarb sie sich im Kreis der männlichen Kollegen Achtung und Autorität. Dennoch konnte sie nicht verhindern, dass sie wie alle anderen Frauen auch als geschlechtliches Wesen wahrgenommen wurde. Und dass die Freunde über ihr äußeres Erscheinungsbild, ihren besonderen weiblichen Stil weit weniger günstig urteilten, gaben sie freimütig zu.

Keiner, der nicht darüber gespöttelt oder zumindest gestaunt hätte: Diese bunt gemusterten Hausfrauenröcke und -kleider, die sie immer trug *(nicht eben sexy),* jener bodenlange beigefarbene Wintermantel mit Kapuze, in welchem sie eines Tages an der Universität aufkreuzte *(ein unsäglicher Anblick),* die Art, wie sie ihr langes Haar zu Zöpfen flocht oder um den Kopf drapierte und im Nacken feststeckte *(furchtbar altmodisch),* ihr fleißiges Stricken während der meisten Sitzungen *(tantenhaft)* – all das wurde registriert und gewertet. Und wenn sie sich zur Abwechslung ein hübsches Kopftuch umband und so einen schicken Touch zu verpassen meinte, klopfte ihr selbst Favez, einer der besten Freunde, lächelnd auf die Schulter und sagte: *Ruth, trägst du heute einen Turban à la Golda Meïr? So siehst du aus wie die leibhaftige jiddische Mame!*

Ruth Dreifuss gestattete sich – selbstbewusst auch in dieser Beziehung – einen Stil, der niemandem außer ihr zu gefallen brauchte. Favez' Spott ließ sie zwar nicht kalt, wie er feststellte. *Doch verführerisch auszusehen interessierte sie zu wenig,* sagt er, *als dass sie sich besondere Mühe gegeben hätte. Was an ihr verführerisch wirkte, waren vielmehr ihre Persönlichkeit und ihre Ideen.*

Falls er damit, etwa aus Rücksicht auf die wohl gehüteten Geheimnisse ihrer Intimsphäre, ausdrücken wollte, Ruth Dreifuss habe kaum sinnliche Ausstrahlung und Bedürfnisse gehabt, geht seine Diskretion ein bisschen zu weit. Denn sie selbst machte es sich nach und nach zur Gewohnheit, öffentlich auch über diese Lebensaspekte einer unverheirateten Frau zu reden – nicht zuletzt, um gegen das Image von »Blaustrumpf« und »alter Jungfer« anzutreten, das ihr hie und da angehängt wurde.

Dabei kritisierte sie nicht die Vorurteile, sondern die getrübte Wahrnehmung. Wer eine unverheiratete Frau wie sie nämlich bedauerte, weil er die Ehe für die einzig erstrebenswerte Lebensform hielt, vergaß ihrer Meinung nach, dass sich Gefühle auf andere Art genauso befriedigend ausdrücken ließen. Und dass freie Liebesbeziehungen erlaubten, sich sowohl emotional zu verwirklichen als auch ungehindert die beruflichen Ziele zu erreichen, die eine Frau ihrer Generation anstreben konnte, seit das klassische Rollenverständnis zumindest in Ansätzen hinterfragt wurde.

Im Übrigen war sie ehrlich genug, nicht bei gesellschaftspolitischen Analysen stehen zu bleiben. Denn die *formidable Freiheit* ihrer Generation schloss, wie sie betonte, noch etwas sehr Wesentliches mit ein: die großartige sexuelle Freizügigkeit, welche die Frauen zu jener Zeit gekannt hätten. Noch galt die Pille ja ausschließlich als Segen, und Geschlechtskrankheiten kannte man in einem Land wie der Schweiz fast nur noch aus Büchern.

Wurde sie also direkt nach ihren persönlichen Erfahrungen befragt wie beispielsweise in einer Homestory der »Schweizer Illustrierten« im Frühjahr 1993 (»Ruth Dreifuss ganz privat«, komplett mit Fotos ihrer guten Stube und des Schlafzimmers, wo sie soeben auf dem Bett saß und telefonierte) gab sie auch eine unverblümte Antwort: *Klar hatte ich den einen oder andern Freund, was meinen Sie denn?*

Liebe, Erotik und Leidenschaft gehören zum Leben. Auch zu meinem. In dieser Beziehung bin ich alles andere als zu kurz gekommen.

Wieso hätte Ruth Dreifuss auf diese »formidable Freiheit« verzichten sollen? Alles sprach doch dafür, sie um keinen Preis aufzugeben: Erotische Beziehungen ließen sich bei gleichzeitiger Ungebundenheit in vollen Zügen genießen. Nestwärme fand sie im Kreis ihrer zahlreichen Freundinnen und Freunde. Über Job und berufliche Weiterbildung bestimmte sie allein. Über ihr Geld ohnehin. Was sie sich leisten wollte, konnte sie auch bezahlen: große Wohnung, Putzfrau, eigenes Auto, gelegentliche Ferienreisen, Bücher . . .

Nichts fehlte in ihrem Leben.

Außer eigenen Kindern. Die aber wollte sie nicht, weil sie persönlich, so ihre Erklärung, *größte Mühe gehabt hätte, das Leben umzustellen und befriedigend zu organisieren,* selbst wenn der Vater ihrer Kinder bei aller Haushalts- und Erziehungsarbeit mit angepackt hätte. Familien- und Berufsleben, sagte sie, seien so oder so *nicht kompatibel:* Entweder man versuche sich beruflich ins Zeug zu legen und vernachlässige dafür die Kinderbetreuung. Oder die Kinder gingen vor, wodurch wieder die berufliche Entfaltung auf der Strecke bliebe.

Dem hatte Ruth Dreifuss, da ihr somit auch die letzte Frage zu dem Thema hinlänglich beantwortet schien, nichts beizufügen, obschon sie sich mit zunehmender Bekanntheit bald in jedem Interview von neuem darüber auslassen musste, weshalb sie »ledig und allein« geblieben sei. Mit der Zeit wurde es schon fast langweilig, immer dasselbe zu erzählen. Wenigstens hatte sie ihre Antworten aber stets griffbereit.

Stichhaltig waren sie alle, abgesehen von der angeblichen Mühe, ihr Leben zu organisieren. Denn sie war ja geradezu eine Meisterin darin, bewältigte problemlos Lehrerjob,

Studium, Parteimandat, Zeitungsarbeit – und nicht genug damit: Ruth fand auch noch Zeit und Kraft, zu Hause ein privates Durchgangsheim oder Dauerasyl für Schutz suchende Freunde zu unterhalten.

Manche, die in schäbigen Pensionen irgendwo in Genf auf bessere Zeiten warteten, kamen nur, um bei ihr zu essen und nächtelang darüber zu reden, wie man die Welt verändern müsste: der heimatlose Algerier Saad Abssi beispielsweise. Oder Michel Raptis alias Pablo, ein trotzkistischer Berufsrevolutionär, der in Griechenland, Algerien, Chile, ..., auf jedem heißen Pflaster gelebt hatte.

Andere ließen sich bei ihr gleich nieder, wie jene paar untergetauchten spanischen Revolutionäre, die es vorzogen, für ein paar Monate in ihrem sicheren Versteck zu bleiben. Oder die Französin Annette Beaumanoir, die nach Ben Bellas Sturz Hals über Kopf aus ihrer Wahlheimat Algerien abgereist und wegen ihrer früheren Unterstützung der FLN in Frankreich noch immer polizeilich gesucht war: Sie und ihr kleiner Sohn wohnten von 1965 bis 1967 in der Rue de Lausanne. Und wie in ihrem Fall mussten Isabelle und Génia Vichniac, die alten Kämpfer, auch sonst nie lange auf Ruth Dreifuss einreden, wenn es jemanden unterzubringen galt. Dann standen ab und zu auch noch amerikanische Freunde von Jean Jacques vor der Tür. Alle Gäste brauchten ein Bett oder zu essen, alle hatten eine Geschichte zu erzählen.

Kaum waren sie versorgt, kam Annette – sie leistete als Kinderneurologin und Epilepsiespezialistin Gratisarbeit in einer Klinik – von ihrem Dienst zurück. Und schon begann das Geschrei: Ihr zwölfjähriger Sohn machte ihr Vorwürfe; er hatte die Nase voll von ihrem rastlosen Leben, stampfte, schrie, stürzte sich auf Annette, wenn sie abends noch ausgehen wollte, versuchte sie am Gehen zu hindern ... Ruth trat dazwischen, verteidigte die Mutter, beschwichtigte den eifersüchtigen Sohn. Unterdessen hatten es sich die anderen

Leute auf dem Wohnzimmerboden bequem gemacht, wärmten sich am Cheminéefeuer die Füße, prosteten sich zu und räsonierten über Marx und die verpfuschte Weltrevolution. In der Küche kochte derweil das Spaghettiwasser über.

Und wenn die Gastgeberin spätnachts im Esszimmer verschwand und schlafen ging (aus Platzmangel stand ihr Bett wieder dort, wie zur Zeit ihrer frühen Kindheit), waren in der Wohnung noch immer Schritte und Stimmen zu hören: »Doktor Beaumanoir«, stellte sich Annette, die soeben im Nachthemd aus dem Bad kam, in aller Form vor. »Doktor Waldmann«, antwortete der am Abend eingetroffene neue Gast, ein amerikanischer Psychologieprofessor, unter der Klotür. »Sehr erfreut!« *Solche Szenen* fand Ruth Dreifuss *einfach köstlich*.

Interessant, wie »solche Szenen«, die in ihrer Situationskomik ursprünglich nur den Moment zur bleibenden Erinnerung gemacht hatten, Jahre später auf einmal für die »Köstlichkeit« einer ganzen Ära standen: die guten alten Zeiten der »Kommune«; das stimulierende, atemlose Hin und Her, die unkonventionellen Beziehungen.

Dass sich Ruth Dreifuss dazu noch *das Abenteuer eines Studiums* leisten, mithin *an der Quelle des Wissens* tummeln konnte, Tag für Tag und so lange es ihr gefallen würde, wie sie einmal sagte, schien ihr fast unbeschreiblich schön.

Die Maturaprüfungen lagen hinter ihr, das eigentliche Studium hatte im Herbst 1967 begonnen, Ruth Dreifuss war endlich dort angelangt, wo sie das Rüstzeug für die weitere politische Arbeit bekommen würde; sie erhoffte sich allerhand.

Nur nicht diese böse Überraschung: Erstens erkannte sie noch vor Ablauf eines Semesters, dass die Universität und besonders die Fakultät der Wirtschafts- und Sozialwissenschaften sehr wenig Ähnlichkeit mit einer Quelle hatten, aus der das Wissen nur so sprudelte; dafür glich der Betrieb zu sehr einer Schule. Zweitens aber brachen im Frühjahr 1968 in Paris Studentenunruhen aus, in deren Verlauf es auch zu Szenen roher Gewalt und zu vereinzelten Massenkundgebungen kam, die in Straßenschlachten mit Tausenden von Verletzten endeten – und die aggressive Stimmung beschränkte sich bald nicht mehr auf Paris, Berlin und andere französische und deutsche Städte; gesellschaftliche Spannungen wurden genauso in der Schweiz und anderswo von Tag zu Tag deutlicher und gereizter formuliert.

Und obschon Ruth Dreifuss die Zeit fehlte, um stundenlang an der Universität herumzuhängen und zusammen mit anderen »Revolution zu spielen«, gehörte sie nun dorthin: Noch konnte man, wie sie hoffte, etwas gegen die Gefahr von Gewaltausbrüchen unternehmen.

Dass das Klima in diesem Frühjahr 1968 auch in Genf, und nicht bloß in studentischen Kreisen, beträchtlich aufgeheizt war, hing zum einen mit der ein halbes Jahr zuvor eingeführten, hochgejubelten neuen Stipendienregelung zusammen, die statt einer echten Chancengleichheit für die einkommensschwächeren Schichten in Wirklichkeit eine drastische Verschlechterung gebracht hatte. So war die Zahl der Stipendienempfänger, wie die »Voix Ouvrière« enthüllte, von vorher 534 auf 166 gesunken – eine politische Farce, die im April 1968 zu ersten Protestkundgebungen führte.

Weiteren Anlass zu Kritik lieferten die geplanten Genfer Militärtage im Mai 1968 – einschließlich einer Flugshow mit »echtem Bombenabschuss« über dem Genfersee sowie einem Tag der Jugend, verbunden mit der Gelegenheit für alle über 13-jährigen, das Schießen mit dem Sturmgewehr kennen zu lernen.

Nun konnten die Organisatoren aufgrund der massiven Proteste aus der Bevölkerung das Beschießen des Genfersees »aus Rücksicht auf die laichenden Fische« zwar annulieren und die Schießübungen des Jungvolks auf einen schulfreien Nachmittag verlegen bzw. der elterlichen Verantwortung anheim stellen. An der Empörung über die »kriegslüsterne Indoktrination der Jugend« und die »Propaganda im Dienste von Waffen und Gewalt« änderte sich dadurch gar nichts: Nach einer ersten Kundgebung von achthundert Leuten kam es ein paar Tage danach, am 14. Mai 1968, zu einer zweiten, bei der sich schon mehr als tausend Demonstranten ohne Bewilligung auf der Place Neuve versammelten – und prompt von Polizei mit Gummiknüppeln auseinander getrieben wurden. Von da an folgten sich die Großkundgebungen an der Universität mit bis zu zweitausend Teilnehmerinnen und Teilnehmern, die Bildung von Aktionskomitees und die gegenseitigen Provokationen von Behörden und Studierenden Schlag auf Schlag.

Als ähnliche Unruhen fast gleichzeitig in Lausanne, Neuchâtel und Fribourg, in Zürich, Bern, Locarno und Bellinzona ausbrachen, höhnten bürgerliche Zeitungskommentatoren, die Schweizer Studenten wüssten vor lauter Unterbeschäftigung nichts Gescheiteres anzufangen, als die »Agitation der linksradikalen Berliner oder Pariser Szene nachzuäffen«.

Viel Realitätssinn zeigten sie damit nicht. Denn die »Störenfriede« klebten ja nicht an den Transistorradios, um sich an den Nachrichten über die jüngsten Zusammenstöße an der »internationalen Front« zu berauschen und darauf ihr Mütchen an jenen braven Schweizer Polizisten zu kühlen, die ihre Gummiknüppel so ungern tanzen ließen. Im Gegenteil: Je mehr Schläge und Fußtritte die jungen Leute einsteckten, um so radikaler distanzierten sie sich letztlich von der Schweiz und allen etablierten gesellschaftlichen Werten und Normen ihrer Väter und Mütter.

Ruth Dreifuss konnte nicht ungerührt weiterarbeiten, während ihre Kollegen auf die Straße gingen. Inhaltlich stimmte sie vielen ihrer Analysen zu. So teilte sie zum Beispiel die Kritik an der ungenügenden Demokratisierung der Universität, an der *erstickenden und doppelzüngigen Moral,* wie sie es formuliert, an der übermächtigen Wirtschaft und an der internationalen Komplizenschaft mit den Amerikanern, die in Vietnam fortgesetzt Dörfer bombardierten.

Bei dieser Kritik, die vom Protest gegen die herrschenden Verhältnisse doch hoffentlich zum Entwurf einer besseren Welt führen würde, wollte Dreifuss auf jeden Fall mitreden. Und solange der Großteil der jungen Leute, die nun die »permanente Revolution« verkündeten, heute Feuer und Flamme für Lenin waren, morgen für Trotzki, bis die Russen als Imperialisten entlarvt und Mao Tse-Tung oder Fidel Castro als wahre Helden entdeckt wurden – solange auch viele von ihren Freundinnen und Freunden noch politische Orientierung suchten, sah Ruth Dreifuss für sich eine Aufgabe. Immerhin verfolgte sie schon seit Jahren konsequent ihren Kurs. Den richtigen, wie ihr schien.

19 1968 war Ruth Dreifuss achtundzwanzig Jahre alt. *Eine auffallende Figur* in den Augen ihrer vorwiegend männlichen Mitstudenten: sechs, acht Jahre älter als die meisten von ihnen. Eine reife junge Frau und *vom Aussehen her, zumindest aus der Distanz, der Professorin Jeanne Hersch mit ihrer unvermeidlichen Kommissionentasche fast zum Verwechseln ähnlich.*

Trotzdem wäre keiner von ihnen auf die Idee gekommen, Ruth Dreifuss passe nicht so recht zu ihnen. *Sie war doch genauso leidenschaftlich bewegt wie wir,* erzählen sie. *Wir alle waren zu jener Zeit pausenlos am Reden. Ruth sprach nicht so laut, aber sie redete mit. Nächtelang.*

Warum waren die bürgerlichen politischen Konzepte so verlogen und unbrauchbar? Wieso hatten linke Politiker, in welchen Regierungen sie bislang auch zum Zug gekommen waren, meist enttäuscht? Wie konnte man länger abstreiten, dass die kommunistischen Arbeiterparteien durch ihre antidemokratischen Machenschaften unsäglichen Misskredit über den Sozialismus gebracht hatten? Was musste man unternehmen, um die bestehenden gesellschaftlichen Verhältnisse von Grund auf zu ändern? Um dem selbstgefälligen Bürgertum der kapitalistischen Industriestaaten klar zu machen, dass es den Jugendlichen nicht darum ging, später »viel zu verdienen«, dass sie lieber in der Gegenwart leben und so lange kämpfen wollten, bis alle Menschen in die politische und wirtschaftliche Autonomie entlassen würden und Zugang zu Wohlstand, Kultur und Bildung erhielten?

Nun ja, wir diskutierten wortreich und bisweilen arg verallgemeinernd über Kapitalismus und Monopolisierung, Imperialismus und Revolution, berichten die dama-

ligen Freunde. *Wir benutzten überhaupt sehr viele Schlag-*
worte. Während wir uns aber die Köpfe heiß redeten und
aus tiefster Überzeugung viel Unausgegorenes von uns
gaben, lächelte Ruth still vor sich hin. Plötzlich sagte sie
etwas, und alle waren verblüfft über ihr absolut klares,
gründlich durchdachtes Urteil, ob sie uns damit nun wi-
dersprach oder Recht gab.

An *Ruths feste Standpunkte* und ihre wiederholte Mah-
nung, auch in der aufgeregtesten Protestversammlung noch
klar zu denken und nicht so undifferenziert daherzureden,
erinnert sich jeder einzelne der mittlerweile in Ehren er-
grauten Herren. Und jeder beginnt, kaum fertig mit dem
Loblied auf diesen ruhenden Pol inmitten all der revolu-
tionären Hitzköpfe, unweigerlich zu lachen. Das Erstaun-
lichste an Ruth Dreifuss war offenbar nicht die maßvolle
Ruhe im Gespräch, sondern ihr ungeheures Tempo bei allen übrigen Beschäftigungen.

Was daran so lustig war? Die Rauchwolke hinter ihrem
davonsausenden 2 CV, am Steuer eine Frau mit zerzaustem
Chignon, immer in Fahrt wie Hans Dampf, unterwegs von
einer Versammlung zur andern, von einer Aktion zur nächsten – und bei dem desolaten Zustand ihres Autos nie sicher,
ob sie ihr Ziel auch erreichen würde.

Der erste blaue 2 CV aus der Basler Zeit hatte schon
längst das Zeitliche gesegnet; der zweite, ebenfalls blau,
war ihr von Jean Jacques überlassen worden, bevor er nach
Kanada übersiedelte. Zwei Jahre später war der Wagen vom
dauernden Gebrauch (und dem nicht eben sanften Fahrstil
seiner Besitzerin) schon so altersschwach, dass ihm keiner
eine Chance gegeben hätte, nachdem er vom Lastwagen
einer Umzugsfirma an den Trottoirrand gedrückt worden
und krumm wie ein Croissant liegen geblieben war. Mino
Tonus, der Mann ihrer Putzfrau, hatte ihn jedoch abge-
schleppt und geflickt; Ruth Dreifuss war noch lange stolz
darauf, dass sie bei der Reparatur mitgeholfen hatte.

Danach wusste sie jedenfalls, wie man die Kiste bei kleineren Unpässlichkeiten wieder in Schuss brachte. Bis ihr Fuß – zum Entsetzen ihres mitfahrenden Studienkollegen Jean-Pierre Roth – beim Bremsen einmal mitsamt dem Pedal durchbrach und die Türen schließlich eher die Karrosserie hielten als umgekehrt.

Später gab es, um die Liste noch vollständig zu machen, einen dritten blauen 2 CV, der mit einem Gockel und bunten Blumen verziert war; der vierte blaue 2 CV wurde geklaut und wiedergefunden, war daraufhin nie mehr ganz leistungsfähig und ging zuletzt spontan in Flammen auf; danach fuhr sie, mittlerweile in Amt und Würden bei der Gewerkschaft, einen etwas größeren roten Wagen, der allerdings fast so unerwartet wie sein Vorgänger eines Tages aufgegeben werden musste. Denn da hatte Ruth Dreifuss plötzlich einen neuen Job. Und einen schwarzen Mercedes samt Privatchauffeur.

Um auf die Wirkung zurückzukommen, die sie auf ihre Kommilitonen hatte, so erklärt der ehemalige Maoist Laurent Guye, inzwischen tätig bei der Europäischen Bank für Wiederaufbau und Entwicklung in London, Ruth Dreifuss habe, obschon sie wirklich nicht mehr die Jüngste gewesen sei, kein Bedürfnis gehabt, immer vernünftig zu sein wie eine abgeklärte Erwachsene. Sonst hätte sie ihr klappriges Auto gar nicht erst mitgenommen auf jene gemeinsame Semesterferienreise nach Spanien, bei der sie unter anderem auf einem eingeschneiten Pass stecken blieben und nur mit viel Glück heil wieder herunterkamen.

Ihre Mischung aus Abenteuerlust und Neugier, leidenschaftlichem politischem Engagement und echtem Interesse für die Menschen habe Ruth zu einer sehr sympathischen Persönlichkeit gemacht. Und weil sie mit ihrem Mut zur Selbstkritik auch viel über sich selbst gelacht habe, sei sie von allen sehr respektiert worden.

Stimmt, sagt ihr Freund Jean-Pierre Roth, der heute als Präsident des Direktoriums der Schweizerischen National-bank amtiert (derselbe, der auch mit lustvollem Schauder an ihre kaputte Bremse zurückdenkt). *Ruth hatte so eine trockene Art, den eigenen Ernst und den Eifer bestimmter Wichtigtuer dauernd ein bisschen ins Witzige zu ziehen, dass sie trotz ihrer intellektuellen Überlegenheit sehr bescheiden wirkte.*

Die meisten hochintelligenten Köpfe, von denen es damals an der Universität nur so zu wimmeln schien, meint auch Laurent Guye, *gaben dir das Gefühl, du seist ein Idiot. Das hatte Ruth nicht nötig. Dabei war sie eine unglaublich gute Studentin.*

Dieses Urteil kann Jacques L'Huillier, ihr damaliger Professor für Volkswirtschaftstheorie, nur bestätigen: *Ruth Dreifuss,* erklärt er, *gehörte in jenen Jahren unzweifelhaft zu den intelligentesten, brillantesten Leuten an der Universität.*

Aber, sagt Jean-Pierre Roth noch einmal, *sie musste es nicht jedermann unter die Nase reiben – wie beispielsweise ein Typ in unserer Lesegruppe, der immerzu verbissen um das Image des Klassenersten kämpfte. Übrigens machte dann nicht er den besten Studienabschluss im Hauptfach Nationalökonomie, sondern Ruth. Wahrscheinlich eine herbe Enttäuschung für ihn ...*

Lob, Respekt und Bewunderung von allen Seiten – schmeichelhaft für Ruth Dreifuss, würde man meinen. Tatsächlich entsprach ihre Freude am Erfolg eher ihrem damaligen Ehrgeiz, und der war minimal. Nur so konnten es sich Professoren und Kollegen erklären, dass sie ihren Abschluss nicht mit einer Dissertation krönen wollte – eine Entscheidung, die manche sehr bedauerlich fanden.

Was soll ich mit einem Doktortitel anfangen? Titel haben mich nie interessiert, antwortete sie ihnen. Und fügte fast trotzig hinzu, dieses Studium sei ohnehin *eine große Enttäuschung* gewesen.

Ich hatte mir vorgestellt, dass man an der Universität denken würde, spottete sie. *Wir waren hungrige Leute, wir wollten etwas zu beißen haben. Stattdessen gab man uns ein paar Brocken vorgekauter Nahrung, einen Brei, bäh!*

So waren die wirtschaftstheoretischen Grundlagenwerke, die sie mit ihren Freunden in der Freizeit verschlang, also weniger Nachspeise als Notration? *Logisch,* sagte sie. *Und schwer verdauliche Kost dazu. Kein Lehrplan hätte uns zugemutet, die ökonomischen Theorien eines Stuart Mill, Marx, Keynes etc. im Original zu verkraften.* – Wobei sie allerdings vergessen hat, dass sie für ihr Lizeniat immerhin eine Seite aus dem Kommunistischen Manifest von Karl Marx und Friedrich Engels analysieren musste ...

War diese »enttäuschte« Studentin bei all ihren Qualitäten nicht auch ein bisschen irritierend? Wie sollte man aus ihren Widersprüchen klug werden:

Erst diskutierte Dreifuss im Rahmen zahlloser »meetings« und Krisensitzungen mit ihren Fakultätskollegen unter anderem das Problem der eigenen Glaubwürdigkeit: Würden sie als Universitätsabsolventen am Ende bloß die Nachfrage nach qualifiziertem Personal für die kapitalistische Wirtschaft befriedigen? Sollten sie ihr Studium in dem Fall nicht lieber hinschmeißen? – Dabei konnte sie persönlich kaum genug Lernstoff kriegen, ja sie schrieb vor lauter Fleiß zu Hause sogar ihre Vorlesungsnotizen ins Reine; sehr praktisch für Kolleginnen und Kollegen, die geschwänzt hatten und auf diese Weise zu wunderschön aufbereiteten Dossiers kamen.

Erst organisierte sie zusammen mit anderen Studierenden unbewillige Kundgebungen, zum Beispiel jene gegen die verschlechterte Stipendienregelung, und aus Protest gegen das brutale Eingreifen der Polizei gleich noch eine. – Danach gingen Ruth Dreifuss und ihre Freunde hin, streiften sich weiße Armbinden über, sorgten als selbst ernannte »Ordnungskräfte« bei der illegalen Versammlung für mustergültige Disziplin und putzten die Place des Alpes am Schluss auch noch rein von allen Flugblättern, welche die zweitausend Leute dort verstreut hatten.

Erst war sie *skeptisch gegen den blinden Glauben an die Entscheidungen, die bei improvisierten Versammlungen getroffen wurden,* wie sie sagt. – Dann aber wollte sie *die Beschlüsse der Mehrheit doch anerkennen,* was sich beispielsweise im Februar 1969 so auswirkte, dass sie zwar gegen die Besetzung des Universitätsrektorats stimmte, auf den anders lautenden Beschluss der Studierenden hin aber als eine der ersten zum Rektorat marschierte und »Besitz« von den Räumlichkeiten nahm. Sie musste schließlich beweisen, dass sie sich vor der Polizei nicht fürchtete und mit den Studenten solidarisch sei – wenngleich sie dabei den Eindruck nicht los wurde, viele dieser Kolleginnen und Kollegen redeten zwar viel vom Klassenkampf, könnten jedoch als Kinder des Bürgertums die Probleme der Arbeiterschaft, der Gastarbeiter und Sozialhilfeempfänger nicht wirklich nachvollziehen, weil sie sie gar nicht kannten.

Wo also stand Ruth Dreifuss genau: auf Seiten der demonstrierenden Studenten oder auf Seiten der demokratischen »Ordnung«? Auf beiden zugleich? Und wie ließen sich die genannten Ungereimtheiten vereinbaren mit ihrem Anspruch, in allem Tun und Lassen »kohärent« zu sein? *Sehr einfach,* antwortete sie. *Was widersprüchlich aussah, war in Wirklichkeit zusammenhängend. Ich dachte nicht heute so und handelte morgen ganz anders. Ich war immer für eine friedliche Auseinandersetzung, die Repression aber hatte sich selber zu einer Gefahr für die Demokratie entwickelt. Folglich war mein Platz nicht »auf dieser oder jener Seite«; er lag stets irgendwo dazwischen.*

»Zwischen den Fronten«, präzisierte sie, und damit war nicht bloß ihre häufig erwähnte »Mittlerrolle« gemeint. Wohl hatte sie von klein auf und in allen Entwicklungsphasen die Fähigkeit, zwischen Menschen, unterschiedlichen Positionen oder Standpunkten zu vermitteln, weil sie in der jeweiligen Gemeinschaft zwar integriert und doch auffallend »anders« war, wie sich viele ihrer Bekannten erinnern. Gleichzeitig machte der Ausdruck »zwischen den Fronten«, gemessen an der Häufigkeit, mit der sie ihn gebrauchte, aber eine zentrale Aussage über ihr Lebensgefühl und Verhalten. »Zwischen den Fronten«: Schusslinie oder neutrale Zone zwischen zwei Lagern, wie immer sie ihre Stellung erlebte – von da aus musste sie nach beiden Seiten hin aktiv werden.

Kein Zweifel, wurde sie »zwischen den Fronten« nicht selten auch zur Zielscheibe, gerade im aufgeladenen Klima der 68er-Unruhen. Denn wie mag die knapp Dreißigjährige mit ihrer weißen Armbinde, mit Besen, Schaufel und Müllsack wohl gewirkt haben auf die Leute, die nach beendeter Kundgebung noch eine Weile auf dem Platz herumstanden oder -saßen? Vermutlich bot sie in deren Augen nichts anderes als ein Bild der »jämmerlichsten Angepasstheit« mit ihrer Putzerei in der allgemeinen Abbruchstimmung, die auf einer Mauer der Universität in zwei, drei Worten zusammengefasst war: »Ne travaillez jamais!« (»Arbeitet niemals!«)

»Genossin«, riefen die abziehenden Revolutionäre ihr wahrscheinlich zu, »du hast aber auch gar nichts verstanden. Rennen solltest du, die alte Welt ist hinter dir her!« – *Dass ich nicht lache, sagt Ruth Dreifuss. Viele Linke waren damals ach so unangepasst. Und was ist aus ihnen geworden? Heute sind sie bestens integriert in die Gesellschaft.*

Sie jedenfalls hatte im Sinn, sich selbst und ihren Idealen treu zu bleiben. Authentisch zu sein, war eine Frage der Moral. Und die Moral war *nun wirklich das einzige Gebiet,* wo ihr keiner dreinreden musste, wie sie oft klar machte, denn da diente sich Ruth Dreifuss *immer als eigener Maßstab.*

Allerdings wäre auch sie nicht ausgekommen ohne ein paar entscheidende Denkanstöße: aus der jahrelangen Beschäftigung mit den Weltreligionen; aus der Lektüre literarischer, historischer, philosophischer Werke; nicht zuletzt aus der Weltsicht und Haltung einiger Schlüsselfiguren, an denen sie die eigene Moral prüfen konnte: Jean Piaget, Claude Lévi-Strauss, Karl Jaspers, Pierre Mendès France. Oder Jean-Paul Sartre, der für Ruth Dreifuss und ihre Generation ein wichtiger Vordenker war: international bewundert und beschimpft, weil er zum Beispiel unermüdlich gegen den amerikanischen Überfall auf Vietnam protestierte und die US-Regierung als Kriegsverbrecher anklagte; gehasst und respektiert dafür, dass er sich ebenfalls für die Studentenbewegung einsetzte und zu ihrem Anwalt gegen die »verlorene Generation der vermoderten Väter« machte.

Und so, wie Sartre nebst vielen anderen auch seine Anhänger in Verlegenheit brachte mit der Forderung, »totale« Verantwortung für die Zeit zu übernehmen, beeindruckte er Ruth Dreifuss: durch seinen leidenschaftlichen Abscheu gegen Nazismus und Kolonialismus; durch die offene Anteilnahme am Schicksal des algerischen Volkes; die freundschaftlichen Beziehungen zur »arabischen Welt« oder durch den Loyalitätskonflikt im israelisch-arabischen Krieg, den Sartre als *persönliche Tragödie* empfand, wie er in einer israelischen Zeitung im Frühjahr 1966 erklärte.

Krisenherd Israel: Gewiss konnte Ruth Dreifuss versuchen, dieses Land *in politischer Hinsicht,* wie sie es formulierte, so *wie jedes andere* zu betrachten, *mit denselben Rechten und Verpflichtungen gegenüber der Völkergemeinschaft.* Wie Sartre fragte sie sich aber, ob man nicht gerade an Israel und seine jüdische Bevölkerung höhere moralische Anforderungen stellen dürfe. Ja, meinte auch Ruth Dreifuss.

Dass sie in dieser Frage einmal mehr »zwischen den Fronten« stand, zeigte sich anhand der Reaktionen auf einen Artikel, den sie im Dezember 1967 in der Juso-Zeitung »Jeunesse Socialiste« veröffentlichte.

In einem Klima nie gekannter pro-israelischer Euphorie (wenige Monate nach dem israelischen Sieg im Sechstagekrieg) hatte sie sich in ihrem Text völlig nüchtern mit der Situation im Nahen Osten auseinandergesetzt. Wie konnte sie als Jüdin, so wurde ihr danach von jüdischer Seite vorgeworfen, Israel dazu auffordern, die eroberten Gebiete unverzüglich zu räumen und zurückzugeben an die Araber, die einst gedroht hatten, alle Israelis im Meer zu ertränken? Wie konnte sie von Israel verlangen, offene multilaterale Friedensverhandlungen mit den besiegten Kriegsgegnern zu führen, um damit nichts weniger als die Stabilität der innerarabischen Beziehungen zu fördern? Wie kam sie darauf, Israel müsste den Arabern – aus Rücksicht auf die katastrophalen wirtschaftlichen und humanitären Kriegsfolgen – auch noch unter die Arme greifen? Und wie konnte sie so naiv sein, an ein friedliches Zusammenleben der Israelis mit den feindseligen Palästinensern zu glauben? Arafats Kampforganisation Al Fatah und andere Partisanengruppen rüsteten doch schon lange, unterstützt von den arabischen Nachbarn, zum Befreiungsschlag …

Gleichzeitig kehrte die Kritik aus linken Kreisen das alles um: Wer die palästinensische Befreiungsbewegung unterstütze und das unabdingbare Recht der Palästinenser auf die Rückkehr in ihre Gebiete anerkenne, so wurde Ruth Dreifuss vorgehalten, könne von ihnen unmöglich erwarten, sich mit den imperialistischen Israelis an den Verhandlungstisch zu setzen, bevor diese dem palästinensischen Volk das Recht auf ein Leben in seiner angestammten Heimat ausdrücklich zuerkannt hätten.

Ein fast unlösbares Problem, das so lange zu weiteren Kriegen führen musste, als die beiden unversöhnlichen Parteien diese Kriege in Kauf nahmen. – *Der pure Wahnsinn* im Urteil von Ruth Dreifuss. *Krieg kann mit Krieg nicht ge-*

wonnen werden, sagte sie, und kein Einspruch aus den eigenen Reihen brachte sie davon ab. – Konnte sie mit ihren Vermittlungsversuchen im privaten Umfeld etwas ausrichten? Machte die Annäherung der gegensätzlichen Positionen in Israel selbst auch nur die geringsten Fortschritte? Damit war bis auf weiteres nicht zu rechnen.

Umso entschlossener hielt sie an ihrem pazifistischen Widerstand fest; ohne das geringste Verständnis für die verlogene Selbststilisierung der Mächtigen, der angeblichen »Rächer von Unrecht«, die ihre Konflikte und Interessen lieber mit Waffengewalt regelten, als dass sie das Lebensrecht jedes Menschen respektierten. Wo immer sie ihr Unwesen trieben, die Kriegsbefürworter dieser Welt: Ruth Dreifuss verabscheute sie für ihre Unmenschlichkeit. Und sie trat gegen sie an, tatkräftiger und lauter als je zuvor. Sie hatte allen Grund dazu.

Was in Vietnam passierte, war einfach unvorstellbar, sagte sie noch dreißig Jahre später mit einem angewiderten Gesichtsausdruck und Schulterzucken, als liefe ihr ein Schauer über den Rücken. *Seit 1964 hatten die Amerikaner Millionen von Bomben über Nordvietnam abgeworfen. Der Gedanke an die unschuldigen Menschen, denen dieses grauenvolle Wüten galt, ließ mich fast verzweifeln. Von der Zerstörung der Umwelt mit bestimmten Giften konnte man schon damals ahnen, dass sie auf lange Zeit hin Missgeburten und Missbildungen verursachen würden. Und sehr große Sorgen machten auch die psychischen Schäden der amerikanischen Soldaten.*

Marc Faessler, ein Freund, der mit ihr einst den Kindergarten besucht hatte und als linker Theologe in den Sechzigerjahren ab und zu für »Domaine Public« schrieb, erinnert sich lebhaft an Ruths Entsetzen: Sie beide standen bei einer Protestkundgebung nebeneinander und hörten einen Redner über die Leiden der vietnamesischen Bevölkerung berichten. *Ruth weinte sehr,* sagt Faessler. *Ich sehe sie noch vor mir: Sie war völlig erschüttert vor Schmerz und Zorn.*

Doch sie war ihren Gefühlen nicht ohnmächtig ausgeliefert. Diese Veranstaltung hatte sie mit Freunden zusammen selbst organisiert, wie sie als Genfer Präsidentin der »Friedens- und Unabhängigkeitsbewegung für Vietnam« während Jahren auch für alle anderen Vietnamkundgebungen verantwortlich war: für die Demonstrationserlaubnis, das Aufgebot der Rednerinnen und Redner, das ganze Drum und Dran bis hin zur Beschaffung der kleinen Lastwagen, die als Podium benutzt wurden.

Und sie hatte sich schnell wieder unter Kontrolle; kletterte nun ebenfalls auf die Plattform, blickte über die imposante Menschenmenge und begann mit ihrer erbitterten Anklage: gegen den imperialistischen Aggressor, der sich als Weltpolizist aufspielte. Gegen den unersättlichen Machthunger der amerikanischen Regierung. Gegen den Verlust jeder moralischen Gesinnung. Gegen die Grausamkeit dieses Krieges: die gezielte Bombardierung dicht besiedelter Gebiete genauso wie kleiner Bauernhöfe, Krankenhäuser und Schulen auf dem Land. Gegen den Einsatz extrem heimtückischer Waffen wie Napalm-, Phosphor- und Splitterbomben. Gegen den Irrsinn, ganze Dörfer und Landstriche dem Erdboden gleichzumachen. Männer, Frauen und Kinder systematisch zu ermorden ...

Was unser Protest bedeutete, erklärte sie später, *war mir ganz klar: Wir unterstützten die amerikanische Friedensbewegung. Den Krieg in Vietnam sollten die Amerikaner nicht gewinnen; den Frieden aber konnten sie bekommen: in Washington. Deshalb war es uns so wichtig, gemeinsam mit den amerikanischen Friedensaktivisten Druck zu machen, um ihren Einfluss im eigenen Land zu stärken. Der Vietnamkrieg zerstörte ja auch die amerikanische Demokratie, und die Studentenbewegung war aus der Anti-*

kriegsbewegung in Amerika und als Antwort auf ihre Repression entstanden.

Und die vietnamesischen Kommunisten? Unterstützten die Vietnamkriegsgegnerinnen und -gegner nicht im gleichen Zug auch den Vietkong in seinem erbitterten Widerstand? *Sicher war auch ich nicht ganz gefeit gegen gewisse Propaganda*, räumt Ruth Dreifuss ein. *Ich glaube jedoch, dass ich klarsichtiger war als manche meiner Kollegen. Als ich vor einigen Jahren die Vizepräsidentin unserer Bewegung, eine bekannte PdA-Frau, wiedertraf, sagte sie mir: »Du kannst dir gar nicht vorstellen, wie du uns damals auf die Nerven gingst mit deinen Warnungen, wir sollten uns keine Illusionen machen, dass der Vietkong eine gerechte Gesellschaft aufbauen würde, denn nach Jahren des Krieges könnte das schwierig sein, würde es vielleicht zu weiterem Blutvergießen kommen ...«*

»Zwischen den Fronten« stand Dreifuss also auch hier: als Sozialdemokratin unter PdA-Leuten, die sie ein bisschen als »nichtkommunistisches« Aushängeschild benutzten gegenüber jenen, die der Friedensbewegung zutiefst misstrauten, aber auch als Kritikerin ihrer Mitstreiter und deren übermäßiger Bewunderung für die vietnamesischen Kommunisten.

Trotzdem gab es für sie nichts, das ihr annähernd so wichtig war wie die Unterstützung von Vietnams Unabhängigkeitskampf, lange bevor sie in der Studentenbewegung aktiv wurde. Und wenn die 68er-Revolten irgendwelche spürbaren gesellschaftlichen Veränderungen bewirkten, so war es nach Ansicht von Ruth Dreifuss der Vietnamkrieg, der das alles in Gang gebracht hatte.

20 Der Vietnamkrieg war noch nicht zu Ende. Und plötzlich redete Ruth Dreifuss begeistert von der Hoffnung, welche die neue Regierung in Chile verkörperte, nachdem Salvador Allende im Oktober 1970 zum Präsidenten gewählt worden war. Gerade dort, vielleicht in einem von Allendes Ministerien, wollte sie ihre erworbenen Kenntnisse nach all den Jahren an der Universität nun einsetzen. Als Statistikerin würde sie bei der bevorstehenden Verstaatlichung von Industrie und Großgrundbesitz doch etwas zum nötigen Überblick beitragen können, dachte sie. Also bot sie den verschiedensten Ämtern, dann auch Universitäten und anderen Institutionen ihre Dienste an.

Doch anders als ihr Vater, der als junger Mann auf jener großen Südamerikareise 1928/29, ein halbes Jahr vor der Weltwirtschaftskrise, auch nach Chile gekommen war und trotz seiner anfänglichen Klagen über das *mühsame tägliche Rennen um Orders* schließlich in verschiedenen chilenischen Städten *ein paar nette kleine Aufträge* hereingeholt hatte, blieb Ruth Dreifuss in ihren Bemühungen ohne den geringsten Erfolg: Manche ihrer Bewerbungsbriefe wurden nicht einmal beantwortet. Auf eigene Faust losziehen konnte sie nicht; sie hatte nicht genug Geld, um wochenlang in Chile herumzureisen und Arbeit zu suchen.

So verging ein Monat nach dem anderen, und während sie ihr Ziel nicht aus dem Blick verlor, trotz aller Anstrengung jedoch nirgendwo eine Stelle fand, verdiente sie mit ihrem Assistentenjob am ökonometrischen Institut der Universität Genf nicht nur ihren Unterhalt; sie fühlte sich vor allem großzügig entschädigt für die Geduldsprobe, die ihr das Studium von Anfang bis Schluss auferlegt hatte.

Ökonometrie war damals ein relativ neues Fach. In einer

Zeit knapper werdender Ressourcen wurde es für die zunehmend konsumorientierten westlichen Gesellschaften in wirtschaftlicher und politischer Hinsicht immer wichtiger, für eine realistische Planung zu sorgen. Andererseits drängte sich die Frage auf, wie die Wirtschaftspolitik mit Blick auf Inflationsbekämpfung und Vollbeschäftigung zu lenken wäre. Mit Hilfe der Ökonometrie ließen sich solche Überlegungen mathematisch-statistisch berechnen und auf ihre Brauchbarkeit hin untersuchen. Die neue Methode ermöglichte mit anderen Worten nicht bloß eine genaue Wirtschaftsanalyse; sie schaffte zugleich mehr Transparenz. *Die schweizerische Wirtschaft damals war so undurchsichtig,* erklärt Ruth Dreifuss, *dass die Geheimnistuerei wiederum eine politische Intransparenz erzeugt hatte. Nun konnte man die Zusammenhänge allmählich besser verstehen.*

Darum war sie auch überzeugt, ihren Studentinnen und Studenten mit Statistikübungen in nationaler Buchhaltung etwas sehr Nützliches beizubringen, obschon die jungen Leute ihre Begeisterung vielleicht nicht ganz teilten. Zugegeben – auch sie wäre in diesem Job nicht so aufgeblüht, hätte sie durch die direkte Zusammenarbeit mit den Professoren nicht auch persönlich sehr viel gelernt oder wäre ihr daneben keine Zeit geblieben für eigene kleine Forschungsarbeiten, etwa über »Input-Output-Methoden« oder die »Probabilität unregelmäßiger Ereignisse« (so genannter Staus gemäß der Adiabaten-Gleichung von Denis Poisson) und was der hochinteressanten Dinge mehr waren ...

Jedenfalls blieb Ruth Dreifuss länger als erwartet in Genf hängen. Inzwischen war die chilenische Volksfront weit über ein Jahr am Ruder; ernüchtert stellte die Genfer Ökonometriespezialistin fest, dass ihre Kenntnisse in Chile wohl nicht vonnöten waren, weil es dort genügend oder sogar besser qualifizierte Fachleute gab.

Einen letzten Anlauf wollte sie noch nehmen und suchte Kontakt zu einem alten Bekannten, mittlerweile angestellt beim Dienst für technische Zusammenarbeit DftZ (wie das für Entwicklungshilfe zuständige Bundesamt damals hieß). Er konnte ihr vielleicht neue Kontaktadressen vermitteln oder auf andere Art weiterhelfen. Ruth Dreifuss reiste nach Bern, die vereinbarte Begegnung unter vier Augen führte unversehens zu stundenlangen Vorstellungsgesprächen auf verschiedenen Abteilungen des DftZ, und ehe der Tag zu Ende war, stand sie mit drei Stellenangeboten da.

Nur, warum sollte sie plötzlich eidgenössische Beamtin werden? Sie hatte doch im Sinn gehabt, für die sozialistischen Genossinnen und Genossen in Chile zu arbeiten. Warum sollte sie nun ausgerechnet »Entwicklungshilfe« leisten, wo sie schon das Wort kaum über die Lippen brachte? Ging es denn darum, den Menschen in der Dritten Welt zu »helfen«, indem man ihnen Geld und ein paar Schweizer »Experten« schickte, um in Nairobi Hotelfachschulen zu eröffnen und in Peru unter allen Umständen Käse herzustellen? Oder indem Not leidende Mütter und Kinder in »unterentwickelten« Ländern mit Gratismilchpulver eingedeckt wurden, wodurch letzlich nur der Schweizer Milchwirtschaft gedient war, die auf diesem Weg ihre Produktionsüberschüsse los wurde und sogar noch den Mantel mildtätiger Nächstenliebe darüber breiten konnte?

Natürlich musste sich die Schweiz, das war für Ruth Dreifuss keine Frage, an der Entwicklungszusammenarbeit beteiligen; der Bund durfte die privaten Hilfswerke nicht allein lassen in ihren Bemühungen.

Warum also wäre Ruth Dreifuss, eine »Tiers-Mondistin« der ersten Stunde – die den oft verächtlich gemeinten Begriff übrigens als Ehrentitel empfand –, nicht von selbst auf die Idee gekommen, sich um eine Anstellung beim DftZ zu bewerben? Warum hätte sie lieber für die Behörden eines Drittweltlandes denn als eidgenössische Entwicklungsbeamtin gearbeitet?

Weil sie außer den erwähnten noch zahlreiche weitere Vorbehalte gegenüber der schweizerischen Entwicklungspolitik hatte.

Seit man sich bewusst war, dass die Schweiz durch die gezielte finanzielle und technische Unterstützung armer Länder einen »Beitrag zur Völkerverständigung« leisten könnte, waren zugleich eigennützige Motive mit im Spiel gewesen: etwa der Gedanke, auf diese Art das internationale Ansehen wiederherzustellen, welches die Schweiz aufgrund ihrer zweifelhaften Neutralität im Zweiten Weltkrieg verspielt hatte; oder die Absicht, in Zeiten der Entkolonisierung und des Kalten Krieges klare außenpolitische Positionen zu markieren. Schließlich wollte die »freie Schweiz« nicht tatenlos zusehen, wie sich die »kommunistische Seuche« an allen Ecken und Enden dieser Welt ausbreitete. »Wehret den Anfängen!« hieß die Losung, und das ließ sich, wie der Bundesrat und ein Großteil der Parteien sowie der Schweizer Bevölkerung meinten, am ehesten erreichen, indem man den unglücklichen Menschen in politisch gefährdeten Regionen schleunigst unter die Arme griff – sei es durch Geldspenden, sorgfältig gewählte Hilfsprojekte, Entsendung von Experten oder freiwilligen Entwicklungshelfern nach dem Muster des amerikanischen Peace Corps.

Am Beispiel dieser Freiwilligenaktion aber (die zum Zeitpunkt der Fühlungnahme von Ruth Dreifuss mit dem DftZ nach acht Jahren soeben aufgelöst wurde) hatte sich sehr deutlich gezeigt, dass im schweizerischen Verständnis von »Entwicklungshilfe«, abgesehen von außen- und wirtschaftspolitischen Hintergedanken, entscheidende Denkfehler steckten. Einer davon war die Überzeugung, »unterentwickelte« Menschen in der Dritten Welt auf den »rechten Weg« bringen zu können, indem man ihnen europäische Denkmuster und Verhaltensweisen beibrachte. Nicht dass alle freiwilligen Helfer in dieser Absicht nach Afrika reisten; was sie anstrebten, war nutzbringende Aufbauarbeit, nicht geistige Unterdrückung. Dennoch spiegelte ihr Idealismus die Einstellung weitester Gesellschaftskreise, und die war grundsätzlich gönnerhaft, oft genug überaus arrogant.

Zum andern wurden alle Ursachen für das Elend in der südlichen Hemisphäre allein dort gesucht – als wären nur Missernten, Dürre, politische Wirren oder raffgierige Stammesfürsten dafür verantwortlich, nicht aber Übel, die von außen kamen, wie zum Beispiel ausbeuterische Handelsbeziehungen kapitalistischer Länder mit der Dritten Welt. Entsprechend glaubte man in armen Ländern nur nach dem Rechten schauen beziehungsweise Rückständigkeit und Armut beseitigen zu müssen, und sie wären ebenso »zivilisiert« und »modern« wie die Erste Welt.

Über diese Zusammenhänge hatte Ruth Dreifuss im DftZ mit einigen der Spezialisten diskutiert, die für die Durchführung offizieller schweizerischer Entwicklungsprojekte zuständig waren. Dabei hatte sie den Eindruck gewonnen, dass diese Männer ihre Zweifel und Skrupel durchaus teilten. Ihr Bekannter Henri-Philippe Cart beispielsweise, oder Jacques Forster (dem sie, wie sich nun herausstellte, gleichfalls vor rund zehn Jahren schon einmal begegnet war) oder sein Stellvertreter in der Lateinamerika-Sektion, Martin Pallmann: Auch sie empfanden die Haltung der Schweiz gegenüber den Ärmsten der Welt als fragwürdig. Erstens stellte dieses reiche Land noch immer viel zu wenig Mittel für die Zusammenarbeit zur Verfügung, zweitens schlug die Schweiz aus den Entwicklungsländern unverschämt viel Profit.

Mangelnde Solidarität zu kritisieren war das eine. Das Beste aus den vorhandenen Entwicklungsgeldern zu machen das andere. Beides schien den Leuten vom DftZ notwendig, diesen realistischen Idealisten, die froh waren, mit konkreten Maßnahmen wenigstens da und dort zur Verbesserung der Lebensverhältnisse beizutragen.

»Würde, Selbstbestimmung, Befreiung aus unverschuldeter Abhängigkeit« – solche Worte hatte Forster im Gespräch mit Ruth Dreifuss gebraucht, als er erklärte, wohin eine anständige Entwicklungszusammenarbeit für die Länder der Dritten Welt führen müsste.

Einen wie ihn wollte sie gern zum Chef haben.

So nahm Ruth Dreifuss die unerwartete Herausforderung an.

»Nicht ohne eine Spur von Melancholie,« schrieb sie dem Direktor des Ökonometriedepartements, Professor Luigi Solari, würde sie Ende August 1972 ihren Assistentenposten und die Genfer Universität verlassen.

Als sie seinen sehr wertschätzenden Antwortbrief erhielt, war sie bereits damit beschäftigt, in Bern eine neue Wohnung zu suchen. Gut, dass sie in der Zwischenzeit bei Rolf Adlers Mutter ein- und ausgehen durfte; in jener warmherzigen Umgebung fiel es ihr leichter, von den zurückliegenden Ereignissen Abstand zu nehmen.

Denn sie hatte in Genf nicht nur ein Anstellungsverhältnis beendet, sondern zugleich eine endgültige Entscheidung gegen eine Universitätslaufbahn getroffen, zu der sie sehr wohl fähig gewesen wäre. Und obschon die neue Aufgabe sie wirklich reizte, war sich Ruth Dreifuss bewusst, dass der Abschied von Genf ihr gesamtes Leben auf den Kopf stellen, verschiedene enge Bindungen lockern würde: Das Präsidium der Vietnam-Unabhängigkeitsbewegung, die intensiven parteipolitischen Aktivitäten, selbst die wöchentliche Teilnahme an den »Domaine Public«-Redaktionssitzungen, all das musste sie wohl oder übel aufgeben. Und wenn sie darüber hinaus an ihre gute alte Wohnung dachte, wo sie fast dreißig Jahre gelebt hatte ...

Anfang 1969, als ihr Bruder Jean Jacques und seine Frau Claire-Lise aus Kanada zurückgekehrt waren, hätte Ruth die Wohnung in der Rue de Lausanne gerne ihnen übergeben. Jean Jacques hatte abgelehnt; er arbeitete zwar wieder an der Genfer Universität, doch zog er mit seiner Familie lieber in die Nachbarschaft seiner Schwiegereltern in den Waadtländer Weinbergen, wo für sie ein Haus bereitstand.

Mit der Vergangenheit wollte er so wenig wie möglich zu tun haben. Jeder Raum der elterlichen Wohnung, jedes der alten Möbelstücke hätte ihn daran erinnert, dass sie nicht mehr da waren. Sollte er die Trauer über ihren unbegreiflich frühen Tod etwa noch kultivieren? Er dachte nicht daran. Und er war auch nicht bereit, mit seiner Schwester darüber zu reden.

So blieb ihr denn auch anlässlich ihrer Übersiedlung nach Bern, wenige Jahre nach Jean Jacques unwirscher Reaktion auf ihr gut gemeintes Angebot, nichts anderes übrig, als allein mit der Wohnungsräumung fertig zu werden, alles durchzusehen, was einst ihren Eltern gehört hatte, und zu entsorgen, was sie nicht mitnehmen konnte.

Der Dienst für technische Zusammenarbeit sei erst rund zehn Jahre alt und noch immer am Lernen, hatte Jacques Forster ihr erklärt. Für eine Bundesstelle gebe es da erstaunlich viel Handlungsspielraum. Fürwahr, das hätte Ruth Dreifuss an ihrem ersten Arbeitstag schon herausgefunden, denn die offene Stelle in der Lateinamerika-Sektion war versehentlich doppelt besetzt worden. Dafür durfte sie nun bis auf weiteres einige Afrikadossiers übernehmen, was ihr immerhin einen ersten Eindruck von der Projektarbeit vermittelte. Außerdem war sie für die Beziehungen zu den Schweizer Universitäten zuständig, und mit der Zeit sollte sie sich auch um die DftZ-Praktikanten sowie verschiedene Ausbildungsprogramme kümmern.

Wurde Ruth Dreifuss später zu ihren Erfahrungen in der Entwicklungszusammenarbeit befragt, ließen ihre Beschreibungen keinen Zweifel daran, dass die neun Jahre am DftZ für sie eine ausgesprochen bereichernde Lebensetappe darstellten. Keine leichte, aber eine sehr gute Zeit; geprägt von einer Arbeit, die ihr in bestimmten Momenten die letzten Kräfte abverlangte und ein Wechselbad der Gefühle bescherte, wie sie es nie zuvor erlebt hatte: vom höchsten Glück zur tiefsten Trauer, von den schönsten Erfolgserlebnissen zu den bedrückendsten Frustrationen.

Über diese Dinge zu reden war für sie offensichtlich schwierig: Erstens konnte die Geschichte von neun Jahren nicht in ein paar Sätzen zusammengefasst werden. Zweitens galt es von einer Arbeit zu berichten, bei der sie Kontakt mit den Ärmsten wie mit Regierungsstellen brutaler Diktaturen hatte, daneben aber auch beschäftigt war mit der höchst aufwändigen Erarbeitung eines Bundesgesetzes. Drittens verlangten die komplexen Zusammenhänge nach einer differenzierten, nüchternen Darstellung ... Weil all das sie aber noch immer stark berührte, legte sie ihren Gesprächspartnern mitunter am liebsten ein Fotoalbum hin, damit sie wenigstens einen visuellen Eindruck bekämen.

Und obwohl viele Bilder schon beim Öffnen des Albums auf den Boden flatterten und auch sonst nichts in dem abgestoßenen kleinen Buch geordnet oder beschriftet war, erzählten die Fotos eine einzige, zusammenhängende Geschichte. Da: Ruth Dreifuss in einem Kahn am Ufer des Amazonas. Ziemlich rundlich, mit einem langen, dicken Zopf über der Schulter, breitrandiger Brille, leicht skeptischem Blick. Da: eingerahmt von mehreren Ordensschwestern vor einer Kapelle, große Heiterkeit auf allen Gesichtern. Weiter: *Das hier war der Rio Negro, der wirklich* schwarz ist, man sieht es sehr gut in der Nähe von Manaus, wo er mit dem Amazonas zusammenfließt. Auf dem Rio Negro machte ich eine stundenlange Bootsfahrt zu einer Leprastation.

Noch ein Bild, und noch eins ... – bis auf einmal klar wurde, warum Ruth Dreifuss die Erinnerungen an jene Zeit nicht wie einen Arbeitsbericht zu Protokoll geben konnte: Weil sie in ihrem Innersten immer bei ihnen geblieben war, diesen Nonnen im Urwald, den Missionaren, Ärzten, Bauern, Leprakranken ... Das war es, was sie eigentlich gewollt hätte: mit ihnen das Leben teilen. Nicht bloß in ihre Verhältnisse hineinschauen und dann vom Bürotisch aus entscheiden, was man für sie tun könnte.

Ruth Dreifuss als Mitarbeiterin der Direktion für Entwicklungszusammenarbeit und Humanitäre Hilfe bei der Besichtigung eines Wasserprojekts in Honduras

Das aber machte Ruth Dreifuss im Wesentlichen: Projektideen oder -vorschläge prüfen, Finanzierungsfragen klären, mit den Partnern an Ort und Stelle verhandeln, detaillierte Projekt- und Kreditanträge schreiben und in den so genannten Programmkomitees vor dem »ganzen Haus« verteidigen (bzw. alle davon überzeugen: die Direktion, die Sektionschefs, die anderen Sachbearbeiter . . .). Danach endlich die Aufträge zur Durchführung der Projekte erteilen, einheimische Mitarbeiter unter Umständen erst ausbilden lassen, falls nötig auch Schweizer Experten hinzuziehen, analysieren, wie die Arbeit vorankam, eingreifen, wenn etwas falsch lief, abgeschlossene Projekte nochmals analysieren, um mögliche Fehler in Zukunft zu vermeiden . . .

So wenig also kam sie über diesem ganzen Prozedere in Berührung mit den Menschen, für die sie wenigstens ein paar der dringlichsten Probleme aus der Welt zu schaffen versuchte. So viel brauchte es, bis einige Brunnen, ein Schulhaus, ein Spital eingeweiht werden konnten. Und wenn sie zwei- oder dreimal im Jahr auf Dienstreise ging, musste sie in erster Linie »kontrollieren«, ob die investierten Bundesgelder noch immer den Abmachungen entsprechend verwendet wurden.

Hier zum Beispiel, erklärte Ruth Dreifuss zu einem weiteren Bild aus ihrem Album, *diese Nonne war eine Schweizerin, die vom DftZ einmal Geld erhalten hatte*. »*Soeur Alberic und ihr Spital in Tefe, irgendwo im Amazonasgebiet*«, witzelte man im DftZ, »*existieren diese Schwester und ein solcher Ort überhaupt?*«

Eigentlich hatte sie in Paraguay zu tun gehabt; der Bund unterstützte dort eine landwirtschaftliche Genossenschaft mit Futtermühle und Schweinezucht sowie ein Forstprojekt, *ebenfalls*, so Ruth Dreifuss, *auf Kilometer 16 der Straße von Asunción zu den Wasserfällen von Iguassu*. Weil sie auf Schwester Alberic neugierig geworden war, nutzte sie nun die Gelegenheit, hängte einige Ferientage an und reiste weiter nach Brasilien.

In Manaus fand sie deren Orden, und das Spital gab es offensichtlich auch. Eine über 70-jährige Schwester führte Ruth Dreifuss hin – per Flugzeugstopp: Morgens um zwei hieß der Pilot die beiden Frauen ohne Ticket an Bord einer Militärmaschine willkommen.

Tefe war eine kleine Stadt mitten im Urwald; das Spital wurde von schweizerischen und brasilianischen Krankenschwestern geführt.

Nach ein paar Tagen, schloss sie, *fuhr ich zurück nach Manaus. Sechsunddreißig Stunden dauerte die Bootsfahrt auf dem Amazonas. Für die Begleitung eines Paters zu einem Indianerdorf flussaufwärts reichte meine Zeit leider nicht mehr; in Bern stapelte sich schon die liegen gebliebene Arbeit.*

Paraguay und Brasilien waren beim DftZ keine so genannten Schwerpunktländer wie Peru, Bolivien oder später Nicaragua. Die von ihr betreuten Projekte gehörten zu den Programmen »zweiter Ordnung« – was sie nicht weiter kümmerte, weil für sie jedes von ihnen zählte, und am meisten, wenn es den Ärmsten der Armen etwas brachte. So gesehen interessierte sie die Frauenklinik in einem Elendsviertel von Salvador de Bahia viel mehr als der Landwirtschaftsbetrieb jener *paraguayischen Pseudo-Genossenschaft unter der Hand eines Priesters, der mit der Diktatur Stroessner ziemlich liiert war.*

Was die Menschen aus entwürdigenden Situationen befreite, was ihnen die Möglichkeit gab, ihr Leben selbst in die Hand zu nehmen, das hatte ihre uneingeschränkte Unterstützung. Beispielhaft für diese Art von Entwicklungshilfe war in ihren Augen das Projekt des welschen Mouvement populaire des familles, eines christlich-sozial inspirierten Hilfswerks, das in Recife eine Arbeitslosenkooperative gegründet hatte. Mit Holz-, Ton- und Stroharbeiten bauten sich die vorher völlig mittellosen Menschen, zusammen mit einigen Genfer Mitgliedern der Bewegung, nach und nach eine Existenz auf; viele ihrer Arbeiten wurden durch die Genfer Freunde in der Schweiz verkauft.

Dieses Selbsthilfeprojekt war Ruth Dreifuss außerordent-

lich wichtig; sie sorgte dafür, dass das DftZ-Programmko-
mitee einer Mitfinanzierung ohne Zögern zustimmte, und
besuchte die Kooperative bei jeder Gelegenheit.

Übrigens war es gar nicht einfach, dem obersten Gremium
des Hauses die nötigen Gelder für die einzelnen Projekte
»abzuringen«. Die Erdölkrise 1973 und die darauf folgende Rezession machten dem Bundesfinanzhaushalt Schwierigkeiten, wie sie die Schweiz seit dem Zweiten Weltkrieg
nicht mehr erlebt hatte. Zwar wurde die Weiterführung der
technischen Zusammenarbeit nicht grundsätzlich in Frage
gestellt; der Bundesrat konnte die Rahmenkredite nun aber
nicht mehr ohne weiteres aufstocken.

Außerdem wurde das DftZ ab dem 1. Juli 1977 gesetzlich verpflichtet, in erster Linie die ärmsten Menschen und
Regionen der Dritten Welt zu unterstützen sowie die Hilfe
zur Selbsthilfe zu verstärken – eine Forderung, der Ruth
Dreifuss mit größter Freude nachkam. Immerhin hatte sie,
bis jenes »Bundesgesetz über Entwicklungszusammenarbeit und humanitäre Hilfe« im März 1976 vom Parlament
verabschiedet wurde, maßgeblich daran mitgearbeitet.

Bislang hatte allein der Bundesrat bestimmt, wie und in
welchem Umfang die Solidarität mit der Dritten Welt ausgedrückt werden sollte. Da diese Beitragszahlungen jedoch
ohne gesetzliche Grundlage abgewickelt wurden, gab die
Regierung im März 1971 ein Bundesgesetz zur Entwicklungshilfe in Auftrag. Die Zielsetzungen, welche eineinhalb
Jahre später in einem ersten Entwurf formuliert waren, entsprachen viel zu wenig den Erwartungen entwicklungspolitisch engagierter Kreise; besonders die Erklärung von
Bern, eine aus der ökumenischen Bewegung hervorgegan-
gene Organisation, welche die herkömmliche »Entwicklungshilfe« radikal in Frage stellte, forderte verschiedene
Zusätze. Einer davon (nämlich im Gesetzestext ausdrücklich festzuhalten, dass die Entwicklungszusammenarbeit

auch zu besser ausgewogenen Verhältnissen innerhalb der Entwicklungsländer beitragen sollte) wurde nach langem Hin und Her in den Entwurf aufgenommen.

Nun lag es am Parlament, den Entwurf zu bereinigen; doch kaum war die Arbeit ein Jahr später einigermaßen erledigt, verlangte es vom Bundesrat noch einen Zusatzbericht: Durch die Energiekrise hatte sich die Situation inzwischen grundlegend verändert, und die Konsequenzen sollten nicht unberücksichtigt bleiben.

Im Gegensatz zu verschiedenen Hilfsorganisationen, welche die wirtschaftlichen Beziehungen der Schweiz zur Dritten Welt nun noch kritischer in Frage stellten, unterstrich der Bundesrat in seinem Bericht, ganz im Sinne der schweizerischen Exportwirtschaft, mehr als zuvor die wirtschaftlichen Vorteile der Entwicklungszusammenarbeit: In der Tat exportierte die Schweiz von allen Industrienationen pro Kopf am meisten (nämlich rund ein Fünftel aller Ausfuhren) in die Länder der Dritten Welt. (Während sie von dort allerdings nur etwa ein Zehntel ihrer Importe bezog und mit ihrer öffentlichen Entwicklungshilfe, gemessen am Bruttosozialprodukt, auf einem der letzten Plätze unter allen Industrienationen lag.)

Mittlerweile schrieb man das Jahr 1975. Die Devisenknappheit der meisten Entwicklungsländer als Folge der weltweiten Rezession hatte die Lage der Dritten Welt dramatisch verschlechtert. Dabei war deren Import- und Zahlungsfähigkeit für die Schweizer Wirtschaft doch so wichtig...

Empört über dieses zynische Rentabilitätsdenken, verstärkten linke und religiöse Kreise ihren Druck auf die parlamentarische Kommission, welche weiterhin fleißig am neuen Bundesgesetz laborierte. Ein Sonderausschuss suchte nach Kompromissen, die Kommission nahm die ausgefeilten Formulierungsvorschläge an, das Parlament rang sich im März 1976 dazu durch, das Gesetz so zu schlucken.

Ruth Dreifuss, inzwischen in eine Stabsstelle versetzt, welche das DftZ zur Begleitung des umständlichen Verfahrens eigens geschaffen hatte, war gemeinsam mit Thomas Räber, einem der beiden DftZ-Vizedirektoren, für Formulierung und immer neue Änderungen des Gesetzesentwurfs zuständig; dazu musste sie auch mit Kommissionen und Sonderausschuss zusammenarbeiten, »speaking notes« für die parlamentarische Debatte vorbereiten, nebenbei mit dem unvermeidlichen Lobbying in der Wandelhalle des Bundeshauses vertraut werden – anders gesagt die ganze politische Arbeit rund um das neue Gesetz mitmachen.

Und noch etwas: Nebenbei entdeckten ihre Vorgesetzten, dass sie gute Bundesratsreden schreiben konnte: klug, aufrüttelnd, stellenweise vielleicht eine Spur zu gefühlvoll, im Ganzen aber rhetorisch brillant und besonders in den Schlussabschnitten richtig staatsmännisch. Dieses beachtliche Talent wusste von nun an vor allem Außenminister Pierre Graber zu schätzen, aber auch einmal Finanzminister Georges-André Chevallaz (mit dessen Sprachduktus und Stil sich Ruth Dreifuss erst vertraut machen musste, weil sie den FDP-Mann nicht so gut kannte) sowie später Bundesrat Pierre Aubert, Grabers Nachfolger im Außenministerium.

Dass Jacques Forster sie einmal neckte, ihre Zukunft stünde klar vor seinen Augen: Sie müsste die erste Bundesrätin werden, fand sie zwar erheiternd. Beim Schreiben der bundesrätlichen Reden aber war ihr jedes Wort, das sie ihrem obersten Chef Pierre Graber im Frühjahr 1976 in den Mund legte, selbst bitterernst. Denn auf die Annahme des Bundesgesetzes über die Entwicklungszusammenarbeit folgte eine politisch äußerst turbulente Zeit, welche das gegenseitige Unverständnis der verschiedenen gesellschaftlichen Kräfte in aller Schärfe zum Ausdruck brachte.

Auslöser dieser Besorgnis erregenden ideologischen Grabenkämpfe war ein im Jahr 1975 fast einstimmig gefasster Beschluss der Räte, die Internationale Entwicklungsorganisation IDA, eine Tochtergesellschaft der Weltbank, mit einem zinsfreien, rückzahlbaren Darlehen von 200 Millionen Franken zu unterstützen. Daraufhin ergriff die »Nationale Aktion gegen die Überfremdung von Volk und Heimat« das Referendum. Diese Form von Entwicklungshilfe, polterte deren Gründer und Wortführer, Nationalrat James Schwarzenbach, sei zutiefst antischweizerisch; mit multilateralen Abkommen habe die Schweiz nichts zu schaffen.

Der massive Widerstand und die äußerst aggressiv geführte Diskussion zwangen den Bundesrat, eine eigentliche PR-Kampagne zur Rettung des Kredits zu starten – was Schwarzenbach denn auch prompt als »bundesrätliche Gehirnwäsche« taxierte. Unbeirrt von dem Gezeter reiste Pierre Graber im Land herum und hielt seine Reden, unbeirrt schrieb Ruth Dreifuss für ihn auf, was von diesen »terribles simplificateurs« oder »schrecklichen Vereinfachern« zu halten sei, die sich so gern mit eindeutigen Lösungsvorschlägen begnügt hätten:

Angesichts der beispiellosen Herausforderung, welche die Entwicklung der Dritten Welt darstellt, lautete ihre Antwort, *müssen wir sowohl das Risiko des Irrtums als auch unsere permanente Infragestellung in Kauf nehmen; zur Tat schreiten, unser Handeln aber auch kompromisslos analysieren. Ein Verbrechen wäre es, abseits zu stehen und abzuwarten, ein Verbrechen, sich den weltweiten Anstrengungen zu entziehen.*

Die Nostalgiker, diese Leute, für welche die Geschichte im Mittelalter stehen geblieben ist, träumen davon, eine Mauer zu errichten rund um die Schweiz. Eine Mauer von Selbstsucht und Vorurteilen.

Eine lächerliche Mauer gemessen am Schutz, den sie uns bieten könnte, und eine Furcht erregende Mauer, wenn man bedenkt, wovor sie uns abschotten würde.

Wer mit rückwärts gewandtem Blick durchs Leben geht, kann nur dagegen sein. Einerlei was, er ist dagegen. Gegen die kleinste Öffnung zur Welt hin, gegen die internationale Zusammenarbeit, gegen die IDA.

Uns schelten sie Abenteurer. Dabei sind sie es, die uns in das gefährlichste aller Abenteuer stürzen wollen: jenes der Isolierung. Uns werfen sie vor, Utopisten zu sein. Dabei sind sie es, die alte Chimären reiten.

Denn meine Damen und Herren, Sie teilen gewiss meine Überzeugung: Internationale Solidarität ist politischer Realismus der Neuzeit.

21 Um von der eher theoretischen Schreibtischarbeit der EDA-Beamtin Dreifuss auf das zurückzukommen, was sie an ihrem Job besonders schätzte, nämlich hier und dort mit praktischen Maßnahmen zu einer spürbaren Erleichterung schwieriger Lebensverhältnisse beitragen zu können, so gehörten ihre Erfahrungen auf Haiti zum Schwierigsten und zugleich Beglückendsten, was sie bis dahin je erlebt hatte.

Als Ruth Dreifuss kurz vor Ostern 1979 zum ersten Mal nach Haiti reiste, war sie auf das Schlimmste gefasst. Schreckliche Regierungen hatte sie bei ihrer Arbeit inzwischen zur Genüge kennen gelernt: In Honduras, dem ärmsten zentralamerikanischen Land, wo sieben Achtel des nutzbaren Bodens Großgrundbesitzern und ausländischen Firmen gehörten, hatten die Rivalitäten der herrschenden Militärs allein seit 1972 zu drei Staatsstreichen geführt. In Paraguay hielt sich die Diktatur General Alfredo Stroessners nun schon seit fünfundzwanzig Jahren. Unsäglich grausame Militärdiktaturen in Brasilien und Chile – die chilenische Volksfront war nach der Ermordung Salvador Allendes im September 1973 radikal zerschlagen worden; militärische Gewaltregimes und politische Verfolgung in Bolivien und Peru; Diktatur und Bürgerkrieg in Nicaragua ...

Unter solchen Bedingungen, das war Ruth Dreifuss und ihren Arbeitskollegen klar, ließ sich im Grunde jedes Entwicklungsprojekt als politische Einmischung verstehen, weil die materielle Aufbauhilfe immer auch Moral und Selbstbewusstsein der entrechteten Menschen stärkte und indirekt zum Widerstand gegen die Peiniger beitrug.

Dass die ausgedehnten Dienstreisen in zum Teil weit abgelegene Regionen dieser Länder daher nicht ungefährlich waren, beschäftigte sie im Allgemeinen nicht sonderlich. Viel mehr zu denken gab Ruth Dreifuss die Konfrontation mit den sozialen und politischen Missständen. Ihre Freundin Anne Rivier, deren Gatte Philippe Attinger bis zu seinem Tod im Jahr 1974 Ruths sehr geschätzter Mitstreiter im DftZ war, erinnert sich daran, wie demoralisiert sie im brasilianischen Nordosten einmal war: *Als Ruth zurückkam*, erzählt Anne Rivier, *war sie fast krank vor Schmerz über das schreiende Unrecht, das sie dort gesehen hatte, die Not, den Graben zwischen Arm und Reich. Das alles ging ihr so nahe, dass sie darüber weinte wie ein Kind. Dabei ist sie eine der stärksten Persönlichkeiten, die ich je getroffen habe.* »*Vergiss nicht*«, *sagte sie oft zu mir, wenn ich mich vor ihren Reisen in gefährliche Gegenden um sie sorgte,* »*ich bin unzerstörbar!*« – *Diesen Satz sagt sie übrigens heute noch oft . . .*

Auch vor ihrer ersten Haitireise hatte Ruth Dreifuss keine Angst. Sie war eher aufgewühlt, weil ihr das ganze Land wie ein Kerker vorkam, und fragte sich, wie man in einer solchen Situation helfen könnte. Aus der Lektüre aller greifbaren Literatur über Haiti wusste sie, dass die einst reichste Kolonie der Erde, jene »Perle der Antillen«, in den letzten zweihundert Jahren von manchem Tyrannen oder Diktator beherrscht worden war. Zu den ärgsten von allen gehörten der mittlerweile verstorbene François Duvalier sowie dessen Sohn und Nachfolger auf Lebenszeit, Jean-Claude Duvalier, der angeblich nicht ganz so schlimm wie sein Vater, aber immer noch äußert brutal war.

Ausgerechnet dorthin wollte Ruth Dreifuss nun reisen. Da ihr Chef die Unterstützung eines Aufforstungsprojekts der FAO im Norden Haitis in die Wege geleitet hatte und ihr das betreffende Dossier eines Tages in die Hand drückte, musste sie schließlich einmal nachschauen, wie die Arbeit vorankam.

Natürlich hätte sie die unbequeme Aufgabe lösen können, indem sie hingefahren wäre, ihren Bericht geschrieben und Haiti schleunigst wieder verlassen hätte. *Das wäre Ruth, so wie sie entwicklungspolitisch gelagert war, allerdings falsch erschienen,* sagt Paula Iten, die zu jener Zeit schon in Haiti lebte. *Bevor sie in diesem Land etwas beurteilen würde, erklärte sie mir in einem Brief, müsse sie Einblick in Gesellschaft und Lebensverhältnisse gewinnen. Und fügte hinzu, ob sie zu diesem Zweck für einige Tage zu mir kommen dürfe.*

Die Schweizer Laienmissionarin Paula Iten lebte im ärmsten Teil des Landes, in der Gegend von Jean-Rabel im Nordwesten von Haiti, und koordinierte dort eine der sechs Missionsequipen, die unter der Leitung des haitianischen Priesters Jean-Marie Vincent nicht nur Katecheten ausbildeten und den Gläubigen die Bibel erklärten, sondern mit ihnen zusammen auch Bäume pflanzten, Krankenstationen bauten, Straßen verbesserten – kurz überall Hand anlegten, wo sie der Bevölkerung Hilfe zur Selbsthilfe leisten konnten.

Im Frühjahr 1979, als Ruth Dreifuss ihren Besuch in Jean-Rabel ankündigte, begann dort gerade eine neue Hungersnot. Die vorangegangenen Monate hatten keine Ernte gebracht – Paula Iten und ihre Freunde wussten nicht, wie sie weitermachen sollten. Zogen die Bauernfamilien wie Tausende anderer Landflüchtiger in die Stadt, landeten sie unweigerlich in einem der zahllosen Elendsquartiere von Port-au-Prince; ohne regelmäßige Arbeit, ohne Schutz vor kriminellen Übergriffen der Tonton Macoutes, Duvaliers Schergen, die alle Teile der Gesellschaft schikanierten und quälten.

Blieben die Bauern auf dem Land, ging es ihnen nicht besser, weil die Tonton Macoutes überall waren – genau wie Hunger und Entbehrung. 1977, im ersten Jahr von Paula Itens Mitarbeit in den Missionsequipen von Jean-Rabel, war die Kasse vollständig leer gewesen, und die seither eingetroffenen Spendengelder aus dem Ausland – etwa vom Schweizer Fastenopfer – reichten für tief greifende Veränderungen der wirtschaftlichen Verhältnisse einer Gemeinde von rund achtzigtausend Menschen bei weitem nicht aus.

Musste die bevorstehende Visite von Ruth Dreifuss, einer Schweizer Bundesbeamtin für Entwicklungszusammenarbeit, in diesem Moment nicht als Geschenk des Himmels gedeutet werden? Paula Iten wäre, wie sie ausdrücklich festhält, nicht auf die Idee gekommen, bestimmte Hoffnungen oder gar Hintergedanken zu hegen. *Ruth hatte mir ein paar Jahre vorher zwar ein DftZ-Stipendium bewilligt,* sagt sie. *Deswegen rechneten wir aber nicht gleich mit einem weiteren Nutzen aus meiner Bekanntschaft, als wäre Ruth, nachdem sie die Not in Jean-Rabel gesehen hätte, quasi unser »direkter Draht nach Bern«. Eine private kirchliche Hilfsorganisation wie die unsere konnte von der Schweiz doch keine staatliche Unterstützung erwarten. Nein, was Ruth damals zu uns führte, war ihr Interesse für den haitianischen Alltag. Damit wollten wir sie gerne bekannt machen.*

Außer einer kleinen Kapelle und einer Zweizimmerhütte mit Wellblechdach – gekocht wurde im Freien, die Toilette befand sich in einem Verschlag in der Nähe – gab es in Paula Itens Missionsstation nichts zu sehen. Kaum eingetroffen und von allen freudig willkommen geheißen, spazierte Ruth Dreifuss zur Kochstelle, wo eine haitianische Frau inzwischen begonnen hatte, ein paar Kartoffeln, ein Häufchen Innereien, grüne Bananen und Bohnen für einen Suppeneintopf kleinzuschneiden. Paula Iten hatte der Besucherin aus der Schweiz schon im Voraus versprochen, ihretwegen keine großen Umstände zu machen. Dass die Mahlzeit an diesem einen Tag besonders reichhaltig sein sollte – wer hätte es der Köchin verargen können? Ruth

Dreifuss war da, um Haiti kennen zu lernen. Nun erfuhr sie zum ersten Mal die haitianische Gastfreundschaft, und sie ahnte, dass sie nicht immer leichten Herzens mitessen würde von den wenigen Lebensmitteln, die noch aufzutreiben waren.

Du beschäftigst eine Köchin, sagte sie beiläufig, als ihr Paula Iten auf einem Rundgang die nähere Umgebung zeigte. Dabei schaute sie so besorgt, dass ihre Gastgeberin, eine ohnehin sehr muntere Natur, laut herauslachte. *Erstens,* antwortete Paula darauf, *ist das Kochen und Waschen die einzige traditionelle Ausbildung der haitianischen Frau, womit sie etwas verdienen kann. Zweitens verschaffe ich einer Frau einen Arbeitsplatz – bei sechzig Prozent Arbeitslosigkeit im Land. Drittens schließlich ist die haitianische Küche zu zeitraubend für eine berufstätige Frau.* Das fand Ruth Dreifuss einleuchtend. Abgesehen davon, fügte Paula Iten hinzu, sei ihre Köchin eine gleichberechtigte Missionsmitarbeiterin und keine Hausangestellte, die bei Tisch bedienen und in der Küche essen müsse, wie es überall im Land, auch in sehr bescheidenen Haushalten, der Fall sei.

Diesen Aspekt der gesellschaftlichen Realität in Haiti, sagt Paula Iten heute, *konnte Ruth nur mit Mühe akzeptieren. Unsere zum Teil äußerst bescheidenen Lebensumstände – auf Strohmatten am Boden zu schlafen, sich an der Quelle zu waschen und so weiter – irritierten sie dagegen nicht im Geringsten. Völlig anspruchslos und bereit, alles mit uns zu teilen, schickte sie sich in jede Unannehmlichkeit.* – Selbst wenn Ruth Dreifuss bei späteren Besuchen tatsächlich ab und zu von einer Haitianerin bedient wurde: Dann trieb das schlechte Gewissen sie in die Küche, wo sie – wie an jenem ersten Tag – interessiert in Töpfe und Pfannen guckte und der Köchin beim Plaudern möglichst zur Hand ging, bis das Essen bereit war.

Die Zusammenkunft mit den Priestern Jean-Marie Vincent, Paulas »Chef«, und Rénald Clérismé, der die etwas weiter entfernte Mission von Beauchamp leitete, sollte zu einer ganz außergewöhnlichen Begegnung werden, einem jener rätselhaften, unerklärlichen Glücksmomente im Leben, der Ruth Dreifuss dazu bewog, von da an praktisch jedes Jahr nach Haiti zurückzukehren. Was immer bei dem Treffen gesprochen wurde – Dreifuss wusste auf einen Schlag, dass sie diese Geistlichen nicht nur im Einsatz gegen die wirtschaftliche Misere unterstützen würde, sondern auch im Kampf gegen die Diktatur.

Auf Vincent, Clérismé und viele andere haitianische Priester war der Funke von der brasilianischen Befreiungstheologie übergesprungen: der Mut, Widerstand zu leisten gegen den ganz alltäglichen Terror eines Diktators, der nichts so liebte wie das Geld und nichts so verachtete wie sein Volk.

Duvaliers Machtbesessenheit entkam niemand; gegen seine Grausamkeit half die Theologie der Befreiung so wenig wie jeder Voodoo-Bann. Gegen die Verzweiflung aber konnten die Priester und ihre Missionsequipen sehr viel tun: Indem sie die Menschen darin bestärkten, aus eigener Kraft wiederzuerlangen, was der ehemalige Arzt François Duvalier, »Papa Doc«, in seiner vierzehnjährigen Präsidentschaft so gründlich zerstört hatte und der fettleibige Jean-Claude, »Baby Doc«, seit dem Tod seines Vaters mit ähnlicher Brutalität unterdrückte: Solidarität und menschliche Würde inmitten grenzenloser Armut und Vernachlässigung.

»Mission«, wie sie die katholischen Geistlichen seit je betrieben hatten, auf dass sich die armen Sünder im Schoße der Kirche für das Leben im Jenseits läuterten, interessierte vorläufig weniger als die Sorge um die elementarsten Ansprüche und Rechte der Menschen in einem Land, wo Hunger, Ausbeutung, Folter und Mord als unabänderliche Tatsachen hingenommen werden mussten, nicht anders als die gefürchteten Naturkatastrophen, die Haiti immer wieder heimsuchten.

Jedes gesellschaftliche Leben, sagte Ruth Dreifuss in späteren Interviews, *war ja zerstört worden. Duvaliers Spitzel, die Tonton Macoutes, horchten für ihn, verhörten, prügelten, erpressten, bestahlen die Bevölkerung. Wer nicht parierte, wer nicht aussagte, was er über die andern wusste, wurde kurzerhand festgenommen und in den Kerker geworfen. Durch dieses erzwungene Denunziantentum schürte die Diktatur das Misstrauen der Leute, damit jeder Zusammenhalt verloren ginge.*

Genau hierin sah die Basiskirchenbewegung laut Ruth Dreifuss ihre Aufgabe: Ein Wiederaufbau der Gesellschaft setzte voraus, dass sich die Menschen von diesem Misstrauen befreiten und gegenseitig neuen Halt gaben. Diesen Prozess versuchten Vincent, Clérismé und andere – mit der Zeit lernte sie etwa zwanzig Priester näher kennen, darunter auch den späteren Präsidenten Jean-Bertrand Aristide – mit konkreten Maßnahmen zu unterstützen: Als Erstes lehrten sie und ihre Mitarbeiter die Leute etwas vom Wichtigsten für die geistige Freiheit, nämlich lesen und schreiben. Dann animierten sie Jung und Alt zu gemeinsamen Aktivitäten in Bauernvereinigungen oder Jugend- und Frauengruppen, unterwiesen sie in Krankenpflege, im Aufbau von Kooperativläden ...

Ruth Dreifuss nutzte die knapp bemessene Zeit ihres ersten Aufenthalts, um möglichst viel von dieser Arbeit zu sehen. Paula Iten führte sie zu den verschiedenen Missionsequipen mit insgesamt sechsunddreißig Mitarbeitern, unter denen sie selbst übrigens eine von nur drei Weißen war, stellte sich als Dolmetscherin für die Unterhaltungen mit der Kreolisch sprechenden Landbevölkerung zur Verfügung, organisierte den Besuch bei einigen Bauern, die sich erst kürzlich zur Gründung einer Kooperative entschlossen hatten und sich nun in kaufmännischen Belangen ausbilden ließen – ein Ausflug, der es übrigens in sich hatte, weil Ruth Dreifuss vor der Reise zu dem abgelegenen Weiler unversehens entscheiden musste, ob sie sich lieber auf einen Esel, ein Maultier, ein Pferd oder ein Motorrad setzen wolle. *Zum Glück,* sagt Paula Iten mit einem spitzbübischen Lächeln, *war mein Ross brav genug, seine Last kein einziges Mal abzuwerfen. So fand Ruth das Abenteuer ihres ersten Ausritts ganz interessant.*

Erste Haiti-Reise: »Zum Glück war Ruths Ross brav genug, seine Last kein einziges Mal abzuwerfen ...«

Gefragt, was es denn sei, das ihr dieses leidgeprüfte Haiti dermaßen faszinierend und liebenswert mache, behalf sich Ruth Dreifuss später manchmal mit einem Vergleich: Wie in den großen klassischen Theaterstücken, erklärte sie, steckten in der haitianischen Tragödie auch Elemente einer Komödie. Dieses tragikomische Wechselspiel, alles, was sie persönlich verabscheue und liebe, begegne einem da auf Schritt und Tritt: grauenvolle Not und überbordende Lebensfreude, Unterdrückung und Widerstand, Schrecken und Hoffnung.

300

Die erwähnte Kooperative war ein typisches Beispiel dafür: Da lernten die Bauern begeistert, wie man Großeinkäufe tätigt, Detailhandel betreibt, Kasse und Buchhaltung führt – und gingen, weil sie zu wenig Brot hatten, nach der Mittagspause mit leerem Magen zur nächsten Unterrichtsstunde.

Was man gegen die Hungersnot unternehmen müsste, wie die Aussaat in einer fast vollständig abgeholzten Gegend vor verheerenden Wasserfluten zu schützen wäre, wie man den Regen sammeln und in Trockenzeiten zur Bewässerung einsetzen könnte, welche Maßnahmen darüber hinaus nötig wären, um jede von drei möglichen Ernten pro Jahr sicherzustellen – diese Fragen diskutierte Ruth Dreifuss mit ihren Freunden umso eingehender, als sie in Haiti nicht nur jenes mit Bundesgeldern unterstützte Aufforstungsprojekt ˙kontrollieren, sondern auch weitere Hilfsmöglichkeiten prüfen musste.

In Jean-Rabel gab es mehr als genug zu tun. Bevor die Abgesandte der offiziellen schweizerischen Entwicklungshilfe etwas unternehmen konnte, brauchten die haitianischen Missionsequipen aber eine Organisation in der Schweiz, irgendein Hilfswerk, als offizielle Vertretung. Die Freiburger Gemeinschaft der Laienmissionarinnen, welcher Paula Iten damals angehörte, übernahm die Mittlerrolle sehr gern. Durch sie (bzw. durch die Überzeugungsarbeit von Ruth Dreifuss in der Direktion für Entwicklungszusammenarbeit und Humanitäre Hilfe DEH, wie man anstelle von DftZ inzwischen sagte) erhielten die Missionsequipen von Jean-Rabel die ersten Hilfsgelder, rund hundertfünfzigtausend Franken, zur Finanzierung mehrerer Projektstudien.

Dass die umfangreichen Bodenentsalzungs- und Bewässerungsmaßnahmen schließlich ausgeführt und im gleichen Zug Hunderte von Arbeitsplätzen geschaffen wurden, erzählt Paula Iten voller Stolz, *war wiederum Ruth zu* verdanken: Es gelang ihr nämlich, die Helvetas für unsere Großprojekte zu gewinnen. So kam dieses Hilfswerk erstmals nach Haiti. Mit der Zeit dehnte die Helvetas ihre Unterstützung auf unsere Nachbargemeinden und unsere Freunde im ganzen Land aus; inzwischen sind es Millionen von Franken, die Haiti dank Helvetas – und dank staatlicher Beiträge aus der Schweiz – im Kampf gegen die Unterentwicklung einsetzen konnte.

Und doch waren die Millionen nicht genug. Gegen den dramatischen wirtschaftlichen Niedergang vermochten alle Spendengelder aus dem Ausland und alle wohl durchdachten Entwicklungsprojekte nichts auszurichten. Was nützte es den Bauern schon, wenn sie dem Boden mittels aufwändiger Hilfsmaßnahmen mehr Ertrag abtrotzten? So wenig, wie es den Arbeitern in der Stadt etwas brachte, sich in einem jener neu angesiedelten amerikanischen Produktionsbetriebe für einen Hungerlohn abzurackern, während die Amerikaner für ihre sehr geschätzte Anwesenheit von »Baby Doc« mit üppigen Steuerreduktionen belohnt wurden.

Wo immer die Bevölkerung etwas verdiente – Duvalier und seine Günstlinge wussten sich daran zu bereichern.

22 *Wie das haitianische Volk all das Elend aushalten konnte?* fragte Jean-Bertrand Aristide, nachsichtig lächelnd wie ein Lehrer, der eine hundertmal gestellte Frage noch einmal beantworten sollte. Oder lag in seinem Ausdruck, gerade umgekehrt, die Bitte um Nachsicht, weil er 1991 bis 1996 zwar der erste frei gewählte haitianische Staatspräsident war, ganze drei Jahre seiner Amtszeit aber im amerikanischen Exil zubringen musste und mit seinen Reformbemühungen in der verbliebenen Zeit nicht viel zum Besseren wenden konnte für sein Volk?

Nein; Aristide bat nicht um Verständnis für die hoffnungslose Situation. *Hoffnungslosigkeit,* rief er, *kennen wir gar nicht. Glauben Sie, wir hätten die vergangenen vierzig Jahre überstanden, wenn wir hoffnungslos gewesen wären? Das waren wir nicht. Wir sind nicht Objekte der Geschichte. Und wir kennen auch nicht bloß Not und Leid. Das ist ein Teil von Haiti, sicher. Schauen Sie aber genauer hin, und zwar im Land selbst, werden Sie ein anderes Haiti entdecken, das nicht in der Misere versinkt. In den Augen auch der ärmsten Menschen werden Sie das strahlendste, wärmste Lächeln sehen. Warum? Weil die Menschen Hoffnung haben. Deshalb sage ich immer: Der Haitianer ist die Hoffnung Haitis. Das ist eine Tatsache, kein frommer Wunsch. Hätten wir sonst eine Suizidrate von null Prozent? Nein! Haiti ist nicht eines der ärmsten Länder. Haiti ist eines der reichsten Länder der Welt!*

Aristide, der mitreißende Prediger von einst, wusste sein Talent noch immer zu gebrauchen. Auch wenn ihm, wie an diesem Nachmittag Mitte Mai 1998, im zugesperrten Speisesaal eines Bonner Hotels nur zwei Menschen zuhörten: eine Journalistin und der riesenhafte Ex-Präsidenten-Leibwächter, der sich in zehn Metern Entfernung aufgepflanzt hatte und mit grimmigem Blick auf die Beobachtung der Fensterfront und der beiden Türen konzentrierte.

Nun haben wir zum ersten Mal in unserer Geschichte demokratische Verhältnisse in Haiti, sagte Aristide nach einer kurzen Pause, die er an dieser Stelle seines Vortrags wahrscheinlich immer einschob, um die überraschenden letzten Sätze wirken zu lassen. *Die Demokratie könnte die enorme Kluft zwischen Arm und Reich beseitigen, könnte zustande bringen, dass unser Land mit der Zeit auch wirtschaftlich gesund würde. Was dazu noch fehlt, ist der politische Wille. Würden wir diesen kollektiven Willen entwickeln – gegen die Armut entwickeln! –, wäre es gar nicht so extraordinär, das zu erreichen. Leicht wäre es nicht, aber es wäre möglich. Vielleicht schaffen wir es nie, wer weiß. Wenn wir nach der neoliberalen Methode weiterwirtschaften, werden die Probleme größer, nicht kleiner ...*

Ob er bei den nächsten Wahlen Ende 2000 ein zweites Mal Präsident werden und alles besser machen wolle, auf diese Frage ging er im Moment nicht ein. Seine Hauptaufgabe, sagte er und gab sich dabei förmlich einen Ruck, bestünde gegenwärtig wieder in der Arbeit mit Hunderten von Straßenkindern, die in seinem Zentrum in Port au Prince neben regelmäßigen Mahlzeiten auch Unterricht erhielten. Dass er sich trotz dieser pädagogischen Arbeit aber weiterhin mit der Politik auseinandersetze, sei für ihn selbstverständlich. Mit resigniertem Stillschweigen jedenfalls würde er dem politischen Geschehen niemals zuschauen: *Solange wir atmen,* fügte er hinzu, *werden wir friedlich weiterkämpfen für ein menschenwürdiges Leben in Haiti, für die Demokratie, für unsere ökonomische Selbstbestimmung. Wirtschaft und Demokratie: Diese beiden Themen nehmen sehr viel meiner Energie in Anspruch. Über die Frage, wie wir Haitianer und die ganze internationale Gemeinschaft zum einen die demokrati-*

schen Strukturen festigen und zum andern die richtigen
ökonomischen Lösungen finden können, darüber habe ich
an amerikanischen Universitäten schon Dutzende von
Vorträgen gehalten.

Jean-Bertrand Aristide, der weltgewandte Vortragsreisen-
de: Wie sehr er sich, zumindest äußerlich, verändert haben
musste seit der Zeit, da Ruth Dreifuss ihn kennen lernte.
Nun saß er in königsblauem Maßanzug und polierten
schwarzen Lederschuhen in einem dieser Nobelhotels, die
sich auf dem ganzen Erdball gleichen, und traf sich während ein paar Tagen wieder einmal mit allen möglichen Re-
gierungsleuten, Hilfswerksvertretern, Journalisten, Exil-
Haitianern.

Seine legendäre Ausstrahlung war ihm offenbar nicht
verloren gegangen. Nur sprach er früher, als er mit Ruth
Dreifuss in seinem Straßenkinderzentrum im erbärmlichs-
ten Slum von Port-au-Prince zusammensaß und über die
Zukunft diskutierte, nicht in dieser abwägenden Diploma-
tenmanier. Damals war er ein Mann aus dem Volk, der die
haitianischen Zustände wie kaum ein anderer zu geißeln
wagte, der dafür geliebt wurde, dass er wie die meisten anderen nichts zu verlieren hatte als das Leben und auch das
noch riskierte für sie. – Nun wurde er überallhin begleitet
von einer beflissenen Entourage, die ihm selbst die Bestel-
lung seines Essens abnahm, damit er sich unterdessen um
Wichtigeres kümmern könne.

Damals waren es Horden von Jugendlichen in zerfetzten
Kleidern, die Jean-Bertrand Aristide auf Schritt und Tritt
begleiteten. Ihm glaubten sie, dass er seinen Nächsten wie
sich selbst liebe, weil ihn Gestank und Ungeziefer der
Elendsviertel nicht davon abhielten, mitten unter den Aus-
gestoßenen der Gesellschaft zu leben. Und weil er ihnen
eine Stimme gab und gemeinsam mit ihnen gegen das Unrecht kämpfte, waren sie alle seine Leibwächter: Die Leute

seiner Pfarrei, Männer, Jugendliche, Frauen warfen sich während eines Gottesdienstes im September 1988 schützend vor ihn und zerrten ihn hinaus, als Militär und Tonton Macoutes in die Kirche stürmten und mehr als ein Dutzend Menschen mit einem Kugelhagel niederstreckten, der ihm gegolten hatte, bevor sie die Kirche samt den nicht rechtzeitig weggeschafften Verwundeten in Brand steckten.

Jean-Bertrand Aristide sollte nach dem Willen der Mächtigen seines Landes aus dem Weg geräumt werden. Er war nicht der einzige; viele Priester, auch die Freunde von Ruth Dreifuss in den Missionsequipen von Jean-Rabel und Beauchamp, riskierten die Provokation, in einem Land der totalen Unterdrückung gewaltlosen Widerstand zu predigen. Während sie aber schon seit Jahren auf der Hut sein mussten, war Aristide als kritischer junger Ordensmann von seinen Vorgesetzten zu immer neuen Studienaufenthalten ins Ausland geschickt worden und erst 1985 nach Haiti zurückgekehrt. Zu jener Zeit befand sich das Land bereits im Zustand einer *allgemeinen Mobilmachung für den Wechsel*, wie er es formulierte. Und weder sein Provinzial noch der Erzbischof von Port-au-Prince konnten ihn mehr zurückhalten: Innerhalb kurzer Zeit wurde er zum Sprachrohr der Massen, zur nationalen Heldenfigur und zum meistgehassten »Volksaufwiegler«.

1988, als Aristide kaum mehr zweifelte, beim nächsten Anschlag getötet zu werden, kannte Ruth Dreifuss ihn vielleicht zwei Jahre. Sie machte sich große Sorgen um ihn – einen Menschen, vom dem sie übrigens zunächst nicht geglaubt hatte, dass er sie persönlich ebenso überzeugen würde wie ihre Bekannten in den Missionsequipen. Sie alle hatten ihr schon viel und mit großer Begeisterung von ihm berichtet. *Außerdem*, erzählte sie später, *hatte ich ihn ein paarmal im Radio sprechen gehört.* »*Der Typ gefällt mir nicht ganz*«, sagte ich zu meinen Freunden. »*Wenn ich das* so *höre, habe ich den Eindruck, er spiele zu sehr auf der emotionalen Ebene.*«

Man muss sich das vorstellen: Die Leute strömten von überall her, seine Kirche konnte die Menge kaum fassen, so viele wollten ihn Woche für Woche erleben. Aristides Predigten, diese flammenden biblischen Schimpfreden voller Anspielungen und kreolischer Wortspiele – zwischendurch begann er auch mal zu singen – waren das reinste Spektakel, mit dem er buchstäblich Tausende von Menschen aus den Sandalen riss. Unheimlich. Ja, so empfand ich es: Seine Messen waren politische Veranstaltungen, die mich unheimlich anmuteten. – Als ich Aristide dann einmal in seiner Pfarrei besuchte, war ich völlig überrascht, einen ganz anderen Menschen anzutreffen, einen, der nicht meinem Bild entsprach. Er war so leise, bescheiden, introvertiert.

Aristide hatte durch Freunde auch schon von Ruth Dreifuss erfahren. So wusste er, dass sie die Missionsequipen von Jean-Rabel seit langer Zeit mit Rat und Tat unterstütze und vor allem, dass sie *eine treue Freundin und eine mutige Frau* sei, wie er sich erinnerte.

Mut hatte sie wahrlich nötig in jenen Jahren, zumal sie nicht als Touristin in der Gegend herumreiste und rein zufällig mitbekam, wie sich die ländlichen Basisgemeinden zu einer immer größeren Widerstandsbewegung zusammenschlossen. Nein, Ruth Dreifuss machte vor den Augen der Tonton Macoutes gemeinsame Sache mit den »aufrührerischen« Befreiungstheologen.

Dass sie sich dabei in Gefahr brachte, nahm sie in Kauf. *Schließlich war ich auf Diktaturen spezialisiert*, erklärt sie rückblickend. *Wie in Brasilien und Paraguay war es auch in Haiti meine Aufgabe, eine Art Brücke zu schlagen zwischen den Bedürfnissen der Bevölkerung und unserer Bereitschaft zur Entwicklungszusammenarbeit. Dabei war es mir sehr wichtig, eine echte Partnerschaft einzugehen, das heißt offene Gespräche zu führen, denn wir hatten viel*

voneinander zu lernen: Sie mussten die Logik unserer Ent-
wicklungszusammenarbeit, beispielsweise die Notwendig-
keit längerfristiger Planung, verstehen, wir mussten ler-
nen, ihren Umgang mit Zeit und Geld zu berücksichtigen.

Entsprechend lenkte Ruth Dreifuss auch in der DEH die Aufmerksamkeit auf diesen, wie sie bemerkt hatte, bislang vernachlässigten Gesichtspunkt der Entwicklungszusammenarbeit; ferner ließ sie ihre Projekte wissenschaftlich durchleuchten und beurteilen, um wenigstens etwas zu lernen aus möglichen Fehlern – wozu sie übrigens eine Fehlinvestition ebenso zählte wie eine Geldunterschlagung: *Wie,* so lautete ihre Frage nämlich, *haben wir den Mann dazu gebracht, das Geld zu stehlen, und wie erreichen wir, dass in Zukunft die wirklich Bedürftigen von unserer Hilfe profitieren und nicht der Mann, der das Geld dort vertei-len sollte und stattdessen in die eigene Tasche steckte?*

Ab Ende 1981, das heißt, nachdem Ruth Dreifuss das Bundesamt für Entwicklungszusammenarbeit verlassen hatte, zielte ihr Engagement für Haiti viel offener als zuvor auch auf den politischen Widerstand ab; entsprechend feindselig wurde die inzwischen bekannte Besucherin von den Tonton Macoutes beobachtet. Nicht dass sie den wirtschaftlichen Überlebenskampf ihrer Freunde je vergessen hätte: Als Privatperson stellte sie ihnen einiges an Ersparnissen zur Verfügung, und sie reiste nie nach Haiti, ohne Dinge mitzunehmen, die dort dringend gebraucht wurden wie Bücher, Zeitungsberichte, eine bessere Schreibmaschine und dergleichen.

Fast wichtiger war ihr selbst und ihren Freunden über die Jahre jedoch der ideelle Beistand. *Ruth Dreifuss wagte es nicht nur, trotz der äußerst gespannten Lage immer wieder nach Haiti zu reisen,* erklärt Rénald Clérismé, der das Priesteramt später aufgab, in Yale noch einen Doktor in Anthropologie machte und danach für die wirtschaftlichen, sozialen und kommerziellen Belange in der haitianischen Vertretung bei der UNO in Genf zuständig wurde. *Ruth setzte sich, wenn sie im Land war, mit uns zusammen der Gefahr noch viel mehr aus; das heißt, ihre Solidarität mit dem haitianischen Volk ging bis zum Letzten. – Im Übrigen gab sie uns nie das Gefühl, irgend etwas besser zu wissen. Sie hörte viel zu, fragte sehr viel, und erst dann machte sie Vorschläge, wie man ein Problem vielleicht lösen könnte. Ruth wollte uns begleiten, nicht einfach den Weg aufzeigen und Direktiven verteilen. Diesen Respekt vor dem Rhythmus der anderen schätzte ich an ihr außerordentlich.*

Als der Rhythmus der ganzen Bevölkerung durch die wachsende Protestbewegung immer mehr durcheinandergeriet, Duvalier zunehmend nervös wurde und Priester, Bauern, Menschenrechtler, Gewerkschafter, jugendliche Demonstranten scharenweise einfangen und in die Gefängnisse stecken ließ, reiste Ruth Dreifuss erst recht bei jeder Gelegenheit nach Haiti – hin- und hergerissen zwischen der Sorge um ihre Freunde und tiefer Befriedigung über den bereits absehbaren Sturz der Diktatur.

Auf eine dieser Reisen nahm sie Ende 1985 auch Freunde aus der Schweiz mit: Ruth Dreifuss hatte ihre Freundin Christiane Brunner geneckt, deren Weltkenntnis beschränke sich auf das Gebiet zwischen Genf und Bern beziehungsweise zwischen Mont Salève und Gurten. Insbesondere über die Dritte Welt wisse sie fast gar nichts. Darauf gab Christiane zurück, da Ruth offensichtlich viel mehr herumgekommen sei, solle sie ihr die Welt doch bitte zeigen.

Die Frage war nur, so Ruth Dreifuss, *wo wir beginnen sollten. Wir zögerten zwischen Honduras, Nicaragua und Haiti. Honduras und Nicaragua schienen mir zu gefährlich zu sein. Doch wir konnten es wagen, so glaubte ich, nach Haiti zu fliegen. Und was geschah? Als wir dort ankamen, begann soeben die letzte Phase vor Duvaliers Vertreibung!*

Ende November 1985 hatten Soldaten und Tonton Macoutes bei einer Demonstration der Jugend von Gonaïves hundertfünfzig Kilometer nördlich der Hauptstadt drei Schüler erschossen. Dieser Gewaltakt brachte das Fass zum Überlaufen; von jenem Tag an verlor Duvalier endgültig die Kontrolle über die Bevölkerung.

Drei Wochen später, als Ruth Dreifuss, Christiane Brunner, ihr Sohn Alexandre und ihr damaliger Freund Bernard in Begleitung von Paula Iten die geplante Rundreise antreten wollten, herrschte in Haiti das reinste Chaos. Unzählige Straßensperren, Identitätskontrollen, Befragungen hinderten sie am Weiterkommen. *Weil wir als Ausländer fast die einzigen waren, die noch herumreisen konnten,* so Ruth Dreifuss, *brachten wir Informationen von einer Pfarrei zur andern.* Und nicht nur das: An einem Polizeiposten wurden sie auch gezwungen, zwei Armeeangehörige, die ihrem Chef nach haitianischem Brauch zu Weihnachten einen Truthahn bringen wollten, zum nächsten Dorf zu befördern. Dass sie aus Protest über dieses autoritäre Gehabe ihrerseits nicht zögerten, die beiden höheren Militärs auf der Ladefläche ihres Pick-up-Wagens dem Fahrtwind auszusetzen, stellte laut Paula Iten einen ungeheuren Affront dar.

Am Heiligabend überraschten sie einen befreundeten Priester mit ihrem unangemeldeten Besuch und wurden, wie nicht anders erwartet, gastfreundlich aufgenommen. Christiane Brunner war erschöpft von der anstrengenden Reise und legte sich sogleich schlafen; Ruth Dreifuss ging mit zur Mitternachtsmesse. *So hatte sie es immer gehalten,* sagt Paula Iten. *Sie hielt sich nie abseits, wenn wir unsere Gottesdienste feierten.*

Den letzten Tag des Jahres schließlich verbrachten sie in einem Dorf in Jean-Rabel, wo sie zusammen mit der Bevölkerung an einer großen Trauerkundgebung zum Gedenken an die drei Schüler teilnahmen. *Wir alle trugen rote Leib-*

chen und rote Kopftücher als Zeichen des Protests, erzählt
Paula Iten. *Anschließend zelebrierte Jean-Marie Vincent
einen sehr engagierten Gottesdienst.*

Am 1. Januar wollte Rénald Clérismé in Beauchamp
einen Protestmarsch in Form eines Kreuzwegs durchführen. *Unsere Gäste aus der Schweiz,* erzählt Clérismé, *waren dabei gewesen, als meine Mitarbeiter und ich geeignete
Bibelstellen für die einzelnen Stationen heraussuchten: die
Geschichte über Herodes und die Ermordung der kleinen
Knaben beispielsweise – politische Botschaften also, die
mit der aktuellen Situation korrespondierten. Die geplante
Prozession konnte jedoch nie stattfinden; als wir an unserer ersten Station eintrafen, standen dort Soldaten mit gekreuzten Gewehren.*

Rund einen Monat nach diesen höchst ungewöhnlichen Erlebnissen der Schweizer Reisegruppe floh Jean-Claude Duvalier außer Landes; Frankreich hatte sich bereit erklärt,
ihn und seine Familie aufzunehmen.

Der Chauffeur ist gegangen, sagte Aristide dazu, *aber
der Wagen ist immer noch da, schwer beladen mit den
Waffen des Duvalierismus.* Und er hatte Recht: In den vier
Jahren danach sollte das Land von Gewaltausbrüchen erschüttert werden, die Tausende von Menschen das Leben
kosteten: Armeeterror gegen oppositionelle Kräfte; ein
Militärputsch nach dem andern; Lynchmorde an ehemaligen Tonton Macoutes, gefolgt von blutigen Vergeltungs-
akten ...

Ruth Dreifuss war über alles informiert; sie stand mit
Paula Iten in telefonischem Kontakt. Trotzdem blieb sie
Haiti nicht fern, bis das Schlimmste überstanden und end-
lich eine vom Volk gewählte Regierung eingesetzt wäre.
Paula war untergetaucht? So verbrachte Ruth ihre Ferien
eben in Paulas Versteck.

Von verschiedenen Untergrundquartieren aus versuchten

Paula Iten und die alten Mitstreiter neue Selbsthilfeorgani-
sationen auf die Beine zu stellen. Ruth Dreifuss half ihren
Freunden bei der Formulierung von Briefen und Berichten,
traf sich auch öfter mit Aristide und einer Reihe akade-
misch geschulter Leute, die zusammen eine Art Volkshoch-
schule gründeten, und ermunterte Aristide und Iten, auf
ihrer geplanten Europareise, *einer Betteltour zur Beschaffung der bitter nötigen Aufbauhilfe,* wie Aristide sagte,
auch in der Schweiz vorbeizukommen.

Mittlerweile arbeitete Ruth Dreifuss längst nicht mehr in
der Direktion für Entwicklungszusammenarbeit und Humanitäre Hilfe. Doch stand sie nach wie vor in Verbindung
mit ihren früheren Arbeitskollegen und Vorgesetzten, so
dass Jean-Bertrand Aristide und Paula Iten ihr Anliegen
ohne Umschweife dort vortragen konnten. *Ich sehe Ruth
noch vor mir,* so Aristide, *wie sie uns von einem Büro zum
andern führte. Sie ging ganz methodisch vor und half uns
mit unermüdlichem Einsatz, quasi den Boden zu be-
ackern. So ist diese Frau: brillant, mutig, bewundernswert
professionell und von einer perfekten Beständigkeit, oh ja,
perfekt!*

Das zeigte sich einmal mehr wenige Monate später, Ende
1990, nachdem er bei den Präsidentschaftswahlen in letzter
Minute als Gegenkandidat zu einem Duvalieristen angetreten und mit überwältigender Mehrheit gewählt worden
war. Da er nicht damit gerechnet hatte, Präsident zu werden und überhaupt nicht genau wusste, wie er die Sache
anpacken sollte, brauchte er sofort einen kompetenten Be-
raterstab. *Plötzlich kam mir in den Sinn,* so Aristide, *dass
ich Ruth Dreifuss anrufen und fragen könnte, ob sie gern
mitdenken würde.* Ruth Dreifuss wollte. Flog nach Haiti
und setzte sich mit ihm und rund vierzig Professoren, An-
wälten, Medizinern, Ökonomen und anderen Fachleuten
zusammen, um sich, wie er es formulierte, *über das ganze
Tableau von Dossiers und Problemen zu beugen.* Danach

bat er seine Beraterin aus dem Land der mustergültigen Ordnung und Demokratie noch um spezifische Auskünfte über Vereinsorganisation und -recht, Kommunikation und Polizeiwesen – Aspekte des gesellschaftlichen Lebens, die er nach Beseitigung der autoritären Strukturen möglichst schnell neu gestalten wollte.

Einen ganzen Tag dauerte unsere Besprechung, erzählte Ruth Dreifuss nach ihrer Rückkehr. *Um seine Zeit nicht über Gebühr zu beanspruchen, schlug ich ihm vor, weitere Fragen mit seinen Mitarbeitern durchzugehen, da ich ohnehin ein paar Tage im Sekretariat helfen würde.* Dass Aristides Büro zu jenem Zeitpunkt ein äußerst gefährlicher Aufenthaltsort war, darüber verlor sie kein Wort. Der Putschversuch durch Duvaliers ehemaligen Innenminister am 6. Januar 1991 – Ruth Dreifuss war noch nicht in die Schweiz zurückgekehrt – wurde zwar innerhalb von vierundzwanzig Stunden durch einen Volksaufstand niedergeschlagen; bei den schweren Unruhen der folgenden Tage kamen aber zweihundert Menschen ums Leben. *Weinend und in unbändigem Zorn*, erinnert sich Paula Iten, *ging Ruth im Zimmer herum und rief:* »*Das ist doch nicht möglich!*« – *Wir machten kein Auge zu, überlegten fieberhaft, was zu tun sei, nahmen über die Botschaft Kontakt mit dem welschen Radio auf, Ruth berichtete in einer telefonischen Direktschaltung, was in Haiti vor sich ging . . .*

Am 7. Februar 1991 trat Jean-Bertrand Aristide sein Amt an; im Sommer 1991 war Ruth Dreifuss noch einmal in Port-au-Prince; am 30. September entging Aristide bei einem Militärputsch nur knapp der Ermordung und floh. Allein bis Dezember 1991 wurden in Haiti tausendfünfhundert Menschen umgebracht. Paula Iten, Jean-Marie Vincent und ihre Freunde tauchten unter, diesmal für sehr lange Zeit, und bevor Ruth Dreifuss ein halbes Jahr später wieder bei ihnen war und miterlebte, wie sie andere gefährdete Leute in Sicherheit brachten, saß sie für Aristide während vier Tagen in der Lobby eines Genfer Hotels und organisierte seine Treffen mit Medienleuten am Rande eines Auftritts vor der UNO-Menschenrechtskommission.

Der prominenteste Flüchtling der Welt hatte viel zu tun vor seiner Weiterreise, doch er ließ es sich nicht nehmen, noch einmal *einen schönen Abend lang*, wie er sagte, *in Ruths Bibliothek zu sitzen und stundenlang mit ihr zu reden.*

Danach sahen sie sich drei Jahre nicht mehr. *Und plötzlich lese ich in der Zeitung,* rief er und wurde von der bloßen Erinnerung daran auf einen Schlag ganz aufgeregt in jenem stillen Bonner Speisesaal, fünf Jahre nach dem besagten Tag, *plötzlich lese ich, Ruth Dreifuss sei Bundesrätin geworden! Wie ist das möglich? fragte ich mich und ging augenblicklich zum Telefon, um sie aus Washington anzurufen. Ruth antwortete, sie habe gar nicht darauf hingearbeitet, auf diesen Posten zu kommen.*

Mit dem Haitianischen Befreiungstheologen und Freund Jean-Marie Vincent bei seinem letzten Besuch in der Schweiz

Ich war ja so stolz auf sie; wenn ein derart integrer und ehrlicher Mensch in ein solch hohes Amt gewählt wird, kann man nur stolz sein. Zum andern war ich glücklich, dass Ruth als Frau für die anderen Frauen um die Gleichstellung kämpfen würde. Im ersten Moment aber war ich vor allem eines: völlig überrascht. So hatten wir schon gefühlt, als ich Präsident geworden war. Nun fand jene erste Überraschung eine Fortsetzung. Und es war, als sähe ich einen Leuchtkörper zum Himmel aufsteigen: suiii!...

Als sich Aristide und Dreifuss bei seiner Rückkehr aus dem amerikanischen Exil im Oktober 1994 in Port-au-Prince wiedersahen und – umringt von Staatsleuten aus aller Welt und einem Riesentross amerikanischer Leibwächter – kurz und fest umarmten, standen in den Augen der beiden keine Freudentränen. Zwei Monate zuvor war einer ihrer liebsten Freunde, Jean-Marie Vincent, erschossen worden.

23 »Die Tragödie der großen Handelnden ist die Tragödie der im Leben stecken gebliebenen Dichter«, behauptet
Egon Friedell in seiner Kulturgeschichte der Neuzeit. Leider schaffte es auch Ruth Dreifuss nicht, die viel verspre-
chende Phase der Titelsuche irgendwann abzuschließen
und endlich dem mit Schreiben anzufangen. In Gedanken
hatte sie den Stoff für mehrere Bücher längst beisammen:
Geldgier, Neid und Hass, finstere Rachepläne, mysteriöse
Unfälle, blutige Wahnsinnstaten . . .

Nicht gerade entzückend, was auf ihre Leserschaft zu-
gekommen wäre. Aber Kriminalromane zu schreiben, hätte
für sie den *Gipfel der literarischen Ambitionen* dargestellt.
Warum? *Warum wohl?* rief sie darauf mit gespielter Entrüstung. *Weil dieses Genre der griechischen Tragödie verwandt
ist! Bei beiden geht es doch um die Frage, wie sich die Figuren dem Schicksal stellen, wie sie ihre Prüfungen bestehen.
In diesem Sinn ist ein guter Krimi sogar hilfreich, weil er
ein bisschen über die Grausamkeit der Welt hinwegtröstet.*

Trotzdem wollte sie sich mit ihren haarsträubenden kri-
minalistischen Einfällen wohl weniger trösten als hin und
wieder zugestehen, auch die spielerische Seite ihres Wesens
auszuleben. Denn wenn sie auf manche Leute nur *furchtbar besorgt über alles* wirkte, als wäre sie *der personifi-
zierte Ernst des Lebens,* wurde ihre Persönlichkeit nicht gerade vollumfänglich erfasst.

Allerdings begann sie mit der Zeit selbst – ab 1981 auch
in Interviews – freimütig darüber zu sprechen, dass die lebenslange Angst vor Rassismus und Krieg zur *Triebfeder
ihres Handelns* und damit zu ihrer *größten Stärke* geworden sei, weil sie ihr zuverlässig wie ein Kompass anzeige,
wo ihr Einsatz gebraucht werde.

So hatte ihr Kompass Anfang der siebziger Jahre in Richtung Dritte Welt gezeigt. Ein paar Jahre später zog Ruth Dreifuss Bilanz: Glaubte sie noch an den Sinn der Entwicklungszusammenarbeit? Ja. Wollte sie diesen Job weiterhin ausüben? Nein. *Ich fälle von der Schweiz aus Entscheidungen für Menschen, die sich weit weg irgendwo abkämpfen,* dachte sie. *Und wenn es gefährlich wird, wenn man ihnen alles kaputt schlägt, was sie aufgebaut haben, wo bin ich dann? Während sie vielleicht mit dem Leben bezahlen, trage ich letztlich keine Verantwortung. Niemand zieht mich zur Rechenschaft. Ich sitze in meinem Büro in Bern und lenke meine guten Absichten bereits auf ein neues Projekt.*

Diese Situation hatte Ruth Dreifuss schon nach kurzer Zeit unzufrieden und unglücklich gemacht. Dennoch hielt sie fast zehn Jahre durch, weil andere Aspekte ihrer Arbeit in der Direktion für Entwicklungszusammenarbeit und Humanitäre Hilfe – das zwischenmenschliche Klima, die engen Freundschaften quer durch die verschiedenen Abteilungen, die Picknicks und Ferien mit den Familien ihrer Kollegen und Vorgesetzten – dagegen sehr beglückend waren.

Abgesehen davon hätte selbst eine frostige Atmosphäre sie nicht so schnell von ihrem Platz vertrieben. Vor verantwortungsvollen Aufgaben zu kapitulieren entsprach ihrer Natur keineswegs. So schwer Enttäuschungen und Rückschläge ihr jedes Mal zusetzten – Ruth Dreifuss fing sich erstaunlich schnell wieder, weil sie immer mehrere Einsätze gleichzeitig leistete: Klappte es mit dem einen nicht gut, fand sie dafür im anderen etwas mehr Befriedigung.

Entsprechend verkraftete sie auch die schwierigen Erfahrungen der Entwicklungszusammenarbeit, indem sie einen Teil ihrer Energie auf den ebenso notwendigen »Dienst am eigenen Land« verwandte und dort mit anpackte, wo sie sich politisch zu Hause fühlte.

In der Partei wollte sie freilich noch immer keine größere Rolle übernehmen. Sie ging sogar *absichtlich auf Distanz*, weil sie als Genferin *ein bisschen Mühe mit den Deutschschweizer Sozialdemokraten hatte*, wie sie später zugab: *Natürlich waren auch die welschen SP-Leute in programmatischer Hinsicht immer Sozialdemokraten*, erklärte sie. *Von der Symbolik her standen sie den französischen Sozialisten aber näher, und diese symbolischen Bezüge fehlten mir in Bern. Das war sicher mit ein Grund, dass ich mich auf die Berner SP lange Zeit nicht recht einließ und mich stattdessen in die Gewerkschaftsarbeit stürzte.* Und zwar in der Organisation der Bundesangestellten sowie in einer von ihr gegründeten Gruppe von Entwicklungsexperten.

Ging es ihr zunächst nur um die *einfache Basisarbeit*, wie sie es formulierte, rechnete sie irgendwann in der Zukunft doch mit einer *führenden Stellung in der Gewerkschaftsbewegung*. Davon erhoffte sie sich vor allem eines: *fortlaufende Kritik* an ihrer Arbeit: *»Du machst es schlecht«, »du machst es gut«, »wir möchten es anders haben«* – so sollte man ihr *auf die Finger schauen*, damit sie, anders als bei ihren Entwicklungsprojekten, *öffentlich* für ihr Handeln *geradestehen müsste.*

Bedeutete dies nebenbei nicht auch, dass sie nun das Rampenlicht beziehungsweise einen angemessenen Auftritt auf dem nationalen Parkett suchte? *Ja, aber nicht aus Geltungsdrang oder Eitelkeit*, sagen ihre ehemaligen Gewerkschaftskollegen übereinstimmend. *Ruth kämpfte aus Überzeugung für die Sache.*

Das hört sie gern; offen gestanden, fügt sie hinzu, hätten ihr die in späteren Jahren recht häufigen Interviews und besonders die Auftritte im Fernsehen *aber doch Spaß gemacht*, weil sie dabei *versuchen konnte, ähnlich wie bei einem sportlichen Wettkampf gut zu sein.*

Dass sie die besten Voraussetzungen mitbrachte, nicht ewig »Basismitglied« im Verband des Personals öffentlicher Dienste VPOD zu bleiben, erkannte dessen geschäftsführender Sekretär Walter Renschler bei ihrem ersten Gespräch. Die Ökonomin und EDA-Beamtin, die ihm eines Tages im Sommer 1977 gegenübersaß, um sich über einen offenen Sekretariatsposten zu informieren, hatte ohne Zweifel hervorragende intellektuelle Fähigkeiten; sie machte ihm als Persönlichkeit einen sehr guten Eindruck, und sie konnte erst noch Berufserfahrung im Journalismus vorweisen. Renschler suchte jemanden, der die welsche Verbandszeitung »Service public« sowie die Westschweizer VPOD-Sektionen betreuen sollte. *Diese Frau,* sagte er sich, *ist die richtige Person dafür. Die müssen wir haben.* Doch obwohl er *schwer an ihr rumpickelte* – so seine etwas deftige Formulierung –, winkte sie aus verschiedenen Gründen ab.

Ein paar Monate nach diesem vorerst ergebnislosen Gespräch erfuhr sie, dass der Schweizerische Metall- und Uhrenarbeiterverband SMUV die Stelle einer »Beauftragten für Frauenfragen« einzurichten plane. Der Posten reizte sie sofort, obschon sie keine praktische Erfahrung mit Frauenarbeit in der Industrie hatte.

Im Übrigen stand es um ihre *Kenntnisse der Frauenthematik,* wie sie rückblickend ohne weiteres zugibt, *ganz allgemein nicht zum Besten.* Als die neue feministische Bewegung im Zuge der 68er-Revolten jeglicher Frauendiskriminierung den Kampf angesagt hatte, war Ruth Dreifuss hauptsächlich vom Protest gegen den Vietnamkrieg beansprucht worden. Immerhin hatte sie nach 1971 mit wachsender Genugtuung registriert, dass viele Schweizerinnen, weit über die militante Frauenbefreiungsbewegung hinaus, mit der Einführung des Stimm- und Wahlrechts nicht einfach zufrieden waren, sondern in allen Lebensbereichen einforderten, was ihnen zustand: gleiche Löhne für gleichwertige Arbeit, gleiche Weiterbildungs- und Karrierechancen, Aufwertung der Teilzeitarbeit, Hausarbeit und Kinderbetreuung, Reform der Volksschule, massiv erweitertes Bildungsangebot für Mädchen – Ansprüche, die sie selbst als Gewerkschafterin inzwischen schon öfter vertreten hatte.

Die Frauen waren nicht länger bereit, so Ruth Dreifuss, *den totalen Wahnsinn der Apartheid in diesem Land zu dulden. Sie wussten, wie viel sie zu bieten hatten, und wollten es endlich einbringen.*

Da aber auch die Gewerkschaftsbewegung sehr stark von Männern dominiert war, galt es gerade dort für eine angemessene Frauenvertretung in den obersten Gremien zu sorgen, damit die Probleme und Forderungen der Frauen wirklich wahrgenommen würden. Besonders am Arbeitsplatz: Ende der Siebzigerjahre stellten die Frauen rund ein Drittel der erwerbstätigen Bevölkerung der Schweiz. Von mehr als einer Million Arbeitnehmerinnen waren bislang weniger als zehn Prozent in einer Gewerkschaft oder einem Angestelltenverband organisiert – und dort hatten sie noch längst kein angemessenes Mitspracherecht.

Offenbar begann nun, da sogar der konservative Metall- und Uhrenarbeiterverband die Notwendigkeit einer Frauenvertretung einsah, tatsächlich eine neue Ära.

Die SMUV-Sekretäre hatten freilich klare Vorstellungen von ihrer »ersten weiblichen Funktionärin«. Vor allem sollte der Posten von einer einzigen Frau betreut werden. Ruth Dreifuss bewarb sich zusammen mit ihrer Freundin Gret Haller: Eine welsche Ökonomin und eine Deutschschweizer Juristin, dachten die beiden, könnten sich die Aufgaben einer Frauensekretärin in idealer Weise teilen. Doch hätte Dreifuss auch nicht mehr Chancen gehabt, wenn sie allein angetreten wäre, denn sie wirkte auf die SMUV-Funktionäre *halt schon sehr intellektuell,* wie sich der damalige Zentralsekretär Fritz Reimann erinnert, *und da wir eher* eine etwas hemdsärmelige Frau wollten, die mit den Leuten an der Front in Kontakt treten würde, schien uns *Ruth Dreifuss mit ihrer leicht professoralen Art nicht die richtige Wahl zu sein.*

Reimann sollte sein Urteil Jahre später, als Präsident des Schweizerischen Gewerkschaftsbundes, zum großen Teil revidieren, denn da lernte er Ruth Dreifuss als eine Frau kennen, die, wie er sagt, *ohne Scheu auf die Leute zuging* und ihre Standpunkte anderseits *gerade durch ihre »professorale Art« ungemein kompetent und von allen Seiten beleuchten und verteidigen konnte.* Letztlich hatten ihre Qualitäten bei der Besetzung jenes SMUV-Postens aber schon deshalb keinen großen Einfluss auf die Wahl, weil nicht bloß Reimann und seine Kollegen wenig Interesse an einer Doppelkandidatur Dreifuss/Haller hatten, sondern auch die SMUV-Frauen, die bereits eine Arbeitsrechtsspezialistin aus dem Bundesamt für Sozialversicherung für den Job zu gewinnen versuchten. Die Frau hieß Christiane Brunner, und sie wurde schließlich gewählt.

Aus diesem Misserfolg zog Ruth Dreifuss eine interessante Lehre: Für die Sache der Frau zu kämpfen bedeutete unter Umständen, mit anderen Frauen zu konkurrieren. Demnach lag es nun an ihnen, den Beweis der oft beschworenen Frauensolidarität zu erbringen.

Beleidigt war sie jedenfalls nicht. Die Zurückweisung spornte sie eher an, erst recht in der Frauenbewegung aktiv zu werden. *Eine Vorkämpferin war ich ja wirklich nicht gewesen,* gab sie in Interviews stets unumwunden zu. *Ich hatte nur das Glück, von der Strömung mitgerissen zu werden, ähnlich wie von der 68er-Bewegung und vom Tiers-Mondismus. Aber es machte Spaß, in diesem vergangenen halben Jahrhundert jeweils rechtzeitig dort zu sein, wo die Aktion war.*

Im Verband des Personals öffentlicher Dienste VPOD sorgte Dreifuss zusammen mit einigen Frauen noch im selben Jahr für wesentlich mehr »Aktion«, als Walter Renschler und anderen Sekretären lieb war: Ohne Renschlers Segen veranstalteten sie im September 1978 in Biel eine erste VPOD-Frauenkonferenz. Mehr noch: Sie beschlossen, so bald wie möglich eine Frauenkommission zu gründen, bildeten eine so genannte Ad-hoc-Frauenkommision und wählten Ruth Dreifuss zur ersten Ad-hoc-Präsidentin.

Dazu habt ihr überhaupt keine Legitimation gehabt, schimpfte Renschler, als ihn Ruth Dreifuss telefonisch über das Ergebnis der Konferenz informierte. *Eine Frauenkommission ist in den Statuten nicht vorgesehen, so etwas gibt es gar nicht! – Das wäre aber schade für dich,* gab sie keck zurück, *wenn du nicht einsehen könntest, dass die Frauenkommission jetzt existiert.* Der heftige Wortwechsel endete nicht gut: Dreifuss nannte Renschler, so ungern sie das Wort heute noch einmal ausspricht, einen *Totengräber der Demokratie in der Gewerkschaft,* worauf beide den Hörer hinknallten.

Damit war die Sache aber nicht ausgestanden. *Was diese »Ad-hoc-Präsidentin« auf Schleichwegen alles durchsetzte,* klagt Renschler, *war unerhört. Dauernd mischte sie sich in die Geschäfte des Verbands ein, ohne dass sie ein Recht dazu gehabt hätte.* Wünschten die Frauen Berichte zu irgendwelchen Themen, forderte Ruth Dreifuss ihn auf, *die Arbeit unverzüglich in Auftrag zu geben.* Wollten sie in der Frauenkommission etwas eingehender diskutieren, *berief Dreifuss ohne Zögern zweitägige Sitzungen mit Referentinnen ein* und legte ihm hinterher *die Spesenrechnung auf den Tisch. Die Frauen verstanden einfach nicht,* sagt er, *dass Sitzungen noch nie ohne offiziellen Antrag und ohne Erlaubnis der Geschäftsleitung stattgefunden hatten.*

Dass sie sich mit der Zeit an die Regeln hielten, war schließlich sein Verdienst: Nach sechs Monaten begann er nämlich, die »illegale« Frauenkommission gegenüber den erbosten Funktionären in der Geschäftsleitung zu verteidigen – *nur damit die Frauen endlich ruhig waren*, wie er lächelnd ergänzt.

Inzwischen hielt er schon so viel von ihrem Durchsetzungsvermögen, dass er Ruth Dreifuss im Sommer 1979 zur Mitarbeit in der Kommission einlud, welche die soeben beschlossene Statutenrevision vorbereiten sollte. Die alten Statuten taugten für die neuen Zeiten nicht mehr; wie in den anderen Gewerkschaften wurden auch im VPOD demokratischere Strukturen, Dezentralisierung und damit mehr Selbstständigkeit für die Sektionen sowie vor allem das Recht auf eine Frauenvertretung im Vorstand gefordert. Solche Neuerungen waren längst nicht allen altgedienten Funktionären willkommen, weshalb schon die Zusammensetzung der vorbereitenden Kommission viel Fingerspitzengefühl verlangte.

Renschler war sich zum zweiten Mal sicher, dass Ruth Dreifuss »die richtige Person« sei: als Vertreterin sowohl der Frauen als auch der Welschen, die eine Nichtbeteiligung an den Entscheidungsprozessen keinesfalls akzeptiert hätten.

Um es vorwegzunehmen: Die Statutenrevision wurde auf dem Verbandskongress 1982 angenommen. Die achtköpfige Kommission aber hatte einiges durchzustehen, bis es so weit war. Während die einen zu viel und die anderen fast gar nichts verändern wollten und Renschler buchstäblich krank machten mit der »Zwängerei«, sorgte Ruth Dreifuss auf ganz andere Weise für eine Menge Ärger.

Hätte die einzige Frau in der Kommission bloß den Respekt gehabt, die Männer nicht dauernd zu provozieren. Wäre sie nur einmal ohne Strickarbeit zur Sitzung erschienen! Vor allem den ehemaligen geschäftsführenden VPOD-Sekretär Max Arnold, den sie im Übrigen immer sehr gern hatte, reizte sie mit ihrem Nadelgeklapper so lange, bis er sie gegenüber den Kollegen nicht mehr beim Namen nannte. Für ihn war sie schlicht »die pulloverstrickende Dame, die von Sozialismus keine Ahnung hat«.

Nur ein Mann regte sich nie darüber auf, dass Ruth Dreifuss im Verlauf der Kommissionsarbeit nach allgemeiner Schätzung »sicher ein paar Meter strickte«: Ruedi Wullschleger. Oder »Lasik Roitschwantz«, wie sie ihn liebevoll nannte, nachdem sie seine abenteuerliche Lebensgeschichte gehört und auf seinen Vorschlag hin »Das bewegte Leben des Lasik Roitschwantz« von Ilja Ehrenburg gelesen hatte.

Wullschleger, Ökonom und Journalist, arbeitete für den VPOD als wissenschaftlicher Mitarbeiter. Viel früher hatte er an der Universität Halle ein paar Jahre lang Staatskunde gelehrt (*Staatskunde bedeutete in der DDR Marxismus!* fügte er hinzu), und obschon er längst aus der PdA ausgetreten und »nur« noch SP-Mitglied und Gewerkschafter war, galt er in der Fichenabteilung der Bundesanwaltschaft als besonders gefährlicher und entsprechend aufwändiger »Fall«, wie sich Jahre später herausstellen sollte.

Der unverbesserliche Idealist wurde schon bald auch »wissenschaftlicher Mitarbeiter« von Ruth Dreifuss: erst beim VPOD, danach beim Schweizerischen Gewerkschaftsbund, wo er für sie unter anderem Übersetzungen machte. *Weil sie ihre Papiere oft noch gar nicht geschrieben hatte,* erinnerte sich der alte Mann Ende der Neunzigerjahre mit einem spitzbübischen Grinsen, *sagte sie jeweils zu mir:* »*Fang schon mal an zu übersetzen, den Text bekommst du in den nächsten Tagen!*«

Was immer passierte: Die beiden hielten zusammen. Er war alt genug, ihr Vater zu sein und empfand Ruth Dreifuss doch stets *als eine Mutter*; sie profitierte sehr viel von seinem enormen Wissen und der gemeinsamen Auseinandersetzung mit allen wirtschafts-, sozial- und gewerkschaftspolitischen Problemen der Zeit. Dass sie über die Jahre so manches Süppchen miteinander kochten und nötigenfalls auch anderen Gewerkschaftskollegen einbrockten, war allerdings ein Nebeneffekt dieser freundschaftlichen Beziehung ...

Und noch etwas: Bevor sie Wullschleger kannte, hatte Ruth Dreifuss die deutsche Sprache *wirklich nicht gemocht*, wie sie sagt. Ihr Vater hatte alles Deutsche zeitlebens gehasst, und so war auch sie immer höchst widerwillig an deutsch geschriebene Texte herangegangen. Wullschleger, ein hervorragender Kenner der deutschen Emigrationsliteratur, brachte sie schließlich dazu, Autoren wie Joseph Roth, Lion Feuchtwanger, Manès Sperber auf deutsch zu lesen – und die deutsche Sprache sogar zu lieben.

Übrigens unterstützte Wullschleger nicht nur Ruth Dreifuss. Auch Christiane Brunner konnte ihn jederzeit rufen, wenn sie in den ersten Jahren ihrer Mitarbeit im SMUV ab und zu Rat brauchte. Kein Wunder, dass ihm die beiden Frauen immer sehr dankbar waren. Ohne »Wullis« Hilfsbereitschaft und Humor wäre ihnen die Gewerkschaftsarbeit in bestimmten Momenten nicht halb so reizvoll erschienen – wobei sie ihren Weg, bei allem Respekt für wohlmeinende Kollegen wie ihn, mit Sicherheit auch so gemacht hätten.

Bei der Kandidatur um das SMUV-Frauensekretariat 1978 waren sie unwissentlich gegeneinander angetreten. Das sollte ihnen nie mehr passieren. Seitdem sie die Frauen ihrer Verbände in der Frauenkommission des Schweizerischen Gewerkschaftsbundes SGB vertraten, kannten sie einander gut genug, um zu wissen, dass sie zusammen unschlagbar waren. Dabei beruhte ihr stillschweigendes Übereinkommen, in Zukunft keinen Schritt ohne Absprache zu unternehmen, durchaus nicht auf einer bewussten »Karriereplanung«. Ruth Dreifuss und Christiane Brunner waren in erster Linie Freundinnen; beide empfanden ihre Beziehung als gegenseitiges Geben und Nehmen, beide betonen heute, wie viel sie über die Jahre voneinander lernten. So wirkten zum Beispiel Brunners Tatkraft, Kreativität und Spontaneität sehr anregend auf Dreifuss, während sich Christiane von Ruths Kultiviertheit, Sprachkenntnissen und Weltläufigkeit zu ein paar Anstrengungen in dieser Richtung inspirieren ließ.

Besonders aufmerksam reagierten sie jedoch, wenn die andere konkrete Hilfe brauchte, wie etwa zu Beginn ihrer Freundschaft: Damals brachte Christiane Brunner, die von der Frauenbewegung herkam, Ruth Dreifuss alle maßgeblichen feministischen Theorien bei; umgekehrt war sie erst 1976 in die SP eingetreten und profitierte nun davon, dass Ruth Dreifuss mit der Parteipolitik wesentlich vertrauter war.

Nochmals: Soweit es in ihrer Macht lag, wollten sie Konkurrenzsituationen in Zukunft verhindern. So erzählten später beide, wie sie einmal »in aller Freundschaft« darüber sprachen, dass sich der SGB wohl nicht mehr lange um die Wahl einer Zentralsekretärin drücken könne und dass eine von ihnen den Posten möglicherweise bekommen würde. Obschon Christiane Brunner bereits die Rücksiedlung von Bern nach Genf vorbereitete, um in ihrem neu gegründeten Genfer Anwaltskollektiv zu arbeiten, stand für sie fest, dass sie in der Gewerkschaftsbewegung weitermachen wollte, nachdem sie einmal eingestiegen war. Für Ruth Dreifuss andererseits lag das Interesse an einer SGB-Sekretariatsstelle – als konsequente Fortsetzung ihres stets intensiveren gewerkschaftlichen Engagements – auf der Hand.

Nach diesem Gespräch war die Sache im Prinzip entschieden: Christiane Brunner schlug sich den Gedanken einer SGB-Kandidatur, sollte ein Posten frei werden, aus dem Kopf und bekräftigte stattdessen ihre Freundin Dreifuss in der Hoffnung, einmal dort zu arbeiten.

Als das Schweizer Volk im Juni 1981 den Gleichberechtigungsartikel in der Bundesverfassung guthieß, stand der SGB tatsächlich unter Zugzwang, obschon einige Funktionäre noch überhaupt nicht einsahen, dass die Epoche der Männerherrschaft im Gewerkschaftsbund endgültig abgeschlossen war. Unempfindlich gegen alles, was sie für »Emanzipationsgeschwätz« hielten, schlugen sie als Nachfolger von Jean Clivaz, der das SGB-Sekretariat Mitte 1981 verlassen wollte, einen anderen Gewerkschafter »von echtem Schrot und Korn« vor. Michel Buchs, der dynamische, weithin geschätzte welsche Zentralsekretär der Gewerkschaft Bau und Holz, war zweifellos ein überzeugender Kandidat. Neben ihm, meinte die alte Garde, könne eine wie Dreifuss, die sich bislang nur um »Weiberangelegenheiten« und die Statutenrevision im VPOD gekümmert habe, gleich einpacken.

Walter Renschler hatte aber Ruth Dreifuss für den Posten vorgeschlagen und legte sich im SGB-Vorstand entsprechend für sie ins Zeug.

SGB-Sekretär Beat Kappeler, der mit Ruth Dreifuss einige Jahre zuvor eine Tonbildschau (»Wir alle sind die Wirtschaft«) für die Schweizerische Arbeiterbildungszentrale SABZ erstellt und ihr nun, nach Bekanntwerden des bevorstehenden Wechsels, als Erster gesagt hatte, sie sollte sich sofort um die Stelle bemühen, Kappeler gebrauchte sein flinkes Mundwerk Tage vor der Wahl so ausgiebig, dass einer ganzen Reihe von Vorstandsmitgliedern am Telefon Hören und Sehen verging.

SABZ-Sekretär Viktor Moser *und ein paar andere,* so Kappeler, riefen ihrerseits mehrere Verbandsfunktionäre an.

Christiane Brunner schließlich bearbeitete von Genf aus, wohin sie inzwischen zurückgekehrt war, in mehreren Anrufen die Delegierten des Eisenbahnerverbands, der PTT-Union und vor allem ihre ehemaligen SMUV-Kollegen. Auf die Unterstützung des SMUV war die Kandidatin, wie sie beide wohl wussten, dringend angewiesen.

Und die Rechnung ging auf: Zur eigenen und der noch größeren Verblüffung ihres Rivalen Michel Buchs erhielt Ruth Dreifuss am 8. Juli 1981 fünfzehn von sechsundzwanzig Stimmen.

Ruth Dreifuss war die erste politische Sekretärin im Schweizerischen Gewerkschaftsbund. Zwar hatte es zu Beginn des Jahrhunderts während rund zwanzig Jahren schon einmal ein SGB-Arbeiterinnensekretariat gegeben. Nach 1924 war die Stelle aber nicht mehr besetzt worden, so dass bis zur Wahl der ersten völlig gleichgestellten Frau im SGB-Sekretariat (im Sinne der übrigen Zentralsekretäre) inzwischen fast sechzig Jahre verstrichen waren.

Natürlich berichteten alle Schweizer Medien über den unerwarteten Wahlausgang; viele Zeitungen brachten ein vergrößertes Passbild von Ruth Dreifuss: das Porträt einer ungeschminkten Frau mit großer ovaler Brille, Mittelscheitel, langem Zopf über der rechten Schulter, Bluse, silberner Halskette; in den Augen ein verhaltenes Lächeln, die Lippen geschlossen.

Das unspektakuläre Bild passte nicht recht zur Meldung, dass es der einundvierzigjährigen Welschen »sensationellerweise« gelungen sei, »das Machtmonopol der Männer an der Spitze der Gewerkschaftshierarchie zu knacken«. Doch genau so, wie Ruth Dreifuss in die Kamera geblickt hatte, fühlte sie sich in den Tagen nach der Wahl: eher auf die Verantwortung gefasst, die sie zukünftig tragen würde, als berauscht von ihrem Erfolg. Dass sie ihre Position gegenüber den SGB-Sekretären noch ziemlich skeptisch beurteilte, war denn auch ihrem Kündigungsbrief anzumerken, in welchem sie ihren obersten Chef in der Direktion für Entwicklungszusammenarbeit und Humanitäre Hilfe, Botschafter Marcel Heimo, zwei Wochen später fragte, ob er sie wieder anstellen würde, falls ihre Denkweise und ihr Arbeitsstil im Schweizerischen Gewerkschaftsbund keinen Gefallen finden sollten.

Ist es Ihnen schon gelungen, wurde sie in einem Fernsehinterview vier Jahre später gefragt, *irgendwo typisch männliche Verhaltensmuster aufzubrechen und aus Ihrer frau-*

lichen Sicht zu verändern? Ruth Dreifuss verneinte die Frage, weil sie bislang *nie ein typisch patriarchales Verhalten gespürt* und deswegen *eine Schlacht geschlagen und gewonnen* habe, wie sie erklärte. Ihr sei nur aufgefallen, dass sie als Frau, als Welsche und als Gewerkschafterin mit einer *zum Teil anderen Ausbildung am Anfang vielleicht doch ein bisschen als komisches Tier empfangen worden* sei. *Sehr nett, aber als etwas ... ein bisschen Komisches.* Und sie habe nicht gewusst, was genau komisch gewesen sei: ihre welsche Kultur oder ihr Frausein oder ihre Lebens- und Arbeitsweise.

Ruth brachte frischen Wind in das Sekretariat, sagt der damalige SGB-Redakteur Ferdinand Troxler. *Ihre spontane Herzlichkeit und ihre menschliche Art waren sehr wohltuend. – Sie brachte den Geist der Gewerkschaftsbewegung mit, zu der sie vorher gehört hatte,* sagt der ehemalige Sekretär Fritz Leuthy. *Im VPOD hatte es ja schon länger gebrodelt, und die undiplomatische Art, in welcher die Frauen ihre Forderungen dort stellten, waren wir noch nicht gewohnt. Aber im Großen und Ganzen integrierte sich Ruth sehr gut in unser Team. – Ruth hatte Mühe,* sagt der damalige Sekretär der Schweizerischen Arbeiterbildungszentrale Viktor Moser, *sich in dieser freudlosen, ruppig-kalten, phantasielosen Gewerkschaftswelt zurechtzufinden und wohl zu fühlen* (eine Beschreibung, die Troxler wiederum als völlig einseitig empfindet). – *Die Art ihres Auftretens,* sagt Rita Gassmann, damals Sekretärin beim Verband der Handels-, Transport- und Lebensmittelarbeiter VHTL und Mitglied der SGB-Frauenkommission, *hatte für mich etwas sehr Jüdisches: Ruth war so fürsorglich, mütterlich. Sie erinnerte mich oft an Großmutter Koljaiczek aus Günter Grass' »Blechtrommel«; nicht wegen ihrer Rundlichkeit, nicht wegen der stämmigen Beine oder unmodischen Kleider, sondern ... ja, weil sie sehr mütterlich, warmherzig und standhaft war.*

Was sie in der ersten Zeit im Schweizerischen Gewerkschaftsbund erlebt habe, erklärte Ruth Dreifuss einige Jahre später, könne nur mit dem Wort »Kulturschock« umschrieben werden. Einen derart massiven Kulturschock habe sie weder in Brasilien noch in Haiti gehabt. *Und der Schock,* ergänzte sie, *war auch bei meinen Kollegen spürbar: Für sie war ich eine Exotin. Ich war keine traditionelle Gewerkschafterin, kam von den Frauenanliegen her, von der Drittweltproblematik ... Zehn Jahre lang hatte ich mich meinen DEH-Kollegen so nahe gefühlt. Jene Art von menschlichen Beziehungen jedoch: die gegenseitige Unterstützung bei Fehlschlägen, die Freude aller Kollegen über den Erfolg des Einzelnen – all das gab es an meinem neuen Arbeitsplatz nicht.*

Dennoch lernte ich sehr viel im SGB. Ja, es war eine absolut spannende Zeit.

An sich hätte sie bei der Zuteilung ihres Aufgabenbereichs am liebsten die Sozialpolitik übernommen; Fritz Leuthy, ein sehr erfahrener Sozialversicherungsspezialist, lehnte jedoch dankend ab. Benno Hardmeier und Beat Kappeler teilten sich die Wirtschaftspolitik. Karl Aeschbach war für die Deutschschweizer Kartelle (wie die kantonalen Gewerkschaftsbünde damals genannt wurden) und für Ausländerfragen zuständig. Somit blieben für Ruth Dreifuss die Dossiers Arbeitsrecht, Arbeitszeit, Frauenfragen, die Betreuung der welschen Kartelle, die Redaktion der »revue syndicale« sowie die Vertretung bei der Internationalen Arbeitsorganisation IAO.

Leuthy, der Primus inter pares im Sekretariat, hatte bislang nicht viel von Teamarbeit gehalten. Seiner Ansicht nach sollte jeder zu seinen eigenen Angelegenheiten schauen und die ihm zugeteilten Bereiche nach außen hin auch selbstständig vertreten. Weil sich die neue Kollegin unter SGB-Sekretären offenbar nicht lauter Einzelkämpfer vorgestellt hatte und den mangelnden Informationsaustausch höchst irritierend fand, schlug er ihr zuliebe vor, in Zukunft all-wöchentliche Sekretariatskonferenzen durchzuführen.

Das brachte gemäß Leuthy *tatsächlich mehr Kitt in die Zusammenarbeit der Einzelnen,* erleichterte Ruth auch den Einstieg, machte gleichzeitig aber auf einen Schlag den besagten »Kulturschock« bewusst oder genauer verschiedene Schwierigkeiten, welche das Arbeitsklima der folgenden Jahre prägen sollten: Ruth Dreifuss hielt interne Sitzungen nur für sinnvoll, wenn die Besprechung der laufenden Geschäfte auch eine gewisse Einmischung zuließ. Und weil sie *alles sehr genau nahm,* wie ihre Kollegen schnell bemerkten, hatte sie neben vielen Fragen nicht selten auch Verbesserungsvorschläge auf Lager…

Selbstverständlich wollte sie ihre Kollegen ebenso exakt über die eigene Arbeit unterrichten – was deren Geduld bisweilen ziemlich strapazierte, weil sie sich die gefürchteten *langatmigen Voten* damit erklärten, *dass Ruth sich selbst gerne reden höre.*

Wirklich schwierig aber wurde es für die Gesprächspartner erst, wenn es um kontroverse Standpunkte und den Kampf um Kompromisslösungen sowie definitive Entscheide ging. Eine unbestreitbare Qualität von Ruth Dreifuss war nach Walter Renschlers Einschätzung *ihre Fähigkeit, gemeinsam gefasste Beschlüsse, selbst wenn sie sich innerlich dagegen sperrte, nach außen hin loyal mitzutragen und zu vertreten.* Bis dahin jedoch trieb sie ihre Kollegen nach übereinstimmender Aussage *fast zur Verzweiflung mit ihrer Beharrlichkeit. Hielt sie eine Lösung für falsch oder unzureichend durchdacht, ließ sie einfach nicht locker. Immer und immer wieder brachte sie neue Varianten ins Spiel, und wenn die anderen endlich aufatmeten in der Meinung, nun seien sich alle einig geworden, kam Ruth am nächsten Tag erneut, wie eine Katze von hinten, und versuchte ihre Vorstellungen doch noch durchzusetzen.*

Dabei hatten alle so wenig Zeit und so unglaublich viel zu tun: eine Sitzung nach der andern, Dutzende von Anrufen jeden Tag, auf dem Schreibtisch Berge von Papier... Nicht erstaunlich, wusste Ruth Dreifuss bei ihrer Gründlichkeit oft noch weniger als ihre Kollegen, wie sie das alles schaffen sollte. Zum Glück wurde sie abends zu Hause von niemandem erwartet, so dass sie die Nacht wenn nötig durcharbeiten konnte. Aber war das auf die Dauer gesund?

Sie leben in einer permanenten Anspannung. Haben Sie ein Rezept, wie man ein solches Umfeld aushalten kann? – Die Antwort der SGB-Sekretärin auf diese und viele andere Fragen erschien zum Jahreswechsel 1981/82 auf der Frontseite von »La Suisse«, und auf Wunsch der Redaktion sollte das Interview ein paar gute Ratschläge zum neuen Jahr enthalten. – *Tatsächlich stecke ich den größten Teil meines Lebens in die Arbeit,* antwortete Ruth Dreifuss. *Aber ich würde Ihren Lesern vorschlagen, es besser zu machen als ich. Das Wichtigste ist, sich nicht auffressen zu lassen von dem, was man macht, nicht zu vergessen, dass man auch noch Musiker, Dichter, Maler, Sportler ist...* Sie selbst, fügte sie hinzu, wandere viel. So sei es schon vorgekommen, dass sie abends das Büro verlassen habe und erst drei Stunden später zu Hause angekommen sei, weil sie *noch schnell eine Brücke am andern Ende der Welt überqueren wollte.* Außerdem liebe sie die hübsche Berner Tradition, an Sommertagen an einer bestimmten Stelle in die Aare zu springen und sich von den Wellen flussabwärts treiben zu lassen. Winters mache sie Langlauf, weil sie dabei spüre, dass auch sie ein Teil der Natur sei. Da sie aber wie gesagt die meiste Zeit in irgendwelchen Sitzungszimmern zubringe, könne sie nur Folgendes raten: mehr zu schlafen als sie selbst und sich wirklich Mühe zu geben, disponibel zu bleiben, denn die Welt sei voller wunderbarer Überraschungen, für die man sich immer ein Türchen offen halten sollte.

Das Stricken, ihre wichtigste Entspannungsmethode überhaupt, erwähnte sie dagegen mit keinem Wort. Und zwar aus gutem Grund:

Noch nie in der Geschichte der Schweiz, das kann Ruth Dreifuss ohne Übertreibung für sich in Anspruch nehmen, erregte eine Frau mit ihrer Leidenschaft fürs Stricken so viele Gemüter. »Wer derart lustvoll tradierte Frauenbilder in aller Öffentlichkeit karikiert«, hieß es dazu viel später in der »Weltwoche«, »musste unweigerlich eine Gefahr für die bis anhin von Männern definierte und realisierte Gewerkschaftspolitik darstellen, die unterschwellig noch immer auf diesem Rollenbild basierte.«

Wohl wahr: Ihre Kollegen fühlten sich angegriffen. Dass eine SGB-Spitzenfunktionärin in jeder Sitzung Wollknäuel und Nadeln hervorholte und seelenruhig strickte, während über höchst brisante Fragen debattiert wurde, konnte praktisch keiner verstehen. Die meisten beklagten sich darüber. Ruth Dreifuss strickte mit gebogenen statt geraden Nadeln weiter, weil die weniger laut klapperten. Die Mühe war umsonst; die giftigen Sprüche, die Bitten um Rücksichtnahme, die Vorwürfe wollten nicht verstummen. Dreifuss beschränkte ihr Stricken auf ein Minimum; mit der Zeit ließ sie es manchmal ganz bleiben. *Das Stricken,* sagt Rita Gassmann heute, *habe ich Ruth dann abgestellt. In der Frauenkommission saßen zum Teil Frauen, die in den Betrieben und Fabriken tagein tagaus herumrennen mussten. Dass sie von der Strickerei nervös wurden, verstand Ruth schließlich.*

Ich strickte einfach gern. Immer, erklärte Ruth Dreifuss dazu. *Ich beschäftige meine Hände gern, während ich nachdenke. Ghandi hatte auch immer einen Faden in der Hand. Aber ich sah natürlich, dass ich die Leute zur Weißglut trieb. Nur wusste ich nie eine Antwort auf die quälende Frage, ob sie eigentlich mein Stricken dermaßen störe oder ob ihnen vielmehr meine Ideen lästig seien. Erst*

viel später habe ich das mittels einer konsequenten Strate-
gie herausgefunden, und zwar bei den Sitzungen im Bun-
desrat: Ich strickte nicht mehr und sah: Es sind meine
Ideen!

Die Ideen der SGB-Sekretärin hatten im Prinzip nichts
Revolutionäres an sich: Dreifuss galt bei ihren Kollegen
zwar als Linke, die dauernd vom Aufbau einer neuen Gesellschaft redete, welche dem Einzelnen mehr politische,
soziale und familiäre Mitbeteiligung, mehr Lebensqualität
und damit mehr persönliche Entfaltung ermöglichen sollte.
Mit der Diktatur des Proletariats, präzisierte Ruedi Wullschleger, *konnte sie jedoch gar nichts anfangen. Im*
Grunde war ihr Standpunkt der einer möglichst sozialen
Marktwirtschaft. Im Rahmen einer bürgerlichen, links-
liberalen Ökonomie war sie eine unbeirrbare Kämpferin
für die Interessen aller kleinen Leute und der verschiedens-
ten Randgruppen. – Gleichzeitig, sagt Fritz Reimann, *hatte*
sie einen Sinn für das feine Abtasten der möglichen Wege,
die zum Ziel führten. Und laut Fritz Leuthy schätzte sie die
Toleranzgrenze ihrer Verhandlungspartner auf der Arbeitgeberseite realistisch ein: *Weil Ruth den Bogen nicht über-*
spannte, erklärt Leuthy, *wurde sie von ihnen sehr ernst*
genommen. Nur in Frauenfragen war sie zum Teil extrem,
weil sie auch von den Frauen stark unter Druck gesetzt
wurde. Da schoss sie meines Erachtens mitunter über das
Ziel hinaus.
 Jedenfalls traf sie nicht daneben, als die VPOD-Männer
im Juni 1982 die Nachfolge für die langjährige Präsidentin
Ria Schärer vorbereiteten. *Renschler hatte den Verband*
sehr demokratisiert und modernisiert, lobte Ruth Dreifuss.
Aber er wollte alles im Voraus planen, damit nichts außer
Kontrolle geraten würde. So erkor man auch den zukünfti-
gen Präsidenten, der am Verbandstag 1982 gewählt wer-
den sollte, im geheimen Kämmerlein. Ein Gegenkandidat

war nicht vorgesehen; das war der Stil, den man damals pflegte.

Folgerichtig heckten auch Wullschleger und Dreifuss »im geheimen Kämmerlein« etwas aus. Vizepräsident Alain Tissot und ein paar andere fanden die Idee gut: Christiane Brunner würde *eine hervorragende Präsidentin* abgeben. Weil die Freunde jedoch für den VPOD arbeiteten, blieb es Ruth Dreifuss überlassen, Renschler die Neuigkeit beizubringen. *Walti wurde so wütend,* erzählte sie später, *dass er mir an den Kopf warf, ich wolle den Verband zerstören. Ich sagte nein, das sei nicht so. Wir hätten nur das Gefühl, eine Kampfwahl müsste möglich sein.*

Renschler gab nach: Brunner durfte sich den Verbandsfunktionären vorstellen und referierte bei der Gelegenheit über die Gleichstellung von Mann und Frau. Der Vorstand war beeindruckt. Inzwischen hatte sich der ursprüngliche Kandidat bereits zurückgezogen; Christiane Brunner wurde am Verbandstag 1982 ohne Gegenstimmen und Enthaltungen zur VPOD-Präsidentin gewählt.

Eine »Kampfwahl«, wie Ruth Dreifuss sie gefordert hatte, war es mangels eines Gegners nun doch nicht geworden. In der Freude des Augenblicks aber spielte das keine Rolle mehr. *Erstens hatte der VPOD,* wie sie überzeugt war, *eine tolle neue Präsidentin, zweitens war die »Sache der Frau« einen Schritt weitergekommen.*

Drittens schließlich hatte sich Ruth Dreifuss für Christiane Brunners Unterstützung bei der SGB-Wahl revanchiert.

24 Ein Jahr war es nun her, dass Ruth Dreifuss ihre Führungsaufgabe im Gewerkschaftsbund übernommen hatte. Damals, Mitte 1981, hatte man den Verfassungsartikel zur Gleichberechtigung von Mann und Frau als »prachtvollen Sieg der fortschrittlichen Kräfte in diesem Land« gewertet. Demokratisierung und Humanisierung, hieß es im neuen SGB-»Arbeitsprogramm für die Achtzigerjahre«, sollten als Leitgedanken auch über der zukünftigen Gewerkschaftsarbeit stehen.

Mit gutem Grund: Seit der Wirtschaftskrise Mitte der Siebzigerjahre hatte sich das innenpolitische Klima kontinuierlich verschlechtert. Während die Bürgerlichen im Zeichen der Sparprogramme vom Ausbau des Sozialstaates nichts mehr wissen wollten, vielmehr in eine unsoziale Abbaupolitik umschwenkten und mit dem Slogan »Mehr Freiheit – weniger Staat« vor allem die Durchsetzung privater wirtschaftlicher Interessen meinten, hatte die politische Linke nach Ansicht vieler Gewerkschafter nichts Besseres zu tun, als sich über ideologischen Grundsatzdebatten und lächerlichen Hahnenkämpfen heillos zu zerstreiten.

Dieser Parteienkampf wirkt sich schwächend auf die politische Durchsetzungskraft der Gewerkschaften aus, kommentierte der SGB die missliche Situation in seinen Tätigkeitsberichten. Die Gewerkschaftsbewegung müsste nun doch mit aller Kraft zeigen, dass sie *der zersetzenden Politik von rechts* zusammen mit ihrem traditionellen politischen Partner *Paroli bieten* könne.

Doch die Chancen dafür standen immer schlechter. Zum einen nahm der Mitgliederrückgang in den Gewerkschaften allmählich beunruhigende Ausmaße an: Hatte der SGB 1976 noch rund 475 000 Mitglieder gezählt, waren es zehn

Jahre später noch wenig mehr als 440 000 (und 1993 rund 430 000).

Zum andern stimmten auch die Ergebnisse der eidgenössischen Wahlen nicht eben optimistisch: 1979 hatten die Sozialdemokraten vier Sitze eingebüßt; 1983 sollten weitere vier Sitze verloren gehen, 1987 gar sechs ... Und den klarsten Beweis dafür, dass die Bürgerlichen in der Schweiz schalten und walten konnten, lieferte wohl die Nichtwahl der offiziellen SP-Bundesratskandidatin Lilian Uchtenhagen im Jahr 1983. Dafür durfte dann ein Jahr später die Freisinnige Elisabeth Kopp erste Schweizer Bundesrätin werden.

Ruth Dreifuss gehörte zu jenen, die als Reaktion auf die keineswegs erstmalige Desavouierung der SP eine weitere sozialdemokratische Regierungsbeteiligung ablehnten. Obschon sie das schweizerische Konkordanzsystem stets befürwortet hatte, dachte sie in jenem Moment, *in der Opposition müsste man den Bürgerlichen das Leben so schwer machen, dass sie die Sozialdemokraten mit Handkuss wieder in die Regierung nehmen und ihnen den notwendigen Respekt zeigen würden.*

Als Gewerkschafterin musste sie freilich die Auffassung vertreten, dass ein Festhalten am bisherigen System aufs Ganze gesehen *Vorteile böte*, wie der SGB *nach gründlicher Diskussion* bekannt gab. In der Tat – hätte sie selbst die beharrliche Kompromiss- und Konsenssuche nicht sehr oft als tauglichste Art von Problemlösung betrachtet, wäre sie im Gewerkschaftsbund am falschen Platz gewesen. Natürlich waren alle empört über den rücksichtslosen Konfrontationskurs der Bürgerlichen. In der täglichen Auseinandersetzung mit den Folgen dieser Machtpolitik aber blieb es ihnen nicht erspart, mit der Arbeitgeberseite zu verhandeln, und zwar im Sinne der gesamtarbeitsvertraglichen Friedenspflicht, welche beiden keine andere Wahl ließ, als gegenseitige Forderungen unter Ausschluss von Kampfhandlungen nach »Treu und Glauben« zu regeln.

Sozialismus, sagte Ruth Dreifuss in einer Rede am SP-Parteitag 1987, sei die Leidenschaft für das alltägliche, konkrete Leben oder genauer das Bedürfnis, diesen Alltag jedem einzelnen Menschen und besonders den schwächsten Gliedern der Gesellschaft zu erleichtern. Veränderungen brächten jedoch häufig neue Probleme mit sich, die wiederum gelöst werden müssten. Jeder Arzt wisse, dass wirksame Medikamente immer auch unangenehme Nebenwirkungen hätten. Das hindere ihn nicht daran, ein Medikament zu verschreiben. Umso vorsichtiger sei er dafür bei der Dosierung, und umso aufmerksamer beobachte er die Symptome, um das Mittel wenn nötig sofort abzusetzen. *Unsere Lösungen sind nicht endgültig,* fuhr sie fort. *Wir glauben an die Notwendigkeit von Reformen, die tief greifend und dauerhaft sind, aber immer noch verbessert werden können.*

In diesem Sinn verstand die Sozialistin Ruth Dreifuss die Gewerkschaftsarbeit, das heißt die von linker Seite oft kritisierte »Politik der kleinen Schritte«: Alltägliche, konkrete Probleme zu lösen schloss unter Umständen auch Kompromisse mit ein. Dabei entschied allerdings sie selbst, wie viele »Nebenwirkungen« sie akzeptieren konnte und wann es an der Zeit war, das Übel mit einem neuen und hoffentlich besseren Mittel zu bekämpfen.

Im Rahmen ihres persönlichen Aufgabenbereichs – Arbeitsrecht, Arbeitszeit und Frauenanliegen – beschäftigte sich Ruth Dreifuss konkret mit dem Schutz der Arbeitnehmerinnen und Arbeitnehmer vor ungerechtfertigten Kündigungen. Mit der Verteidigung des gesetzlich verankerten prinzipiellen Verbots der Nacht- und Sonntagsarbeit, mit der Verbesserung der Arbeitsbedingungen in jenen Betrieben, wo durchgehend gearbeitet werden musste, sowie mit dem diesbezüglichen Sonderschutz für Frauen. Mit dem Kampf um die Verkürzung der wöchentlichen Arbeitszeit und die Verlängerung der bezahlten Ferien. Mit der Revision des Arbeitsgesetzes. Lohngleichheit. Mutterschaftsschutz. Fristenlösung. Förderung der Frauen in den Betrieben. Sexueller Belästigung am Arbeitsplatz. Integration der Frauen in die Gesamtverteidigung. Problemen der Heimarbeiterinnen ...

Angesprochen auf die »schreckliche Knochenarbeit«, die sie bei all dem wohl zu leisten habe, antwortete Ruth Dreifuss manchmal in Anlehnung an Albert Camus, Sisyphus müsse man sich als glücklichen Menschen vorstellen. Denn obwohl sie in zahllosen Kommissionen, Arbeitsgruppen und Komitees bis zur Erschöpfung diskutierte und stritt, obwohl sie ihre Forderungen auch immer wieder durchsetzte, weil sie sich einfach nicht abschütteln ließ, erlitt sie dort, wo die Öffentlichkeit die Arbeit der SGB-Sekretärin am meisten wahrnahm, eine Niederlage nach der anderen. Ohne positive Geisteshaltung ließ sich so etwas wohl schwerlich verkraften.

So führte die Kampagne zur Initiative »für einen wirksamen Schutz der Mutterschaft« (welche von der SGB-Frauenkommission und neun weiteren Organisationen 1980 lanciert worden war) im Dezember 1984 zu einem massiven Misserfolg von 84 Prozent Neinstimmen. Einziger Trost für Dreifuss: *Mindestens war das Thema der fehlenden Mutterschaftsversicherung endlich wieder auf den Tisch gekommen und konnte nicht mehr weggewischt werden.*

Die Volksinitiative für eine Verlängerung der bezahlten Mindestferien – von SGB und SP-Schweiz im Herbst 1979 eingereicht – wurde im März 1985 zu 65 Prozent verworfen – eine Niederlage, welche Ruth Dreifuss *erwartet hatte,* wie sie erklärt, *weil die gesetzlichen Mindestferien auf Druck der Initiative vom Parlament bereits im Juli 1984 von zwei auf vier Wochen erhöht worden waren. Statt die Initiative daraufhin zurückzuziehen, wie von mir vorge-*

schlagen, hatte die Gewerkschaftsleitung auf den Abstimmungskampf aber nicht verzichten wollen.

Die SGB-Initiative für eine schrittweise Herbsetzung der wöchentlichen Arbeitszeit auf vierzig Stunden scheiterte im Dezember 1988 am Nein von 66 Prozent des Stimmvolks. Dieses Ergebnis – zum Teil darauf zurückzuführen, dass sich im Vorfeld der Abstimmung nicht einmal alle Arbeitnehmerverbände für eine einheitliche Haltung entscheiden konnten, sofern sie nicht von vornherein gegen die Initiative waren – empfand Ruth Dreifuss *sicher als die schmerzlichste Niederlage.*

Demonstration zur Abstimmung über die Mutterschaftsversicherung: Ruth Dreifuss, Christiane Brunner, Gret Haller, Eva Ecoffey, Erica Wallis (von re)

Obschon die Gründe für diese negativen Resultate also nur sehr bedingt bei Ruth Dreifuss lagen, dürfte es für sie nicht einfach gewesen sein, gleich die mögliche positive Seite zu sehen, etwa dass eine Initiative als Druckmittel wenigstens Steine ins Rollen bringe. Als verantwortliche Sekretärin hatte sie eine Kampagne ganz einfach verloren, die sie mit anderen zusammen voller Elan geführt hatte. Wie sie zum Beispiel für die 40-Stunden-Woche geworben, Reden gehalten, Werbeartikel verteilt, Interviews gegeben, Flugblätter und Prospekte geschrieben hatte (und dabei trotz gegenseitiger Wertschätzung hin und wieder mit Ferdinand Troxler, dem gesamtschweizerischen Koordinator der Kampagne, zusammengestoßen war, weil sie *ewig an ihren Texten herumfeilte* und er dann die »Schuld« dafür trug, wenn sie zu spät in die Druckerei geschickt wurden…)

Abgesehen vom organisatorischen Aufwand aber, den sie gemeinsam mit Troxler betrieben hatte, war ihr die Frage wirklich nahe gegangen, wie das Publikum des Schweizer Fernsehens spüren konnte, als sie in einem Interview auf den zu erwartenden Wachstumsrückgang der Schweizer Wirtschaft zu sprechen kam und sagte: *Dann gibt es im Grunde nur zwei Möglichkeiten: Man verurteilt die Leute zur Arbeitslosigkeit und die andern krampfen sich zu Tode – umso mehr, als sie Angst davor haben, in die Gruppe der ersten zu fallen – oder man organisiert eine schrittweise Herabsetzung der Arbeitszeit mit dem Ziel, dass in der Schweiz Anfang der Neunzigerjahre niemand mehr als vierzig Stunden pro Woche arbeitet. Und man muss sich schon jetzt Gedanken über eine mittelfristige Lösung machen, bei der das Gleichgewicht vielleicht erst mit fünfunddreißig oder dreißig Stunden pro Woche hergestellt sein wird. Sonst gibt es in diesem Land eine Apartheid-Gesellschaft, in der die einen zur Hölle der Arbeitslosigkeit und die andern zur Hölle von immer mehr Stress und immer größerer Entfremdung verurteilt sind.*

Was sagte sie übrigens zum Widerspruch, gleichzeitig für eine Herabsetzung der Arbeitszeit zu kämpfen und persönlich sehr viel mehr als vierzig Stunden zu arbeiten?

Darauf antwortete sie oft, sie »arbeite« tatsächlich nur vierzig Stunden pro Woche; am Abend gehe sie *einer mi-*

litanten Tätigkeit nach, wie viele andere Gewerkschafterin-
nen und Gewerkschafter, die nach einem vollen Tagespen-
sum noch an abendlichen Versammlungen teilnehmen. Bei
ihr sei das höchstens etwas öfter der Fall.

Abgesehen davon empfand sie den täglichen Stress auch
nicht als »Hölle«. Einesteils verschaffte ihr die legendäre
Beharrlichkeit nämlich das gute Gefühl, alles versucht zu
haben – selbst wenn sie ab und zu kritisiert wurde, sie
könne nicht Prioritäten setzen und vergeude ihre Zeit mit
Randgruppen, deren Meinung zu bestimmten Fragen weiß
Gott nicht relevant sei … Andernteils genoss sie, wenn sie
denn endlich ein bisschen Freizeit hatte, das Leben in vollen Zügen.

Ruth Dreifuss las sehr viel. Fuhr recht häufig ins waadtlän-
dische Tartegnin, wo sie ihrem Bruder Jean Jacques, Claire-
Lise und den vier Kindern immer höchst willkommen war.
Machte regelmäßig größere Ferienreisen ins Ausland, oft in
Begleitung ihrer Nichten und Neffen sowie einiger lang-
jähriger Freundinnen und Freunde samt deren Kindern.
Unternahm fast jeden Sommer, ebenfalls gemeinsam mit
Freunden, mehrtägige Bergwanderungen in der Schweiz.
Ging mit Arbeits- und Parteikolleginnen und -kollegen es-
sen, sofern sie nicht gerade, einmal mehr, eine strikte Diät
einhielt. Traf so oft wie möglich die Freunde von »Domaine
Public«. Pflegte nach wie vor auch den Kontakt mit alten
Genfer Bekannten, darunter Jacqueline Wavre Berenstein
(jener Politikerin und ehemaligen Direktorin der Genfer
Sozialarbeiterschule, die ihr zu einem Studium geraten hatte), mit den beiden Universitätsprofessorinnen Paule Rey
und Anne-Marie Piuz sowie Jacquelines Mann, Professor
und Bundesrichter Alexandre Berenstein – einer Freundes-
gruppe, die seit den Sechzigerjahren allwöchentlich zu einer
gemeinsamen Mittagsmahlzeit, jeden Sommer zu einem
Racletteessen auf dem Mont Salève sowie einmal im Jahr

zu einem Maskenball zusammenkam (wo Ruth Dreifuss unter anderem als Weihnachtsbaum und als Kammerzofe großes Gelächter erregte).

Schließlich war auch zu Hause, in ihrer Berner Wohnung, immer sehr viel Betrieb: Gewerkschafter, Journalisten, Gäste aus Haiti gingen bei ihr ein und aus, arbeiteten, kochten, übernachteten bei ihr. Zwei Studentinnen, die Zwillinge Judith und Pascale Meyer (deren Eltern Jean-Paul und Janine zu ihren treusten Freunden aus der Basler Zeit gehörten) lebten insgesamt acht Jahre lang zeitweise, zuletzt permanent zusammen mit Ruth Dreifuss in der Berner Tillierstraße. Nationalrat Victor Ruffy wohnte während der Parlamentssessionen bei ihr, ebenso Yvette Jaggi, eine ihrer engsten Freundinnen, die nacheinander Nationalrätin, Lausanner Finanzvorsteherin, Stadtpräsidentin, Ständerätin wurde und nie ein Hehl aus ihrem Wunsch machte, eines Tages auch Bundesrätin zu werden.

Sekretärin beim Schweizerischen Gewerkschaftsbund

1989 war Ruth Dreifuss seit mittlerweile acht Jahren SGB-Sekretärin; mindestens so lange, hatte sie sich einst vorgenommen, würde sie auf ihrem Posten bleiben. 1984 war sie (gegen den Widerstand einiger arabischer Länder) zum stellvertretenden Verwaltungsratmitglied der Internationalen Arbeitsorganisation gewählt worden, 1987 hatte man sie für eine zweite Amtsperiode von drei Jahren bestätigt, seit Juni 1989 war sie außerdem Vizepräsidentin und Sprecherin der Arbeitnehmergruppe, welche sich mit der Konvention über die Nachtarbeit der Frauen in der Industrie auseinander setzte.

In der Partei engagierte sie sich als Präsidentin der entwicklungspolitischen Kommission insbesondere für den »Solifonds«, einen 1983 gegründeten »Solidaritätsfonds für den sozialen Befreiungskampf in der Dritten Welt«. Ansonsten hatte Ruth Dreifuss bislang wenig auf sich aufmerksam gemacht – es sei denn als Parteitags-Dolmetscherin 1982, als sie drei Tage lang in ihrer Kabine saß und nicht bloß vom Deutschen ins Französische, *sondern sogar italienische Voten übersetzte,* wie sie stolz erzählte, *und daneben einen ganzen Pullover strickte.*

Im Übrigen hatte sie auf dem Wahlparteitag 1987 sehr engagiert über »Extremismus und Reformismus, die beiden Seiten des Sozialismus« gesprochen, obschon ihre Rede neben dem Auftritt von Willy Brandt ein bisschen in den Hintergrund gerückt war. Doch *auf Tribünen zu erscheinen,* sagte sie, *war mir ohnehin nie ein besonderes Bedürfnis.*

So wäre sie wohl zufrieden gewesen, der Partei weiterhin als »Basismitglied« die Treue zu halten – hätten die Berner SP-Frauen Ruth Dreifuss im Jahr 1989 nicht zu einer Kandidatur für den Stadtrat aufgefordert.

Die Frauen bräuchten einen zugkräftigen Namen, rechtfertigte sie ihr Einverständnis gegenüber den SGB-Kollegen, die von der Idee überhaupt nicht begeistert waren.

Was sollte Ruth im Berner Stadtrat noch über Trottoirs

diskutieren, beschreibt Walter Renschler seine damalige Skepsis, *wo sie im SGB doch dauernd jammerte, sie sei so furchtbar überlastet.*

Auch ich war gegen diese Kandidatur, erinnert sich Fritz Leuthy. *Ruth stieg aber trotz unserer Kritik in den Wahlkampf, und bei ihrer Bekanntheit wurde sie auch problemlos gewählt. Ihr machte das Ganze offensichtlich Spaß.*

Obwohl sie sich auf Drängen der Frauen zu diesem Schritt entschied, sagt ihr damaliger Stadtratskollege Alexander Tschäppät, *steckte auch ein gewisser Ehrgeiz dahinter, da bin ich mir sicher. Nur gehörte sie eigentlich gar nicht in den Stadtrat, weil sie dort nicht viel von ihren Spezialgebieten einbringen konnte. Große Würfe sind auf der lokalen Ebene unmöglich.* Zwei- oder dreimal, berichtet Tschäppät weiter, habe er Ruth Dreifuss zu Sachfragen sprechen hören, die im Zusammenhang mit »ihren Themen« Arbeitsrecht und Arbeitszeit standen: *Da merkte man sehr deutlich, dass sie einer der wenigen politischen Köpfe unter den achtzig Stadträten war und sich seit ewigen Zeiten mit diesen Dingen beschäftigt hatte. Wirklich überzeugend, wie sie das brachte!*

Im Allgemeinen aber mischte sich Dreifuss selten ein, ließ die anderen über Verkehrsberuhigungsmaßnahmen debattieren, stimmte *brav für die Parteianliegen*, wie sie sagt, und nutzte die Zeit der langen Diskussionen zum Stricken – einmal war es eine rote Krawatte für Tschäppät.

Die Sitzungen fanden dienstags und donnerstags abends statt, zu Zeiten also, da ihre Abwesenheit im SGB nicht einmal bemerkt wurde. Dennoch markierte der Entschluss zu diesem Stadtratsmandat den Beginn einer ziemlich hindernisreichen Phase im Berufsleben von Ruth Dreifuss, wie sich rückblickend leicht feststellen lässt.

Das Unverständnis und eine gewisse Gereiztheit der Kollegen waren gerade abgeklungen, da verlangte die SGB-

Frauenkommission Ende 1989 auf einmal, »es sei auf der höchsten Ebene eine Vollzeitstelle für die Behandlung der spezifischen Frauenfragen zu schaffen«, wie es im Jahresbericht heißt. Ruth Dreifuss hatte die Frauenfragen betreut, seitdem sie für den SGB arbeitete, und noch nie war sie in der Lage gewesen, alle Aufgaben im Dienste der Frauenkommission zu erfüllen, weil sie schon mit ihren übrigen Dossiers zeitlich kaum über die Runden kam. Das genügte den Frauen nun offenbar nicht mehr.

Ruth Dreifuss hatte bestimmt nichts dagegen, dass der SGB-Vorstand im Dezember 1989 eine zusätzliche Stelle schuf und Margrit Meier mit dem Frauensekretariat betraute. Doch auf das zwischenmenschliche Klima im Sekretariat sollte sich diese Wahl nicht unbedingt vorteilhaft auswirken, weil die zwei Frauen, wie mehrere ehemalige SGB-Leute sagen, *verschiedener nicht hätten sein können.*

Immerhin waren die beiden, trotz der eher kritischen Beziehung in der täglichen Arbeit, derselben Meinung in einer denkwürdigen SGB-Vorstandssitzung wenig später, als SMUV-Zentralsekretärin Christiane Brunner den Antrag stellte, im darauf folgenden Jahr einen landesweiten Frauenstreik durchzuführen. Gemäß der Erinnerung ihrer Vorstandskollegen urteilten Ruth Dreifuss und Margrit Meier übereinstimmend, *ein echter Streik* ließe sich *nicht organisieren,* alles andere aber sei *unseriös* und würde *bestimmt zu einem Riesenflop führen.* Statt eines Frauenstreiks würde man besser einen landesweiten »Aktionstag« veranstalten.

Obschon außer ihnen beiden noch andere dagegen waren, setzte sich Christiane Brunners Vorschlag, nicht zuletzt dank der kräftigen Unterstützung durch die Präsidentin der SGB-Frauenkommission Rita Gassmann, im Vorstand durch – wie auch auf dem SGB-Kongress im Oktober 1990, als die Delegierten dem Aufruf zu einem Frauenstreik unter großem Applaus zustimmten.

Überraschend für alle wurde der 14. Juni 1991 zu einem historischen Ereignis: Abgesehen von Island, wo die Frauen in den Siebzigerjahren einmal einen Generalstreik durchgeführt hätten, schrieb der SGB später, *dürfte es in der weltweiten Gewerkschaftsbewegung erstmalig gewesen sein, dass die Gewerkschaften zu einem landesweiten Frauenstreik aufriefen.* Rund eine halbe Million Frauen gingen an dem Tag zumindest kurzfristig auf die Straße, womit sie der Schweiz die größte politische Demonstration bescherten, die sie in ihrer Geschichte jemals erlebt hatte.

Ruth Dreifuss war übrigens, nachdem der Entscheid zum Frauenstreik gefallen war, aktiv an dessen Vorbereitung beteiligt gewesen; die Manifestation selbst erlebte sie in Genf mit, gemeinsam mit zahllosen Frauen und Kindern. Und in Begleitung einiger Angestellten der UNO, denn es war gerade Session der Internationalen Arbeitskonferenz IAO.

In den beiden vorangegangenen IAO-Sessionen (die jeweils während drei Wochen in Genf stattfanden) hatte Ruth Dreifuss als Wortführerin der Arbeitnehmervertreter, wie bereits kurz erwähnt, um die Beibehaltung des Nachtarbeitsverbots für Frauen gekämpft. 1990 war es ihr nach harten Auseinandersetzungen zusammen mit ihrer Gruppe gelungen, die zwei anderen Parteien, die Arbeitgeberseite sowie die Vertreter der Mitgliedstaaten, davon zu überzeugen, die entsprechende Konvention nicht fallen zu lassen. Darüber hinaus wurde nach langem Hin und Her einem Maßnahmenkatalog zugestimmt, der Vorschläge zu einer schrittweisen Verbesserung der Arbeitsbedingungen von Nachtarbeiterinnen und Nachtarbeitern enthielt. Schließlich beschränkte sich die IAO nicht auf eine Empfehlung; sie forderte die Mitgliedstaaten förmlich zu einer Ratifizierung dieser neuen internationalen Konvention auf – *das bestmögliche Resultat*, so Ruth Dreifuss, *das überhaupt zu erzielen war!*

Und wie reagierte der Schweizer Bundesrat? Er beschloss im Februar 1991, die bisherige Konvention zum Nachtarbeitsverbot auf Februar 1992 zu kündigen und die neue Konvention, die für beide Geschlechter statt eines Verbotes von Nachtarbeit verbesserte Arbeitsbedingungen vorsah, erst nach Revision des Arbeitsgesetzes zu ratifizieren – was mit anderen Worten einen Aufschub von vielen Jahren erwarten ließ.

Warum bewarb sich Ruth Dreifuss wenige Monate nach dieser Enttäuschung um die Nachfolge von Direktor Klaus Hug im Bundesamt für Industrie, Gewerbe und Arbeit? Eine Frau wie sie, die *vom gewerkschaftlichen Engagement von Kopf bis Fuß ergriffen* war, wie sie zu sagen pflegte, die aber, im Falle ihrer Wahl zur Biga-Direktorin, unter dem freisinnigen Departementsvorsteher Jean-Pascal Delamuraz mit Sicherheit gezwungen gewesen wäre, gegen ihre Überzeugungen zu sprechen und zu handeln?

Diese Kandidatur, antwortete Ruth Dreifuss darauf, sei sie *auf Wunsch der Gewerkschaftskollegen* eingegangen. – *Die Frage wurde eingehend diskutiert,* erinnern sich Fritz Leuthy und Beat Kappeler. *Uns war schon lange klar gewesen, dass man einen Gewerkschafter vorschlagen müsste, wenn es in der Verwaltung – Biga oder Bundesamt für Sozialversicherung am besten – einmal Aussicht auf ein Amt gäbe. Aus diesem Gedanken heraus entstand die Idee, Ruth hätte als Frau und aufgrund ihrer Beschlagenheit im Arbeitsrecht vielleicht eine Chance. Allerdings waren wir uns bewusst, dass die Bürgerlichen das Biga nicht so leicht hergeben würden.*

Yvette Jaggi, fügt der damalige SGB-Präsident Walter Renschler hinzu, *hatte angeblich mit Bundesrat Delamuraz darüber gesprochen. Sie sagte mir, Ruth hätte gute Chancen, gewählt zu werden. Ich schloss mit ihr eine Wette ab, dass es nicht so herauskommen würde.*

Und er hatte recht: Parteipolitische Interessen gaben den Ausschlag, dass im August 1991 der Freisinnige Jean-Luc Nordmann zum neuen Biga-Direktor bestimmt wurde.

Dabei wäre diesmal nun wirklich die Gewerkschaftsseite an der Reihe gewesen für den Posten, schimpfte SGB-Sekretär Beat Kappeler voller Zorn über diese Wahl, die in seinen Augen nichts als einen *Affront und eine Dummheit* darstellte. Doch was half's? Ruth Dreifuss war enttäuscht, wie ihre Kollegen, Freundinnen und Freunde sie nach übereinstimmender Aussage noch selten erlebt hatten. *Ab jenem Zeitpunkt,* sagen mehrere von ihnen, *merkte man Ruth an, dass sie sich nach einer anderen Aufgabe umzuschauen begann.*

Nicht lange danach sah man Ruth Dreifuss wieder lächeln, und zwar auf den Wahlprospekten für die Nationalratswahlen im Oktober 1991. Für einen dieser Werbezettel hatten sich die Gewerkschaftssekretärin und ihr Stadtratskollege Alexander Tschäppät zum Beispiel folgendes einfallen lassen: *Ein Fall für zwei?* stand über der Zeichnung einer Lupe, unter deren Glas ein Fingerabdruck und die Spuren dreier Füße zu sehen waren. Tschäppät, der Berner Gerichtspräsident und frühere PUK-Untersuchungsrichter, empfahl Ruth Dreifuss zur Wahl, weil sie unter anderem auch die Männer für die Gleichstellung von Mann und Frau zu begeistern wisse und *von Kopf bis (Drei)fuss auf Politik eingestellt* sei. Umgekehrt warb die Exil-Genferin Dreifuss für ihren Kollegen, weil Bern es verdient habe, *von einem waschechten Berner vertreten zu sein*, und *weil denen im Bundeshaus ein Untersuchungsrichter gut täte.* Von geradezu umwerfender gedanklicher Schlichtheit zeugte auch der fett gedruckte Schlusssatz: *Wir wählen einander, weil dickliche Leute (74 kg und 99 kg) nicht nur gemütlicher, sondern auch gewichtiger sind.*

Der Scherz erregte wenig Heiterkeit, und am wenigsten im SGB, schließlich waren die Kollegen von Ruth Dreifuss schon gegen ihre Stadtratskandidatur gewesen. Dass sie nun auch noch Nationalrätin werden wollte, verstieß eindeutig gegen die ungeschriebene Regel, dass SGB-Sekretäre als Mitglieder diverser eidgenössischer Kommissionen nicht gleichzeitig Parlamentarier sein sollten. Fritz Leuthy hatte ein paar Jahre früher sogar zweimal für den Nationalrat kandidiert, und es war ihm nicht gut bekommen.

Ganz so hart sprangen die Kollegen mit Ruth Dreifuss zwar nicht um. *Da die Frauen im Parlament damals noch weit untervertreten waren,* sagt Leuthy, *konnte man ihnen nicht gut im Weg stehen.* Dennoch stellte SGB-Präsident Renschler klar, dass eine Nationalrätin Dreifuss nicht unbedingt weiterhin im SGB-Sekretariat tätig sein würde.

Ihr Wahlergebnis machte eine Fortsetzung der Diskussion vollkommen überflüssig: Die beiden Berner SP-Nationalrätinnen Gret Haller und Ursula Bäumlin wurden erwartungsgemäß bestätigt; Ruth Dreifuss schaffte es auf den zweiten Ersatzplatz.

Das Leben ging weiter, wenn Kollege Leuthy auch fand, diese neuerliche Schlappe habe sich *für Ruth nicht besonders gut gemacht – in ihrer Position!* Wie es sich traf, verhalf er selbst ihr durch seinen bevorstehenden Weggang vom SGB aber zum schönsten Trost, weil sie nach zehn Jahren endlich sein Dossier übernehmen konnte. Die Sozialpolitik, das ließ sich gemäß ihrer Einschätzung nicht bestreiten, war nun einmal das Fach, von dem sie am meisten wusste und das auch zu ihr passte. Außerdem war der vorgesehene Nachfolger von Leuthy, Dani Nordmann, kein Sozialpolitiker; er verstand mehr von Arbeitsrecht. Schließlich drängte auch Christiane Brunner als Mitglied der Auswahlkommission auf den Wechsel von Ruth Dreifuss zum Sozialdossier; nach Renschlers Erinnerung *wollte sie gern mit ihr zusammenarbeiten, da die beiden dick befreundet waren.*

Somit klappte die Neuzuteilung der Arbeitsbereiche fast problemlos; Ruth Dreifuss, auf Leuthys Wunsch hin nunmehr auch politische Leiterin des Sekretariats, hegte bloß Zweifel an der Reorganisation, wenn sie dabei plötzlich einen »Chef« vor die Nase gesetzt bekäme, und das war ihrer Ansicht nach zu befürchten, wenn Nordmann die administrative Leitung übernahm. In Wahrheit sollte er nach dem Willen der anderen jedoch nicht regieren, sondern für einen etwas strafferen Betrieb sorgen: *Gerade Ruth war* nach allgemeiner Einschätzung *nämlich kein organisatorisches Supertalent,* was sie ohne weiteres zugab.

Es kam, wie es kommen musste: Kaum machte sie sich Ende 1991 hinter die Organisation eines außerordentlichen Kongresses, der zur Verabschiedung des neuen SGB-Arbeitsprogramms auf den folgenden Juni angesetzt worden war – schon gerieten Ruth Dreifuss und Dani Nordmann sich in die Haare. *Und obwohl wir uns gegenseitig eigentlich schätzten,* erzählte sie später, *schrien wir uns manchmal regelrecht an.*

Den präzisen Kongressablauf, schließt Walter Renschler, *musste zuletzt ich selbst planen.*

In ihr neues Fachgebiet, die Sozialversicherungen, arbeitete sie sich hingegen ohne Komplikationen ein: *Ruth lernte spielend, wie immer,* sagt Leuthy, der sie zu Beginn tatkräftig unterstützte. Die neue Herausforderung machte ihr auch große Freude. Nur schien sie nach der Beobachtung ihrer Kollegen nun ausgerechnet von Christiane Brunner ab und zu in ihrem Elan gebremst zu werden.

Mittlerweile Vizepräsidentin des Schweizerischen Gewerkschaftsbundes, war Brunner eine allgemein anerkannte Sozialversicherungsspezialistin. Seit Oktober 1991 saß sie – anders als Ruth Dreifuss – auch im schweizerischen Nationalrat. Nicht erstaunlich, engagierte sie sich dort besonders in Sozialversicherungsfragen. *Damit wurde die*

SGB-Sozialpolitik, erklärt Fritz Leuthy, *nach außen plötz-*
lich von Brunner repräsentiert. Bis dahin war dieses Dos-
sier durch den zuständigen SGB-Sekretär, das heißt wäh-
rend vieler Jahre durch mich selbst, gegenüber dem Par-
lament beziehungsweise in der Öffentlichkeit vertreten
worden.

Als Christiane Brunner im Spätherbst 1992 auch noch
zur SMUV-Präsidentin gewählt wurde, spürten die SGB-
Leute deutlich, *dass zwischen ihr und Ruth nicht mehr*
alles glatt lief. Ein Grund dafür lag gewiss in ihrer unterschiedlichen Arbeitsweise: Während Ruth Dreifuss *stets*
solide Grundlagen brauchte und den Konsens suchte in
der Gewerkschaftsbewegung, wie sie es umschreibt, war
Christiane Brunner mit ihren kreativen Ideen immer schon
einen Schritt weiter und begierig, sofort zu handeln.

Dass sich Christiane Brunner in Ruths Dossier ein-
mischte, erinnert sich Walter Renschler, *war jedoch ganz*
klar. Das sah man ja auch daran, dass sie im Nationalrat,
quasi hinter dem Rücken von Ruth, allerlei Dinge anzet-
telte. Wie diese sozialpolitischen »Vorstöße« auf Ruth
etwa wirkten, kann man sich denken.

Ganz so schlimm scheint die Wirkung, fragt man Ruth
Dreifuss selbst, denn doch nicht gewesen zu sein. Ihre und
Christiane Brunners unterschiedliche Art der Problemlösung, erklärt sie, habe sich im Gegenteil *meistens sehr*
erfolgreich und fröhlich gestaltet. So hätten sie an gemeinsamen Wochenenden oft stundenlang an einem Dossier gearbeitet, unterbrochen von gutem Essen, Spaziergängen und Gesprächen mit Christianes Familie. Auf
diese Weise seien zum Beispiel die Vorbereitungen auf den
möglichen Anschluss der Schweiz an den Europäischen
Wirtschaftsraum, insbesondere die Fragen rund um die
Personenfreizügigkeit, eine willkommene Gelegenheit gewesen, sich in das Sozialrecht der Nachbarländer zu vertiefen – um die erworbenen Kenntnisse danach in die Ge-

werkschaftsbewegung einzubringen. *Und das Spannendste an der gemeinsamen Arbeit,* so Ruth Dreifuss, *war die Schlussphase der Parlamentsdebatte über die 10. AHV-Revision. Seit über zehn Jahren hatten die SGB-Frauen für die Gleichstellung der Geschlechter in der AHV gekämpft und Vorschläge erarbeitet. Nun war es so weit, dass der Nationalrat die Idee der Zivilstandsunabhängigkeit der Renten sowie die Erziehungsgutschrift – die erste Anerkennung unbezahlter Frauenarbeit! – endlich übernahm.*

Wie dem auch sei: Ob die Zusammenarbeit Dreifuss/ Brunner vorwiegend kooperativ und fruchtbar war oder ob sich die Beziehung der Freundinnen nach und nach wirklich abkühlte, wie eine Reihe ihrer ehemaligen Arbeitskollegen festhält – diese Frage hätte für niemanden außer ihnen beiden auch nur die geringste Bedeutung gehabt, wäre Christiane Brunner im Frühjahr 1993 in den schweizerischen Bundesrat gewählt worden, wie es sich gehört hätte. Da es jedoch anders kam und viele enttäuschte Brunner-Anhänger Ruth Dreifuss zumindest die »Mitschuld« an dem Debakel gaben, erschien das frühere Verhältnis der zwei Frauen plötzlich als aussagekräftiges »Beweismaterial«: Zeigten sich darin nicht gar zweifelsfreie Spuren eines bereits früher ausgebrochenen Konkurrenzkampfes der beiden Gewerkschafterinnen?

Unsinn, sagte Ruth Dreifuss darauf. *Gewerkschaften sind und bleiben nun einmal Kampforganisationen. Einesteils führen sie einen permanenten Kampf gegen die Arbeitgeber. Andernteils gibt es aufgrund der unterschiedlichen Interessen und Haltungen in den einzelnen Verbänden wie auch im Gewerkschaftsbund zahlreiche interne Konflikte. Tatsächlich hatten wir im SGB öfter Mühe, uns auf einen gemeinsamen Standpunkt zu einigen. Grundsätzlich kam ich damit aber gut zurecht. Ich kämpfe gern, ich finde es schön, kämpfen zu müssen. Dafür war ich schließlich da.*

Und obschon ich immer wieder hörte, ich sei hart und un-
nachgiebig, hätte ich die anderen eigentlich nur gern im
Gespräch zu überzeugen versucht.

Dennoch dachte Ruth Dreifuss Anfang der Neunzigerjahre
immer ernsthafter an einen Stellenwechsel. Nach zehn Jahren im SGB reizte sie entweder eine internationale Tätigkeit
oder ein Posten in einem Verband, um dort *näher bei den*
Alltagsproblemen der Arbeiterinnen und Arbeiter zu sein,
wie sie sich ausdrückte. Dabei hätte sie am meisten das Los
der Verkäuferinnen und anderer schlecht bezahlter Frauen
interessiert.

25 Als der sozialdemokratische Bundesrat René Felber am 13. Januar 1993 überraschend seinen Rücktritt bekannt gab und Christiane Brunner noch am selben Abend im Schweizer Fernsehen erklärte, sie stehe als Nachfolgerin zur Verfügung, waren ihre Parteikolleginnen und -kollegen einschließlich der Parteispitze völlig verblüfft, denn sie hatte ihre Entscheidung innerhalb weniger Stunden getroffen und praktisch niemanden darüber informiert, bevor sie an die Öffentlichkeit trat.

Ein paar Tage später war Ruth Dreifuss mit dem damaligen SP-Generalsekretär André Daguet in einem Restaurant zum Abendessen verabredet. Im Verlauf ihres Gesprächs unterhielten sie sich auch über die bevorstehende Bundesratswahl: Wer sich in der Fraktion als Kandidat oder Kandidatin wohl durchsetzen würde – Christiane Brunner oder Francis Matthey, der sein Interesse ebenfalls angemeldet hatte – und wie das Parlament auf ihn oder sie reagieren würde.

Darauf brachte Ruth zum Ausdruck, erinnert sich André Daguet, *dass sie die Kandidatur von Christiane voll unterstützen werde; falls sie in irgendeiner Weise behilflich sein könnte, würde sie das gerne tun.*

Da Christiane Brunner in manchen politischen Sachfragen nicht ganz sattelfest war, sollte eine kleine Equipe von Parteifreundinnen und -freunden die wichtigsten Dossiers mit ihr aufarbeiten. Die Bereiche Außenpolitik, internationale Beziehungen, Entwicklungszusammenarbeit wollte Ruth Dreifuss übernehmen – auch zum Dank dafür, dass die Freundin ihr 1981 ein paar Stunden Nachhilfeunterricht in Arbeitsrecht gegeben hatte, um sie auf ihren Job im Gewerkschaftsbund vorzubereiten.

Die Gelegenheit zur Unterstützung bot sich eher als geplant und unter recht schwierigen Umständen: Am 24. Januar 1993 verfasste ein anonymes »Komitee für die Rettung der Moral unserer Institutionen« ein übles Schreiben an verschiedene welsche Zeitungen sowie die Kantonalsektionen der großen schweizerischen Parteien, in welchem behauptet wurde, Christiane Brunner habe »illegal abgetrieben« und es gäbe ein Foto von ihr, »völlig nackt und in fröhlicher Gesellschaft«.

Christiane Brunner erinnerte sich an eine einzige Gelegenheit, bei der eine solche Aufnahme möglich gewesen wäre: Nach einem Frauenkongress im Sommer 1983 hatten sie, Ruth Dreifuss, Yvette Jaggi, Gret Haller und viele andere Frauen mitten in der Nacht in der Aare ein Bad genommen; Schwimmanzüge hatte die »fröhliche Gesellschaft« tatsächlich nicht dabei gehabt, aber dass jemand sie in der totalen Finsternis fotografiert hätte, war auszuschließen.

Obschon das angekündigte Bild weder in den folgenden Tagen noch später jemals auftauchte und alle schweizerischen Redaktionen, die inzwischen im Besitz einer Kopie des anonymen Briefes waren, mit der Veröffentlichung der höchst zweifelhaften Geschichte vorerst zuwarteten, wurden die Behauptungen von ein paar scheinbar näher informierten Personen eifrig weiter verbreitet, von Mal zu Mal um allerhand pikante Mutmaßungen ergänzt. Und obwohl Christiane Brunner gegenüber der Parteileitung energisch dementierte, jemals an einer »Frauenorgie im Genfer Frauenhaus« teilgenommen zu haben, wie man ihr mittlerweile unterstellte, reichten schließlich wenige Andeutungen in einem »Blick«-Artikel vom 3. Februar 1993, um eine Schlammschlacht gegen die Bundesratskandidatin loszutreten.

Als sie nach ein paar Ferientagen am 7. Februar in die Schweiz zurückkehrte, waren die absurden Anschuldigungen inzwischen von der ganzen Schweizer Presse veröffentlicht worden. Verschiedene Politiker hatten peinliche Kommentare dazu abgegeben. Wenn Christiane Brunner etwas an dieser Bundesratswahl lag, so viel stand fest, musste sie schleunigst öffentlich zu den Vorwürfen Stellung nehmen.

Am Vorabend der Pressekonferenz kamen SP-Generalsekretär André Daguet, der bereits eine Erklärung für sie entworfen hatte, Ruth Dreifuss sowie ein paar Leute aus Brunners engstem Mitarbeiterstab in ihrer Wohnung zusammen, um alles im Detail mit ihr zu besprechen. Sie fügte der vorbereiteten Erklärung nur ein paar schärfere Formulierungen hinzu, darauf nahm Ruth Dreifuss den Text mit nach Hause und übersetzte ihn in der Nacht ins Französische.

Anderntags begleiteten Dreifuss und Daguet Christiane Brunner ins Bundeshaus, wo Dutzende von Medienleuten auf sie warteten. Brunners Souveränität und Standfestigkeit, die Klarheit, mit der sie die Verleumdungen zurückwies, der Verzicht auf polemische Seitenhiebe machten den Journalistinnen und Journalisten großen Eindruck, wie Catherine Duttweiler in ihrer »Chronologie einer turbulenten Bundesratswahl« mit dem Titel »Adieu, Monsieur« berichtet.

Jedenfalls hatte die Kandidatin nach ihrem überzeugenden Auftritt eine etwas entspanntere Ausgangsposition für den Wahlkampf – und so nebensächlich die Spannungen der vergangenen anderthalb Jahre Ruth Dreifuss und Christiane Brunner angesichts der aktuellen Ereignisse scheinen mochten, so freuten sich doch beide im Stillen, wie zuverlässig ihre Freundschaft nach wie vor trug.

Dass die bürgerliche Parlamentsmehrheit die 45-jährige Genferin Christiane Brunner am Ende nicht wegen mangelnder Sachkenntnis oder anderer relevanter Defizite,

sondern aufgrund der grotesken Gerüchte, ihrer selbstbe-
wussten Art, ihres Aussehens, selbst ihres Kleiderstils für
untauglich hielt, das ehrenvolle Amt einer Bundesrätin
auszuüben, erzürnte nicht nur sie persönlich und ihre Partei aufs Äußerste; die Nichtwahl wurde auch von einem
Großteil der Schweizer Frauen als absolut intolerable Be-
leidigung empfunden. Wie sollte mehr als die Hälfte der
schweizerischen Bevölkerung im Jahr 1993 allen Ernstes
nachvollziehen, dass die Schweiz nach jenem kurzen und
ungut beendeten Intermezzo der ersten Bundesrätin Elisabeth Kopp wie seit eh und je ausschließlich von Männern
regiert wurde und dass es nach dem Willen vieler Parlamentarier offenbar weiterhin so bleiben sollte?

Nein, so billig sollten die Herren nicht länger davon-
kommen. Nachdem die Bürgerlichen am 3. März 1993 SP-
Nationalrat Francis Matthey statt der offiziellen SP-Kan-
didatin Brunner zum hundertsten Schweizer Bundesrat -
gewählt und damit sowohl die Schweizer Frauen als auch
die Sozialdemokratische Partei definitiv einmal zuviel
brüskiert hatten, suchten Parteileitung und Fraktion fieberhaft nach einer angemessenen Antwort auf das, was bei
weitem nicht nur aus schweizerischer Optik als *unverfro-
rene bürgerlich-männliche Machtdemonstration* empfunden wurde.

Auf Verlangen der SP-Fraktion war Mattheys Wahlannahme um eine Woche aufgeschoben worden; die Parlamentarier brauchten Bedenkzeit für die Entscheidung, ob
sie eine zweite Wahl fordern sollten auf die Gefahr hin,
dass Christiane Brunner erneut nicht gewählt würde.

Wie sich herausstellte, beteiligten sich auch Parteimitglie-
der fern von Bundeshaus und Generalsekretariat an den
Überlegungen, wie die Frauen ihren überfälligen Anspruch
auf eine Vertretung in der Landesregierung durchsetzen
könnten. So unterrichtete ein Parteikollege aus dem Frei-

burgischen Ruth Dreifuss am Abend des 4. März 1993 telefonisch über die Idee seines Kantonalvorstands, dem Parlament unter Umständen eine andere Frau zur Wahl vorzuschlagen: Ruth Dreifuss! – *Das würde gewiss nicht funktionieren,* antwortete sie ihm; wie sollte sie denn als Freiburger Bundesratskandidatin auftreten, wo sie doch keinerlei persönlichen Bezug zu seiner Partei habe.

Am frühen Morgen des 5. März 1993 erhielt sie schon den nächsten Anruf in dieser Sache, diesmal von ihrer Freundin und SP-Nationalrätin Gret Haller, die ihr den Vorschlag einer Zweierkandidatur Brunner/Dreifuss unterbreitete. Um gemäß der so genannten Kantonsklausel in der Bundesverfassung, wonach kein Stand gleichzeitig mehr als einen Bundesrat stellen durfte – und der Kanton Bern war mit Adolf Ogi bereits vertreten –, um also prinzipiell wählbar zu sein, müsste Ruth Dreifuss Wohnsitz und Schriften sofort von Bern nach Genf verlegen; aus juristischer Sicht könnte man diesen leicht spitzfindigen Schachzug akzeptieren.

Gret Hallers Ausführungen versetzten Ruth Dreifuss in beträchtliche Aufregung, obschon sie äußerlich unverändert ruhig reagierte. Was sollte sie von der Idee halten, den Bürgerlichen mit einer Frauen-Doppelkandidatur eine Bundesrätin aufzuzwingen? Würde der gewählte Bundesrat Matthey auf die Wahlannahme verzichten, um den Weg zu einer solchen Lösung frei zu machen? Würde Christiane Brunner unter diesen Umständen doch noch gewählt werden? Und was, wenn auf einmal sie selbst die neue Bundesrätin wäre?

Schon Jahre zuvor, als Außenminister Pierre Aubert im Herbst 1987 seinen Rücktritt bekannt gegeben hatte, war auf einer in der Presse veröffentlichten Liste der möglichen Nachfolger auch der Name Ruth Dreifuss genannt worden. Damals war sie der Ansicht gewesen, dass die Schweiz *für eine jüdische Bundesrätin noch nicht reif* sei, wie sie gegenüber der Zeitung der jüdischen Gemeinde von Bern erklärte.

Trotzdem fragte sie einen hoch geschätzten Freund, Alt-Bundesrat Hans-Peter Tschudi, ob sie die Idee ernst nehmen sollte. Bei einer Tasse Kaffee sagte er ihr zwei Dinge: Erstens sei es nicht ehrverletzend, wenn man von ihr als möglicher Bundesrätin spreche. Zweitens würde sie bestimmt nicht gewählt werden, folglich habe es keinen Sinn, sich als Kandidatin überhaupt aufstellen zu lassen.

Nun musste Ruth Dreifuss die Frage zum zweiten Mal überdenken: Sollte sie eine Bundesratskandidatur ernsthaft in Erwägung ziehen?

Während der Parteivorstand am Samstag, dem 6. März 1993 in Zürich zur Lagebesprechung zusammentrat und den Beschluss fasste, an einer alleinigen Kandidatur Christiane Brunners festzuhalten – wobei die Fraktion alles unternehmen müsste, damit sie auch gewählt würde; während SP-Parteipräsident Peter Bodenmann auf der darauf folgenden Pressekonferenz erklärte, die Fraktion würde am kommenden Montag autonom entscheiden – auch über eine mögliche Doppelkandidatur, beispielsweise mit Ruth Dreifuss; während sich vor dem Zürcher Fraumünster rund achttausend Frauen und einige Männer zu einer Protestkundgebung versammelten und Christiane Brunner ihnen zurief: »Wir Frauen werden nicht mehr lange verlieren! Es muss sich und es wird sich etwas ändern in diesem Land!« – während all dies die Aufmerksamkeit der Schweiz erregte, befand sich Ruth Dreifuss in aller Seelenruhe auf der Fahrt nach Genf, wo sie sich mit Freunden treffen und anschließend mit ihnen auf ein Fest gehen wollte.

Von dort aus telefonierte sie im Verlauf des Abends, wie Ruth Dreifuss Journalisten gegenüber später erklärte, mit Christiane Brunner, um Näheres über den in Zürich getroffenen Entscheid zu hören, und erfuhr dabei, die Leute stünden hinter Christianes Kandidatur. Dass sie beide aber miteinander kandidieren würden, sähe Christiane auf keinen Fall, das würde nicht gut herauskommen.

Am Sonntagnachmittag, dem 7. März 1993, trafen sich Ruth Dreifuss, Christiane Brunner, ihr Ehemann Jean Queloz, Parteipräsident Peter Bodenmann und Generalsekretär André Daguet im Haus von Ruths Bruder Jean Jacques in Tartegnin, um sich abseits jeder Hektik über das weitere Vorgehen zu einigen.

Nachdem Bodenmann alle Szenarien analysiert hatte, legte er sich auf eine Doppelkandidatur fest. André Daguet stimmte mit ihm überein. *Da gab es allerdings ein Problem*, so Daguet. *Christiane beharrte nämlich auf der Einerkandidatur.*

Ruth Dreifuss wandte ein, sie fände diese Lösung riskant: Falls Christiane nicht gewählt würde, bliebe der SP nur der Schritt in die Opposition. Sie persönlich würde eine weitere Regierungsbeteiligung jedoch vorziehen. – *Alle, die für diese Partei Gutes wollen,* sagte sie später, *wussten damals, dass es eine echte Krisensituation war und dass man reagieren und etwas unternehmen musste. Dass ich mich unter diesen Umständen für eine Zweierkandidatur zur Verfügung stellte, war ein Kompromiss, ein Einlenken à la Bodenmann: spielerisch-listig, wie er es entworfen hatte.*

Freilich wäre sie zu einer Kandidatur nur unter einer Bedingung bereit, erklärte Ruth Dreifuss ihren Freunden weiter: Die Fraktion dürfe nicht aufgefordert werden, alle Stimmen Christiane zu geben. Sonst würde sie selbst zum Schluss als Kandidatin der Bürgerlichen dastehen, und auf solche Weise wolle sie sich nicht verheizen lassen.

Christiane Brunner war bei dem Gespräch, wie sie selbst später festhielt, von Anfang bis Schluss gegen eine Doppelkandidatur. Lieber wollte sie riskieren, dass die SP aufgrund ihrer durchaus denkbaren neuerlichen Nichtwahl in die Opposition ginge.

Erschöpft und ziemlich irritiert von der langwierigen Diskussion, die zu keiner klaren Entscheidung führte, bat Christiane Brunner ihren Mann schließlich, mit ihr nach Genf zurückzukehren.

Ruth Dreifuss war sich am Sonntagabend, wie sie verschiedenen Freunden gegenüber betonte, noch gar nicht sicher, ob sie tatsächlich kandidieren sollte. Erst nach einem gemeinsamen Abendessen mit SP-Bundesrat Otto Stich und André Daguet – später stieß auch Peter Bodenmann noch dazu – beschloss sie endgültig, sich der Fraktion zu stellen, falls diese anderntags eine Doppelkandidatur beschließen würde. *Otto Stich sagte zu Ruth,* so Daguet, *sie und Christiane sollten sich nicht zieren, sondern einfach schauen, dass es mit der Wahl am kommenden Mittwoch klappen würde. Er wäre bereit, in der Regierung die eine wie die andere zu unterstützen.*

Am Montagmorgen, noch bevor die SP-Fraktion im Bundeshaus zur Entscheidung der Einer- oder Zweierkandidatur zusammentrat, organisierte Ruth Dreifuss eine Telefonkonferenz mit SGB-Präsident Walter Renschler, den beiden Vizepräsidentinnen Christiane Brunner und Rita Gassmann, den Vizepräsidenten Charly Pasche, Hans Schäppi und Vasco Pedrina sowie schließlich Dani Nordmann, um sich gemeinsam mit ihnen über die Haltung des Gewerkschaftsbundes klar zu werden.

Renschler war, wie er heute sagt, *von einer Doppelkandidatur nicht begeistert.* Zum einen störte ihn, dass Ruth blitzschnell ihre Schriften nach Genf verlegen müsste, um als Genfer Kandidatin antreten zu können. Solche Tricks fand er prinzipiell höchst befremdlich. Zum andern hatte er mit mehreren Mitgliedern des Parlaments über eine mögliche Kandidatur Dreifuss gesprochen und festgestellt, *dass Ruth wirklich unbekannt war und deshalb vielleicht scheitern würde.*

Diese Skepsis kam in der Telefonkonferenz deutlich zum

Ausdruck. *Ich erwähnte sechs Punkte,* erklärt er, *die Ruths Wahl im Wege stehen könnten: den Wohnsitzwechsel, die relative Unbekanntheit, den Mangel an parlamentarischer Erfahrung, die linke Positionierung als Gewerkschafterin, ihre jüdische Abstammung sowie die Tatsache, dass sie zwanzig Jahre in Bern gearbeitet und gelebt hatte und deshalb als Vertreterin der Welschen nicht ernst genommen würde. – Wie siehst du das? fragte ich Ruth. Willst du kandidieren, obwohl du weißt, dass diese Punkte im Parlament diskutiert werden?*

Da war es eine Weile totenstill, erzählt Renschler weiter. *Es schien, als wäre die Leitung unterbrochen. Plötzlich sagte Ruth: Ja, doch. Man kann diese Punkte erwähnen, es gibt sie, aber das stört mich nicht, ich kandidiere trotzdem und glaube, dass ich eine Chance habe.*

Wie sie das sagte: so knallhart und trocken – das habe ich nie vergessen. Sie reagierte überhaupt nicht auf ihre typische Art, ausführlich auf alles eingehend, sondern ganz kurz angebunden: Ja, ich kandidiere, und ich glaube, dass ich eine Chance habe.

Damit war der Fall klar. Als nächsten Punkt diskutierten die Gesprächsteilnehmerinnen und -teilnehmer die Stellung der beiden Kandidatinnen: ob Christiane Brunner eine Vorrangstellung haben und Ruth Dreifuss als Nebenkandidatin gelten würde. *Auch darauf,* so Renschler, *antwortete Ruth kurz und bündig: Nein, so nicht. Wenn wir nicht gleichwertige Kandidatinnen sind, kommt das Ganze für mich nicht in Frage.*

Am Montagmorgen, erzählte Christiane Brunner später, habe sie schließlich in eine Doppelkandidatur mit Ruth Dreifuss eingelenkt, obwohl sie gewusst habe, dass die Frauen im Land dies nicht ohne weiteres verstehen würden. Darum habe sie schon am Samstag, an jener Protestkundgebung in Zürich, mit einem Hinweis auf die seit kurzem diskutierte Idee einer Zweierkandidatur aus einer spontanen Eingebung heraus gesagt, Ruth und sie seien Zwillingsschwestern, weil sie allein in der Lage gewesen sei, eine andere Kandidatin vor den Frauen zu legitimieren.

In der Fraktionssitzung vom Montag hatte aber zunächst Francis Matthey das Wort, und mit unübersehbarem Unwillen erklärte er sich nun entgegen allen Befürchtungen doch bereit, bei der Wahlwiederholung am Mittwoch zugunsten einer Frauen-Doppelkandidatur auf das Amt zu verzichten.

Daraufhin willigte Christiane Brunner formell ein, gemeinsam mit Ruth Dreifuss zu kandidieren.

Die neue Bundesratskandidatin wurde während einer Sitzung zur Revision der Arbeitslosenversicherung angerufen und gebeten, unverzüglich ins Bundeshaus zu kommen. *Hätte ich mich geweigert,* sagte sie später, *auf Einladung der Fraktion zu erscheinen, wäre es bei der Einerkandidatur geblieben. Meine Einschätzung aber war: Wenn ich mitmache, wird Christiane gewählt. Darin sah ich die einzige Chance für sie. Denn jene bürgerlichen Parlamentarier, die mich kannten, betrachteten mich als Linke und sicher nicht als bessere Alternative zu Christiane.*

Eine Variante wäre gewesen, sagte André Daguet im Nachhinein, *dass Ruth von da an provokativ aufgetreten wäre – als enfant terrible quasi –, um Christianes Wahlchancen zu erhöhen. Doch schon während der Pressekonferenz am Montagnachmittag, nach der offiziellen Nominierung der beiden, sah man, dass sich Ruth als regierungsfähige Kandidatin präsentierte.*

Nach eigenem Dafürhalten strengte sie sich, als sie den Bundesratsparteien in so genannten Hearings Rede und Antwort stehen musste, gar nicht besonders an – wobei sie gemäß einem Entscheid von Fraktionssekretär André Daguet nur bei FDP und CVP vorsprechen und die Vertreter der Schweizerischen Volkspartei nicht besuchen sollte, weil die SVP eine Woche zuvor auch von einer Anhörung Christiane Brunners nichts hatte wissen wollen.

Später wurde behauptet, sagte Ruth Dreifuss noch Jahre danach, wenn von jenen dramatischen Ereignissen im Frühjahr 1993 die Rede war, *ich hätte gewusst, dass ich gewählt würde. Das stimmt nicht. Sonst hätte ich mir in den Hearings mit der CVP und FDP nicht so wenig Mühe gegeben, Eindruck zu schinden. So stellten mir zwei FDP-Nationalräte die ersten Fragen über AHV, Bildung, Arbeitsrecht auf Deutsch, und ich antwortete auch auf Deutsch. Plötzlich stand Philippe Pidoux auf, bleich vor Wut, und fragte, ob ich eigentlich keine Welsche sei und wie ich dazu käme, deutsch statt französisch zu sprechen. Darauf antwortete ich, die Regeln des Hauses seien mir zwar unbekannt, nicht aber die allgemeinen Höflichkeitsregeln, weshalb ich es für nicht mehr als anständig hielte, in der Sprache des Fragestellers zu antworten. – Da war ich wirklich hart, aber ich fühlte mich wohl dabei, amüsierte mich sogar und dachte, das würde ich meinen Großnichten und -neffen später einmal erzählen, wie lustig es bei den Hearings der bürgerlichen Fraktionen gewesen sei und dass ich fast Bundesrätin geworden wäre.*

Die SVP-Fraktion ließ nicht locker und verlangte am Dienstagnachmittag ein zweites Mal, Ruth Dreifuss solle zu einem Hearing erscheinen. André Daguet blieb hart: Ein Hearing, sagte er, gebe es nur unter der Bedingung, dass beide Kandidatinnen angehört würden. Darauf ließ man ihn wissen: Nun ja, wenn es denn nicht anders ginge, würde man eben auch Christiane Brunner anhören.

Daguet holte die beiden von ihren Hearings mit der FDP bzw. CVP ab und erklärte ihnen die Situation. Sie standen auf dem Absatz der großen Treppe in der Eingangshalle des Bundeshauses. Daguet sah das Bild noch lange vor sich, wenn er später davon erzählte, weil bei dem Gespräch etwas Merkwürdiges passierte: Christiane Brunner antwortete als Erste. Für sie persönlich, sagte sie, komme es gar nicht in Frage, nun auch noch vor der SVP anzutraben. Sie habe genug, sie könne vor lauter Erschöpfung schon kaum mehr deutsch sprechen. – Darauf sagte Ruth Dreifuss, sie sei der Meinung, man sollte vielleicht doch hingehen, um die SVP allenfalls noch umzustimmen.

Da spürte ich, so Daguet, *dass ihr diese Wahl auf einmal wichtig war. In jenem Augenblick setzte sich Ruth nach meinem Empfinden von Christiane ab.*

Die beiden Frauen konnten sich nicht einigen und forderten Daguet auf, für sie zu entscheiden.

Noch bevor ihre Anhörung bei der FDP vorüber war, erwartete er Ruth Dreifuss vor der Tür, um ihr seinen Entschluss bekanntzugeben: *Ein SVP-Hearing findet nicht statt!* Dreifuss akzeptierte es augenblicklich und gab vor den Medienleuten ein entsprechendes Statement ab.

Am Dienstagabend nach sieben erfuhr Ruth Dreifuss, dass CVP und FDP ihre Kandidatur unterstützen würden. *Die Rechnung geht nicht auf!* war ihr erster Gedanke, und noch während sie das dachte, überfiel sie *eine große Traurigkeit,* wie sie später sagte. *Ich spürte, dass sich das Blatt bereits gewendet hatte. Trotzdem mochte ich die Hoffnung einer Wahl Christiane Brunners noch nicht ganz aufgeben.*

Kurz darauf besprachen die beiden Kandidatinnen telefonisch, wie sie sich nach der Wahl am Mittwochvormittag verhalten sollten: dass die eine während der Begrüßung durch den Bundesrat auf die andere warten wollte, dass sie miteinander auf den Bundesplatz treten und zu den versammelten Frauen sprechen würden und was sie dabei nicht zu sagen vergessen dürften ... – all das gingen sie Punkt für Punkt durch.

Auf der anschließenden Fahrt zu ihrer Wohnung fühlte sich Ruth Dreifuss niedergeschlagen und allein. Sie telefonierte mit ihrem Bruder, wie sie es in schwierigen Momenten ihres Lebens fast immer gemacht hatte; er versprach, mit Claire-Lise und den Kindern anderntags zur Wahl zu kommen.

Wenige Stunden später standen sie alle plötzlich vor der Tür, entschlossen, Ruth in dieser Nacht beizustehen. Sie redeten nicht mehr lange, richteten Notbetten her, und nachdem alle eingeschlafen waren, setzte sich Ruth Dreifuss an den Schreibtisch und schrieb die Erklärung, welche sie im Falle ihrer Wahl vor der Vereidigung abgeben wollte:

Herr Präsident der Bundesversammlung, meine Damen und Herren Nationalräte, meine Damen und Herren Ständeräte, dass ich heute vor Ihnen stehe, verdanke ich einem außergewöhnlichen Zusammentreffen verschiedener Ansprüche und Ereignisse, so formulierte sie auf französisch und fuhr fort:

Die Forderung, eine Frau, eine Verfechterin der Frauensache im Bundesrat vertreten zu sehen, hat sich so machtvoll ausgedrückt, dass ein Mann auf die Annahme des hohen Amtes verzichtet hat, das Sie ihm vergangene Woche übertragen hatten. Dieser Anspruch, getragen vom Engagement unzähliger Männer und Frauen in dieser Versammlung wie im ganzen Land, fand seinen Kristallisationspunkt in einer außergewöhnlichen Frau; mit ihr, und nicht gegen sie, versuchte ich den erwähnten Hoffnungen zu entsprechen.

Die Wirtschaftskrise, die Zehntausende von Bewohnern dieses Landes ihrer Arbeit beraubt und in Angst vor dem Morgen leben lässt, hat die politischen Parteien in ihrem Willen zur Zusammenarbeit bestärkt. Nur durch einen neuen Sozialvertrag wird unser Land den nötigen Zusammenhalt zur Lösung seiner Probleme finden.

Die Verantwortung der Schweiz in der internationalen Gemeinschaft und im werdenden Europa zwingt uns zum Nachdenken über unsere eigene Identität, im Geiste des Vertrauens in uns selbst und in die Zukunft. Damit die Öffnung unseres Landes zur Welt zum Guten führe, sind

*der politische Zusammenhalt und der gegenseitige Respekt
unserer kulturellen Verschiedenheiten wichtiger denn je.
In diesem Sinne erinnere ich an die beiden Symbole für Toleranz, welche meine Herkunftsgemeinde Endingen sowie
Republik und Kanton Genf verkörpern.*

*In Verbundenheit mit allen bekannten und unbekann-
ten Pionierinnen für die Gleichstellung von Frauen und
Männern, an erster Stelle mit Nationalrätin Christiane
Brunner, meiner Freundin, in Anerkennung all jener, die
zur Bewahrung des sozialen und politischen Zusammen-
halts der Schweiz beigetragen haben, besonders von Nationalrat Francis Matthey, meinem Genossen, erkläre ich
die Annahme meiner Wahl in den Bundesrat.*

*Dass mir das Vertrauen, welches heute in mich gesetzt
wird, die Kraft geben möge, zum Wohle der Schweiz und
seiner ganzen Bevölkerung zu arbeiten.*

Lange nach Mitternacht, als sie mit dem Wortlaut ihrer
Ansprache endlich zufrieden war, versuchte sie noch ein
bisschen zu schlafen. Doch sie machte kein Auge zu.

Nach der Wahl

Am Morgen des 10. März 1993 wurde Ruth Dreifuss mit 144 von 190 gültigen Stimmen im dritten Wahlgang – nachdem Christiane Brunner ihre Kandidatur im zweiten Wahlgang zurückgezogen hatte – zur Bundesrätin gewählt.

Bis dahin war sie *wirklich unglücklich*, wie sie hinterher erzählte, und zwischendurch sogar weinend im Präsidialzimmer am einen Ende der Wandelhalle gesessen, jener berühmten Wandelhalle im Bundeshaus, wo sie einst im Zusammenhang mit dem Entwicklungshilfegesetz und noch vor kurzem als Gewerkschafterin das unermüdliche Lobbying der Parlamentarier erlebt und selbst ausgeübt hatte.

Und während sie auf das entscheidende Ergebnis dieser dramatischen Bundesratswahl wartete, war ihr nebst einigen Kolleginnen und Kollegen sowie SGB-Präsident Walter Renschler, der Ruth Dreifuss trotz aller Skepsis gegenüber der ganzen Sache *in diesem Moment nicht allein lassen wollte*, insbesondere Lilian Uchtenhagen beigestanden, jene Frau, die zehn Jahre zuvor aufgrund eines typischen Männer-Ränkespiels nicht zur ersten schweizerischen Bundesrätin gewählt worden war.

Wurde Ruth Dreifuss später gefragt, wie sie es damals über sich brachte, ihrer Freundin Christiane Brunner den Bundesratsposten gewissermaßen wegzuschnappen, sagte sie stets dasselbe: dass sie erstens wahrhaftig nie geplant habe, eines Tages Bundesrätin zu werden. Dass man zweitens mit Verweigerung gar nichts erreiche. Gewiss bestünde immer das Risiko, auch Fehler zu machen; deshalb sei es ja so wichtig, Entscheidungen und Arbeit kritisch zu durchleuchten, um mögliche Irrtümer und Schwachstellen nach und nach zu beheben. Dass sie sich drittens für diese Wahl zur Verfügung gestellt habe, um den Menschen Mut zu machen, um ihnen zu beweisen, dass man auch in diesem Land kleine Schritte tun und kleine Siege erringen könne, selbst wenn es bisweilen lächerlich lange dauere, bis man zu einem nächsten großen Ziel aufbrechen könne.

Und dass ihr letztlich nur einmal mehr zu sagen bleibe: *Achtung! Nichts ist nur gut oder nur schlecht. Alles hat zwei Seiten.*

Tatsächlich war dies die Kernaussage von Ruth Dreifuss, als sie die Reden anderer schrieb genau wie zu Zeiten, da sie ihre Reden schon selbst hielt und schließlich auch von anderen verfassen ließ. *Achtung! Nichts ist nur gut oder nur schlecht!* Diese Überzeugung war ihre große Stärke in den Augen der einen. Und ihre größte Schwäche im Urteil der anderen:

Diese ewige Kompromissbereitschaft, dieser elende Reformismus!

Diese Fähigkeit, beharrlich an Überzeugungen festzuhalten, aber immer mit der nötigen Klarsicht, immer im Wissen, dass man meistens noch etwas verbessern kann ...

So schimpften oder lobten Parteigenossen und Arbeitskollegen, nicht selten hinter ihrem Rücken.

Das Resultat war dasselbe: Ruth Dreifuss machte unbeirrt weiter.

© A. S. L. Actualités Suisses Lausanne (R. Schaefli)

Offizieller Empfang in Genf

Nachwort

Bilder einer Bundesrätin

Zur öffentlichen Wahrnehmung von Ruth Dreifuss

Ein Essay

Was für eine Vorstellung! Die Landesväter, angeleitet vom Bundespräsidenten, über ihren Akten brütend oder argumentierend. Und mitten unter ihnen sitzt Bundesrätin Dreifuss mit dem Strickzeug in den Händen. Was strickt sie? Für wen? Und dann noch die Möglichkeit, jemand der anwesenden Herren würde leise, aber deutlich fragen, ob sie nicht endlich im Interesse einer allseits gewünschten Aufrechterhaltung der Kollegialität dieses Tun lassen könnte. Und darauf würde Bundesrätin Dreifuss vergnügt und lächelnd ihr Strickzeug weggelegt und die Bundesratsakten hervorgenommen haben.

Schon in einer solch phantastischen Vorstellung zeichnet sich das theoretisch weite Feld der Auseinandersetzung und Konfrontation zwischen Ruth Dreifuss und dem Rest des Bundesrats ab. Die Bundesrätin kokettiert mit der Fiktion, wenn sie sagt, eher hätten ihre politischen Ansichten denn ihr Stricken in dieser national bekannten Sitzungsrunde Anstoß erregt. Eigentlich ist die Annahme doch naheliegender, sie wäre aufgrund ihrer Seriosität und auch ihres unbedingten Sinnes für Loyalität und Anpassung zum Stricken im Bundesrat nicht in der Lage.

Könnte sie denn den Bundesrat, dieses ehrenwerte Gremium, das familiäre Züge mit einer überparteilichen Homogenität aufweist, überhaupt gegen sich aufbringen wollen? Nein. Hier hat sie – im Unterschied etwa zu Otto

Stich, vordergründig für eine strikte SP-Linie kämpfend, insgeheim aber stärker der politischen Einsamkeit zuneigend – einen Hang zum Gemeinsamen, zur Loyalität mit jener hohen Institution, welche ihr unverhofft gegen das Ende ihres an sich schon reichen beruflichen Lebens eine politische Heimat angeboten hat und geworden ist.

Das Stricken im Bundesrat ist eines jener liebenswerten Bilder, für die Ruth Dreifuss bekannt geworden ist.

Eben höre ich in den Abend-Nachrichten von Radio DRS, dass sie die beschränkte Zulassung von neuen Arztpraxen mit dem Griff zur Notbremse im fahrenden Zug vergleicht und erläutert. Ein weiteres Bild, ein eher banales, doch eingängiges. Die Gesundheitskosten sind ein in den Abgrund fahrender Zug. Der Griff zur Notbremse ist legitim. Und damit – mit der Reduktion der Arztpraxen – kommt dieser Zug zum Stehen. Eine mutige Aussage, von nahem besehen. Eine Beschwörung: Es muss so sein, sonst stehen wir nicht am Abgrund, sondern wir fahren hinein.

Die Stimme, mit der Bundesrätin Dreifuss der Journalistin auf ihre Fragen ins Mikrofon antwortet, kontrastiert hörbar mit dieser Dramatik. Ruhig und bedacht, mit dem etwas sanktgallisch geprägten, damit zuweilen ungelenken und mit ganz leicht welschem Akzent geprägten Hochdeutsch, spricht sie, als könnte sie selbst den Weltuntergang mit einer unberührten Seelenruhe verkünden. Zugleich ist in ihrer Stimme die Rigorosität des Engagements spürbar. Trotz der Einfachheit des Vergleichs mit dem rasenden Zug – er wäre einem PR-Handbuch für Politikerinnen zu entnehmen, notfalls – spricht daraus eine Verbindlichkeit, die Vertrauen einfordert.

Doch das Bild ist keinem Ratgeber entnommen. Es ist vielmehr intuitives Element ihrer Sprache; ein Werkzeug, um Dinge zu erklären, die sonst unerklärt, diffus und verschwommen bleiben würden.

Zur Tauglichkeit des SVP-Vorschlags, das Nationalbank-Gold für die AHV zu verwenden, sagt sie: »Auf Geld und Gold kann man auch verhungern, wenn man darauf sitzt.« Und noch schöner: »Die Probleme des Landes werden weder an der Börse noch im Casino gelöst.« (»Weltwoche« 27. 8. 98) Oder zum Bild des Schweizers, das sich unsere deutschen Nachbarn machen wollen, sagt sie: »Wir müssen gut zuhören, wenn uns Außenstehende auf unsere widersprüchliche jüngste Geschichte hinweisen. Aber wir dürfen uns auch wehren, wenn wir als kleines selbstgerechtes Schweizerlein mit Sennenkappe karikiert werden.« (»Spiegel« 1. 2. 99)

Das sind starke, von Verantwortung und Selbstbewusstsein geprägte Sprachbilder. Es sind Stilmittel der Kommunikation, die in der Dreifuss'schen Sprache einen wichtigen Platz einnehmen, ähnlich wie darin die zuweilen leise Ironie oder eine burschikose und oft etwas didaktisch vorgetragene Bestimmtheit regelmäßig vorkommen.

Angesichts dieses charaktervollen Auftretens in der Öffentlichkeit ist es erstaunlich, dass Ruth Dreifuss während ihrer bisherigen Amtszeit nie besondere Initiativen entwickelt hat, um als Mitglied des Bundesrats »professionell« zu kommunizieren, wie man so schön sagt. Während sich andere Magistraten und auch ihre Kollegin im Justiz- und Polizeidepartement mit Delegierten für Kommunikation, Informations- und veritablen Public-Relations-Beratern umgeben, die alle ausgefeilte strategische Konzepte der integralen Departementskommunikation in ihren Schubladen liegen haben und sich tagtäglich jede erdenkliche Mühe geben, diese auch mit Dutzenden von Mitarbeiterinnen und Mitarbeitern umzusetzen, beschäftigt die Chefin des EDI gemäß Eintrag im Staatskalender nur gerade eine Informationschefin und eine Stellvertreterin sowie eine Fachfrau, die ihre Auftritte in der Öffentlichkeit koordiniert und vorbereitet. Dieses Team allerdings geht ihr zuverlässig, fachgerecht und in traditioneller Manier bei der Formulierung von Communiqués, der Beantwortung von Anfragen am Telefon und beim Kontakt mit den Medien zur Hand. Ruth Dreifuss scheut keineswegs öffentliche Auftritte oder gar solche in den Medien, aber sie verabscheut inszenierte Auftritte. Einzige Ausnahme: Für den Auftritt in der »Arena« verlangte sie seinerzeit einen Schemel, um darauf am Rednerpult zu stehen und die annähernd gleiche Körpergröße zu erreichen, wie sie Filippo Leutenegger von Geburt her mit sich bringt. Das Darstellerische oder die Attitüde in ihrer Amtsausübung – für nicht wenige Politiker das wichtigste Requisit ihres Waltens und Wirkens – spielt bei ihr kaum eine Rolle. Als Bundesrätin mit, für schweizerische Verhältnisse, völlig atypischer Laufbahn, wurde sie nie auf die mediale Umsetzung ihrer Tätigkeit konditioniert. Es ist nicht vorstellbar, dass sie, wie ihre Kollegen früher als Gemeinde-, Kantons- oder Regierungsräte, als National- oder Ständeräte, von einem jener Artisten, welche die Politik und die Politiker nach gewichteten, absatzorientierten Marketingkonzepten verkaufen, beraten worden ist.

Es wäre dies denn auch völlig überflüssig. Ruth Dreifuss hat sich im Lauf ihres Lebens als Journalistin, Beamtin, Gewerkschafterin und Politikerin einen Stil zugelegt, der durch Integrität, Gradlinigkeit und Rigorosität gekennzeichnet ist, ungewöhnlich viel persönliche, um nicht zu sagen intime Elemente enthält und gerade deshalb jene hohe Glaubwürdigkeit aufweist, die man sich für bundesrätliche Äußerungen wünscht. Wo sich etwa ein Pascal Couchepin lustvoll, markig und zeitweise durchaus originell in Szene setzt, Joseph Deiss, Kaspar Villiger und auch Ruth Metzler mit fundierten und abgerundeten, aber teilweise doch auch hohl klingenden Versatzstücken allgemeiner Durchschnittsaussagen zitiert werden, sind ihre Antworten auf Fragen von Journalisten anders. Verhaltener, differenzierter und zuweilen auch offensiver. In ihren Aussagen kann und soll man zwischen den Zeilen lesen.

Merkwürdigerweise finden sich die besten Interviews mit Ruth Dreifuss nicht in der Schweizer, sondern in der deutschen Presse. Das Interview mit Bundespräsidentin Dreifuss im Hamburger »Spiegel« in der Ausgabe vom 1. Februar 1999 ist ein kleines journalistisches und politisches Meisterwerk. Am Schluss dieses Gesprächs, das den Titel »Eine stille Revolution« trägt, sagt sie: »Ich bin Symbol einer Schweiz, die sich verändert. Ich werde mich nie missbrauchen lassen als Alibi für eine Schweiz, die nichts mehr zu vollbringen hat. Ich bin ein widerspenstiges Wesen.«

»Ich war sicher, dass dieses Kind ein Licht sein wird!« Oberrabbiner Alexandre Safran mit Ruth Dreifuss beim feierlichen Empfang in der israelitischen Kultusgemeinde Genf

Ich bin Symbol einer Schweiz, die sich verändert – ein großes, gelassen ausgesprochenes, aber auch ambivalentes Wort: sowohl Programm als auch Versprechen. Da hat die erste Bundespräsidentin wohl eher eine Vision oder einfach einen Wunsch formuliert in der Gewissheit, mit ihrer Wahl in das höchste Amt, das die Schweizerische Eidgenossenschaft zu vergeben hat, ein Zeichen für einen Aufbruch gesetzt zu haben. Findet der Aufbruch wirklich statt? Heute zögert sie, auf diese Frage eine konkrete Antwort zu geben. Wir finden auch in der Schweiz Dinge normal, die noch vor zehn oder zwanzig Jahren undenkbar gewesen wären, sagt sie dann. In der Politik zum Beispiel spielt die Herkunft, die religiöse etwa, immer weniger eine Rolle. Aber dieser Prozess, diese Normalisierung hat schon früher begonnen, etwa als mit Willi Ritschard der erste Arbeiter und Gewerkschafter in den Bundesrat gewählt wurde. Es geht halt alles etwas langsam bei uns, sagt Ruth Dreifuss, zum politischen Prozess befragt, der doch diesen Aufbruch hätte bewerkstelligen müssen. Es braucht diese »brennende Geduld«, zitiert sie Rimbaud. Die Praxis ist oft der Gesetzgebung voraus, es gibt langwierige und breite Diskussionen, aber am Ende finden wir meistens Lösungen, die stabil und fundiert sind. Sie will diese direkte Demokratie beibehalten. Man werde überlegen müssen, wie der absehbare Verlust an direktdemokratischer Substanz kompensiert werden könne, wenn die Schweiz der Europäischen Union beitreten sollte. Denn eines ist für sie sicher: »Die Schweiz ist nicht löslich in Europa.«

Da ist wieder ein solches Bild: die Schweiz als nescaféähnliches Granulat, das in lauwarmem Europawasser aufgelöst werden sollte ... Aber eben: Das geht nicht, denn die Schweiz ist nicht löslich. Sie bleibt fest.

Dieser bildhaften Sprache entsprechen Symbole oder symbolische Handlungen, welche das öffentliche Auftreten von Ruth Dreifuss kennzeichnen und ihre Amtszeit in unterschiedlicher Dichte begleiten.

Die Sonne
   Als erstes gehört in die Reihe der Symbole die Sonne, die sie aus Solidarität mit der nicht gewählten Christiane Brun-

ner seit dem Tag der ersatzweisen Wahl von Francis Matthey in den Bundesrat trägt. Es ist eine silbernfarbene, aus Mexiko stammende Brosche, die jener goldfarbenen ähnlich ist, für die Christiane Brunner eine Vorliebe hat. Diese Brosche wird dann zum Symbol ihrer denkwürdigen Wahl. Das Original ist heute – ausgerechnet! – im Historischen Museum des Kantons Bern zu besichtigen. Zahlreiche Frauen tragen noch Jahre nach der Dreifuss-Wahl dieses Zeichen für den Sieg der Frauen. Die Sonne wird zum Emblem für die »stille Revolution« in der Schweiz, ohne dass sie ein politischer Marketingmanager im Volk implementiert hätte, wie das etwa damals mit der Rose für das sozialistische Frankreich oder mit der Nelke für die politische Wende in Portugal der Fall war.

Das Stricken

Dann ist da wieder das Stricken. Kurz nach ihrer Wahl in den Bundesrat und noch bevor sie ihr Büro im *Bundeshaus-Inselgasse* bezieht, strickt Ruth Dreifuss mit Bruno Manser zusammen während einer halben Stunde auf dem Bärenplatz in Bern. Manser will Pullover »lismen« für die Bundesräte, um »ihre Herzen zu wärmen« (»La Suisse« 12. 3. 93) für seine Regenwald-Aktion. Ein Bild, ein Symbol, das zur frisch gewählten Bundesrätin passt. Man weiß ja jetzt, hat es in Dutzenden von Beiträgen in Zeitungen, aber auch im Radio und im Fernsehen mitbekommen, dass sie in ihrer Freizeit gerne liest, strickt und wandert. Der inzwischen verschollene Manser trat damals mit einem Hungerstreik öffentlich gegen das Abholzen der Regenwälder in Malaysia und für einen Importstopp von Tropenholz auf. Die aufsehenerregende bundesrätliche Unterstützung führte ihn vorübergehend ins Rampenlicht magistraler Prominenz, das er sonst wohl kaum je gefunden hätte. Ruth Dreifuss demonstriert mit dem spontanen Akt gleich zu Beginn ihrer Amtszeit und von der Ehre der Wahl uneingeschüchtert ihre politische Haltung und ihre Freiheit, politische Aktionen zu unterstützen, sofern sie in ihren Augen gerecht und damit gerechtfertigt sind.

Die Spanienkämpfer

1994 würdigt sie in einer Rede im Zürcher Stadthaus die ehemaligen Schweizer Spanienkämpfer als Verteidiger der Demokratie. Die Spanienkämpfer waren über fünfzig Jahre lang in der Schweiz wegen fremder Kriegsdienste Verfemte und Verurteilte, die sich vergeblich um eine Rehabilitation bemühten. Der Bundesrat und auch die Bundesversammlung hatten es immer wieder abgelehnt, diesen frühen und visionären Gegnern des aufkommenden Faschismus in Europa Gerechtigkeit widerfahren zu lassen. Ruth Dreifuss zollt den Spanienkämpfern in ihrem persönlichen Namen Respekt und rehabilitiert sie moralisch und politisch. Sie setzt damit ein längst notwendiges öffentliches Zeichen, ohne es formell von ihren Kollegen beschließen zu lassen. Doch der Bundesrat übernimmt später die Haltung von Ruth Dreifuss in einer Antwort auf einen parlamentarischen Vorstoß zur Rehabilitation der Spanienkämpfer.

Der offene Brief

Fast jedes Mitglied des Bundesrats entwickelt im Laufe der Amtszeit mehr oder weniger innovative Formen des Umgangs mit dem »Blick«, der »stärksten Zeitung der Schweiz« (TV-Eigenwerbung), was wohl auch und nicht unberechtigt politisch gemeint ist. Willi Ritschard war sich nicht zu schade, für die Darstellung des Finanzlochs des Bundes, vor dem »Blick«-Fotografen seine leere Hosentasche nach außen zu kehren, Otto Stich verweigerte dem »Blick«-Chefredaktor als Reaktion auf eine perfide Kampagne gegen ihn ein Interview. Seinem lieben Kollegen Adolf Ogi war es wiederum unbenommen, das Ringier-Blatt sogar mit Kolumnen zur Olympia-Kandidatur Sion 2006 zu beliefern.

Ruth Dreifuss wird Anfang Mai 1994 durch eine vom »Blick« unterstützte Kampagne der bürgerlichen Parteien über die angeblich zweifelhaft stabile Alters- und Hinterbliebenenversicherung (AHV) in Bedrängnis gebracht. Rentnerinnen und Rentner reagieren, als würden sie bald keine Zahlungen mehr erhalten. Ins Departement des Innern bringt die Post korbweise Briefe mit drängenden Fragen. Es ist unmöglich, sie alle persönlich zu beantworten. Aber eine Antwort müssen die Leute erhalten. Da veröffentlicht Ruth Dreifuss einen offenen Brief. »Wenn ich etwas besonders verwerflich finde, dann den Missbrauch der Angst in der Politik«, schreibt sie und fährt fort: »Unsere AHV steht auf solidem Fundament ... ihre Finanzierung ist gesichert.« (»Der Bund« 13.5.94) Die Innenministerin erklärt aber auch deutlich, dass die langfristige Finanzierung der AHV wesentlich von der demographischen Entwicklung und der künftigen Erwerbsquote abhängen werde, und sie bezeichnet die Erhöhung des Frauenrentenalters auf vierundsechzig Jahre als unnötig, denn diese Erhöhung würde die Mehrkosten der 10. AHV-Revision ausschließlich den Frauen aufbürden. Der Brief löst ein ungewöhnlich großes Echo aus. Dazu trägt auch der Bundesrat selbst wesentlich bei, indem der amtlich verärgerte Bundesratssprecher vor den Bundeshausjournalisten die Innenministerin tadelt: Der Bundesrat äußere sich grundsätzlich nicht in offenen Briefen und beantworte solche auch nicht. Man wird den Eindruck nicht los, als seien die Bundesräte vor allem ob der innovativen, effizienten und treffsicheren Form der Kommunikation ihrer amtsjüngsten Kollegin etwas neidisch geworden.

Die Angst des Bundesrats von damals
Am 8. Mai 1995 äußert sich Ruth Dreifuss in Thun in einer Gedenkfeier zum Kriegsende vor fünfzig Jahren. Sie kritisiert unverhohlen den schweizerischen Hang zur Ver-

drängung der Geschichte. Den Grund für dieses Ausblenden sieht sie in der Ungewissheit, ob »wir es heute besser machen würden«. Mit welchem Recht, so fragt sie fast rhetorisch, hat der Bundesrat damals erklärt, das Boot sei voll? Es sei nicht das Recht gewesen, das ihn zu dieser Haltung gebracht habe, sondern die Angst. »Es war die Befürchtung, die ich für antisemitisch halte, das Volk könnte die jüdischen Flüchtlinge nicht dulden.« (»Weltwoche« 25.5.95) Eine treffliche und sensible Erläuterung der damals herrschenden Denkweise in der hohen Politik. Man könnte sich fragen, ob diese Instrumentalisierung der Angst nicht auch das Axiom für den alltäglichen Rassismus von heute bildet. Bundesrätin Dreifuss macht bei dieser Gelegenheit deutlich, dass sie zwar die Schuld ihrer Amtsvorgänger für erwiesen hält, sich aber gleich auch fragt: »Wie würde ich handeln, wenn ich heute vor der gleichen Entscheidung stünde?« (»Weltwoche« 25.5.95) Sie hält deshalb wenig von einer Entschuldigung, welche der Bundesrat etwas mühsam durch seinen Bundespräsidenten formulieren lässt. Es sei viel wichtiger, dass wir uns der Schuld bewusst würden und die Gewissheit hätten, dass Politik ohne Ethik »nichts wert ist«. Mit der Thuner Rede von 1995 hat Ruth Dreifuss zwei Jahre vor der großen Diskussion um die Rolle der Schweiz im Zweiten Weltkrieg einen Maßstab moralischer Art gesetzt und die Bereitschaft des Bundesrats signalisiert, den drängenden Fragen auf den Grund zu gehen.

Die Menschenrechte

Vom 25. bis zum 27. März 1999 weilt der noch von Bundespräsident Jean-Pascal Delamuraz eingeladene Staatspräsident Chinas, Jiang Zemin, auf Staatsbesuch in der Schweiz. Weil die Berner Polizei offensichtlich nicht in der Lage ist, einige Tibet-Demonstranten vom Dach des unmittelbar neben dem Bundesplatz gelegenen Vatter-

Hauses zu entfernen, fühlen sich die chinesischen Gäste bedroht. Die zur offiziellen Begrüßung gehörende militärische Ehrenformation auf dem Bundesplatz steht vergeblich stramm, die Nationalhymnen bleiben ungespielt und die Gäste und die Gastgeber flüchten angesichts der barschen Reaktion des chinesischen Präsidenten gleich ins Bundeshaus und halten die Reden, aber nicht unbedingt die präparierten und in den Pressemappen aufliegenden. Der chinesische Präsident ist sichtlich und hörbar irritiert, sagt, die Bundespräsidentin habe ihr Land nicht im Griff und die Schweiz könnte einen Freund verlieren. Die abrupte Abreise steht drohend über dem eben erst begonnenen Staatsbesuch. Doch die Geistesgegenwart der Bundespräsidentin und später auch des Vizepräsidenten, Adolf Ogi, verhindern dies mit guten Worten. Noch am Tag des Eclats sagt mir der Weibel, der die Bundespräsidentin mit ihrem Gast von Genf im Zugabteil nach Bern begleitet hat: »Kein Wunder, passiert so etwas. Sie hat ihm auf der Fahrt nicht den Genfersee gezeigt, nicht das schöne Waadtland und Freiburg schon gar nicht. Sie hat nur und ausschließlich von den Menschenrechten gesprochen. Als wir in Bern angekommen sind und er noch die Demonstranten auf den nahen Dächern sah, hatte Jiang Zemin genug.«

Eineinhalb Jahre später weilt Bundespräsident Ogi in Peking auf Staatsbesuch. Jiang Zemin spricht in seinem Regierungspalast von sich aus die Menschenrechte an, legt sie in chinesischer Deutung dar, kommt auf die Demokratie und den Föderalismus jener Länder zu sprechen, die sich das leisten können und sollen, und fügt, ganz am Schluss seiner Ausführungen, mit einem geheimnisvollen Lächeln die Worte hinzu: »And, Mr. President, let me ask you to convey my best wishes to Mrs. Dreifuss.« Noch auf dem Flughafen Peking, eine Stunde später, gibt Adolf Ogi seiner Kollegin die präsidiale persönliche Adresse per Handy weiter, direkt in die laufende Sitzung des Bundesrats. Seinem Gesicht nach zu schließen, scheinen die Wünsche nicht einmal große Freude bei der Beglückten hervorzurufen. Aber die Episode war damit wohl endgültig zu Ende. Ruth Dreifuss hatte gezeigt, dass sie als reine Diplomatin weniger taugt denn als konsequente Außenpolitikerin, die, höflich und bestimmt, kein Blatt vor den Mund nimmt. Während ihres Präsidialjahres würdigen die Medien zunehmend »die wahren Talente« der Innenministerin: »Sie liegen in der internationalen Politik.« (»Weltwoche« 15. 4. 99)

Die blanken Bajonette

Weniger Aufsehen erregt der Staatsbesuch des portugiesischen Präsidenten, Jorge Sampaio, Anfang September 1999. Es sei denn, dass er in einem neuen Auftritt der Ehrenformation der Schweizer Armee von ebendieser Konsequenz der Bundespräsidentin Zeugnis ablegt. Sie setzt beim EDA-Protokoll und insbesondere bei ihrem Freund, VBS-Chef Adolf Ogi, durch, dass die Soldaten der Ehrenformation etwas weniger kriegerisch als bei solchen Gelegenheiten üblich auftreten, nämlich ohne Helm, Schutzmaske und blankes Bajonett. Ruth Dreifuss findet die Soldaten in ihren Tarnanzügen »tellement vilains«! Und die blanken, schräg nach oben ragenden und in der Sonne blitzenden Bajonette findet sie schlicht obszön. Aber für eine Galauniform der Soldaten, die sie eigentlich für diese Repräsentationsaufgaben zweckmäßig fände, hat selbst die Armee zuwenig Geld. Im VBS schimpft man noch einige Zeit über die »Zumutungen« der Bundespräsidentin. Man merkt halt, dass sie auch gegen die Armee gestimmt hat, damals. Und jetzt ist so eine Bundespräsidentin. Wie geht das noch weiter?

Die eingeladenen Flüchtlinge

Am 8. April 1999 reist Bundespräsidentin Dreifuss nach Mazedonien. Sie will die Flüchtlingsfrage konkret angehen und sich vor Ort ein Bild von der Situation machen. Sie besucht das Lager Stenkovac. Sie fliegt nicht mit dem bequemen Bundesrats-Jet, sondern sitzt mit ihrem kleinen Team aus Beratern in ein paar Sesseln einer Frachtmaschine, die von Basel aus startet und mit Hilfsgütern, Esswaren und Sanitätsmaterial vollgeladen ist. Kurz vor dieser überraschenden Reise hat der Bundesrat die vorläufige und unkomplizierte Aufnahme von Flüchtlingen aus dem Kosovo beschlossen, wo die NATO ihren Feldzug aus der Luft praktiziert. Mitarbeiter von DEZA und BFF hatten bereits vor Ort eine Auswahl von Flüchtlingen getroffen, die alle nötigen Kriterien erfüllten, um in der Schweiz Aufnahme zu finden. Die Bundespräsidentin lädt dann während ihres Kurzbesuchs zwanzig Flüchtlinge ein, mit ihr im halbleeren Transportflugzeug in die Schweiz zu fliegen. Darunter befinden sich mehrere Kinder und eine schwangere Frau. Die zwar vorbereitete und mit dem Bundesamt für Flüchtlinge abgesprochene, nach außen jedoch spontan und überraschend wirkende Aktion stößt auf das rege und kontroverse Interesse der Medien und der politischen Öffentlichkeit. Nach der Landung in Basel sagt Dreifuss in die Kameras: »Dies ist ein Zeichen – wir meinen es ernst.« Ein Zeichen wohl weniger für die im Flüchtlingslager Zurückgebliebenen als für die knallharten Politiker in der Schweiz. Außerordentliche Situationen rufen nach außergewöhnlichen Maßnahmen – und sei es eine fast unbundesrätlich scheinende Herzensgüte.

Die Prostituierten

Gegen Ende des Präsidialjahres besucht Ruth Dreifuss das Genfer Pâquis-Quartier und setzt sich mit Prostituierten drei Stunden lang an einen Tisch, um mit ihnen die Probleme ihres gesellschaftlich noch immer verachteten Berufs zu diskutieren. Die Bundespräsidentin will etwas gegen die zunehmende Ausgrenzung von Randgruppen tun; vor Jahren hatte sie schon spontan der Drogenszene auf dem Zürcher Platzspitz einen Besuch abgestattet. In Genf gibt es keine Kaviarbrötchen, stellen die Journalisten des »Brückenbauer« fest. Die Frauen berichten der Bundespräsidentin stattdessen von ihrer Arbeit, von den Wünschen der Freier, von der Drogensucht. Die Wut erzeugt Tränen. »Politik ist dazu da, Probleme zu erkennen«, sagt sie später. Man müsse dort ansetzen, wo durch die Gesetzgebung Probleme der Menschen verschärft würden. Und ihrem Credo in der Drogenpolitik nicht unähnlich erkennt sie nach diesem Besuch im Rotlichtmilieu: »Es gäbe die Möglichkeit, die Kriminalität in diesem Gewerbe zu bekämpfen, würde man die Prostitution nicht illegalisieren.« (»Brückenbauer« 23.11.99) Nach dieser Diskussion eilt die Bundespräsidentin weiter an ein Dîner, zu dem sie vom »Club diplomatique« geladen ist. Sie verlässt die Veranstaltung nach ihrer Rede und vor dem Dessert, um auf dem Heimweg noch einen Besuch auf dem Straßenstrich in Genf zu machen und mit den Betreuern von Straßenprostituierten und mit Prostituierten selbst zu sprechen. Es ist ein kalter Samstagmorgen im November, 01.45 Uhr.

Die Jüdin im Bundesrat

Unter solchen Symbolen und solchem symbolhaftem Handeln ist auch eines einzuordnen, für das Ruth Dreifuss als Jüdin steht. Paradoxerweise ruft sie als Jüdin im Bundesrat, als öffentlich exponierte Persönlichkeit, antisemitische Reflexe hervor. Es ist erstaunlich und erschreckend zugleich, in welch honorigen Kreisen, anderseits aber selbst im gewerkschaftlichen Milieu bei der Erwähnung des Namens Dreifuss plötzlich und unbedarft antisemitische Reflexionen auftauchen können. Hier zeigt sich der Antisemitismus als ein Produkt unserer Köpfe, als ein historisch und kulturell programmiertes Hirngespinst, wie Georg Kreis ihn kürzlich genannt hat. (»Tages-Anzeiger« 6.6.02)

Eine der Quellen für die heutige Antisemitismus-Debatte ist der Nahostkonflikt. In diesem Zusammenhang ist die Dreifuss'sche Interpretation von Sharons Politik gegen Palästina bemerkenswert: Jede Regierung muss ihre Bevölkerung schützen, sagt sie. Aber es muss sich um verhältnismäßige Polizeiaktionen handeln, die den Menschenrechten Rechnung tragen und zum Ziel führen. Was hingegen nicht zum Ziel führen wird, ist die Besetzungspolitik Israels. »Die Sichtweise, die den Boden als heilig betrachtet und den Menschen als zweitrangig: Sie steht in meinen Augen ganz klar im Widerspruch zum jüdischen Glauben.« (»SonntagsBlick« 26. 5. 02)

Mit solchen Bildern und Symbolen geht Ruth Dreifuss zuweilen über die Grenzen ihres Amtes als Bundesrätin und Vorsteherin des Eidgenössischen Departementes des Innern hinweg. Sie lenkt die Diskussion auf Grundsätzliches, in Dimensionen, welche die schnelllebigen und marktorientierten Medien überfordern – allenfalls auch gar nicht interessieren.

So war etwa das Bild der mit einer Flüchtlingsschar heimkehrenden Bundespräsidentin zwar für viele Medien eine attraktive Nachricht, aber bei den bürgerlichen Parteien empfand man die – mit allen involvierten Amtsstellen sorgfältig abgesprochene – Aktion als reine Provokation. Dabei war der Akt eigentlich das mediale Sinnbild für eine humanitär handelnde Schweiz.

Solche politische Konsequenz, welche die Bilder dieser Bundesrätin zeigen, machen nicht populär. Die Innenministerin belegt regelmäßig die letzten Plätze auf den Beliebtheitsskalen der Mitglieder des Bundesrates. Ihre Auftritte rücken sie offenbar nicht ins rechte oder ins richtige Licht der medialen Öffentlichkeit. Ihre Kommunikation widerspricht fast intuitiv den Regeln für professionell gestyltes Auftreten. Angesichts einer überhand nehmenden, mehr markt- denn staatsorientierten Kommunikationskultur ist es beruhigend, eine Frau in der Landesregierung zu wissen, die der medialen Betriebsamkeit trotzt und dabei sich selbst bleiben kann.

Juni 2002   *Oswald Sigg*

Wo keine Quellen angegeben sind, stammen die Aussagen von Bundesrätin Ruth Dreifuss aus einem Gespräch, das der Autor mit ihr am 17. Juni 2002 geführt hat.

Oswald Sigg, geboren 1944 in Zürich, Studium der Sozialwissenschaften in St. Gallen, Paris und Bern. Promotion. Seit 1998 Informationschef des Eidg. Departements für Verteidigung, Bevölkerungsschutz und Sport (VBS).

© Kurt Reichenbach

Die erste Bundespräsidentin der Schweiz mit ihren Nichten und Neffen Muriel, Réjane, Jean-Daniel und Sylvain Dreifuss (von links) beim Empfang in Genf

Anhang

Botschaften, Berichte, Abstimmungsvorlagen des Eidgenössischen Departements des Inneren 1993–2002

1993

Datum	Amt	Botschaften
05.05.	BASPO	Jugend- und Sport-Alter. Herabsetzung
05.05.	BSV	»Für den Ausbau von AHV und IV« – Volksinitiative
07.06.	BUWAL	Umweltschutzgesetz. Änderung
01.09.	BUWAL	Schutz des Nordost-Atlantiks. Übereinkommen
20.10.	BSV	Berufliche Alters-, Hinterlassenen- und Invalidenvorsorge. Bundesgesetz
24.10.	BUWAL	Schutz und Nutzung grenzüberschreitender Wasserläufe und internationaler Seen. Konvention UNO/ECE
29.11.	BSV	Erhöhung des IV-Beitragssatzes. Bundesgesetz

Datum	Amt	Berichte
14.06.	BAG	Alkoholzehntel

Datum	Abstimmungen	Resultat
26.09.	Bundesbeschluss über befristete Maßnahmen gegen die Kostensteigerung in der Krankenversicherung	80.5% Ja
28.11.	Bundesbeschluss über Maßnahmen zur Erhaltung der Sozialversicherung	62.6% Ja
28.11.	Eidg. Volksinitiative »zur Verminderung der Alkoholprobleme«	74.7% Nein
28.11.	Eidg. Volksinitiative »zur Verminderung der Tabakprobleme«	74.5% Nein

387

1994

Datum	Amt	Botschaften
27.04.	BSV	Krankenversicherung. Bundesbeschlüsse. Verlängerung
25.05.	BUWAL	Konvention über die biologische Vielfalt. Ratifikation
25.05.	BUWAL	Erhaltung der wandernden wildlebenden Tierarten. Übereinkommen
24.05.	BBW/ GWF	Forschungs- und Bildungsprogramme der EU. Beteiligung der Schweiz. Verlängerung des Bundesbeschlusses
22.06.	BAG	Internationale Betäubungsmittel-Übereinkommen. Beitritt der Schweiz
22.06.	MeteoCH	EUMETSAT. Übereinkommen. Änderung
17.08.	BSV	Soziale Sicherheit. Zusatzabkommen mit Portugal
17.08.	BSV	Soziale Sicherheit. Abkommen mit Kanada. Vereinbarung mit Québec
07.09.	BASPO	Turnen und Sport. Bundesgesetz. Olympische Winterspiele 2002 Sitten-Wallis. Defizitgarantie
19.09.	BAK	Stiftung Schweiz. Volksbibliothek. Finanzhilfen 1996–1999
28.11.	BBW	Förderung der Wissenschaft in den Jahren 1996–1999. Kredite

Berichte
keine

	Abstimmungen	Resultat
12.06.	Bundesbeschluss über einen Kulturförderungs- artikel in der Bundesverfassung (Art. 27septies BV)	51% Ja, aber am Ständemehr gescheitert
04.12.	Bundesgesetz über die Krankenversicherung (KVG)	51.8% Ja
04.12.	Eidg. Volksinitiative »für eine gesunde Krankenversicherung«	76.6% Nein

1995

Datum	Amt	Botschaften
18.01.	BAK	Stiftung pro Helvetia. Finanzierung 1996–1999
01.03.	BAK	Erhaltung der rätoromanischen und italienischen Kultur. Finanzhilfen
01.03.	BAK	150 Jahre Schweizerischer Bundesstaat und 200 Jahre Helvetische Republik. Finanzierung
26.04.	BAK	Schutz des archäologischen Erbes. Konvention
19.06.	BAG	»Jugend ohne Drogen« und »für eine vernünftige Drogenpolitik«. Volksinitiativen
05.09.	BUWAL	Umweltverträglichkeitsprüfung im grenzüberschreitenden Rahmen. Konvention
29.11.	BUWAL	Abbau der Ozonschicht. Protokollratifizierung
29.11.	BAG	Unerlaubter Verkehr mit Betäubungsmitteln und psychotropen Stoffen. Übereinkommen

Berichte
keine

Abstimmungen	Resultat
25.06. Bundesgesetz über die Alters- und Hinterlassenenversicherung. Änderung vom 7. Oktober 1994	60.7% Ja
25.06. Eidg. Volksinitiative »zum Ausbau von AHV und IV«	72.4% Nein

1996

Datum	Amt	Botschaften
14.02.	BSV	Soziale Sicherheit. Zusatzabkommen mit dem Fürstentum Liechtenstein
21.02.	BSV	Soziale Sicherheit. Abkommen mit Zypern
18.03.	BSV	AHV. Änderung (Anwendung der sinkenden Beitragsskala)
14.08.	BSV	Soziale Sicherheit. Abkommen mit Kroatien
14.08.	BSV	Soziale Sicherheit. Abkommen mit Slowenien
14.08.	BSV	Soziale Sicherheit. Zweites Zusatzabkommen mit Dänemark
28.08.	BAG	Alkoholzehntel
04.09.	BUWAL	Gewässerschutzgesetz. Änderung
06.11.	BSV	Soziale Sicherheit. Abkommen mit der Tschechischen Republik
06.11	BSV	Soziale Sicherheit. Abkommen mit der Slowakischen Republik
06.11.	BSV	Soziale Sicherheit. Abkommen mit Ungarn
06.11.	BSV	Soziale Sicherheit. Abkommen mit Chile
20.11.	ETH-Rat	Errichtung einer Synchrotron-Lichtquelle Schweiz am Paul Scherrer Institut
20.11.	BSV	Ergänzungsleistungen zur AHV und IV. Bundesgesetz. 3. Revision
25.11.	BAK	Regional- oder Minderheitensprachen. Europäische Charta

Datum	Amt	Berichte
28.02.	BUWAL	Nachhaltige Entwicklung in der Schweiz
Juni	BSV	IDA FiSo
23.10.	BSV	Familien mit alleinerziehenden Eltern

Datum	Abstimmungen	Resultat
10.03.	Bundesbeschluss über die Revision des Sprachenartikels in der Bundesverfassung (Art. 116 BV)	76.2% Ja

1997

Datum	Amt	Botschaften
22.01.	BUWAL	Grenzüberschreitende Luftverunreinigung. Übereinkommen
29.01.	BSV	»Für die 10. AHV-Revision ohne Erhöhung des Rentenalters«. Volksinitiative
26.02.	BAR	Bundesgesetz über die Archivierung
17.03.	BUWAL	Reduktion der CO2-Emissionen. Bundesgesetz
23.04.	BAG	Transplantationsmedizin. Verfassungsbestimmung
01.05.	BSV	AHV/IV. Anhebung der Mehrwertsteuersätze
21.05.	BFS	Volkszählung 2000
09.06.	BSV	4. Zusatzabkommen über Soziale Sicherheit mit Österreich
25.06.	BSV	Invalidenversicherung. 4. Revision, erster Teil
25.06.	BSV	Mutterschaftsversicherung. Bundesgesetz
10.09.	BUWAL	Alpenkonvention
03.09.	BAK	Munitionsunternehmung Wimmis. Anlage zur Massenentsäuerung
17.09.	BASPO	Olympische Winterspiele 2006. Beiträge und Leistungen
26.11.	BUWAL	Finanzierung globaler Umweltprobleme. Rahmenkredit
15.12.	BSV	»Für eine Flexibilisierung der AHV – gegen die Erhöhung des Rentenalters für Frauen« und »Für ein flexibles Rentenalter ab 62 für Frau und Mann«. Volksinitiativen

		Berichte
09.04.	BUWAL	Strategie »Nachhaltige Entwicklung in der Schweiz«

Abstimmungen	Resultat
28.09. Bundesbeschluss über die Volksinitiative »Jugend ohne Drogen«	70.7% Nein

1998

Datum	Amt	Botschaften
18.02.	BAG	Ärztliche Verschreibung von Heroin. Bundesbeschluss
01.04.	BAMV	Erwerbsersatzgesetz für Dienstleistende in Armee, Zivildienst und Zivilschutz
22.04.	BSV	Soziale Sicherheit. Abkommen mit Irland
22.04.	MeteoCH	Bundesgesetz über die Meteorologie und Klimatologie
03.06.	BAG	Bundesbeschluss über die Kontrolle von Blut, Blutprodukten und Transplantaten. Änderung
26.08.	BAK	Internationaler Kulturgütertransfer
21.09.	BSV	Bundesbeschluss über die Prämienverbilligungsbeiträge und die Teilrevision des KVG
21.09.	BSV	Freizügigkeitsgesetz in der AHV/IV-Vorsorge. Änderung
25.11.	BBW/GWF	Förderung von Bildung, Forschung und Technologie in den Jahren 2000–2003
25.11.	BAK	Stiftung Schweizerische Volksbibliothek. Finanzhilfen für 2000–2003

Datum	Amt	Berichte
19.02.	BSV	IDA FiSo 2
08.04.	ETH-Rat	Bericht des ETH-Rates über die vier Jahre vom 1. 2. 1993 bis zum 31. 1. 1997
05.11.	EKR	Antisemitismus in der Schweiz

Datum	Abstimmungen	Resultat
27.09.	Volksinitiative »für die 10. AHV-Revision ohne Erhöhung des Rentenalters«	58.5% Nein
29.11.	Eidg. Volksinitiative »für eine vernünftige Drogenpolitik«	74.0% Nein

1999

Datum	Amt	Botschaften
27.01.	BAG	Bundesbeschluss über die Genehmigung der Änderung der Allgemeinen Medizinalprüfungsverordnung
01.03.	BAG	Bundesgesetz über Arzneimittel und Medizinprodukte (Heilmittelgesetz)
28.04.	BSV	Revision der freiwilligen AHV/IV für AuslandschweizerInnen
12.05.	BSV	Volksinitiative »für tiefere Arzneimittelpreise«
12.05.	BAK	Finanzierung der Tätigkeiten der Stiftung Pro Helvetia in den Jahren 2000–2003
31.05.	ETH-Rat	Bauvorhaben, Grundstücks- und Liegenschaftserwerb der Sparte ETH-Bereich (Bauprogramm 2000)
14.06.	BSV	Volksinitiative »für eine freie Arzt- und Spitalwahl«
08.09.	BSV	Volksinitiative »für tiefere Spitalkosten«
24.11.	BSV	Adaptation et harmonisation des bases légales pour le traitement de données personelles dans les assurances sociales
24.11.	BAG	Bundesgesetz über den Schutz vor gefährlichen Stoffen und Zubereitungen (Chemikaliengesetz)

		Berichte
13.01.	BSV	Sicherung und Finanzierung von Pflege- und Betreuungsleistungen bei Pflegebedürftigkeit
01.03.	EBG	Aktionsplan über die Gleichstellung von Frau und Mann
28.04.	BSV	Bericht über die Sozialversicherungsverpflichtungen der Schweiz aufgrund zwischenstaatlicher Abkommen
27.09.	BAK	Erster Bericht der Schweiz über die Umsetzung der Europäischen Charta der Regional- oder Minderheitensprachen

	Abstimmungen	Resultat
07.02.	Bundesbeschluss betreffend die Verfassungsbestimmung über die Transplantationsmedizin	87.8% Ja
13.06.	Bundesbeschluss über die ärztliche Verschreibung von Heroin	54.4% Ja
13.06.	Bundesgesetz über die Invalidenversicherung	30.3% Ja
13.06.	Bundesgesetz über die Mutterschaftsversicherung	39.0% Ja

2000

Datum	Amt	Botschaften
02.02.	BSV	11. Revision der Alters- und Hinterlassenenversicherung und mittelfristige Finanzierung der Alters-, Hinterlassenen- und Invalidenversicherung
01.03.	BAG	Volksinitiative »für eine sichere und gesundheitsfördernde Arzneimittelversorgung« (Arzneimittel-Initiative)
01.03.	BSV	1. BVG-Revision
31.05.	BSV	Volksinitiative »Gesundheit muss bezahlbar bleiben« (Gesundheitsinitiative) der Sozialdemokratischen Partei der Schweiz
05.06.	BSV	Änderung des Bundesgesetzes über die Alters- und Hinterlassenenversicherung (Neuausrichtung der Anlagevorschriften des Ausgleichfonds der AHV)
05.06.	ETH-Rat	Bauvorhaben, Grundstücks- und Liegenschaftserwerb der Sparte ETH-Bereich (Bauprogramm 2001 der Sparte ETH-Bereich)
18.09.	BAK	Bundesgesetz über Filmproduktion und Filmkultur
18.09.	BSV	2. Teilrevision KVG
01.11.	BBW	Aide aux universités. Université de la Suisse italienne (USI). Reconnaissance de l'USI comme université ayant droit aux subventions selon la loi fédérale sur l'aide aux universités (LAU) et du Canton du Tessin comme canton universitaire.

		Berichte
28.06.	EBG	Rapport de la Commission de gestion du Conseil national du 18 novembre 1999 »Le Bureau fédéral de l'égalité entre femmes et hommes: évaluation de l'efficacité après dix ans d'activités«. Réponse du Conseil fédéral aux Recommandations 3 et 4 de la Commission de gestion

	Abstimmungen	**Resultat**
26.11.	Volksinitiative »für eine Flexibilisierung der AHV – gegen die Erhöhung des Rentenalters für Frauen«	60.5% Nein
26.11.	Volksinitiative »für ein flexibles Rentenalter ab 62 für Frau und Mann«	54.0% Nein
26.11.	Volksinitiative »für tiefere Spitalkosten«	82.1% Nein

2001

Datum	Amt	Botschaften
17.01.	BBW	Encouragement de la formation, de la recherche et de la technologie pendant les années 2000 à 2003. Déblocage des crédits d'engagement et des plafonds de dépenses pour 2002 à 2003
14.02.	BAK	Rahmenkredit an die Stiftung »Zukunft für Schweizer Fahrende« für die Jahre 2002–2006
14.02.	BSV	Soziale Sicherheit. Abkommen mit Mazedonien
21.02.	BSV	4. IV-Revision
09.03.	BAG	Revision des Betäubungsmittelgesetzes (BetmG)
30.05.	ETH-Rat	Bauvorhaben, Grundstücks- und Liegenschafts-erwerb der Sparte ETH-Bereich (Bauprogramm 2002 der Sparte ETH-Bereich)
12.09.	BAG	Bundesgesetz über die Transplantation von Organen, Geweben und Zellen
31.10.	BBW	Finanzierung der Vollbeteiligung der Schweiz an den Programmen der EU im Bereich der Forschung, technologischen Entwicklung und Demonstration in den Jahren 2003-2006
21.11.	BAK	Bundesgesetz über den internationalen Kulturgüter-transfer und Ratifikation der UNESCO-Konvention 1970

		Berichte
März	BFS	Gesamtrechnung der sozialen Sicherheit
März	BFS	Working poor in der Schweiz
April	BFS	Szenarien zur Bevölkerungsentwicklung in der Schweiz 2000–2060
05.06.	BAG	Nationales Programm 2001–2005 zur Tabak-prävention
17.10.	BAG	Tätigkeitsbericht der Expertenkommission für das Berufsgeheimnis in der medizinischen Forschung
17.12.	BSV	Wirkungsanalyse KVG
19.12.	EBG	1. Bericht zur Umsetzung des UNO-Übereinkommens gegen die Frauendiskrimi-nierung

Abstimmungen		Resultat
04.03.	Eidg. Volksinitiative »für tiefere Arzneimittelpreise«	69.1% Nein

2002

Datum	Amt	Botschaften
04.03.	GWF	Teilrevision des Bundesgesetzes über die Eidgenössischen Technischen Hochschulen

Datum	Amt	Berichte
22.05.	BSV	Soziale Krankenversicherung – Analyse

Abstimmungen
bisher keine

Literaturverzeichnis

Altermatt, Urs (Hrsg.), Die Schweizer Bundesräte. Zürich 1991

Anchel, Robert, Les Juifs de France. Paris 1946

Arbeitsgruppe für Geschichte der Arbeiterbewegung Zürich, Schweizerische Arbeiterbewegung. Dokumente zu Lage, Organisation und Kämpfen der Arbeiter von der Frühindustrialisierung bis zur Gegenwart. Zürich 1989

Arendt, Hannah, Elemente und Ursprünge totaler Herrschaft. München 1986

Aristide, Jean-Bertrand, Haiti. Plädoyer für ein geschundenes Land. Wuppertal 1994

ders., Lasst mich meine Geschichte erzählen. Freiburg im Breisgau 1995

Audemars, Mina, Lafendel Louise, Un »outillage« pour l'enfant, in: La maison des Petits de l'Institut J.-J. Rousseau. Neuchâtel/Genève 1950

Beckermann, Ruth, Unzugehörig. Österreicher und Juden nach 1945. Wien 1989

Bédarida, François, Rioux Jean-Pierre, Pierre Mendès France et le mendésisme. L'expérience gouvernementale (1954–1955) et sa postérité. Paris 1985

Ben-Sasson, H.H. (Hrsg.), Geschichte des jüdischen Volkes. München 1992

Bericht des Bundesrates an die Bundesversammlung über die antidemokratische Tätigkeit von Schweizern und Ausländern im Zusammenhang mit dem Kriegsgeschehen 1939–1945 (Motion Boerlin). Bern 1945/1946

Bernecker, Walther L., Kleine Geschichte Haitis. Frankfurt am Main 1996

Bloch, Maurice, La société juive en France depuis la Révolution. Paris 1904

Blumenkranz, Bernhard, Histoire des Juifs en France. Toulouse 1972

Bocca, Giorgio, Palmiro Togliatti. Roma-Bari 1973

Bonjour, Edgar, Geschichte der Schweizerischen Neutralität. 1930–1939. Basel 1976

ders., Geschichte der Schweizerischen Neutralität. 1939–1945. Basel 1970

Braunschweig, Pierre-Th., Ein politischer Mord. Bern 1980

Bronsart von Schellendorf, Paul, Geheimes Kriegstagebuch 1870–1871. Bonn 1954

Bucher, Erwin, Zwischen Bundesrat und General. Zürich 1993

ders., Zwischen Verrat und Menschlichkeit. Erlebnisse eines Arztes an der deutsch-russischen Front 1941–1942. Frauenfeld 1967

Burns, Michael, Dreyfus. A Family Affair. London 1992

ders., Living with Antisemitism. Hanover/London 1987

Bütler, Heinz, »Wach auf, Schweizervolk!«. Bern 1980

Caron, Vicky, Between France and Germany. The Jews of Alsace-Lorraine 1871–1918. Stanford, California 1988

Christlicher Friedensdienst (Hrsg.), Streitfall Friede. Christlicher Friedensdienst 1938–1988, 50 Jahre Zeitgeschichte. Bern 1988

Churchill, Winston S., Der Zweite Weltkrieg. Bern 1995

Cohen-Solal Annie, Sartre 1905–1980. Reinbek bei Hamburg 1988

Crusius, Reinhard, Wilke Manfred (Hrsg.), Entstalinisierung. Frankfurt
am Main 1977

de Beauvoir, Simone, Das andere Geschlecht. Sitte und Sexus der Frau.
Reinbek bei Hamburg 1992

de Jager, Alida, Operations in Switzerland. Geneva 1951

De Vries, S. Ph., Jüdische Riten und Symbole. Wiesbaden 1986

Domaine Public, Essai sur le capitalisme suisse I & II. Lausanne 1970

Dreifuss, Emil, Juden in Bern. Ein Gang durch die Jahrhunderte, Bern 1983

Dreifuss, Hermann, Die Münzen und Medaillen der Schweiz. Zürich 1880

Dreyfus, François-Georges, Histoire de l'Alsace. Paris 1979

Duparc, Germaine, La Maison des Petits de Genève. Son origine, ses objec-
tifs ou Réflexions sur le destin d'une vieille école nouvelle. Genève 1975

Duttweiler, Catherine, Adieu, Monsieur. Chronologie einer turbulenten
Bundesratswahl. Zürich 1993

Duveau, Georges, La vie ouvrière en France sous le IIe Empire. Paris 1946

Ehrenzeller, Ernst, Geschichte der Stadt St. Gallen. St. Gallen 1988

Eidgenössisches Volkswirtschafts-Departement, Die Schweizerische Kriegs-
wirtschaft 1939/1948. Bern 1950

Fetscher, Iring, Der Marxismus. Seine Geschichte in Dokumenten. Darm-
stadt 1968

Flapan, Simcha, Die Geburt Israels. Mythos und Wirklichkeit. München
1988

Fluder, Ruf, Schöni, Wicki, Gewerkschaften und Angestelltenverbände in
der schweizerischen Privatwirtschaft. Entstehung, Mitgliedschaft, Organisation und Politik seit 1940. Zürich 1991

Friedell, Egon, Kulturgeschichte der Neuzeit. München 1995

Frignani, Paolo, Perruchoud Alain, A Jean Piaget en l'honneur de son
80ème anniversaire. Genève 1976

Galli, Giorgio, Storia del Partito Comunista Italiano. Milano 1976

Geuss, Herbert, Bismarck und Napoleon III. Köln/Graz 1959

Girres, Detlef, Auf den Spuren des jüdischen Gailingen. Sigmaringen 1990

ders., Zeittafel zur Geschichte der jüdischen Gemeinde in Gailingen.
Konstanz 1983

Grossmann, David, Der gelbe Wind. Die israelisch-palästinensische Tragödie. München 1988

Guggenheim, Willy (Hrsg.), Juden in der Schweiz. Glaube, Geschichte,
Gegenwart. Küsnacht 1983

Guichonnet, Paul (Hrsg.), Histoire de Genève. Toulouse 1974

Gutman, Israel (Hrsg.), Enzyklopädie des Holocaust. Die Verfolgung der
europäischen Juden. Berlin 1993

Haas, Heim, Mutter, Stibler (Hrsg.), Der Brunner-Effekt. Zürich 1993

Halevy Donin Chaijm, Jüdisches Leben. Jerusalem/Zürich 1987

Häsler, Alfred A., Das Boot ist voll. Die Schweiz und die Flüchtlinge 1933–1945. Zürich 1992

Herre, Franz, Napoleon III. Glanz und Elend des Zweiten Kaiserreiches. München 1990

Herrenschneider, Emile Alphonse, Römercastell und Grafenschloss Horburg. Colmar 1894

Herzog, Wilhelm, Der Kampf einer Republik. Zürich 1933

Hilberg, Raul, Die Vernichtung der europäischen Juden. Frankfurt am Main 1994

Hirsch, Leo, Jüdische Glaubenswelt. Basel 1982

Hobsbawm, Eric, Das Zeitalter der Extreme. Weltgeschichte des 20. Jahrhunderts. München 1995

Howard, Michael, The Franco-Prussian War. The German Invasion of France 1870–1871. London 1962

Hug, Peter, Mesmer Beatrix (Hrsg.), Von der Entwicklungshilfe zur Entwicklungspolitik. Bern 1993

Hundertfünfzig Jahre St. Galler Tagblatt 1839–1889. St. Gallen 1989

Im Hof-Piguet, Anne-Marie, Fluchtweg durch die Hintertür. Eine Rotkreuz-Helferin im besetzten Frankreich 1942–1944. Frauenfeld 1987

International Rescue Committee Europe, Report from the field. New York 1951

Joris, Elisabeth, Witzig, Heidi (Hrsg.), Frauengeschichte(n). Dokumente aus zwei Jahrhunderten zur Situation der Frauen in der Schweiz. Zürich 1991

Kamber, Peter, Schüsse auf die Befreier. Zürich 1993

Kamis-Müller, Aaron, Antisemitismus in der Schweiz 1900–1930. Zürich 1990

Kaufmann, Robert Uri, Jüdische und christliche Viehhändler in der Schweiz. 1780–1930. Zürich 1988

Keller, Adolf, Keller Hans, Keller Rolf, Fuchs Hans, Kurhaus Cademario 1914–1989. Cademario/Lugano 1989

Keller, Stefan, Grüningers Fall. Zürich 1993

Knopp, Guido, Hitler. Eine Bilanz. Berlin 1995

Kopp, Emile, La communauté israélite de Horbourg, in: Trois Edifices religieux. Horburg 1987

Lachmann, Günter, Der Nationalsozialismus in der Schweiz 1931–1945. Ein Beitrag zur Geschichte der Auslandsorganisation der NSDAP. Phil. Diss., Berlin 1962

Lévi-Strauss, Claude, Eribon Didier, Das Nahe und das Ferne. Eine Autobiographie in Gesprächen. Frankfurt am Main 1996

ders., Traurige Tropen. Frankfurt am Main 1996

Ludwig, Carl, Die Flüchtlingspolitik der Schweiz seit 1933 bis zur Gegenwart. Bern 1957

Ludwig, Emil, Der Mord in Davos. Amsterdam 1936

Malino, Frances, Wasserstein Bernard (Hrsg.), The Jews in Modern France. Hanover/London 1985

Marcacci, Marco, Histoire de l'université de Genève. Genève 1987

Marrus, Michael R., Les Juifs de France à l'époque de l'affaire Dreyfus. Bruxelles 1972

Marrus, Michael R., The Holocaust in History. Hanover/London 1987

Martin, David, Saving Freedom's Seed Corn. The first 25 years of the International Rescue Committee. New York 1958

Matt, Alphons, Zwischen allen Fronten. Frauenfeld 1969

Mattioli, Aram, Zwischen Demokratie und totalitärer Diktatur. Zürich 1994

May, Olivier, La Gauche Genevoise Non-Communiste et le Soutien aux Mouvements Révolutionnaires du Tiers Monde: 1968–1983. Lizentiatsarbeit Universität Genf 1987

Mayor, Jean-Claude, Images et Événements Genevois 1946–1990. Genève 1990

Mendès France, Marie-Claire, L'esprit de liberté. Paris 1992

Mendès France, Pierre, Regard sur la Ve République. 1958–1978. Entretiens avec François Lanzenberg. Paris 1983

Mendes-Flohr, Paul, Reinharz Jehuda, The Jew in the Modern World. A Documentary History. Oxford 1980

Moltke als Feldherr. Eine Studie von C. v. B.-K. Berlin 1901

Moltke in der Vorbereitung und Durchführung der Operationen. Kriegsgeschichtliche Abteilung I des Grossen Generalstabes (Hrsg.). Berlin 1905

Moltkes Militärische Korrespondenz. Aus den Dienstschriften des Krieges 1870/71, Kriegsgeschichtliche Abteilung des Grossen Generalstabes (Hrsg.). Berlin 1897

Nora, Pierre (Hrsg.), Les lieux de mémoire. Paris 1992

Nordemann, Theodor, Zur Geschichte der Juden in Basel 1805–1955. Basel 1955

Philippe, Béatrice, Les Juifs à Paris à la Belle Epoque. Paris 1992

Piaget, Jean, Gesammelte Werke, daraus: Die Entwicklung des räumlichen Denkens beim Kinde; Die natürliche Geometrie des Kindes. Stuttgart 1975

ders., Theorien und Methoden der modernen Erziehung. Wien-München-Zürich 1972

Picard, Jacques, Die Schweiz und die Juden. Zürich 1994

Poliakov, Léon, Geschichte des Antisemitismus. Frankfurt am Main 1988

Privat, Edouard (Hrsg.), Documents modernes sur les Juifs. Toulouse 1979

Raphael, Freddy, Herberich-Marx Geneviève, Mémoire Plurielle d'un Pays des Marges. Strasbourg 1991

Raphael, Freddy, Weyl Robert, Juifs en Alsace. Toulouse 1977

Reinhard, Ernst, Lebendiges Bern. Bern-Basel-Rickenbach/Olten 1942

Reinharz, Jehuda (Hrsg.), Living with Antisemitism. Hanover/London 1987

Rings, Werner, Schweiz im Krieg 1933–1945. Zürich 1990

Romane, Cécile, Les Téméraires. Paris 1993

Roschewski, Heinz, Auf dem Weg zu einem neuen jüdischen Selbstbewusstsein?, Geschichte der Juden in der Schweiz 1945–1994. Basel/Frankfurt am Main 1994

Roth, Joseph, Juden auf Wanderschaft. Köln 1985

Rothschild, Lothar, Im Strom der Zeit. 100 Jahre Israelitische Gemeinde St. Gallen. St. Gallen 1963

Ruckstuhl, Lotti, Benz-Burger Lydia, Frauen sprengen Fesseln. Hindernislauf zum Frauenstimmrecht in der Schweiz. Bonstetten 1986

Russell, Bertrand, Sartre Jean-Paul, Das Vietnam-Tribunal oder Amerika vor Gericht. Reinbek bei Hamburg 1968

Safran, Alexandre, Resisting the Storm. Romania 1940–1947. Jerusalem 1987

Said, Edward W., Frieden in Nahost. Essays über Israel und Palästina. Heidelberg 1997

ders., Kultur und Imperialismus. Einbildungskraft und Politik im Zeitalter der Macht. Frankfurt am Main 1994

Sartre, Jean-Paul, Sartre über Sartre. Aufsätze und Interviews 1940–1976. Reinbek bei Hamburg 1988

ders., Überlegungen zur Judenfrage. Reinbek bei Hamburg 1994

Schmid, Max, Schalom! Wir werden euch töten. Texte und Dokumente zum Antisemitismus in der Schweiz 1930–1980. Zürich 1979

Schreiber, Hermann, Das Elsass und seine Geschichte. Gernsbach 1988

Schweizerischer Gewerkschaftsbund, Tätigkeitsberichte 1978–1993. Bern 1981, 1985, 1989, 1993

Schweizerischer Israelitischer Gemeindebund (SIG) (Hrsg.), Festschrift zum 50jährigen Bestehen. 1904–1954. Zürich 1954

Schweizerisches Bundesarchiv (Hrsg.), ». . . denn es ist alles wahr.«, Erinnerung und Geschichte 1939–1999. Bern 1999

Seniga, Giulio, Togliatti e Stalin. Mailand 1980

Shattuck, Roger, Die Belle Epoque. Kultur und Gesellschaft in Frankreich 1885–1918. München 1963

Sozialdemokratische Partei der Schweiz (Hrsg.), Solidarität, Widerspruch, Bewegung. 100 Jahre Sozialdemokratische Partei der Schweiz. Zürich 1988

Staehlin, Karl, Geschichte Elsass-Lothringens. München/ Berlin 1920

Stauben, Daniel, Eine Reise zu den Juden auf dem Lande. Augsburg 1986

Stüssi, Andréas, »Mai 68« à Genève. Lizentiatsarbeit, Universität Genf 1988

Textes des conférences et des entretiens organisés par les Rencontres Internationales de Genève, Le Travail et l'Homme. Neuchâtel 1959; La Faim. Neuchâtel 1960

Togliatti, Palmiro, Die italienische kommunistische Partei. Frankfurt am Main 1979

Tschudi, Hans Peter, Im Dienste des Sozialstaates. Politische Erinnerungen. Basel 1993

Unabhängige Expertenkommission Schweiz-Zweiter Weltkrieg, Die Schweiz und die Flüchtlinge zur Zeit des Nationalsozialismus. Bern 1999

Urner, Klaus, »Die Schweiz muss noch geschluckt werden«. Zürich 1991

Vigée, Claude, Heimat des Hauches. Bühl-Moos 1985

Vogler, Bernard, Histoire culturelle de l'Alsace. Strasbourg 1994

von Allmen, Métral, Souad, Les Plumes de l'Indépendance. Des journalistes en Suisse romande pendant la guerre d'Algérie. Lizentitatsarbeit Universität Genf 1995

von Moltke, Helmuth, Vermischte Schriften des General-Feldmarschalls. Berlin 1892

von Roten, Iris, Frauen im Laufgitter. Offene Worte zur Stellung der Frau. Zürich/ Dortmund 1993

von Salis, Jean Rudolf, Die grosse Krise und der Zweite Weltkrieg. Zürich 1988

ders., Eine Chronik des Zweiten Weltkrieges. Zürich 1985

ders., Schwierige Schweiz. Die Emanzipation der Schweizer Juden. Zürich 1968

ders., Weltgeschichte der neuesten Zeit. Zürich 1988

von Tavel, Albert, Das Kirchenfeld in der Vergangenheit. Bern 1939

Weber-Hug, Christine, Die Geschichte der Schweizerischen Numismatischen Gesellschaft 1879 – 1979, in: Schweizerische Numismatische Rundschau 58. Bern 1979

Weill, Georges, Histoire des Juifs en France. Toulouse 1972

Weill, Julien, Zadoc Kahn 1839 – 1905. Paris 1912

Weingarten, Ralph, Juden in der Schweiz. Küsnacht 1983

Wetter, Ernst, Duell der Flieger und der Diplomaten. Frauenfeld 1987

Willms, Johannes, Paris. Hauptstadt Europas 1789 – 1914. München 1988

Wyman, David S., Das unerwünschte Volk. Amerika und die Vernichtung der europäischen Juden. München 1986

Young-Bruehl, Elisabeth, Hannah Arendt. Leben, Werk und Zeit. Zürich 1987

Ziegler, Ernst, Die Nationale Erneuerung, in: Rorschacher Neujahrsblatt 1982

Zola, Emile, L'Affaire Dreyfus. Lettres et entretiens inédits. Paris 1994

Zuckmayer, Carl, Als wär's ein Stück von mir. Zürich 1966

Zweig, Stefan, Die Welt von gestern. Frankfurt am Main 1988

Verzeichnis der Abkürzungen

AHV/IV	Alters- und Hinterbliebenenversicherung / Invalidenversicherung
BAG	Bundesamt für Gesundheit
BAK	Bundesamt für Kultur
BAMV	Bundesamt für Militärversicherung
BAR	Schweizerisches Bundesarchiv
BASPO	Bundesamt für Sport
BBW/GWF	Bundesamt für Bildung und Wissenschaft/ Gruppe für Wissenschaft und Forschung
BFS	Bundesamt für Statistik
BIGA	Bundesamt für Industrie, Gewerbe und Arbeit
BSV	Bundesamt für Sozialversicherung
BUWAL	Bundesamt für Umwelt, Wald und Landschaft
CVP	Christlichdemokratische Volkspartei
DEH	Direktion für Entwicklungszusammenarbeit und Humanitäre Hilfe
DftZ	Dienst für technische Zusammenarbeit
EBG	Eidgenössisches Büro für die Gleichstellung von Frau und Mann
EDA	Eidgenössisches Departement für auswärtige Angelegenheiten
EDI	Eidgenössisches Departement des Innern
EKR	Eidgenössische Kommission gegen Rassismus
FAO	Food and Agriculture Organization of the United Nations (Welternährungsorganisation)
FDP	Freisinnig-Demokratische Partei
FLN	Front de Libération Nationale (Nationale Befreiungsfront Algeriens)
IAO/ILO	Internationale Arbeitsorganisation / International Labour Organization
IDA	Internationale Entwicklungsorganisation der Weltbank
MeteoCH	früher: Eigenössische Meteorologische Zentralanstalt
OAS	Organisation de l' Armée Secrète (Geheimorganisation von nationalistischen Algerienfranzosen und Mitgliedern der Algerienarmee)
PdA	Partei der Arbeit
POCH	Progressive Organisationen Schweiz
PUK	Parlamentarische Untersuchungskommission
SABZ	Schweizerische Arbeiterbildungszentrale
SGB	Schweizerischer Gewerkschaftsbund
SIG	Schweizerischer Israelitischer Gemeindebund
SMUV	Schweizerischer Metall- und Uhrenarbeiterverband

SPS	Sozialdemokratische Partei der Schweiz (frz. Parti Socialiste Suisse PSS)
SVP	Schweizerische Volkspartei
VHTL	Verband der Handels-, Transport- und Lebensmittelarbeiter
VPOD	Verband des Personals öffentlicher Dienste

Anmerkung für Nicht-Schweizerinnen und - Schweizer:

Der Bundesrat stellt in der Schweiz die Regierung dar, nicht die Länderkammer, wie in Deutschland und Österreich, und setzt sich gemäß der sogenannten Zauberformel zusammen aus je zwei VertreterInnen der Sozialdemokratischen Partei (SP), der Christlichdemokratischen Volkspartei (CVP), der Freisinnig-Demokratischen Partei (FDP) sowie einer/m VertreterIn der Schweizerischen Volkspartei (SVP).

Das Pendant zur Länderkammer ist in der Schweiz der Ständerat, in welchem die VertreterInnen der 26 Kantone sitzen.

Der Nationalrat ist wie in Deutschland und Österreich die Versammlung der direkt gewählten VolksvertreterInnen.

Register

Dank

Die Idee zu diesem Buch entstand im Frühjahr 1993, als ich – damals Redakteurin des »Tages-Anzeiger-Magazins« – Bundesrätin Ruth Dreifuss vom Tag ihrer Amtsübernahme an bei der Arbeit beobachtete, um nach hundert Tagen im »Magazin« darüber zu berichten. Während ein paar längerer Auto- und Bahnfahrten, bei denen sie auf die Begleitung persönlicher Mitarbeiterinnen oder Mitarbeiter verzichtete, da sie mit mir ja ohnehin ihren »Schatten« dabei habe, wie sie scherzhaft sagte, beantwortete Ruth Dreifuss auch persönliche Fragen zu ihrer Kindheit und Jugend, ihrem Verhältnis zum Judentum, ihrer Erziehung und Politisierung. Dass ich die Geschichte dieses jüdischen Mädchens bis zu dessen Wahl in die Schweizer Regierung gerne aufschreiben und als Buch herausgeben würde, wie ich Ruth Dreifuss bei einem jener Gespräche mitteilte, fand sie spontan höchst erheiternd. »Das sähe ja gerade so aus«, rief sie, »als hätte die neue Bundesrätin nichts Gescheiteres zu tun, als gleich ihre Biografie in Auftrag zu geben!«

Einige Zeit später, schon gegen Ende ihrer ersten hundert Amtstage, kam Ruth Dreifuss überraschend darauf zurück: Zwei offizielle Empfänge in St. Gallen waren abgeschlossen, und da es Wochenende und noch früh genug war, hatte sie ihren Fahrer gebeten, sie zu einer Wohnsiedlung am Stadtrand von St. Gallen zu bringen, wo sie ihrer hochbetagten Tante Annie Bicard und deren Tochter Margrit einen Besuch abstatten wollte. War es die Vorfreude auf das Wiedersehen mit den Ostschweizer Verwandten oder eine gewisse Nostalgie – schließlich hatte Ruth Dreifuss die ersten beiden Lebensjahre in St. Gallen verbracht –, jedenfalls blieb sie mitten auf einer Rasenfläche zwischen zwei Wohnblöcken auf einmal sichtlich gutgelaunt stehen, vor den verdutzten Augen eines älteren Ehepaars, das vom nächstgelegenen Sitzplatz durch den Qualm eines Grillfeuers auf die bundesrätliche Erscheinung starrte, und fragte, ob ich »den Gedanken an diese Biografie« eigentlich noch nicht aufgegeben hätte.

Meinen ersten Dank schulde ich demnach Annie Bicard, der Witwe von Ruth Dreifuss' längst verstorbenem Onkel Henri, und ihrer Tochter Margrit Caretti: Weil sie Ruth Dreifuss an jenem frühsommerlichen Tag die eigene Wertschätzung für die Familiengeschichte in Erinnerung riefen und damit zweifellos bewirkten, dass »die neue Bundesrätin«, wenn sie auch niemals »ihre Biografie in Auftrag gegeben« hätte, nun etwas wohlwollender über ein solches Buchprojekt nachdachte – und bald darauf die ersten Recherchen dazu akzeptierte.

Dabei wäre es vermutlich geblieben, hätte nicht auch Ruth Dreifuss' Bruder Jean Jacques sein Einverständnis gegeben. Und ohne seinen wiederholten Zuspruch im Verlauf der folgenden Jahre hätte sie ihre Entscheidung vielleicht sogar rückgängig gemacht. War sie 1993 nämlich der Meinung gewesen, dass sich eine Beleuchtung ihrer Familiengeschichte als Beitrag zum besseren Verständnis eines Kapitels Schweizer Geschichte rechtfertigen ließe, wobei diese »willkürlich gewählte Familie« stellvertretend für viele andere jüdische Familien in der Schweiz stehen würde, äußerte Ruth Dreifuss ein, zwei Jahre später grundlegende Zweifel am Sinn dieser Erzählung: Zwar zielten meine Recherchen zunächst auf die fast gänzlich unbekannte Geschichte ihrer väterlichen und mütterlichen Vorfahren; dabei kam soviel Interessantes zu Tage, dass der historische Teil praktisch die Hälfte des Buches ausgemacht hätte. Dennoch war klar, dass es in erster Linie ein Buch über Ruth Dreifuss werden sollte – was ihr umso weniger gefiel, als sich die Öffentlichkeit seit Mitte der neunziger Jahre und im Zuge der notwendigen Aufarbeitung schweizerischer Geschichte mit wesentlich bedeutenderen Themen beschäftigte, als es die erste jüdische Bundesrätin dieses Landes jemals sein würde, wie sie fand. Dass sich Ruth Dreifuss trotz aller Skepsis und trotz der enormen Arbeitsbelastung immer wieder Zeit für ausführliche Interviews freimachte, Adressen, Dokumente und Bilder zur Verfügung stellte und das Buch zuletzt kritisch durchsah, war mir eine äußerst wertvolle Hilfe.

Jean Jacques Dreifuss danke ich nicht nur für die erwähnte Rückenstärkung; er bemühte sich aus Anlass meiner Recherchen auch, die längst vergessene und zum Teil verdrängte Vergangenheit aus seinem Gedächtnis heraufzubefördern und mit größter Offenheit darzulegen. Er nahm sich während der Entstehung des Buches und am Schluss die Zeit, genau zu lesen, was ich ihm vorlegte, hier und dort zu ergänzen oder auf Ungenauigkeiten aufmerksam zu machen, respektierte im Ganzen aber die Ausdrucksfreiheit der Autorin und unterstützte das Unternehmen zuletzt mit großer Geduld, als es um die Suche nach geeigneten Fotografien ging. Für all das danke ich Jean Jacques Dreifuss – und für die herzliche Gastfreundschaft in Tartegnin auch seiner Frau Claire-Lise, den Töchtern Réjane und Muriel sowie den Söhnen Sylvain und Jean-Daniel.

Informationen und Detailkenntnisse über die Familien Dreifuss und Bicard sowie die damaligen Zeit- und Lebensumstände erhielt ich dank der Hilfe zahlreicher Archive, Ämter, Bibliotheken und Fachleute:

Bei den Recherchen zu Familie Bicard-Brandenburger waren das Ulrich Barth vom Staatsarchiv des Kantons Basel-Stadt, das Einwohneramt der Gemeinde Boppelsen und Verena Buchmann vom Staatsarchiv Zürich, Anne Eichenlaub von den Archives départementales du Haut-Rhin in Colmar, André Ganter vom Centre départementale de généalogie in Colmar, Detlev Girres vom Landratsamt Konstanz, Gérard Jauss, Marc Kauffmann und Ernest Weiss in Horbourg, Emile Kopp in Colmar, Marcel Mayer vom Stadtarchiv St. Gallen, Inge Ott vom Einwohneramt der Gemeinde Diessenhofen, Béatrice Philipp in Paris und Freddy Raphael in Strasbourg.

Bei den Recherchen zu Familie Dreifuss halfen mir Ulrich Barth, Silvio Bucher vom Staatsarchiv St. Gallen, Judith Bergmann und Rolf Bloch vom Schweizerischen Israelitischen Gemeindebund, Daniel Bourgeois vom Schweizerischen Bundesarchiv in Bern, Odette Brunschvig in Bern, Marianne Degginger in St. Gallen, Emil Dreifuss vom Archiv der jüdischen Gemeinde Bern, Robert Dünki vom Stadtarchiv Zürich, Ernst Ehrenzeller in St. Gallen, Emil Erne vom Stadtarchiv Bern, Rolf Eyer, der Gemeindepräsident von Diepoldsau, Uriel Gast vom Archiv für Zeitgeschichte der ETH Zürich, die Gemeindekanzleien Endingen und Teufen, das Handelsregisteramt St. Gallen, Helen Traber-Kübler vom Grundbuchamt St. Gallen, Marcel Mayer und Ernst Ziegler vom Stadtarchiv St. Gallen, Leo Mildenberg in Zürich, Rabbiner Hermann Schmelzer von der Israelitischen Gemeinde St.Gallen, Kanisius Schmutz vom Einwohneramt St. Gallen und Peter Stein in Basel. Ihnen allen danke ich für Auskünfte, weiter führenden Rat, Nachforschungen oder Literaturhinweise; für die Erlaubnis zu eingehenden Recherchen in Archiven; für viel Zeit und Mühe, die sie selbst in die Suche und Bereitstellung von Dokumenten investierten – und darüber hinaus noch zu entziffern halfen, wo es sich um alte Schriften handelte.

Stefan Keller, dem Autor von »Grüningers Fall«, verdanke ich viele wertvolle Informationen und die Adressen einer Reihe ehemaliger Flüchtlinge, die Sidney Dreifuss gekannt hatten. Bruno Adler, Erich Billig, Klara Birnbach-Hochberg, Susi und Karl Haber-Mehl, Benno Mehl, Joseph Rudis, Heinz Spangenthal, Kurt Teller und Harry Weinreb danke ich, daß sie auch mir bereitwillig über ihre Flucht in die Schweiz und die Erfahrungen mit der damaligen Israelitischen Flüchtlingshilfe St. Gallen berichteten. Heini Bornstein bezeugte die tatkräftige Unterstützung von Sigi Dreifuss bei der Rettung und Unterbringung von Flüchtlingen. Ernst Kleinberger danke ich für die anschauliche Schilderung der Arbeit auf dem Flüchtlingsbüro und im Vorstand der jüdischen Gemeinde St. Gallen sowie die persönlichen Erinnerungen an Sigi und Jeanne Dreifuss.

Gesprächspartnerinnen und -partner, die ebenfalls Ruth Dreifuss' Eltern noch kannten, waren Gretl und Rolf Adler, Maryse Beuchat Van Trappen, Olga Courvoisier, Mirjam Dreifuss, Germaine Duparc, Martha Fuchs-Heimann, Alida de Jager, May, Max und Irène Lichtenstein, Gran Rabbin Alexandre Safran, Viviane und René Schwarz und Victoria Tonus. Sie erzählten von ihren Erlebnissen mit Familie Dreifuss in St.Gallen und im Teufener »Paradiesli«, in Bern, an verschiedenen Ferienorten und schließlich in Genf.

Über die Kindergartenjahre von Ruth Dreifuss berichteten außer Germaine Duparc: Marc Faessler, Chantal Scalambrine-Fehlmann, Jacques Weber und Nadine Zaccharia-Zilbermann. Die letzteren drei sowie Maryse Beuchat Van Trappen schilderten auch das nachbarschaftliche Umfeld und die Schulzeit Ende der 40er, Anfang der 50er Jahre. Direktor Alexandre Loertscher vom Collège Voltaire informierte mich über Ruth Dreifuss' Sekundarklasse 1953–54. An die gemeinsam mit Ruth Dreifuss durchgestandene Ecole de commerce (1955–58) erinnerten sich Liliane Benz, Marie-Lise Bizeau, Jeanine Buloz, Yvette Davel, Eliane Hauser, Ninon Hiniker-Viatte, Monique Luczy-Nicollet, Francine Mathis-Dutoit, Denise Nachbur und Jacqueline Weber-Wicki. Ihr ehemaliger Französischlehrer Louis Châtelain machte mir die Freude, seine Aufsatzthemen jener Zeit hervorzusuchen.

Von den Erlebnissen in der jüdischen Gemeinde von Genf, im Religionsunterricht und in den zionistischen Jugendbünden erzählten Harry Engelmayer, Claire Lucchetta-Rentchnik, François Nordmann, Robin Rhein, Viviane und René Schwarz.

Aus der Zeit von Ruth Dreifuss' Anstellung im Kurhaus von Cademario (August 1958 – April 1959) förderte Sandro Baroni sogar noch die Abrechnungen ihres monatlichen Gehalts zu Tage. Bei der Suche nach dem mysteriösen Kurgast Giulio Seniga, mit dem sich die Hotelsekretärin damals anfreundete, unterstützten mich Carlo Feltrinelli in Milano, Dario Robbiani in Comano (TI) und Robert Steiner im toskanischen Lamole. Emanuel Fabris in Zürich übersetzte für mich die relevanten Passagen aus Senigas politischen Erinnerungen. Und Giulio Seniga selbst, der sich nur vage an jene politisch interessierte Sekretärin in Cademario, wohl aber genau an das Buch erinnerte, das er ihr zum Abschied schenkte, fand sich schließlich in Milano. Wenn ich von seinen überaus rasanten Ausführungen in Italienisch und rudimentärem Französisch auch längst nicht alles verstehen konnte – hochinteressant war das Gespräch mit dem noch immer kämpferischen alten Mann auf jeden Fall.

Die ehemalige Direktorin der Genfer Sozialarbeiterschule, Jacqueline Wavre Berenstein, beschrieb, wie sie ihre Schülerin Dreifuss zu Matura und Universitätsstudium zu bewegen suchte; Jeanne Hersch, wie sie dieselbe junge Frau an die Redaktion der französischen Ausgabe der Coop-Zeitung nach Basel vermittelte; Francesca Snozzi, Ugo Frey und Ruggero Filannino, wie sich die neue Mitarbeiterin von »Coopération« als Redakteurin und Kollegin bewährte. Ueli Mumenthaler vom Archiv der Coop-Zeitungen in Basel legte mir die entsprechenden Jahrgänge von »Coopération« vor und ließ mich tagelang ungestört blättern und kopieren.

Als nächstes nahm sich in Immensee Pater Jean de la Croix Kaelin die Zeit, mich zu einem Interview zu empfangen; das Gespräch mit dem noch immer berufstätigen Geistlichen über »seine« einstigen Genfer StudentInnen war nicht nur außerordentlich interessant, sondern ebenso witzig und berührend. Dasselbe galt für die Unterhaltung mit der Journalistin Isabelle Vishniac in Genf, die ebenfalls über die Aktivitäten für die Unabhängigkeit Algeriens und die Freundschaft mit Ruth und Jean Jacques Dreifuss erzählte.

Darauf folgten die Interviews zu »Domaine Public«, über dessen politischen Einfluß mich der Westschweiz-Korrespondent Marcel Schwander ins Bild setzte. Von der bemerkenswert unverdrossenen »Domaine Public-Bande«, wie sie mitunter neidvoll apostrophiert wird, stellten sich Claude und Jean-Pierre Bossy, Jean-Daniel Delley, Jean-Claude Favez, André Gavillet und Charles-François Pochon für Gespräche zur Verfügung. Pochon, der leidenschaftliche Zeitungsleser und -sammler, schenkte mir auch eine zentimeterdicke Mappe mit Presseausschnitten über Ruth Dreifuss von den Anfängen ihres öffentlichen Wirkens bis weit über die Bundesratswahl hinaus.

Von Ruth Dreifuss' Maturavorbereitung, Studium und Assistenzzeit erzählten Gabrielle Antille, Jean-Claude Favez, Christiane Grandmousin, Laurent Guye, Jacques L'Huillier und Jean-Pierre Roth. Olivier May und Andréas Stüssi überließen mir ihre aufschlussreichen Lizentiatsarbeiten über die Genfer 68er Bewegung und die nichtkommunistische Genfer Linke. Marc Faessler erinnerte sich an Ruth Dreifuss als Vietnam-Aktivistin.

Die Tätigkeit der EDA-Beamtin Dreifuss in der Direktion für Entwicklungszusammenarbeit und Humanitäre Hilfe beschrieben Jacques Forster, Martin Pallmann und Anne Rivier-Attinger. Das Kapitel Haiti beleuchteten Jean-Bertrand Aristide, Rénald Clérismé, Paula Iten und Paul Jubin.

Hintergrundinformationen zu Ruth Dreifuss' Arbeit als Gewerkschafterin und Stadträtin von Bern erhielt ich von Christiane Brunner, Rita Gassmann, Beat Kappeler, Fritz Leuthy, Viktor Moser, Fritz Reimann, Walter Renschler, Ruedi Strahm, Ferdinand Troxler, Alexander Tschäppät und Ruedi Wullschleger.

Alle letzteren konnten als direkt Beteiligte oder als BeobachterInnen auch über die Ereignisse rund um die beiden Bundesratswahlen im März 1993 berichten – nebst André Daguet, Gret Haller, Yvette Jaggi, Janine und Pascale Meyer sowie den langjährigen Freundinnen und Freunden Jacqueline und Alexandre Berenstein-Wavre, Paule Rey, Anne-Marie Piuz und Jean Steinauer.

Ihnen allen – wenn einige von ihnen inzwischen auch leider verstorben sind – danke ich für die Bereitschaft, ihre Erinnerungen und Erläuterungen beizusteuern zu diesem Buch. Und für die Informationsquellen, die ein paar zum Teil sehr ausführliche TV-Interviews mit Ruth Dreifuss darstellten, danke ich Jana Caniga, Andreas Kohlschütter, Joëlle Kuntz, Frank A. Meyer, Rudolf Ruoff und Claude Torracinta.

Abgesehen von meiner Dankbarkeit für jeden inhaltlichen Beitrag möchte ich an dieser Stelle auch ausdrücken, wieviel mir der emotionale, ideelle und materielle Beistand einiger Menschen aus meinem Verwandten- und Freundeskreis bei der langwierigen Arbeit an diesem Buch geholfen hat. Dafür danke ich Alex und Natascha Baratoff, Raymond Bollag, Arpad Korom, Andrej Jendrusch, François Loeb, Nikolaus von Luckner und Agustina Luza Coa. Sehr viel Unterstützung erhielten ich und meine Familie von meinen ehemaligen Schwiegereltern Liselotte und Hermann Jaeger; dazu gehörte auch, daß sie mir in ihrem Haus ein Jahr lang ein ruhiges Zimmer zum Schreiben überließen und sich liebevoll um mein Wohl bemühten. Wolfgang Jaeger danke ich, dass er unseren gemeinsamen sechs Kindern immer – und besonders in den Zeiten meiner beruflichen Abwesenheit – ein sehr guter Vater und mir über all die Jahre ein treuer Freund war. André Daguet, der streitbare einstige Weggefährte, unterstützte mich mit Rat und Tat bis zum Abschluss dieser Arbeit – vielen Dank! Wer mir durch alle Zeiten liebevoll beistand, waren meine Eltern Heidy und Alfred Fischli: Ohne meine Mutter, die in meiner Abwesenheit die Kinder betreute und den Haushalt besorgte, und ohne meinen Vater, der dies verständnisvoll unterstützte, hätte ich dieses Buch mit Sicherheit nicht schreiben können. Für diesen unermüdlichen Einsatz – und den unschätzbaren geistig-emotionalen Rückhalt – danke ich ihnen beiden von Herzen.

Oswald Sigg bin ich für seinen substanziellen Beitrag zu diesem Buch sehr verbunden – wie auch den Mitarbeiterinnen des Pendo Verlags, allen voran Katrin Eckert, die sich mit großer Kompetenz und Überzeugung für die Fertigstellung dieses Buches einsetzte. Für die sorgfältige Redaktion danke ich Marianne Schiess.

Noch ein Wort an meine Kinder, die zuversichtlich daran glaubten, dass diese Arbeit irgendwann in ferner Zukunft abgeschlossen sein würde: Ihnen danke ich, dass sie immer Verständnis für die Arbeit ihrer Mutter hatten und meine Versäumnisse der vergangenen Jahre nun, da sie schon fast alle erwachsen sind, großzügig als »eigentliche Chance« bezeichnen. Soviel Selbständigkeit, da haben sie Recht, wäre ihnen ohne dieses Buch nicht passiert...

Meinem Mann Bernhard Pesendorfer schließlich danke ich sehr herzlich für kritische Beratung und technische Hilfe, für Geduld und humorvolle Relativierung, wenn dieses Projekt zu nerven begann, für die tägliche intellektuelle Anregung und wunderbare Fürsorglichkeit.

Copyright © Pendo Verlag GmbH
Zürich 2002
Umschlaggestaltung: Charlotte Löbner, Mainz
Umschlagfoto: dpa
Gesetzt aus der Sabon
Satz: Fotosatz Reinhard Amann, Aichstetten
Druck und Bindung: Druckerei Pustet, Regensburg
Printed in Germany
ISBN 3-85842-487-0